CSSCI 来源集刊

原

道

第45辑

肖永明　　陈仁仁　　主编

湖南大学出版社

·长 沙·

图书在版编目（CIP）数据

原道. 第 45 辑/肖永明，陈仁仁主编 . —长沙：湖南大学出版社，2023. 6

ISBN 978-7-5667-3212-5

Ⅰ.①原…　Ⅱ.①肖…　②陈…　Ⅲ.①文史哲—中国—文集　Ⅳ.①C53

中国国家版本馆 CIP 数据核字（2023）第 160943 号

原道·第 45 辑
YUANDAO·DI 45 JI

主　　编：肖永明　陈仁仁
责任编辑：王桂贞
印　　装：长沙创峰印务有限公司
开　　本：710 mm×1000 mm　1/16　　印　张：22　字　数：451 千字
版　　次：2023 年 6 月第 1 版　　印　次：2023 年 6 月第 1 次印刷
书　　号：ISBN 978-7-5667-3212-5
定　　价：78.00 元

出 版 人：李文邦
出版发行：湖南大学出版社
社　　址：湖南·长沙·岳麓山　　邮　编：410082
电　　话：0731-88822559（营销部），88821594（编辑室），88821006（出版部）
传　　真：0731-88822264（总编室）
网　　址：http://press.hnu.edu.cn
电子邮箱：wanguia@ 126. com

目　次

特　　稿

"朱张会讲"与"差序格局"

——再谈中国传统多层次、多元的网络结构

许倬云[*]

[内容提要]

　　"朱张会讲"达成的重要共识，是从《中庸》去讨论"太极"，亦即从"心智"或"良知"去体认知识的全体。二者的论述是一种"形而上学"，属于中国传统学问的主流。汉代三位重要学者司马迁、许慎、董仲舒的学问，也具有推究太极的形而上色彩。在他们身上，体现了中国传统的知识观念，不是追求片段的、零碎的，而是涵盖整体、彼此呼应的知识体系。特别是董仲舒的"感应说"，很简洁地陈述了"二元互动"的基本形态。在社会学领域，费孝通提出的"差序格局"、波兰尼提出的"镶嵌格局"，同样集中体现了"二元互动"乃至"多元互动"的基本形态。这种格局在近代地方精英影响湖湘地区、江南地区的发展上，表现得至为典型。类似熔铸社会、经济、政治、文化、交通为一体的复杂纠缠、多元互动的大一统网络格局，早在汉代便已发展成熟，对中国社会产生了深远影响。

[关键词]

朱张会讲；差序格局；镶嵌格局；社会网络；群己互动

----

* 许倬云，美国匹兹堡大学荣休讲座教授，中国台湾"中研院"院士，2004 年获亚洲学会特别贡献奖，2020 年获"致敬国学：第四届全球华人国学大典"终身成就奖，2023 年获"影响华人终身成就大奖"。许先生学贯中西，善于运用社会科学理论和方法治史，研究领域主要在中国文化史、社会经济史和中国上古史。学术代表作有《西周史》《汉代农业》《中国古代社会史论》等，另有《经纬华夏》《万古江河》《说中国》《中国文化的精神》等大众史学著作数十种行世，海内外行销百万册。本文为许倬云先生在岳麓书院讲坛之第五届华人国学大典人文讲会系列讲座首讲稿。讲座由湖南大学岳麓书院朱汉民教授主持，于 2023 年 2 月 13 日由凤凰网播出。本讲稿由助理、匹兹堡大学亚洲中心访问学者冯俊文整理，许先生最终审定。

朱教授、各位同仁：

我是许倬云，奉命来与各位做个报告。

岳麓书院吩咐我做的事情，我当然要做。"惟楚有材，于斯为盛"，它不仅是中国最古老的学府，而且最近我发现，在世界大学历史上，持续不断、至今还在教育人才的学府，欧洲最古老的学校比岳麓书院还晚一百年左右。世界上的学府，可能唯有摩洛哥的卡鲁因大学（University of Al-Karaouine，设立于公元859年），比岳麓书院早一百年。

2003年，我曾经在岳麓书院讲演过一次有关"全球化"的题目，讲演完毕生了一次重病。这次，我在家隔洋谈话，应当不会有心脏病发作的危机。

这次的题目，是从"朱张会讲"开始，一直谈到今天的中国。我确实对这一系列的课题，很有兴趣。历史上的"朱张会讲"，多日辩论，听者无数，讨论的是如何认识"太极"。终于，他们取得了相当深度的认同。朱熹基本上同意张栻的意见："太极"的意义，是"宇宙秩序"整体的起源或全貌。这个"宇宙秩序"，乃是对宇宙的认知，因此是个"知识如何取得"的课题。而他们二位基本同意的解答，乃是从《中庸》去讨论"太极"。[1]"中庸"者，是以"心之良知"以求知，从"心智"或"良知"去体认知识的全体。这个解答，是相当的"唯心论"；而且基本上，他们的论述是一种"形而上学"。在中国的传统学问，"形而上学"是一个主流，国学界至今如此。可见，"朱张会讲"留下的影响，千年之久。

一千多年前的"朱张会讲"，主要是从《中庸》来论"太极"。这个题目其实很难，"太极"是宇宙的象征，其特色就是运动不息；"中庸"是相对静态的平衡，凡事取其中，不为过甚，讲究恰到好处。而且，既然是由静态观察动态，而动态的"太极"那一个"双螺旋"的图案，乃是两个部分对应的回旋。

假如以目前科学家们对宇宙的认识，作为基础往外看：我们居住的地球，只是太阳系中的一部分；从地球到太阳系、银河系……如此广大的空间，是我们对外的延伸。换个角度，我们往身体内部看：肉体的结构从皮肤到内脏、血液等各个部分，其实都是由许多小颗粒组成；仅仅以血细胞而论，每个细胞内部其实还有许多

---

[1] 参见陈来主编《早期道学话语的形成与演变》，安徽教育出版社2007年版，第372-403页。

更小的粒子。医学生物科学的专家钱煦，将血细胞在血管中的运行，看作一条船在大河中的航行，其中会经过许多不同的栈口。过去曾经有一部科幻电影《惊异大奇航》（*Innerspace*），就是将人体与飞行器缩小，送入人类的血液中航行，就如同在河流或海洋中航行一般。只是更从血细胞本身而论，钱煦曾经做过很有意思的试验。他研究血小板等更小的粒子，观察其流转和互相之间的呼应——从摄取的活动影像看来，许多血细胞的粒子，一对一对彼此回转，宛然华尔兹舞；更有趣处是，这种舞步的节拍，却与音乐的节拍完全相符。这一观察，毋宁是告诉我们：人类往任何事物的内部探寻，还有更多层次的小世界。

中科院吴岳良院士，在他的《超统一场论的基础》研究计划中提出如下讨论：

基础理论物理领域，长期存在的一系列基本科学问题，例如：为什么自然界的基本构造块呈现为旋量场？自然界的基本对称性是什么？以及它是如何产生的？为什么时间不同于空间，时间只有一维？为什么目前观测到的物质世界，是一个四维时空的宇宙？自然界已知的四种基本相互作用，可否由统一的基本对称性来支配？引力的本质是什么？时空的本质和结构是什么？怎样理解宇宙的起源和演化？暗物质的属性是什么，它的存在是否暗示着自然界新的相互作用？暗能量的本质是什么，它的呈现是否来源于自然界的相互作用？……[1]

舍弟翼云是一位核理论工程师，他在一本有关系统论的新书《系统：一部人类发展史》中，所探讨的题目为"动态系统"，即一个与外界有互动及交往的系统，系统本身也随时间及内外的改变而演化。书中对每个动态系统所探讨的内容，基本上是两个粒子或者两个系统一对一的互动，包括系统的起因，即它是如何从无到有；系统的成长，它又是如何从小到大；系统的关联，它是如何与外在系统进行交互；系统的演化，它是如何达到某种动态平衡；系统的演变，即如何保持系统的稳定发展；系统的寿命，即系统最终是如何衰退或灭亡；等等。

我自己想就中国人对知识的认识，从历史上若干重要学者的意见，也提出一些观察。我先从汉朝讲起：一个是司马迁，他提出"究天人之际，通古今之变，成一家之言"。[2] 他的史学不仅限于讲论过去的事迹，而是在"天人之际"的空间，

〔1〕 吴岳良《超统一场论的基础》，《国际现代物理杂志》第 36 卷第 28 期，2021 年 10 月。

〔2〕 《汉书》卷 62《司马迁传》，中华书局 1962 年版，第 2735 页。

在"古今之变"的时间，大宇长宙，追寻其中的变化。这种气概，将历史推广到人事以外，而涉及犹如"太极"那般宏大的境界。

再讲第二个人，许慎，舍下的祖先。中国历史上第一部字典，《说文解字》是他所编。这本书也是遵照《周易》所提出的"方以类聚、物以群分"的规则编写，不仅是字典，而且是一本"范畴学"著作。它从"形而上学"中，交代我们事物之间的关联，字义之间的变化，乃是宇宙之事物和现象的分类。其气魄之宏阔，正是追问"太极"一样的途径。希腊哲学中的"范畴学"，被认为是亚里士多德的重要贡献。可是，我们查中文字典的人，很难理解许慎所提出的，其实也是个"范畴学"。

第三位更要紧的，是董仲舒。他的学问，是推演到大宇长宙之间种种现象，彼此的影响，力量的消长。这个"宇宙"，上至天心，下至草木，中间无穷的人事。《春秋繁露》也是一部"形而上学"的要典，奠定了中国许多学问的基础，上至天文，下至自然界，中间涉及中国的医药——尤其针灸和按摩，处理的是从百会穴以下，整个身体的脉络，彼此间的影响。人的身体之内，有无数的"铜山"，也就有无数的"洛钟"之应。我自己深受其惠：瘫痪两年，其痛无比，尤其中间一年的尾梢，有一个星期的神经疼痛，服用医生开的吗啡作为止痛剂，也无济于事。终于，经过儿媳妇刚学会的针灸，三针之下，两个小时之后，让开刀的老伤口，阵阵疼痛犹如潮水、台风，亟痛以后，风平浪静。

以上叙述，使我对于中国这种"感应之学"的整体性，有直接身受的经验。也因此，我对于司马迁、许慎的知识观念能够理解：中国文化中的知识，不是片段、零碎的，而是整体呼应和全貌涵盖的。董仲舒的"感应"，是很简洁地陈述了"二元互动"的基本形态。至于"多元互动"，也不过是"二元互动"的延伸和扩大。

我是学历史和考古学的，而我的史学，由于兴趣，偏向于社会史和文化史。中国社会学的大师费孝通先生，曾提出"差序格局"的概念——也就是知识可以扩张，从一个起点既可以扩张为一个大的局面，其中最基本的形态，也是"二元互动",也可能扩大到"多元互动",逐阶提升,进入另外一个境界。[1] 他提出的这个说法,是由于他在开弦弓村与禄村的社区调查,观察而得的一些中国文化的动态特质,乃是从两个市镇农村推演为中国文化的特色。最近我拜读张冠生先生撰写的费先生的传记,发现他对钱穆先生的《国史大纲》,非常钦佩。[2] 宾四先生将政治史的演变,放在社会经济变化的基础上,这就隐含着,底层社会部分和经济部分各别进行的种种互动,终于成为历史活动上层的政治结构必须要呼应的背景。这就是跨越了两个境界,提出了更高一层的理解。虽然钱先生在《国史大纲》中,并没有明确地如此交代,只是从钱先生经常引证的材料判断,他取材常见之处,其实是顾亭林《日知录》中,社会经济变动的材料。

我自己觉得,费先生的"差序格局",也有其独立存在的意义。因为这是表明从农村的生产,将其产品提升到市镇为中心的贸易圈,然后从市镇再推广到更大的市场。如此的一个网络,在近代的社会学上有个名称:波兰尼(Karl Polanyi)提出的"镶嵌格局"(embed deness)。所谓"镶嵌"者,乃是社会关系网络中,互动行为导致的具体现象。例如,如此网络中的某种特定社会关系,可以因互动而成为交换利益的资源。假如没有交换的互动行为,所谓"镶嵌"的社会群体,也无从建构为具有社会力量的团体。

我自己以为,用"镶嵌格局"作为名词,不如借用林南的用法,社会关系可以转变成社会资本,发挥社会学的含义之外,转化为所谓"社会资本",成为利益转移的筹码。[3] 不过,我想将林南的"社会资本"一词修改为"社会资源"。"社会资源"静则为蓄积的能源,动则为交换的资本。如此,"社会资源"一词本身已经涵盖动静双方,似乎比"镶嵌"更有容易理解的含义。

费先生的同学杨庆堃先生,在二战结束后对邹平地区的市场网进行调查,有过相当精辟的意见。他指出:这个地区市场网,实际上有两层或三层的大网络,最下面一层是农村,第二层是市镇,较高一层是县一级的中心。所有市场网的动力,最基本的就是赶集者彼此的商业交换,那是最基本的"二元互动"。从基层的市集,

〔1〕 费孝通《乡土中国》,《民国丛书》第 3 编第 14 册,上海书店 1991 年版,第 22—30 页。
〔2〕 张冠生《民盟历史人物:费孝通》,群言出版社 2011 年版,第 584、617 页。
〔3〕 林南《社会资本:关于社会结构与行动的理论》,张磊译,上海人民出版社 2005 年版。

延伸为一个跨县、跨州的大网，每一项交换、交流的动作，都是"二元互动"。如此的观察，可惜他没有在战后短暂的安定时期，发表于海外社会学的刊物。以至于类似的现象，却由斯金纳（Burrhus Frederic Skinner）将四川盆地同类网络结构的研究，率先公之于世——这个现象，从此就被社会学界归之于斯金纳的创建。杨先生的观察，其实早于斯氏，当然我们也无法在数十年后还争这个名次先后。

这一波兰尼的"镶嵌格局"，其出现于近代，我们还得回到岳麓书院本地风光。湖湘知识分子集团，就是荆湘地区"镶嵌"效应的结果。这个地区，襟带长江，包孕洞庭，西通云贵，南下两广。"湖广熟，天下足"，这里的稻米生产不亚于江南三角洲。明代所谓"南漕"，就是将湖广的米粮，直接经过荆州、襄樊，送入中原和关中。这个地区，是中国腹地之中心，人杰而地灵。正当中国将要进入变乱的近代，湖南出现了陶澍和他的朋友林则徐，由他们领导带起了湖湘的精英。这几位资深学者领导了一大批湖南、湖北的在乡学者，砥砺志节，讨论学问，逐渐形成一个大的集团，分散在两湖的大小城镇和农村。停云兴雨，鼓浪成潮，这一批精英集团成为湖南、湖北农村社会的领导者，终于将学问和志节之交的学者，转变成战场上的将帅，地方政治的领导者。等到时机成熟，这些人的社会网络，立刻可以转变成掌握中国命运的精英。他们的转变，正符合费孝通先生所说的"差序格局"。而且，也正如林南所说，将"社会资源"转变为"社会资本"。

这一群体孕育的时间，大概有二十年。扰攘十五年之久的"洪杨之乱"，正是由这批湖湘俊杰以书生的智慧以及英雄的气概，带领一批淳厚善良的农民和渔夫平定的。从那以后，又是这一批精英，为中国近代化打下了基础：设立了汉阳兵工厂、江南制造局和马尾船厂，还在南京设立了江南水师学堂和两江师范学堂。这群"湖湘精英"存在了两代之久，为中国现代化做出了卓越贡献，若以"镶嵌"效果而论，这一批精英持续为中国的现代化贡献心智，诚然是历史上罕见的。

除"湖湘精英"之外，在江南也出现了一批精英。我的家乡无锡，就是费先生所指的太湖周边的"丝绸、稻米生产地"。而且，这些太湖周边的产品，集中在江南稻米贸易中心的无锡。在无锡的黄婆墩，有若干家"仓厅"的米仓；各地丝行缲成的丝，也大致放在同一个仓库区。这些所谓"仓厅"，其实就是"实物银行"，不仅经手管理和储存的事情，也经手买卖。外地的米商需要稻米时，下订单给"仓厅";而且,这种订单常常是数月以前就已下达。于是,"仓厅"买"青苗",将现款借贷给农户和丝户,维持他们生产以前空档期的需求;等到丝已纺、粮已收,委托"仓厅"出售。由于稻米和蚕丝的成熟,其间有时间差,"仓厅"就有许多空间,将其手上资金周转、支付。如此这般,一年到头,"仓厅"手上永远有现钱,而储存的货品基本不留仓。存储产品的户主,也并不兑取现款——他们手握存货的折子,任何时候都可以凭折支兑,而以其当时市价折成现款。如此这般,存户需要现钱时,随时可以得到现款,甚至他们不想远道前往"仓厅"取款,也可以将折子向熟悉的商行、店家立折记账。

无锡的"仓厅"业也因此把握了一个特殊的机运,将米粮和蚕丝的生产,转变为巨量的资金。而且,这一种资金是整数收入,只以小数金额支付存户的日用开销。其余大量的存储于仓厅的资金可以流入钱庄和银行,投资于建设新工厂。如此方式的经营,就是将社会网络掌握的"社会资源",不断地转化为经济建设的"社会资本";如此方式的转换,正如湖湘人才的人资源转换,只发生于太湖周边。我相信,费先生在调查开弦弓村的时候,他已经注意到从纺丝户到丝绸市场的演变过程,是一种结构性的转换。

清末到民国年间,现代机器生产技术被引入中国。无锡"仓厅"业的巨款也因此流入投资者手中,他们建立了许多纺织厂、面粉厂、机器厂等。无锡也因此成为江南的工业中心,号称"小上海"——前述"镶嵌格局",其实就是费先生所说的"差序格局"。

其实,类似的网络早在汉代就已出现。拙著《汉代农业》中,曾经描述如此现象:汉武帝打击工商业,向战国晚期一直到秦汉的各种生机勃勃的企业征收生产设备重税。[1] 按照《史记》和《汉书》的记载,中家以上均破,[2] 城市中的生产业与商业,在政府打击之下不再能发展。汉代的农业已经精耕化,因此其农户有相当多的农余时间,可以操作非农生产。农舍工业发展的产品,因此成为类似上述市场网,可以分销各处。而汉代接下秦始皇开拓的驰道和道路网,其各处的道路中

---

[1] 许倬云《汉代农业》,程农、张鸣译,江苏人民出版社 2019 年版,第 37—41 页。

[2] 《史记》卷 30《平准书》,中华书局 1959 年版,第 1435 页;《汉书》卷 24 下《食货志下》,第 1170 页。《史记》原文为"商贾中家以上大率破",《汉书》原文为"商贾中家以上大氐破"。

心，架在全国广大农村，成为一个全国性的巨网（至少有三层结构），以发挥经济集散的功能。我们可以说，波兰尼所说的经济现象。在中国已经存在，而且健全地运作已有两千年之久。在世界其他地区，其实也有类似的网络。至少在中东，就有如此的"镶嵌格局"，在波兰和东欧也有如此现象。不过，他们的地方小，等到有现代的工业以后，这种网络就消失了。

回到汉代架设的格局，那个涵盖全国的大网，继续维持了三百年。"镶嵌"在网上的延伸因素，除了原来的流通全国的商货以外，更重要者是经由察举制度，将农村之中的孝悌力田、贤良方正，一阶一阶地送入郡，由此更进入州，然后进入中央政府的总部。各地的精英辐辏于长安，这些构成了一个全国性的精英阶层，他们提供了服务，他们也站在皇帝权力与农村利益之间，成为一个中间阶层。两汉的天下，这一中国历史第一个稳定的大帝国，至少有四分之三是由这批精英稳稳地撑住。其权力结构的稳定性，远远超过秦始皇统治时期。

如此这般的效果，从正面看来，当然极有价值。天下事物没有全好全坏，都是相对的。这批精英，逐渐成为世族，在每一个州郡都有若干家族，永远占据察举的名额。稳定的大帝国，成为这些家族百年不倒的"靠山"。大帝国"冻结"了，不再像东汉初年那样，经过阶层格局，上下联系、人才流转、消息通畅。正是这个僵化、内卷局面导致了精英们之间的斗争。

天下没有绝对的吉凶。等到五胡乱华时，中原板荡。南朝迁徙江南，北方的中国被五胡割据。然而，幸亏有那些世族，他们纷纷高筑坞堡，分布在广大的农村。中国的文化都在坞堡之内，并向四周辐射，终于将五胡"消化"为中华民族的一部分——于是，上面所说，阻挡社会流通的精英们，居然不知不觉之间，收复了中华大地。这一个例子，是"镶嵌格局"最令人吃惊的效果。

宇宙广大无边，我们身在小小地球上的个人，的确只是多少恒河沙之中的一小粒。如此比例之下，我们还有什么可自豪的？另一方面，我们对自身所处的人类社会，又该如何珍惜？

从"其小无内"到"其大无外"两个领域观察，我们人类的世界，在地球上也不过是一长串从无限大到无限小的一小节而已。我们真要做详细的叙述，由于两端都是无限，我们的种种努力，都可能是个很难做到的梦想。

科学家指明种种困扰，他们也尝试将这种复杂的现象简化为我们可以理解的描述。我们是不是可以说：在任何大的群体之中，有无数层次的结合？大到外星，小到生物体内的粒子，甚至物质分子、原子以下各种粒子。也许我们可以说：层层叠叠的粒子，其存在的作用，从小至大或者从大至小，组合成一个单位；而这些各别的单位，其所以存在，也就只是和同样的其他单位，让我们姑且也称为"粒子"——让这些粒子有规律地彼此呼应，才能够构成一个内部协调的更大个体。如此层层叠叠，终于形成了从微观粒子到最大外太空的庞大宇宙。

回到人间，我们每一个人何尝不是"人群宇宙"中的小粒子？人与人之间，不可能单独存在。假如在广大宇宙之间，居然有一个小粒子单独存在，它是孤立于四周各级系统之外——这个孤立的粒子，无论在哪个层级都不具有任何意义，也不能参与各层大小宇宙的运行。我的构想是：每个人在人类社会之中，对各个层次的社群，既接受存在的能量，也必须给社群提供自己的能量。如此这般，人类存在才有意义。

回到我们讨论的主题："朱张会讲"的"太极"，是中国文化内，借阴阳互转以及乾坤共存的结构，既是静止的结合，也是共同运动的部分。《周易》八卦乃至六十四卦之间，其每一个卦辞、爻辞，乃是陈述一种特定的状态；一连串状态结合、联系，才成为事件、行动或者结果。所以，我们必须理解，我们既是自己行动的主体，也是整体存在的部分，独立的精神不是"孤立"的。西方自希腊罗马以来以至今日，社会伦理观念中的独立自主或者自由精神只是强调了存在，而忽略了个体与个体之间的互动。你助我一手，我帮你一臂，有参与、有承受，这样子的社会，才使个体的存在具有集体的意义。"太极"的观念，是以双回旋代表二元动态的转换，我们要面对或者参与的一种局面。而"中庸"的态度，则是参与者本身要采取的立场或者行动。

以上我的陈述，并不从中国的经典尝试，乃是由社会学的构想，借助今日自然科学对于大小宇宙系统的观察与假设，自己建构了一套"形而上学"的"群己互动"，作为人间的个人，于各级社群内，自己应当采取的行为原则。

这一尝试，极为粗糙，也只是初步的一个构想。盼望岳麓书院的同仁们，赐予指教。

附注:

陈宁先生提出意见如下:目前科学界所了解的四种力(引力、电磁力、强力、弱力)的作用,可以对您的这一观点稍加解释。强力和弱力是短程的,二者控制粒子的微观世界。强力只作用于原子核内,束缚核内粒子的自由;弱力决定粒子自身的衰变,以释放内部的能量。引力和电磁力是长程的,达及整个宇宙。二者决定了个体粒子在大范围内的活动,使得宇宙能够有序而稳定地运转。从核子到宇宙,物质都在这四种力量综合的作用下活动。施诸人类,就是您强调的"群己关系"。个人如同核内粒子,有自身的束缚力,也向外释放能量,恒星的发光就是每个氢原子的衰变释放能量的结果;其集聚的能量避免恒星向内部坍缩,也就是个体对集体的贡献。社会上的道德规范和法律如同长程的引力,将数量和能量小的单位聚集在比它大的单位周围,如此反复,一层层形成更大的团体。电磁场如同社会网络,将带电粒子整合在一起,负责电磁之间的转换,传递能量和信息,是宇宙整体存在的关键。

李泽厚先生纪念专栏

编者按：

    著名哲学家、美学家李泽厚先生于 2021 年 11 月 2 日在美国辞世，享年 91 岁。李泽厚先生是极具思想原创性的学者，影响了几代学人。他在二十世纪五六十年代的美学大讨论中，率先肯定实践对于审美主体和审美对象的本体地位。他建构了主体性实践哲学（人类学历史本体论哲学），提出了"积淀说""情本体""工具本体"等思想和理论。他在美学、哲学、伦理学、文化学等领域的思考对中国学术界、思想界和文化界产生了持久而深远的影响。李泽厚先生的去世引起了社会各界深深的怀念和纪念。美国 A&HCI 源刊《今日中国文学与思想》（*Chinese Literature and Thought Today*）2023 年第 1—2 期由邢文先生主编纪念李泽厚先生专栏。李泽厚先生是湖南宁乡人，湘籍杰出学者，也是《原道》最初的作者和指导者。承蒙《今日中国文学与思想》及相关作者的支持与授权，我们谨从纪念专栏中选出三篇论文予以编译，刊于本辑。这三篇论文从具体而微的学术层面深入剖析了李泽厚先生的思想，内容和视角对国内学界应有补缺与参考价值。邢文教授和杨煜婷博士从中国数理哲学与认知简帛学的视角对李泽厚先生"度作为第一范畴"的思想做了创新性的理解和分析；德安博（Paul J. D'Ambrosio）教授通过分析李泽厚先生《什么是道德？》一书的哲学风格，指出李泽厚先生在方法论和现实理论两个方面体现了"超—凡"的哲学反思模式，此一模式兼具"超越凡俗"或对一切凡俗的超越，与"超级凡俗"或极为凡俗之意；罗伯特·卡利奥（Robert A. Carleo Ⅲ）博士从继承儒家传统思想遗产的角度论述了李泽厚先生的具体人本主义思想，以及他在这一传统中的地位。李泽厚先生已经离我们而去，我们永远怀念他，他的思想和精神将永存。深入理解、继承和发展李泽厚先生的思想和精神，是对他的最好纪念。

"度作为第一范畴"：中国数理哲学与认知简帛学的视角

[内容提要]

从中国数理哲学与认知简帛学的视角探讨李泽厚先生"度作为第一范畴"之说，是研究李泽厚哲学的新取径。在介绍美国《今日中国文学与思想》2023 年第 1-2 期"纪念李泽厚"专栏论文的基础上，我们认为在李泽厚先生的"人类学历史本体论"中，"积淀"实为"度"的来源；"积淀"的层次与过程，从时间与空间的维度定义着"积淀"的"度"；"七日来复""以制数度"与认知简帛学视域中"度"的中国数理哲学之义，是深入探讨"度作为第一范畴"的重要方向。

[关键词]

李泽厚；度；第一范畴；中国数理哲学；认知简帛学

---

* 邢文，教授、博士生导师，中国数理哲学、认知简帛学提出者；杨煜婷，西南交通大学人文学院博士研究生，成都大学外国语学院讲师。本文据英文版 Xing Wen， "Introduction：'Proper Measure'—In Memoriam of Li Zehou"编译、增补而成，由杨煜婷翻译、改编，邢文增补、定稿。英文版原载 *Chinese Literature and Thought Today*，Volume 54, Issue 1-2（2023）。

　　"度作为第一范畴"，为李泽厚先生所提出并往复论述，如《中国哲学如何登场?》："我的哲学的出发点不是'言'，而是'为'（实践，行健，'君子以自强不息'），是人类的生存经验。于是，'度'就不能不成为第一范畴了。理性是靠'度'才成长起来的，'历史建理性'，此之谓也。"[1] 因此，"用中国眼光发明的'积淀说''情本体''度作为第一范畴''美学是第一哲学'等等，这些视角和概念，可以是世界性的"。[2]

　　这种世界性不仅见于在西方世界广为翻译、出版的李泽厚先生的哲学论著，也见于大量的西方李泽厚研究论著与专题研讨会等。[3] 我们在美国推出《今日中国文学与思想》的"纪念李泽厚"专栏，也是一例。[4] 正如我们在"纪念李泽厚"专栏《导言》中所说，李泽厚先生的"度"可以溯至《周易》或《礼记》的"数度"或"度数"，不从中国数理哲学的视角无法真正见其"中国眼光"与中国哲学、中国数理哲学的意义。[5] 李泽厚先生的"度"与工具的使用、体验、认知密切关联，正是"工具使人理解了什么是'度'"[6]；而对工具的体验与认知，使得"'度'以其实践性格在感性操作层构建思维规则"[7]，影响到基于体验哲学的

〔1〕　李泽厚《中国哲学如何登场?——李泽厚 2011 年谈话录》，转引自邓德隆、杨斌编选《李泽厚话语》，华东师范大学出版社 2014 年版，第 265-266 页。

〔2〕　李泽厚《中国哲学如何登场?——李泽厚 2011 年谈话录》，第 265 页。

〔3〕　如 2015 年世界儒学文化研究联合会在夏威夷大学召开的"李泽厚与儒学哲学"研讨会，参见安乐哲、贾晋华主编《李泽厚与儒学哲学》，上海人民出版社 2017 年版，以及 2022 年举行的纪念李泽厚逝世一周年"哲学家李泽厚"在线研讨会，参见玛雅（Maja Maria Kosec）主编 *Philosopher Li Zehou—Proceedings from the online conference in memory of Li Zehou*，斯洛文尼亚卢布尔雅那大学 2022 年版。

〔4〕　即 A&HCI 检索刊物 *Chinese Literature and Thought Today*，Volume 54, Numbers 1-2（2023，第 99-148 页）。我们感谢刊物主编石江山（Jonathan Stalling）、朱萍（Ping Zhu）教授及有关作者对本专栏的支持。

〔5〕　Xing Wen, "Introduction: 'Proper Measure'—In Memoriam of Li Zehou", *Chinese Literature and Thought Today*, Volume 54, Issue 1-2（2023）；邢文《中国数理哲学论纲》，《中国哲学史》2022 年第 3 期，第 5-11 页；邢文《中国数理哲学续论：从"混沌—崩裂"到"七日来复"》，《周易研究》2022 年第 3 期，第 29-35 页。

〔6〕　赵汀阳《纪念老师李泽厚》，《读书》2022 年第 1 期，第 37 页。

〔7〕　李泽厚《论实用理性与乐感文化》，转引自邓德隆、杨斌编选《李泽厚话语》，第 259 页。

认知简帛学的发展，使认知简帛学也成为探讨作为"第一范畴"的"度"的新视角。[1]

一

如果列举当代中国最有影响力的几位哲学家与思想家，那么，无论如何也不能不列入李泽厚先生。[2] 2015年，安乐哲教授主持的世界儒学文化研究联合会在夏威夷大学举行"李泽厚与儒学哲学"小型研讨会。会议期间，李泽厚先生用英文作了五度即席回应式的非正式发言，后被整理成《答高更（Paul Gauguin）三问》的对谈录。[3] 李泽厚对高更"Where do we come from? What are we? Where are we going?"这三问的回应，涵盖了他最重要的哲学贡献与思想创意的主要方面，也就是赵汀阳先生所概括的"一个由历史、心理学和美学叠合起来的视域，他以这样的重叠视域去解释几乎所有哲学问题"[4]。

历史学、心理学、美学既是李泽厚先生治学的重叠视域，也是他的研究领域："我的哲学将历史与心理结合起来，从马克思开始，经过康德，进入中国传统，马克思、康德、中国传统在我的哲学中融成了一个'三位一体'"，而"美学、哲学、历史（思想史）在我的哲学发展中形成了另一个'三位一体'"，并以"度"作为"第一范畴"。[5] 综览《今日中国文学与思想》"纪念李泽厚"专栏收入的几篇文章，反映的也正是这种"重叠视域"的若干方面。当然，正如李泽厚先生在《答高更（Paul Gauguin）三问》中未能涉及他本人非常关注的一些重要问题——诸如没有直接讨论被视作"第一哲学"的美学等，"纪念李泽厚"专栏的文

---

[1] 邢文《作为认知手稿学的认知简帛学》，《文化传播》第5辑，2019年，第3-10页。参见运用认知语言学的方法对简帛《老子》等进行的研究、西南交通大学博士学位论文杨煜婷《〈老子〉比较构式认知研究》等。

[2] 何兆武先生认为李泽厚是当代中国很少数的一位真正的思想家，见李泽厚《如何活：度与情；李泽厚1995年的一次座谈》，《中国文化》第37辑，2013年，第1-17页。本节译自 Xing Wen，"Introduction：'Proper Measure'—In Memoriam of Li Zehou"。

[3] 李泽厚《答高更（Paul Gauguin）三问》，安乐哲、贾晋华编《李泽厚与儒学哲学》，第18-28页。

[4] 赵汀阳《纪念老师李泽厚》。

[5] 李泽厚《课虚无以责有》，《读书》2003年第7期，第52-62页。

章也未及专门讨论被视作"第一范畴"的"度"。[1]

"纪念李泽厚"专栏译载赵汀阳先生的纪念文章，赵先生从自己独特的视角，深入浅出、化繁为简地梳理了李泽厚先生一生的主要思想与哲学贡献，如马克思主义、康德与孔子的创意组合，以及"历史建理性""经验变先验""心理成本体"的三原则等。[2] 这些都是李泽厚研究的重要问题，学者们已广有讨论。朱汉民教授的论文就"李泽厚为什么要统合孔子、马克思与康德"的问题，从儒学发展史的角度，比较了李泽厚先生统合"中体、西用、马魂"与宋儒对佛、老吸收、消化、重构的异同，阐明了李氏"新内圣外王之道"与儒学四期说在当代儒学发展史上的意义。[3] 肖建华与罗伯特·卡利奥（Robert A. Carleo Ⅲ）教授则分别从美学与"具体之仁"的角度，探讨了李泽厚与当代儒学发展的关系，后者并考察了作为"儒学具体人本主义者"的李泽厚基于"每个人都对历史有所贡献"的观点，而提出的"为当代及未来的伦理、道德和政治思考提供无价的珍贵资源"的所谓"具体人本主义的理论框架"。[4]

至于"历史建理性"等三原则，国内外学者已多有论述。以国内学者为例，杨国荣教授的《历史与本体——李泽厚哲学思想论略》一文即以"理性渗历史"补论"历史建理性"，以"先验返经验"申论"经验变先验"，以"本体存心理"深化"心理成本体"等。[5] 这三个原则，如赵汀阳先生指出，实质上是三个"建构性的假设"，都与"积淀"有关。作为李氏最有影响的理论贡献之一，"积淀"是他的"人类学历史本体论"的基本范畴之一，"重叠"多种不同的领域，如《美的历程》从内容（包括特定的社会内容和社会感情）向形式的积淀，《历史本体论》的人类的、文化的、个体的等三个层次的积淀。这种"积淀"可以是李泽厚

[1] 这也是为什么专栏的英文导言强调这一论题的原因。
[2] 赵汀阳《纪念老师李泽厚》，Remembering Professor Li Zehou，Jeffrey Keller 英译。
[3] 朱汉民《李泽厚为什么要统合孔子、马克思与康德》，"Why Li Zehou Wanted to Unify Confucius, Marx, and Kant"，Jeffrey 英译。
[4] 肖建华《李泽厚"情本体"美学思想的儒学根基》，《中国文学研究》2020 年第 2 期，第 8-15 页。罗伯特·卡利奥，"Li Zehou's Concrete Humanism: His Legacy in Confucian Tradition"，原载 *Chinese Literature and Thought Today*，Volume 54，Issue 1-2（2023）；李晓淇译本《李泽厚的具体之仁——儒家传统的思想遗产》，见本书。
[5] 杨国荣《历史与本体——李泽厚哲学思想论略》，《学术月刊》2022 年第 3 期，第 38-47 页。

先生所指出的《老子》"在不自觉或隐蔽的状态中"的"经验"与"思维,"[1]
并启发了对于李泽厚与体验哲学、认知语言学的富有创意的研究;[2] 也可以是李
泽厚对美学的"情感本体"的哲学思考,即李泽厚美学中的"理性化为感性""社
会化为个体""历史化为心理"的"积淀"过程。[3] 作为李泽厚哲学体系的重要
内容,"积淀"的意义见于罗亚娜(Jana S. Rošker)教授所论"积淀"对于"主体
性"的决定性意义——因为"积淀"是"人性化自然过程中个体的、社会的、理
性的与历史的积淀",玛雅(Maja M. Kosec)教授所论始于史前巫史传统与乐舞礼
仪实践的"积淀"以及"人类情理结构的形成与文化心理形态的转变",德安博
(Paul J. D'Ambrosio)教授所论现代社会道德的发展与李泽厚关于"个人、社会与
传统中某些情理结构"的"积淀",以及林安迪(Andrew Lambert)教授所论李泽
厚"关系主义"中"文化与历史的地方价值、思想与情感的'积淀'"等。[4]

二

"积淀"与"度"都是李泽厚先生"人类学历史本体论"中的基本范畴。"积
淀"实为"度"的来源。在李泽厚哲学中,"度"源自工具的使用,源自工具使用
的感性经验与体验及认知的"积淀"。"积淀"的层次与过程,定义着"积淀"的
"度"与"数"。

李泽厚先生把"度"译作"proper measure",并强调"度"与黑格尔的"量"
不同,[5] 实际上已经关注到我们在中国数理哲学中强调的重要的一点:中国的
"数"与西方的"数"不同;中国数理哲学的"数"与"数理",不是西方经典数

---

[1] 李泽厚《孙、老、韩合说》,《中国哲学》第 4 辑,1984 年,第 43-54 页。
[2] 刘占祥(Liu Zhanxiang)、杨煜婷(Yang Yuting),"The Significance of Embodiment Philosophy and Cognitive Linguistics in Li Zehou's Study of the *Laozi*",*Chinese Literature and Thought Today*, volume 54, Issue 1-2(2023)。此文基于杨煜婷西南交通大学博士学位论文《〈老子〉比较构式认知研究》。
[3] 肖建华《李泽厚"情本体"美学思想的儒学根基》,第 8-15 页。
[4] 均见《今日中国文学与思想》第 54 卷第 1-2 期"纪念李泽厚"专栏;其中,杨彦译德安博《李泽厚的"超-凡"方法——论〈什么是道德?〉之哲学风格》,见本书。
[5] 李泽厚《课虚无以责有》,第 60 页。

学中连续数学的"数"与"数理"，而是烙有体验与认知印记的"混沌—崩裂"之数与"七日来复"或"七日而混沌死"之数，[1] 是所谓太极图中阴阳二分而又"未可截然二分"，是"总是在变动不居的行程中"的"阴阳图的中线"之数与数理。[2]

对"混沌—崩裂"之数的认知与对"混沌""崩裂"的体验不可分。不论是西方哲学所论混沌基质（chaoide）[3]，还是中国哲学所引"七日而混沌死"等[4]，均可见对于"混沌"的体验与积淀的特征。如中央之帝混沌原无七窍，视、听、食、息当以体验为本；南海、北海之帝日凿一窍，积七日而混沌死，与《周易》"七日来复"有着数理关联[5]——至于两者的"七日"传统和"积淀"与《周易》所记"复，其见天地之心乎"有着怎样的文化"积淀"与"数度"关联，显然应该是我们从中国数理哲学的角度深入探讨作为"第一范畴"的"度"的早期线索。

"七日来复"之"七"是中国数理哲学所见一种独特的"度"——空间上，《淮南子》记有"七舍"；时间上，《周髀算经》记有"七衡"。"在中国数理哲学史上，'一阳初动'是'空间—必然'之'事物'，'七日来复'是'时间—必然'之'历史'；'混沌—崩裂'既为中国数理哲学之'历史'，也'推动'并'接续—推动'着人类现代科技与数理人文具有'自由的必然性'的'自由'[6]——这是中国数理哲学的'历史'与'自由'，是中国传统宇宙论的'历史'与'自由'，也是中华优秀传统文化'接续—推动'人类命运共同体中包括西方'落日'

〔1〕 邢文《中国数理哲学论纲》，第5-11页；邢文《中国数理哲学续论：从"混沌—崩裂"到"七日来复"》，第29-35页。
〔2〕 李泽厚《历史本体论》，转引自邓德隆、杨斌编选《李泽厚话语》，第260-261页。
〔3〕 张志强《何谓"中国哲学的机遇"——试论叶秀山先生的哲学观》，《中国哲学史》2020年第1期，第108-113页。
〔4〕 叶秀山、王树人《西方哲学史》（学术版）第一卷《总论》，凤凰出版社、江苏人民出版社2004年版，第31-32页。
〔5〕 邢文《中国数理哲学论纲》，第7-8页；邢文《中国数理哲学续论：从"混沌—崩裂"到"七日来复"》，第32-35页。
〔6〕 原注：关于"自由的必然性"以及本源性、历史性之"思"等相关问题，参见叶秀山《中西智慧的贯通——叶秀山中国哲学文化论集》，江苏人民出版社2002年版，第16-24页；叶秀山《愉快的思》，辽宁教育出版社1997年版，第17-27页。

成果在内的'哲学'与'科学'的'历史'与'自由'。"〔1〕在此，"历史"是"积淀"的"历史"，"自由"是有"度"的"自由"；"积淀"，在时间与空间的维度定义着"度"与"度数"。

"混沌"之数为"一"，如叶秀山先生所论，是"概念"为"一"："一切'概念'都不可分割，'概念'为'一'，'数'分至'一'，不可再分，'概念'不允许有'半'个。"〔2〕

"概念"不允许有"半"，但"半"的概念已见于清华大学所藏战国竹简《算表》。竹简《算表》所见"半"等，不论是从中国数理哲学还是认知简帛学的角度考察，皆为"度"与"数度"的溯源所不可忽略。

三

李学勤先生释清华简《算表》表示"二分之一"的"半"字 𣃟 由"月（肉）""辛""刀"三部分构成，较之表示"四分之一"的"釥"字所释，更多认知学的意义。〔3〕"我（李泽厚）的哲学的出发点不是'言'，而是'为'，是人类的生存经验"〔4〕，强调的正是体验性的认知或认知的体验性对于"度作为第一范畴"的意义。

作为"第一范畴"的"度"，是"以其成功经验在理性思维层生产辩证智慧"〔5〕。认知简帛学认为，出土简帛所见认知的体验性特征，反映着"体验—认

---

〔1〕 邢文《中国数理哲学续论：从"混沌—崩裂"到"七日来复"》，第35页。
〔2〕 叶秀山、王树人《西方哲学史》（学术版）第一卷《总论》，第34页。
〔3〕 李学勤《释"釥"为四分之一》，见李学勤《三代文明研究》，商务印书馆2011年版，第136-137页；杨煜婷，"The Oracle-Bone Inscriptions and Cognitive Science: Insights and Contributions of Professor Li Xueqin（1933—2019）"，"认知甲骨学——纪念李学勤教授（1933—2019）"专题研讨会论文，Symposium of Chinese Manuscript Culture 2019, Las Vegas, 2019年4月。按：认知简帛学于2018年提出，参见邢文《认知简帛学导论》，第四届简帛学国际学术研讨会暨谢桂华先生诞辰八十周年纪念座谈会论文，2018年10月；邢文《作为认知手稿学的认知简帛学》，第3-10页。
〔4〕 李泽厚《中国哲学如何登场？——李泽厚2011年谈话录》，转引自邓德隆、杨斌编选《李泽厚话语》，第265页。
〔5〕 李泽厚《实用理性与乐感文化》，转引自邓德隆、杨斌编选《李泽厚话语》，第259页。

知—简帛"的关系，是出土简帛整体性认知与阐释的重要取向。所谓"成功经验"，就是"体验—认知—简帛"过程所见"心智的体验性"（the embodied mind）的成功经验，可见认知简帛学的基本特征与基本原则。[1] "半"的概念与数理，反映的正是一种体验与认知的"度"——清华简《算表》"半"字的"月（肉）""辛""刀"，记录了作为对数量与分寸的体验与认知的"成功经验"的"度"；这不是"一"的概念的"度"，而是"半"的概念的"度"，是所谓太极图中阴阳之数二分而又未分的中线之"度"。

所谓"理性思维层生产辩证智慧"，说的就是认知简帛学的"语义背景构式"（Semantic Contextual Construction）。[2] "构式"是认知语言学的概念，见于认知语法（Cognitive Grammar）、认知构式语法（Cognitive Construction Grammar）、统一构式语法（Unification Construction Grammar）与激进构式语法（Radical Construction Grammar）等。[3] 在认知简帛学中，构式的观念更在于构式作为整体的普适性以及构式义对于构式的超越，不仅简帛文献所见语法[4]，出土简帛的字法、词法、章法乃至整治形制等都有构式与构式义，即"语义背景构式"。[5] 清华简《算表》之"半"，其意义在于"半"的数量之半，但更在于其语义背景构式之"半"。正是《算表》语义背景构式这一"理性思维层"的"辩证智慧"，使《算表》之"半"借由《算表》的分形数理而超越了《算表》之"半"的简单数量意义，而具有语义背景构式的构式义——既有《算表》之"半"的无限分形，又有无限之"半"局限于集（set）中。[6] 不言而喻，这正是作为"第一范畴"的"度"——"以其成功经验在理性思维层生产辩证智慧"之"度"。

[1] 参见邢文《认知民族语言学与中国手稿文化——认知甲骨学的视角》，《广西民族大学学报（哲学社会科学版）》2021年第5期，第53-60页。
[2] 参见 Xing Wen，"Cognitive Paleography and Cognitive Oracle-Bone Studies"，"认知甲骨学——纪念李学勤教授（1933—2019）"专题研讨会论文，Symposium of Chinese Manuscript Culture 2019, Las Vegas，2019年4月；邢文《认知民族语言学与中国手稿文化》，第53-60页。
[3] 参见顾鸣镝《认知构式语法的理论演绎与应用研究》，学林出版社2013年版，第15-41页。
[4] 如帛书与楚简本《老子》等，参见杨煜婷《〈老子〉比较构式认知研究》等。
[5] 参见邢文《认知民族语言学与中国手稿文化》等。
[6] 阴阳二分之"总是在变动不居的行程中"也是如此。参见邢文《清华简算表的分形认知》，《清华简研究》第4辑，2021年，第288-299页。

作为"第一范畴"的"度",是《周易·节》"以制数度"的"数度",[1] 是《礼记·乐记》"先王本之情性,稽之度数,制之礼义"的"度数"。[2] 我们认为,《乐记》的"稽之度数",实为稽之以"积淀"之"数"——前以"情性"为"本",恰为"情本体";后以"礼义"为"制",正是掌控适"度"。李泽厚先生所论"情本体""积淀""度"与《乐记》的契合,《周易》的"七日来复""以制数度"与认知简帛学视域中"度"的中国数理哲学之义,是深入探讨"度作为第一范畴"的重要方向。

〔1〕 李学勤主编《周易正义》(《十三经注疏》标点本),北京大学出版社 1999 年版,第 240 页。

〔2〕 李学勤主编《礼记正义》(《十三经注疏》标点本),北京大学出版社 1999 年版,第 1105-1106 页。

李泽厚的"超-凡"方法

——论《什么是道德?》之哲学风格

[美] 德安博 (Paul J. D'Ambrosio)　杨彦*（译）

[内容提要]

李泽厚是国内外最具影响力的中国当代思想家之一，其研究兴趣甚广，涉及从美学、萨满教到本体论、伦理学等不同领域。他的部分著作聚焦于某些特定主题，如康德哲学或《论语》；而另一部分则着眼于更为广泛的问题，包括中国思想史以及马克思主义在中国。本文重点介绍李泽厚鲜为人知的著作《什么是道德?》——这是一本李泽厚与全国各地学者的对话录。如李泽厚的大部分作品一般，这些对话如何在方法论和现实理论两个方面体现他"超-凡"的哲学反思模式，将是我们探讨的内容。这里的"超-凡"，既指"超越凡俗"或对一切凡俗的超越，也有"超级凡俗"或极为凡俗之意。与当今西方主流哲学研究相比，这种"超-凡"模式优点众多。

[关键词]

李泽厚；《什么是道德?》；"超-凡"方法

---

* 德安博 (Paul J. D'Ambrosio)，华东师范大学哲学系教授、中国现代思想文化研究所研究员、跨文化研究中心主任，哲学博士。本文据英文版"Li Zehou's 'Super-Mundane' Approach：On the Philosophical Style of *What Is Morality*?"译出，原载 *Chinese Literature and Thought Today*，Volume 54，Issue 1-2 (2023)。杨彦，东南大学艺术学院博士研究生。

《什么是道德?》一书于2015年问世。书中收录了李泽厚与全国各地的哲学、心理学及其他学科主要教授之间的会议讨论。这次为期几天的会议于2014年5月在华东师范大学举行。该书并未受到包括专门研究李泽厚在内的众多学者的关注。李泽厚晚年的视角依然十分独特，由此来审视他的思想是令人兴奋的。

几十年来，李泽厚一直以"访谈"的形式写作。尽管对他的采访众多，但有些著作，如《回应桑德尔及其他》，则完全以采访者与受访者之间对话的形式写成。李泽厚在此实际扮演了两种角色。正如他的挚友，同时也是其多部译著的赞助者邓德隆所述："李教授已把'访谈'作为哲学写作的一种方法。虽然通过论证的形式来'证明'自己的想法对他而言更加容易，但他已经厌倦了这样的方式。他年纪大了，对学界没那么感兴趣。"〔1〕《什么是道德?》则不同，该书并非以访谈形式写成，而是李泽厚与一些主要哲学家，如杨国荣、郁振华，以及其他众多顶级中国学者之间的交谈。因此，这本著作也为读者提供了一个难得的机会，以欣赏李泽厚与同事之间的对话。

《什么是道德?》一书中有许多有趣的讨论。例如，李泽厚在其早期著作基础上，扩展讲述了他对桑德尔、罗尔斯、康德等人的看法，回答了其他学者提出的相关尖锐的问题。李还被问及了他所提出的一些著名思想，如"和谐高于正义""两德论"，并以非常具体而易懂的方式进行了讨论。本文将探讨《什么是道德?》里面一股普遍的潜在趋势，即李泽厚在讨论道德伦理问题时，不断将其诉诸"超-凡"之方法，这股趋势不仅贯穿于这本著作，而且贯通李氏的大部分文集。

这里的"超-凡"既指"超越凡俗"或对一切凡俗的超越，也有"超级凡俗"或极为凡俗之意。换言之，我认为李氏依靠对日常经验的分析以及经验在演变为抽象概念过程中的发展，来理解伦理道德理论。此外，他不断将最抽象的理论还原到日常生活的层面，同时探寻日常案例又是如何发展为复杂抽象之理论的。尽管无法将李泽厚复杂的哲学，简化为更简单或更熟悉的思想，但将李氏思考理解为"超-凡"模式，却有助于阐明在其思想领会过程中碰到的一些难点。"超-凡"也是哲学思维的典范，与当前的学术趋势完全不同。

---

〔1〕 私人交谈：我与邓德隆在2014和2015年进行过几次这样的私人谈话。

一、超-凡方法论

像许多有影响力的思想家一样,李泽厚是很难被理解的。阅读李泽厚的作品的挑战有时来自李氏对他人的误读。例如,在《回应桑德尔及其他》(以下简称《回应》)一书中,李回应的往往并非桑德尔本人,而是桑德尔对罗尔斯的批判。李泽厚在此看似是对桑德尔予以了纠正,但事实上这与桑德尔对罗尔斯的纠正如出一辙。李在一些地方错误地引用其他哲学家的话,也让读者和译者惊讶万分。看待上述问题的一种方式,便是通过李泽厚自身所处的传统对大家和批评家的认识,来理解李氏的想法。中国哲学方法论并不侧重对命题予以精确的论证,而是着眼于对思想进行评注,使其与当前社会政治形势之特殊需求产生共鸣。孔子本人就曾表达过这种倾向,他的名言"述而不作"(《论语》7.1)由于其中的悖论和反讽而长期备受赞赏——儒家传统带给人的灵感就是声称不会去做任何原创性的事情。

我们可以采用类似的方式来阅读李泽厚的作品。虽然他有时会误读或歪曲从苏格拉底、康德、马克思到桑德尔的任何人,但他的作品仍然能激发人们的哲学反思。研究李泽厚并非由于他对哲学史进行了伟大的总结,而是因为我们从中可以发现一位学者对名著的原创性解读或启发性阐释。然而,正是由于李的哲学以这种方式来表达思想,所以按照目前(西方)的学术标准,我们会在其作品中发现瑕疵和不足。换言之,按照当代(西方)的标准,李泽厚还算不上一位伟大的学院哲学家。但是,中国传统的大家和批评家的评判标准,是以运用哲学思想和启迪人们反思为中心。如果以此为标准,那他确实是一位伟大的哲人。

《什么是道德?》第一章很好地记录了李泽厚的这种倾向。李直截了当地从他的《回应》一书谈起。在这一章,李与其他学者讨论了桑德尔的著作《公正》(2008)在开篇提到的两个案例。桑德尔在某些地方被学者们曲解了,例如给他贴上"功利主义"[1]的标签,或者说他并不理解情感在道德思考中的作用,他的作

---

[1] 李泽厚《什么是道德?》,华东师范大学出版社 2015 年版,第 11 页。

品在很大程度上是"把一些不同范畴的东西混为一谈"[1]。然而，李和同事们就中国和美国在某些法律问题、道德理解和哲学态度方面的看法进行了热烈的讨论。自始至终，李泽厚都采取了"超–凡"的方法。

在讨论的第一部分，李不断把焦点转向对道德思维复杂而抽象的认识。就不同的人如何处理"电车问题"，具体而言，即是否应该把一个胖子推下桥，以防失控电车撞死五个人——本质上，即是否应该故意杀死一个人，而不是让五个人被撞死——的问题。在回应这一问题时，李泽厚转向了抽象。例如，他问道：从对电车案件的研究分析中，"我们可不可能得出一些普遍性的结论？"[2] 与他对话的同事甚至反驳道："李先生，我不讲理论，我讲我将会怎么处理这件事。"[3] 然而，在深入到更抽象的层面，考察了不同处理方式在理论和法律方面带来的后果之后，李自己又回到了具体的层面：

> 我主张要历史地具体地来分析任何一个道德问题。你如果从一个抽象原理马上套到一个具体事例上，我是不赞成的……这一点我不怕人家骂，你说我是马克思主义也好，是什么主义也好，反正我就是主张这个：要历史地具体地分析，而且掌握好度。[4]

最后，李自己对这一情况的回应，可能在哲学上显得平淡无奇："堵电车的问题，若你是旁观者，你当然不应该推他；若你是司机，你要按照规则行事。"[5]

纵观第一章，李泽厚及其对话者对桑德尔的描述是不准确的。他们有时依赖于简单化的陈词滥调，对美国和中国做出了过于宽泛的概括。毫无疑问，依据当代西方学术标准，这种讨论是完全不合适的。但李泽厚采取的在具体和抽象之间不断转换的概括方式，使得我们能够通过他们的对话去反思道德思维。李和同事之间对话的哲学意义并不在于其得出的结论。他们并不是为哲学问题提供解决方案，而是启发人们去重新构想这些问题。他们的对话中最为精彩的部分恰恰是对话本身，而不是对话的结果。

----

〔1〕 李泽厚《什么是道德?》，华东师范大学出版社 2015 年版，第 16 页。
〔2〕 李泽厚《什么是道德?》，华东师范大学出版社 2015 年版，第 17 页。
〔3〕 李泽厚《什么是道德?》，华东师范大学出版社 2015 年版，第 27 页。
〔4〕 李泽厚《什么是道德?》，华东师范大学出版社 2015 年版，第 32 页。
〔5〕 李泽厚《什么是道德?》，华东师范大学出版社 2015 年版，第 47 页。

二、"超-凡"理论

李泽厚的哲学思想有许多独到的见解。其最具影响力的理论包括关系主义、情本体、情理结构、两德论、一个世界、积淀说等。这些理论被视为西方哲学的对立面,并与西方哲学进行对话。因此,关系主义是对个人主义和西方主流思想中人的原子化概念的反对。根据李的说法,即使是社群主义,也认为人与人之间有很大的区别。关系主义认为,人是通过相互之间的关系而构成的。同样,在西方思想中,个体通常被认为在根本上是理性的,理性支配着哲学思维和方法论。李提出"情本体"来反驳这一看法。情感,而并非理性,可被视为我们思维的基础,尤其是在道德和伦理的领域。更为全面的观点是把情感和理性结合在一起,称为"情理结构",即情感"与'理性'具体交织而言,突出的是'情理'关系的各种不同比例、比重和变动不居"[1]。

在认识社会结构的历史发展过程中,特别是在社会准则、德行、道德方面,李泽厚提出了"两德论",具体而言,包括"现代社会性道德"和"宗教性道德"。根据李的说法,这两者在现代性社会之前是一体的。当理性和原子人的观念占据主导地位时,善的概念(构成美好生活的一切,以及其他价值、信念、信仰)便与"权利"分离了。权利更加抽象,以理性为基础,以个人为本位——这就是"现代社会性道德"所提倡的。而具体的价值观以及对什么是善的思考,则被界定为"宗教性道德"。

在西方,"现代社会性道德"的发展与对具体世界的抽象相关。李泽厚认为,这是西方"两个世界"思想的一部分。他将此与中国的"一个世界"思想进行了对比:

中国和西方的不同,根本原因在哪里?一个是一个世界,一个是两个世界。从

---

[1] 李泽厚《回应桑德尔及其他》,生活·读书·新知三联书店 2014 年版,第 12 页。(注:此处作者在原文中的引文来自他与 Robert A. Carleo Ⅲ 共同的译作 A Response to Michael Sandel and Other Matters,该文发表于 Philosophy East and West,October 2016,Vol. 66,No. 4,pp. 1068-1147。此处的引文直接援引了中文原版中的内容,特此说明。)

柏拉图的理想国开始，西方始终是有两个世界的，它就有超验，有超越于这个世界
的另外一个世界，而且那个世界比这个世界更加重要，这个世界是从那个世界来
的，本源、真理也在那个世界。当然我是不赞成有个超验的东西在那里的。所以天
赋人权也好，人皆平等也好，这都是在社会中产生的。[1]

当李泽厚把西方的抽象思维称作"社会产物"，并从柏拉图到当代"天赋人权"的
进程中发现连续性时，便涉及他最具影响力的理论之一"积淀说"。李认为，随着
时间的推移，个人、社会和传统中的某些情理结构会逐渐发展并慢慢固化。因此我
们可能会发现，尽管某些行为在今天看来非常令人憎恶，但其在更早的时期是完全
被允许的。人也如此：儿童可以做的事情对于青少年和成年人来说可能是不被允
许的。

在所有理论中，李泽厚都严重依赖于具体的经验。例如，他着眼于萨满教，并
对其如何发展成为宗教思想以及后来的政治和哲学方式进行了理论分析。在《什
么是道德?》全书中，李鼓励同事们谈论他们自己的经验，他也常常在讨论中通过
个人经验来举例。凡俗的经验不仅仅有效，李泽厚还需从中进行道德反思：

我反对个人的抽象权利，权利是有具体内容的，是由具体的历史情境所规范的
权利。所以我认为，作为哲学的伦理学，要非常具体地关注现实。[2]

同时，正是从这种凡俗的"具体内容"当中，李泽厚的抽象理论才得以发展。

三、小结

李泽厚的工作在多方面都值得褒奖。从孔子到康德，从玄学思想家到桑德尔，
他对其中的每一个人都有深刻的见解和新的思考。此外，他的理论引人入胜、令人
信服——唯有越来越多的人受到他的启发，其理论的吸引力和说服力才得以长存。
《什么是道德?》可能是李泽厚迄今为止最鲜为人知的作品，但这一著作鲜明地体
现了李的方法：从凡俗、具体的经验中发展出抽象的思想和理论，同时又重新建立

〔1〕 李泽厚《什么是道德?》，华东师范大学出版社2015年版，第44页。
〔2〕 李泽厚《什么是道德?》，华东师范大学出版社2015年版，第251页。

起超越凡俗的抽象。在李和同事们的对话中,我们可以清晰地看到这一点。我们见证了一位大师级的哲学家如何就道德问题展开对话,既涉及具体内容又关乎抽象理论。这是一堂认识道德楷模、理解道德思想情感、体悟道德经验的精彩课程,也是道德反思的起点。西方当代哲学通常淡化这样的方法,李泽厚的《什么是道德?》一书却对此给予了典型的反驳。

李泽厚的具体之仁

——儒家传统的思想遗产

[美] 罗伯特·卡利奥（Robert A. Carleo Ⅲ）　李晓淇*（译）

[内容提要]

李泽厚在晚年时，尤其是在最后几年，满腔热忱，致力于阐释以传统儒学为基础的理性观、伦理观和道德观。他提出的理论框架认为，具象的、真实存在的人际关系是意义与价值的来源和基础。在他看来，"最根本的"是"'人活着'这一事实"。正如他所阐述的，人的生活的情景性、审慎性——即特定时空条件下人的感受、信仰和行为，促使我们坚信某些关于善与美的概念。这使李泽厚跻身颇负盛名、成就非凡的儒学具体人本主义者行列。本文概述了李泽厚在儒学具体人本主义传统中的地位，以及他的独特理论的主要特征。除此之外，本文还强调了李泽厚儒学具有进步性，赞同个人权利和自由的优先性。他坚信我们应从实践角度评估哪些价值观和原则最符合人的福祉，而且认识到每个个体作为人类整体至善的内在构成的基本价值。李泽厚的具象人文主义理论框架发挥着独特作用，为当今和未来的伦理、道德和政治思考提供了宝贵资源。

[关键词]

人本主义；儒家伦理；进步儒学；道德哲学；历史主义

---

* 罗伯特·卡利奥（Robert A. Carleo Ⅲ），华东师范大学中国哲学国际研究生项目讲师、卫斯理大学哲学专业客座助理教授、纽约市立大学柏鲁克学院哲学专业兼职助理教授，哲学博士。本文据英文版"Li Zehou's Concrete Humanism: His Legacy in Confucian Tradition"译出，原载 *Chinese Literature and Thought Today*，Volume 54, Issue 1-2（2023）。李晓淇，香港中文大学（深圳）人文社科学院教学助理，翻译硕士。

李泽厚教授在美学与伦理学领域留下了丰富的思想遗产，影响当下乃至未来的几代人。他的哲学思想影响广泛：上至造诣颇深的耄耋学者，下至风华正茂的忠实读者，无不涵盖在内。取得如此成就的李泽厚在晚年时期，尤其是最后几年里，积极投身于阐释以传统儒学（而非之后乃至现代的儒家思想）为基础的理性观、伦理观和道德观。由此，他跻身儒学公共知识分子行列。他们享有盛誉、颇有建树，具有批判性和创新性。他们在考量道德和政治正确时，将人的福祉放在首位，以人为本。这类人又称作"儒学具体人本主义者"。李泽厚提出的具体人本主义的理论框架发挥着独特作用，为当今和未来的伦理、道德和政治思考提供了宝贵资源。

一、具体之仁

具体之仁，即具体人本主义。清代儒学家戴震（1724—1777）、现代新儒家梁漱溟（1893—1988）和徐复观（1903—1982）同李泽厚教授一样，认同儒学具体人本主义。戴震肯定人的感受在判断是非对错中的基础性作用，坚信"有欲而后有为"，并优先考虑减少苦难。[1] 梁漱溟认为，儒学的独特之处在于强调人与人之间具体的情理关系，并通过上述关系，将关怀扩展至整个社会。[2] 戴、梁两人通过不同方式，坚持认为理（即原则或理性）必须以人与人之间的情感关系为基础并与之结合。同样，徐复观猛烈抨击那些忽视实际的人际关系和实践的儒学解释。他主张，所有儒学形而上学的构建都应该从"真实的模式"出发，而不能仅仅基于"深奥的言论"。[3] 李泽厚的儒家哲学颇为细腻且具有凝聚力，完全符合这一思潮。

事实上，李泽厚教授将自己的观点建立在儒学传统前辈学者的理论之上。例如，他将梁漱溟观点中具体的、情感性的人际关系的根本性视为伦理道德的根源和

---

[1] Stephen C. Angle, *Human Rights and Chinese Thought: A Cross-Cultural Inquiry*, Cambridge University Press（剑桥大学出版社）2002 年版，第 97 页；戴震《孟子字义疏证》，中华书局 1961 年版。

[2] 梁漱溟《中国文化要义》，台湾商务印书馆 2013 年版第 136-139 页。

[3] 徐复观，*The Chinese Liberal Spirit: Selected Writings of Xu Fuguan*, David Elstein 编译，State University of New York Press（纽约州立大学出版社）2022 年版，第 126 页。

基础。梁漱溟进一步赞同李泽厚的观点——肯定这些情感关系是孔子理性发展道德传统的一部分。[1] 李泽厚进一步发展梁漱溟对儒学传统的描述，强调仪式中所保持的神圣的心理状态"经孔子加以理性化"，并要求"落实在世俗的日常生活、行为、言语、姿态中"[2]。伦理关系"是理性秩序，更是情感认同，产生于情境"[3]。正确的理性排序调控这些情境关系中的"度"，而这些关系总是动态的、由文化塑造的。正如安乐哲（Roger T. Ames）所指出的，"理性是一致性——事物和功能的模式。理性的解释并不在于发现一些前因后果，也不在于隔离或披露相关的原因，而在于描绘出协同促成任何特定事件或现象的局部条件"[4]。对于这些思想家来说，孔子将传统习俗合理化，其着眼点并不在于超验的原则，而是真实存在的人类社会性中的交流和实践规范。

像早期的具体人本主义者一样，李泽厚也通过强调人性慈悲（仁）来表达这一观点，实际是使人在有限人生的悲欢离合的历史行程中，满怀情感地去寻求、建立、体悟人生意义的"天道"。[5] 李泽厚认为，慈悲为怀是一种凌驾于其他动机之上的道德要求。也就是说，它包括"克己"——一种自律形式，通过培养品格来实现"自由意志"。[6] 儒学的"核心和主要关注点是培养和塑造人类的情感心理"，它寻求的不仅是"理智、认识的一面，而且更有情欲、信仰的一面"[7]。实现仁需要理性对情感的统御，并致力于辨别哪些理性规范有益于人类福祉。

虽然李泽厚借鉴前辈学者的观点，提出了强有力的儒家具体人本主义，但我们不应该将他看作儒学传统的收官之人。相反，他的见解继续激发着这一方向的深入

[1] 李泽厚，*The Origins of Chinese Thought*，Robert A. Carleo Ⅲ 译，Brill（博睿学术出版社）2018 年版，第 43 页。
[2] 李泽厚，*The Origins of Chinese Thought*，Robert A. Carleo Ⅲ 译，第 43 页。
[3] 李泽厚，*The Humanist Ethics of Li Zehou*，Robert A. Carleo Ⅲ 编译，State University of New York Press（纽约州立大学出版社）2023 年版，第 135 页。
[4] Roger T. Ames, Introduction to *The Art of Warfare by Sun-Tzu*，Roger T. Ames 译，Ballantine Bookes（巴兰汀图书）1993 年版，第 56 页。
[5] 李泽厚，*The Humanist Ethics of Li Zehou*，第 104 页。
[6] 《论语》第 12 篇第 1 章；孔子，*The Analects of Confucius: A Philosophical Translation*，Roger T. Ames、Henry Rosemeont Jr. 译，Ballantine Bookes（巴兰汀图书）1998 年版，第 152 页；李泽厚，*The Humanist Ethics of Li Zehou*，第 170、191 页；Robert A. Carleo Ⅲ，"Is Free Will Confucian"，*Philosophy East and West* Volume 70, No. 1 (2020)。
[7] 李泽厚，*The Origins of Chinese Thought*，第 41 页。

研究。杨国荣便是研究儒学传统具体人本主义的年轻学者中耀眼的一位，他提倡"具体形而上学"，强调人"事"的关键性中心地位。[1] 值得注意的是，所有这些思想家（也许不包括戴震），都在广泛和包容的层面上理解"儒学"，将其作为中国文化学术研究中的主流传统。[2]

二、李泽厚的具体之仁

李泽厚曾写道，"最根本的"是"'人活着'这一事实"。[3] 这将一切意义都根植于具体而非抽象的人类生活中：

没有人的生存延续，一切都没有意义，认识也是为了生存嘛。但这只能在总体方面讲，而不能作实用主义有用即真理的解释。

意义是由活着的人一起创造的，在交流和生产性社会生活的创造性实践中实现。这些实践与文化传承互为表里，是创造性的而不是被动性的，即汉娜-阿伦特（Hannah Arendt）所描述的同时拯救世界和重新创造世界的持续性过程。[4] 我们每个人都在逐渐适应前辈传承下来的世界，同时也在按照自己的意愿共同构建和重新构建这个世界。

由此，我们把所有意义都看作是历史的、动态的和基于特定处境的，那就会面临一个问题：如果某个东西最终能成为道德的普遍基础，那么它到底是什么？对此，李泽厚的答案还是"人活着"。正如他所阐述的，这肯定了每个个体基本的、不可侵犯的价值，也肯定了整体共同利益的至高价值。

"至善"既是人类总体的生存延续，从而人性善可说是由于个体参与这个人类

---

[1] Yang Guorong, "An Outline of Concrete Metaphysics", *Contemporary Chinese Thought*, Volume 43, Issue 1 (2011); Yang Guorong, "'Affairs' and the Actual World", *Contemporary Chinese Thought*, Volume 52, Issue 3 (2021); Liu Liangjian, "Yang Guorong and His Concrete Metaphysics", *Contemporary Chinese Thought*, Volume 43, Issue 4 (2012); Robert A. Carleo Ⅲ, Liu Liangjian, "The Philosophy of Affairs", *Contemporary Chinese Thought*, Volume 52, Issue 3 (2021)。
[2] 李泽厚对"儒学"的完整论述，详见李泽厚，*The Origins of Chinese Thought*，第 211-214 页。
[3] 李泽厚，*The Humanist Ethics of Li Zehou*，第 116 页。
[4] Hannah Arendt, *Between Past and Future: Eight Exercises in Political Thought*, Viking Press（维京出版社）1961 年版，第 173-196 页。

生存延续的实践而"性善"，即由总体"至善"而个体"性善"。前一方面是现代性道德的基础，后一方面是对中国传统的宗教性道德的承续。[1]

个体对人类的"贡献"不仅仅是为推动某种进步或为他人福祉所做的努力。这些可能也是伟大的、有价值的，但李泽厚认识到每个人对于"人类整体"具有基本的贡献。这种贡献是每个人生命中"固有的"。每个人，作为人存在，本身就构成了人类整体的组成部分。抛开其他形式的贡献不谈，作为一个个体，活得好本身就丰富了人类。正如李泽厚教授所说："每个人都在参与历史。"[2] 因此：

因为人类整体是由个体的人所组成的，从而个体的充分发展应该是这个整体在历史进程中所期望和奋力争取的最终目的。[3]

我们不能在根本上损害个体权利。在现时代，个体生存是整体生存的基础。

在此，李泽厚肯定了进步和个体自由："社会伦理和个人道德在进步"，正如"倡导凸显的个体自由、人格尊严、独立自主，包括妇女的人权平等，便极大地推进了社会生活的改善和发展，使整体社会道德水平也远超以往年代"。[4]

因此，我们可以将李泽厚教授的儒学视为进步性的（而不仅仅是自由的）。这从两个维度可以看出：一是致力于道德和社会进步，二是支持通常被称为"进步性"的社会和政治运动。[5] 最重要的是，它珍视和追求的进步，是基于人类生活本身的经验性、感知性判断的。通过这一基本框架，李泽厚教授肯定基于儒学首要原则的自由民主的权利与自由，即不断扩展人类整体生存的至善。当然，这既非客观的，也非明确的。但这就是李泽厚观点的优势所在。这种至高价值的情景性、审慎性——即特定时空条件下人的感受、信仰和行为，促使我们确信某些关于善与美的概念。人在需求的同时，也不断在共同评定究竟何为善、何为美，以及其发展与界定要素。

这就要求我们关注具体问题：哪些制度能产生更大的福祉。为此，李泽厚呼吁

〔1〕 李泽厚，*The Humanist Ethics of Li Zehou*，第37页。

〔2〕 李泽厚《人类学历史本体论》，青岛出版社2016年版，第194页。

〔3〕 李泽厚，*The Humanist Ethics of Li Zehou*，第203页。

〔4〕 李泽厚，*The Humanist Ethics of Li Zehou*，第203页。

〔5〕 Stephen C. Angle，*Contemporary Confucian Political Philosophy*，Polity（政体出版社）2012年版，第2页。

加强对这些问题的技术性调查，并赞赏像史蒂文·平克的《当下的启蒙》一样的，分析社会和道德进步的本质，以继续推动进步。[1] 另一个类似的例子是埃莱娜·齐利奥蒂（Elena Ziliotti）的研究。她借鉴实证，阐述社会和政治等级制度对人类福祉产生的消极影响，以反对儒家思想的等级制度。齐利奥蒂将这种负面影响分为三个层面：物质福祉、道德修养和政治秩序。以上三者是儒家道德的主要关注点和目的，也是政治合法性的儒学基础。因此，如果齐利奥蒂的实证研究成立，只要儒学的一些传统理念具有对不平等的评估性，阻碍了个人和社会福祉更基本目标的实现，我们就必须予以废除。现代社会科学告诫我们如此。

李泽厚的理论框架还要求我们评估这些制度是否能在不同的文化、人口和时间中产生福祉；是否应该考量其他形式的福祉；以及应该如何调整制度以丰富和保护人类的利益。鉴于此，显然，我们应该拥护和发展自由民主的价值观念和相关机构，遏制新自由主义全球化的危害，还要有多样化和实验性的社会安排。

这样一来，李泽厚基于人际关系主义本身，确认了自由正义对儒家关系主义的首要性（至少目前如此）。正如德安博（Paul J. D'Ambrosio）所说，对于李泽厚来说，"只有正义得以牢固确立"，儒家的和谐理想才能实现。因此，"正义高于和谐"。[2] 但在此，李泽厚并没有仅仅通过肯定儒学的哲学思想以支持自由主义，而是借助儒学的理论框架"超越自由主义"：

我所赞成的自由主义（整体为个体存在、个人权力优先）只是我的历史主义（历史发展到一定时期或阶段的要求或产物）的呈现。自由主义从属于历史主义，历史并未终结于资本社会和自由主义。既要强调公正，又以"有情宇宙观"的"和谐高于公正"作范导，以走向一个更为理想的未来，这就超越了自由主义。[3]

当然，正如干春松所说，这使得自由主义"不太彻底"。而对于李泽厚来说，这正是关键所在。[4] 事实上，儒学能够肯定自由主义的原则和价值观，但又无须

[1] 李泽厚, *The Humanist Ethics of Li Zehou*, 第77-78页; Steven Pinker, *Enlightenment Now: The Case for Reason, Science, Humanism, and Progress*, Viking Press（维京出版社）2018年版。
[2] Paul D'Ambrosio, "Li Zehou's 'Harmony is Higher than Justice': Context and a Collaborative Future", *Asian Studies*, Volume 8, Issue 1 (2020).
[3] 李泽厚, *The Humanist Ethics of Li Zehou*, 第209页。
[4] 李泽厚《人类学历史本体论》, 第201页。

遵守其基本理念。从广义上看，这也许正是它的独特优势所在。[1]

随着时代的变迁，这个框架坚持要求我们务实地评估哪些价值和原则对人类的福祉最有利，同时要考虑到每个个体作为人类整体至善的内在构成的基本价值。这就排除了对抽象原则的基础性承诺，从而避免错误遵守过去所谓的"正确"原则，或将其非法正当化。以美国"右派主义"和原子个人主义思维为例，贾迈尔·格林（Jamal Greene）指出其偏颇之处："总体上，美国运行得还不错。但我们不应该将其持久性误认为僵化不变。美国宪法的寿命不仅得益于立法者、法官，更得益于那些敢于在法律面前梦想的人。"[2] 正如戴震所说，我们必须通过关注人类福祉来评估什么才是正确的权利。否则，那些当权者就会坚持某些权利的原则和主张，将忽视痛苦变得合理化。[3] 我们不应该把过去甚至现在行之有效的东西误认为是普遍适用的硬性法律。新的沟通方式、国际关系和生产条件等根本性社会技术的发展给世界各国带来了紧迫挑战。[4] 随着人类生活条件的变化，我们的道德评估工具必须与之相适应。也许李泽厚教授最大的思想遗产是他将自己的伦理观打造成了当代哲学杰作。

〔1〕 Sor-hoon Tan, *A Confucian Response to Rorty's Postmodern Bourgeois Liberal Idea of Community*, Yong Huang 编, *Rorty, Pragmatism, and Confucianism*, State University of New York Press （纽约州立大学出版社）2009 年版，第 161-179 页。

〔2〕 Jamal Greene, *How Rights Went Wrong: Why Our Obsession with Rights Is Tearing America Apart*, Houghton Mifflin Harcourt （哈考特出版社）2021 年版，第 250 页。

〔3〕 Robert A. Carleo Ⅲ, "Confucian Post-Liberalism", *Asian Studies*, Volume 8, Issue 1 （2020）.

〔4〕 Hans-Georg Moeller, Paul J. D'Ambrosio, *You and Your Profile: Identity after Authenticity*, Columbia University Press （哥伦比亚大学出版社）2021 年版。

儒学研究

荀子法思想再探：以"君子"为政治理想人格的展开

韩　星　刘晓婷*

[内容提要]

　　荀子虽然礼法并称，但法仍然具有与礼不同的规范意涵。荀子有见于法之灵活性不足、施用范围之局限、执行公正性之难行，进而引入"君子"的概念，以君子作为法的执行主体，通过君子"以义变应""知类""公义"的人格特征，来应对现实事件的多变性、法律范围的限定性以及法律施行的公正性问题，从而确保法的有效性与道德性，并获得一种温温然的治理效果。荀子的法思想基于对"理"的原则性与普遍性的认识，使君子成为法律施行之主体，是基于对法的工具性本质的认识和对人性的基本预设而尝试的"救蔽"办法，君子是一种政治理想人格，统摄于荀子"圣人政治"的理想中。

[关键词]

法；君子；类举；以义变应；公心

---

* 韩星，中国人民大学国学院教授，博士生导师；刘晓婷，中国人民大学国学院 2020 级博士研究生。

隆礼重法、礼法并举是荀子区别于其他先秦儒家思想家的重要特征。以往学者对荀子礼法思想的研究，倾向于将礼法视为一体，强调礼作为荀子礼法思想的根基与内核，[1] 认为荀子礼法思想始终以道德性为其根本特征，从而与先秦法家相区别。[2] 考察《荀子》文本，会发现尽管荀子多以礼法连称，但法的概念也常常独立使用。有学者从法的内涵角度比较荀子与先秦法家关于法思想的区别，认为荀子之法基于儒家立场，以血缘与亲亲的道德为其底色，而法家之法则是基于普遍性的自然法，二者的区别本质上是道德与法律的区别，[3] 即认为荀子的法本质上仍然是道德。无论是将礼法概念视为一体，还是独立于礼来看待荀子的法思想，都突出地强调了礼法或法思想的道德性特征。笔者认为，前一种观点将礼法视为一体进行研究而强调其道德性特征，结论固然没有问题，但如此则通常将礼法概念视作一个偏重于礼的偏正概念，道德性实际上是依附于礼，法的概念与内涵被忽略。荀子作为先秦法学思想发展中一个重要过渡性人物，《荀子》文本中也有大量关于法的思想表述，因此其法思想应当受到独立于礼的研究与重视。第二种观点则需要检讨，荀子对法的认识是否出于一种道德视角。本文将不同意这种认为荀子之法思想本质上仍然是基于儒家亲亲道德的观点，认为这一观点受到礼概念的干扰，因为礼是亲亲尊尊之礼，并不能由此认为荀子对法的理解亦是亲亲尊尊、有差别性的法。实际上，荀子恰恰是认识到法的同一性与确定性特征，并以此为"法之蔽"而认为法之不足以为治。荀子的问题意识毋宁说是如何克服法的同一性与确定性。他采取的办法就是引入君子的概念，由君子作为法的施行主体，从而君子能够借助运用自身的知与德来解决"法之蔽"。荀子是在规则性、规范性角度来使用法的概念，而非由亲亲尊尊的社会秩序角度来展开法的论述。荀子之法依靠君子的德性来施行，从

---

〔1〕 梁治平《"礼法"探原》，《清华法学》2015年第1期。

〔2〕 王正《礼与法——荀子与法家的根本差异》，《中国哲学史》2018年第4期；李峻岭《荀子与法家援法入儒及理念分合——兼论荀子与韩非、李斯之关系》，《理论学刊》2018年第5期。

〔3〕 瞿同祖《中国法律与中国社会》附录《中国法律之儒家化》："所谓法律儒家化表面上为明刑弼教，骨子里则为以礼入法，怎样将礼的精神和内容窜入到法家所拟订的法律里的问题。换一句话来说，也就是怎样使同一性的法律成为有差别的法律的问题。"（商务印书馆2010年版，第378页。）即认为儒家以礼乱法，将礼的差别性原则窜入到法的同一性原则中。商晓辉《万物以齐为首：慎到与荀子法思想比较研究》，陈明、朱汉民主编《原道》第34辑，湖南大学出版社2018年版，第170页。

而在法的实践中产生道德性。易言之，荀子之法是工具性的，自身并不具有纯善的道德性，道德性由君子在法的施行过程中产生，是一种效果上的道德性，而并非由法自身所蕴含。荀子法思想的根基不在于礼，而在于君子。

本文讨论的重点在于独立于礼的法思想，因此将单独使用法的概念，而不涉及礼法概念以及礼与法之间的关系。文章的重心在于荀子如何建构起以君子为主体的法，从而通过君子来解决法的弊端，从而由君子赋予法以道德性。这一以君子为主体的法在实施上依三个层次而展开：（一）面对法一经制定就具有某种确定性与滞后性，君子以义变应，来应对事的多样性；（二）在法的施用范围上，有法以法行，无法以类举；（三）在法的执行上，君子以公义胜私欲，从而确保法的公共性与公平性。荀子批评慎到"蔽於法而不知贤"，君子对法的参与解决了"不知贤"之蔽，同时这一参与也使君子表现出一种政治理想人格特征，表现出荀子对圣人政治的理想追求。

一、以义变应：法的确定性如何应对事的多变性？

先秦法家认识到世事多变，积极提倡应变之策，商鞅提出"世事变而行道异"〔1〕，韩非子亦指出"世异则事异，事异则备变"〔2〕，尽管"道异""备变"蕴含了法的变化，但其讨论侧重于一个宏大趋势的视角，并强调法律施行的同一性与确定性所带来的社会秩序与治理效果，在法律施行的微观层面，较少讨论法的同一性与确定性如何应对具体情境的复杂性与多变性。

博登海默指出："尽管法律是一种必不可少的具有高度裨益的社会生活制度，它像人类创建的大多数制度一样也存在某些弊端。如果我们对这些弊端不引起足够的重视或者完全视而不见，那么我们就会发展为严重的操作困难。"〔3〕他认为法律的局限性表现在三个方面。第一，法律是某个特定时间与地点的产物，又因其不

---

〔1〕 蒋礼鸿《商君书锥指》卷 2《开塞》，中华书局 1986 年版，第 53 页。
〔2〕 王先慎《韩非子集解》卷 19《五蠹》，中华书局 1998 年版，第 445 页。
〔3〕 E. 博登海默《法理学——法哲学及其方法》，邓正来译，中国政法大学出版社 1999 年版，第 402 页。

可朝令夕改的性质，而表现出一种保守性与"时滞性"特征。第二，由于法律规则是以一般的和抽象的术语来表达的，从而在个别情形中只能起到僵化呆板的作用，正如柏拉图在其《政治家篇》中指出："法律从来不能签署一条对所有人具有约束力的命令，这条命令能使每个人处于最佳状态，也不能精确地规定社会每一成员在任何时刻都知道什么是好的，怎样做是正确的。"[1] 人际关系具有无限的多样性与复杂性，因此这种一般性规则不可能良好地应对所有的情形。第三，法律的过度规范控制可能导致一种强制与压制，从而扼杀部分有益之拓展与尝试。博登海默所指出的法律的这三个弊端，都指向同一个问题：法一经制定，在一定时间内就具有确定性，那么如何面对现实情境的复杂多变性？

荀子对法的讨论，首先基于两个基本预设。第一个预设是人类现实生存环境处于变动不居中，政治活动如君主统治与国家治理必须应对这一变化之环境，人主的任务是要知"天下之变、境内之事""知虑足以应待万变"[2]。由此带来荀子的第二个预设，即统治的最终目的是要依靠君子来建立一个"万物得宜、事变得应"的理想秩序，在这一理想秩序中，"谪德而定次，量能而授官，使贤不肖皆得其位，能不能皆得其官，万物得其宜，事变得其应"[3]，"若是，则万物得宜，事变得应，上得天时，下得地利，中得人和，则财货浑浑如泉源，汸汸如河海，暴暴如丘山，不时焚烧，无所藏之"[4]。

因此，法如果要成为一个有效治理工具，那么法的施行如何"应事之变"、如何有益于这一理想秩序建构就成为其思考的出发点。"法者，治之端也；君子者，法之原也"[5]，荀子赞同法是治理国家的关键，但认为君子才是法的依据。[6]

---

〔1〕 [古希腊] 柏拉图《柏拉图全集》第三卷《政治家篇》，王晓朝译，人民出版社 2003 年版，第 145 页。

〔2〕 王先谦《荀子集解》卷 8《君道》，中华书局 1988 年版，第 243、244 页。

〔3〕《荀子集解》卷 4《儒效》，第 123 页。

〔4〕《荀子集解》卷 6《富国》，第 187 页。

〔5〕《荀子集解》卷 8《君道》，第 230 页。

〔6〕"原"即"源"，本原之意（李涤非《荀子集释》，台湾学生书局 1981 年版，第 264 页），这里的本原并非一种创生意义，即君子并不一定是法的创立者，而只是强调君子对法所产生的影响，同篇后文记载"君者，民之原也；原清则流清，原浊则流浊"（《荀子·君道》），"原"作为本原、根源或源头，所强调的是君对民、即"源"对于"流"的影响，即一种上对下、本对末所产生的影响，而非君创生或创立民。

"故有君子则法虽省，足以遍矣；无君子则法虽具，失先后之施，不能应事之变，足以乱矣。"[1] 法的具文有繁有省，其施行有先有后，法律在未施行的时候只是具文，如果由君子来执法，那么法律的条文即使规定简单，即"法省"，君子也能够使其得到周详的应用。如果执法的不是君子，那么法的施行就可能产生混乱，从而不能"应事之变"。在这里，隐含了法是一种非能动的工具性存在，因此工具性的法面对"事之变"，无法通过自身来适应这种变化，而只能依靠使用工具的行为主体即君子来实现。

那么，君子是通过什么来实现应事之变呢？荀子认识到法的内涵有两个层次，即法之数与法之义："不知法之义而正法之数者，虽博，临事必乱"[2]，义与数有分工，"故械数者，治之流也，非治之原也；君子者，治之原也。官人守数，君子养原，原清则流清，原浊则流浊"[3]，"械数"即法之数，在荀子的法律体系中，君子掌握"法之义"，官人掌握"法之数"。官人与君子相对，"循法则、度量、刑辟、图籍，不知其义，谨守其数，慎不敢损益也，父子相传，以持王公，是故三代虽亡，治法犹存，是官人百吏之所以取禄秩也"[4]，此即官人之职守与特征，指端悫守法、缺乏变通的官吏，扮演具体执行的角色，具有明显的被动性，无法主动地应对事的多样性与复杂性。而掌握"法之义"的君子，则显然能够"以义变应"或"宗原应变"，前引《儒效》"万物得其宜，事变得其应"即是君子之职，"饰动以礼义，听断以类，明振毫末，举措应变而不穷，夫是之谓有原，是王者之人也"[5]。这里，王者之人实际上就是君子，从而君子得以"法省而遍"或"应事之变"。

由此，法之数是指有繁有省的法律条文，法之义则是法律条文背后所依据的原理，是法律在施行时需要依靠个人辨别正误、分辨具体情境的能力，能够以适当、合理的方式来应对变化的具体情形。有学者认为，荀子"法之义以宗教伦理为基础，体现儒家尊卑贵贱的等级制精神由荀子始得以发扬光大，对后世影响最为深远

---

[1] 《荀子集解》卷8《君道》，第230页。
[2] 《荀子集解》卷8《君道》，第230页。
[3] 《荀子集解》卷8《君道》，第232页。
[4] 《荀子集解》卷2《荣辱》，第59页。
[5] 《荀子集解》卷5《王制》，第158页。

莫过于具体落实到法律的制定中，也可以说是法律的儒家化"[1]，即认为"法之义"体现的是"儒家尊卑贵贱的等级制精神"。笔者认为，对"法之义"的考察要回到荀子对"义"的论述语境中。实际上，荀子的"义"是与"理"相联系的。"君子养心莫善于诚，致诚则无它事矣。……诚心行义则理，理则明，明则能变矣。"[2]如果君子诚心行义，那么其行为必然合乎事理，正如宋儒程颐所言："在物为理，处物为义。"[3]荀子提出："仁者爱人，义者循理"[4]；"义，理也，故行"[5]。以义变应，就是对事物之理的掌握，从而以应对纷繁杂乱之现象。

正如美国华裔学者柯雄文指出："当某种困难的伦理抉择在某一特定情境中产生时，所强调的是'义'或个人的正当感。对荀子而言，义在某一基本意义上是一种辨别正误的能力，此种能力的适当运作，必须依赖临近事情的正确判断或评价。"[6]掌握事理首先需要"知"的参与，从而区分是非，君子扬美、举过、屈伸的行为之所以不同于谄谀、毁訾、怯懦等行为，就是因为君子能够"以义变应，知当曲直故也"[7]，能应变知理，故而能够不被现象所迷惑，"故君子之于礼，敬而安之；其于事也，径而不失；其于人也，寡怨宽裕而无阿；其为身也，谨修饰而不危；其应变故也，齐给便捷而不惑"[8]。其次，应变还需要"知贯"，"贯"就是事物不变之理，"百王之无变，足以为道贯。一废一起，应之以贯，理贯不乱。不知贯，不知应变，贯之大体未尝亡也"[9]。因此，只有君子才有这种"以义变应"的能力。由此理解，荀子"法之义"概念本身实际上超越了儒家等级社会的道德原理，因而具有更抽象的原则性、规范性内涵。

在现代法学观念中，法的灵活性以自由裁量权的概念表现出来。荀子将君子的概念引入法律的执行过程中，君子能够以义变应，即掌握现实情形的多变，并以义

〔1〕 商晓辉《万物以齐为首：慎到与荀子法思想比较研究》，第170页。
〔2〕 《荀子集解》卷2《不苟》，第46页。
〔3〕 程颢、程颐《二程集》，中华书局2004年版，第968页。
〔4〕 《荀子集解》卷10《议兵》，第279页。
〔5〕 《荀子集解》卷19《大略》，第491页。
〔6〕 柯雄文《伦理论辩——荀子道德认识论之研究》，黎明文化事业公司1990年版，第27页。
〔7〕 《荀子集解》卷2《不苟》，第42页。
〔8〕 《荀子集解》卷8《君道》，第233页。
〔9〕 《荀子集解》卷11《天论》，第318页。

即合理的方式来灵活处理。法在执行过程中涉及自由裁量的可能性，荀子认为，对这种自由裁量的把握只有依靠君子来实现。

二、法行类举：如何应对超出法律范围之情境？

正如前引柏拉图与博登海默指出的那样，法律由于其一般性特征，对社会生活的规定只能提出普遍性的规范，因此法律在具体执行过程中，必然会遇到超出法律之规定范围而"无法可依"的情境。荀子考虑到这一情形，提出"类举"的解决办法："故法而不议，则法之所不至者必废"，"其有法者以法行，无法者以类举，听之尽也"[1]。荀子认识到有法律所规定不到的地方，即在"法之所不至"之处需要"议"，"类举"显然就是"议"的方式。

何谓"类"？杨倞注："类，谓比类。"[2] 清儒郝懿行谓："类，犹比也，古谓之决事。比，今之所谓例也。"[3] 俞樾则认为，"古所谓类，即今所谓例"[4]。"决事比"是汉代的法律用语，如汉儒董仲舒曾著《春秋决事比》，即以《春秋》所记载案例呈现出的春秋义对汉代的法律案件进行审判，判断的标准即取其共同之义。

"类举"之所以可行，其认识论依据是荀子对类的原则的把握，荀子提出了一个认识论公式，即"类同则理同"，同类事物背后必定有相同之理，理是事物分类的依据。这一公式具有超时空的合理性，"故以人度人，以情度情，以类度类，以说度功，以道观尽，古今一度也。类不悖，虽久同理"[5]，"理是成类的根据，天下之物，各有其类，只要类不乖悖，虽久而理同"[6]，从而能够通过对理的把握而获得对类的认知。"理"是荀子认识混杂的现象世界背后存在的一个超越性的规

---

[1] 《荀子集解》卷5《王制》，第151页。
[2] 《荀子集解》卷5《王制》，第151页。
[3] 《荀子集解》卷19《大略》，第500页。
[4] 《荀子集解》卷19《大略》，第500页。
[5] 《荀子集解》卷3《非相》，第82页。
[6] 李涤非《荀子集释》，台湾学生书局1981年版，第84页。

律，由此能够"以类行杂，以一行万"[1]，而不迷惑于现象世界。这一公式也扩大了人们的认知范围，"以其本，知其末，以其左，知其右，凡百事异理而相守也"[2]。由事物之根本能够推知其枝末，由其左面能推知其右面，众多事物所蕴含之理虽然不同，但它们相守以处之的方式是相同的，即合乎事理，这就是"通类"的方式。而具体到法的应用，"以类举，即以理举、以理通。此所言类，即法制所本之理"[3]，遇到没有法律规定的情形，"根据法制之理推断而行"[4]，"庆赏刑罚，通类而后应。政教习俗，相顺而后行"[5]，庆赏刑罚，以通类的方式来达到事事相应。

人的生理结构使人能够以理通类。"凡同类、同情者，其天官之意物也同，故比方之疑似而通，是所以共其约名以相期也"，"心有征知。征知则缘耳而知声可也，缘目而知形可也，然而征知必将待天官之当簿其类然后可也"。[6]荀子所谓"天官"即耳目口鼻等官能，五官都要受到心的主宰，通过五官对现象的吸收，进而通过心之知对事物之理的判断，从而实现类的分判。尽管从理论上说，人的生理结构可以使所有人都得以"知类"，但荀子认为，实际上只有充分实现其"知明"的圣人和君子[7]才能做到"知通统类"，也因此只有君子或圣人作为法的施行主体，实现"有法以法行，无法以类举"。

君子"以义变应"与"无法以类举"，都指向在法的施行过程中对"理"即合

---

[1] 《荀子集解》卷5《王制》，第163页。
[2] 《荀子集解》卷19《大略》，第500页。
[3] 韦政通《荀子与古代哲学》，台湾商务印书馆1992年版，第22页。
[4] 韦政通《荀子与古代哲学》，第22页。
[5] 《荀子集解》卷19《大略》，第500页。
[6] 《荀子集解》卷16《正名》，第415-416、417页。
[7] 荀子有时认为圣人才具有"类"的能力，如"故多言而类，圣人也；少言而法，君子也"（《荀子·非十二子》），"多言则文而类，终日议其所以，言之千举万变，其统类一也：是圣人之知也"（《荀子·性恶》）。但荀子有时又将类作为君子的特性，如"君子，小人之反也。君子大心则敬天而道，小心则畏义而节；知则明通而类，愚则端悫而法"（《荀子·不苟》），"君子之言，涉然而精，俛然而类，差差然而齐"（《荀子·正名》）。在荀子的人格分类中，圣人与君子有时构成圣人、君子、士的人格序列，而有时君子在一种广义上使用，"君子者，天地之参也，万物之总也，民之父母也。无君子则天地不理，礼义无统，上无君师，下无父子，夫是之谓至乱"（《荀子·王制》），这里的君子能够参天地、总万物，实际上就是圣人。因此本文认为，在荀子法的语境中，作为"法之原"、掌握"法之义"的君子，就是一种包括圣人在内的广义的君子。

理性的把握。以合理性执法，最终要使法的施行产生一种"温温然"的效果，"人无法，则伥伥然；有法而无志其义，则渠渠然；依乎法而又深其类，然后温温然"[1]。杨倞注"渠渠"为"不宽泰之貌"，而"温温"即"有润泽之貌"[2]，即有法、有义且有类，才能达到一种宽厚的、温暖的效果。有法而不识义，则容易落入"拘守文字，即只知刻板地守着法制条文，遇到'法教之所不及，闻见之所未至'时，就束手无策，不能以类通；这种人对法只是知其然而不知其所以然"[3]；有法而识其义，则不拘泥于刻板之法律条文，而深于类而通于理，才能真正做到出入有法无法之境，最终获得温温然的法律效果。

义与类虽然都以"理"作为其背后的核心原则，但是二者在法的应用中的指向是对立的。"以义变应"，指向的是法律应用中的"异"，即具体情形具体分析；而"以类举"则指向"同"。"诛赏而不类，则下疑俗俭而百姓不一"[4]，这里的"类"就是一种赏罚标准之同一性；如果赏罚的标准不一，就会造成百姓的疑惑不定，让奸民有机可乘，而将自乱其法。英国法学家哈特在《法律的概念》中指出，正义的观念在结构中包含两个部分："（一）从'等者等之'的规范归结出来的齐一且恒常的特征，以及（二）游移不定的、变迁不居的判准，在某个目的下，用以决定这些个案在什么时候是相似或有差别的。"[5]哈特所指出的正义结构的这两个部分，正对应君子施行法律的"类举"与"以义变应"的原则。有趣的是，哈特接着说，"就此而论，正义就像是'真品的'、'高的'或'温暖的'这些观念，他们都暗指某种标准，随着应用的事物的类别而有变异"[6]。这一"温暖"的正义，与荀子"温温然"的施法效果遥相呼应。同时，这里也引出荀子法思想的第三个层次，即法的正义问题。

〔1〕《荀子集解》卷1《修身》，第33页。
〔2〕《荀子集解》卷1《修身》，第33页。
〔3〕韦政通《荀子与古代哲学》，第23页。
〔4〕《荀子集解》卷6《富国》，第191页。
〔5〕哈特《法律的概念》，许嘉馨、李冠宜译，法律出版社2018年版，第228页。
〔6〕哈特《法律的概念》，第228页。

三、公义胜私欲：如何保证法律的公正性？

从上文哈特对正义结构的阐述可以看到，法律的正义观念同时包含有齐一恒常与个别差异，即"同"与"异"的张力，因此正义的实现或法律的施行需要借助"公"的价值，即法律自身的公共性、执法者的公正性与法律施行的公平性。如果认为荀子的法思想以儒家亲亲尊尊道德与等级制社会结构为底色，那么可能会质疑荀子是否具有"公"的主张。由于"公"是先秦法家极力捍卫的价值，因此在与法家思想的对照下能够更清楚地看到荀子的思想特征。

先秦法家从三个方面来维护"公"的价值。首先是法律自身的公共性。法家要求法律对百姓昭显，"善为国者，官法明，故不任知虑"〔1〕，"法者，编著之图籍，设之于官府，而布之於百姓者也。……故法莫如显"〔2〕。其次是执法者的公正。法家所设定的执法者是人主，要求人主不得以私废公。法代表国家公利，由君、臣、民三者共同参与，对于人主而言，私的威胁来自幸臣、亲戚、权贵，也来自重臣及"众强富贵私勇者"，他们会为了私利而破坏人主执法的公正性。因此，君主必须避免受到影响，为了最大程度地保证公正性，法家甚至要求君主也应当遵守法律，"是故明君知民之必以上为心也，故置法以自治，立仪以自正也"〔3〕，圣王亦"明法而固守之"〔4〕。一方面，君主作为守法者的典范，向百姓展现了法律的权威；另一方面，摒除人主之私的影响，从而法的公正性得到了最大程度的彰显，"为人上者释法而行私，则为人臣者援私以为公。公道不违，则是私道不违者也"〔5〕。最后是法律施行的公平性。法家强调法令要一，不一则法废："君一置其仪，则百官守其法；上明陈其制，则下皆会其度矣。君之置其仪也不一，则下之倍法而立私理者必多矣。"〔6〕法之公平来自天地自然公平无私的类比，"天公平而无

〔1〕《商君书锥指》卷1《农战》，第22页。
〔2〕《韩非子集解》卷16《难三》，第380页。
〔3〕黎翔凤《管子校注》卷6《法法》，中华书局2004年版，第312页。
〔4〕《管子校注》卷15《任法》，第905页。
〔5〕《管子校注》卷10《君臣上》，第558页。
〔6〕《管子校注》卷5《法禁》，第273页。

私，故美恶莫不覆；地公平而无私，故小大莫不载。无弃之言，公平而无私，故贤不肖莫不用。故无弃之言者，参伍于天地之无私也"[1]。

荀子则通过引入君子的概念，以君子作为执法的主体，来确保法在施行过程中的公正。这是因为荀子基于对自然人性的预设，认为人皆有私心私欲，但唯有君子具有"公心"，从而能够以公义胜私欲。荀子指出，君子具有三种心："以仁心说，以学心听，以公心辨。"[2] 杨倞注谓："以仁心说，谓务于开导，不骋辞辨也。以学心听，谓悚敬而听他人之说，不争辨也。以公心辨，谓以至公辨它人之说是非也。"[3] 士君子在论辩中对待别人所说之是非对错，将秉持至公态度，即"贵公正而贱鄙争"，这种公心，即君子必须能克制个人的欲求，而以公正无私的立场赞同正当与公义："怒不过夺，喜不过予，是法胜私也。书曰：'无有作好，遵王之道；无有作恶，遵王之路。'此言君子之能以公义胜私欲也。"[4] 又："旁辟曲私之属为之化而公。"[5]

在荀子所作的人格分类中，"能公"是理想人格的秉性。"人论：志不免于曲私而冀人之以己为公也，行不免于污漫而冀人之以己为修也，其愚陋沟瞀而冀人之以己为知也，是众人也。志忍私然后能公，行忍情性然后能修，知而好问然后能才，公修而才，可谓小儒矣。志安公，行安修，知通统类，如是则可谓大儒矣。"[6] 儒与众人的区别就在于儒能公而众人曲私，大儒是一种自内而外、内心具有公正秉性的人，而小儒可能内心仍然有所偏私，但其行为能够克服这种私性，从而达到一个公正的结果；但众人不同，众人陷溺于其偏私之性。

荀子与法家相比，在如何确保法律的公正性问题上，法家主要依靠君主的权威及其对私的克服来实现法的公正与公平；荀子则通过将君子的角色引入法的结构中，让君子成为法律正义之根本条件来解决问题。他认为，只有作为道德的公心才能克服偏私，而只有君子才具有公心，因此只有当君子作为执法者时，才能保证法

---

[1]《管子校注》卷20《形势解》，第1178页。
[2]《荀子集解》卷16《正名》，第424页。
[3]《荀子集解》卷16《正名》，第424–425页。
[4]《荀子集解》卷1《修身》，第36页。
[5]《荀子集解》卷10《议兵》，第288页。
[6]《荀子集解》卷4《儒效》，第145页。

的公义得到彰显。由此，荀子将法律上制度性的公转化为人格上作为道德性的"公"，道德君子通过法的执行将其内在的道德性转化为一种外在的社会结果。从而在这一问题上，荀子寄希望于君子的道德，而法家寄希望于君主的权威，表面上双方并不相同。但从其实质来看，在法家那里，法之公正性要靠君主克服其自身之私才能够实现。那么，克服偏私之心的理想明主，从人格上说，就已经接近于荀子所谓的君子了。不论是荀子还是法家，在法律的施行上，都要防止执法者的私心对法律产生影响。而二者采取的共同办法都是将法的公正性寄托给"法律从业者"的道德，即君子或明主，二者的内在逻辑是一致的。

四、结论：君子作为政治理想人格

荀子是在一种政治实践而非形而上的意义上讨论法，他将君子的角色引入法的结构中，并将其设定为法的执行者。在荀子看来，法是政治治理的工具，法自身只有工具属性，"有乱君，无乱国。有治人，无治法"[1]，"无国而不有治法，无国而不有乱法"[2]。他对法与人关系的基本判定是法不能离开人而独立："故法不能独立，类不能自行，得其人则存，失其人则亡。"[3]法的核心是君子而不是法本身，"君子也者，道法之总要也，不可少顷旷也。得之则治，失之则乱；得之则安，失之则危；得之则存，失之则亡。故有良法而乱者有之矣，有君子而乱者，自古及今，未尝闻也"[4]。"良法"本身并不能够独立获得一个善的政治效果，必须依靠君子才能获得法之施行的道德性。梁治平指出，"在荀子的治道图景中，治之枢纽为君子，而不是法"[5]，这一判断是十分准确的，君子不但是治之枢纽，也是法之根本。

前述有学者认为，荀子之法的本质指向儒家亲亲尊尊之道德的等级社会秩序，

---

[1] 《荀子集解》卷 8《君道》，第 230 页。
[2] 《荀子集解》卷 7《王霸》，第 219 页。
[3] 《荀子集解》卷 8《君道》，第 230 页。
[4] 《荀子集解》卷 14《致士》，第 261 页。
[5] 梁治平《"礼法"探原》，《清华法学》2015 年第 1 期。

但从上述君子对法的三个参与层次可以看到，荀子认识到法背后作为普遍规律的万物之"理"的存在，以"理"为内核的"义"与"类"是君子施行法律的普遍原则，荀子的法概念实际上已经具有一种独立于礼的规范意涵，因此不能简单地认为荀子之法的本质是道德或儒家等级秩序，而毋宁说理才是荀子对法的本质理解。但是，人们之所以会倾向于认为荀子之法具有道德性，是将一种外部性的道德误解为法的本质性。这种外部道德有两个来源。第一来自礼。荀子常礼法连用，且对礼的理解具有一种本体论倾向："礼者，法之大分，类之纲纪也，故学至乎礼而止矣。"[1] 礼超越作为具体原则的法与类，是原则的原则，是一种无所不包、经国定分的超越性法则，在此意义上，荀子的法仍然依附于礼，"伪起而生礼义，礼义生而制法度"[2]。在这一论述中，法度虽然是由指向儒家理想社会秩序的礼中衍生出来，但法正是礼中区别于等级秩序内涵的规则性与规范性内容，因此对法的理解不应该受到道德或等级秩序内涵的干扰。第二个来源即作为施法之主体的"君子"。由于荀子预设了君子作为施行法的主体，君子自身具有明显的道德人格特征，从而君子作为法的施行中的参与者，就将道德的观念带入法中，法的道德性并非法的性质本身，而是由君子的人格秉性由外部所带入。

荀子对法的理解具有一种明显的过渡时期特征，尽管未能彻底从礼的秩序中独立出来，但荀子实际上认识到了法背后之"理"的规则性与普遍性，并基于对作为工具性法之弊端的弥补，而将君子预设为法之主体，以期获得最理想的治理效果。如果始终将荀子的法概念置于礼的从属，并认为其始终未能脱离儒家的道德本质，那么就会忽略荀子对法的这一理性认知，从而影响对先秦法学思想发展历程的认识。

荀子在《解蔽》篇中批评慎到"蔽於法而不知贤"，"贤"实际上就是君子的人格特征，荀子使君子成为法的施行主体，从而解决"法不知贤"的问题。以主体身份参与法律施行过程的君子由此获得一种政治身份。君子是荀子设定的理想人格，学者通常更容易注意到君子人格中突出的道德性特征，但作为儒家理想人格的君子如何参与到具体的政治实践中则较少被注意到。本文认为，荀子使君子成为法的施行主体，实际上就是他设计的儒家参与政治治理的实践方式，君子是一种政治

---

[1]《荀子集解》卷1《劝学》，第12页。
[2]《荀子集解》卷17《性恶》，第438页。

理想人格。有学者也注意到这一点，指出荀子的君子概念具有一种"政治之理想人格"特征。[1] 学者张奇伟指出，荀子的"君子"有两义：一义为道德人格，与无德小人相对；一义为政治人格，"更有甚者，荀子以君子为政治的根本……君子者，制礼义者也，执礼义者也，一身而二任，王耶？君耶？王矣，君矣。这正如荀子所谈到的，君子者，法之原也，治之原也。得其人则法存，失其人则法亡；君子好礼义则下民致忠信守辞让而天下平。无论从制度还是从过程，君子都是本原。正所谓，君子者，政之本也。突出君子的政治人格品质，这是荀子君子理想人格思想的一个显著特点，也是儒学理想人格理论一个引人注目的变化"[2]。他指出了君子的政治人格特征，并认为荀子的"君子"概念侧重点或归结点在于"君"。但从荀子对君子作为施法主体的讨论可以看到，荀子所设定的君子是一种理想人格，而非一种特定的政治身份。实际上，这种理想人格可能是政治生活中的一切身份：可能是君主，作为君主的君子实际上就是圣人[3]；也可能是卿相士大夫等政治参与者，其共同特征是具有符合儒家理想的道德人格与政治人格特征。荀子的基于君子作为政治理想人格设想的法思想，成了荀子圣人政治的组成部分，并为这一政治理想提供了一种具体的实践形式。

---

[1] 东方朔《"无君子则天地不理"——荀子思想中作为政治之理想人格的君子》，方勇主编《诸子学刊》第 12 辑，上海古籍出版社 2015 年版，第 71 页。

[2] 张奇伟《荀子的政治人格释析》，《管子学刊》2002 年第 3 期。

[3] 参见前荀子论述圣人与君子关系脚注。

论陈履祥的见性之学

李 想*

[内容提要]

作为罗汝芳的晚年弟子，陈履祥是继杨起元之后弘扬近溪之学最为得力的学者。他秉承一元论的立场，提出气质即天命之性、孝悌慈为圣人的本质内容、性由真性之知表现等命题，体现出即用言体的为学思路。在工夫论上，他主张当下本心与工夫、戒惧与顺适的共存，也强调此性的呈露及与之配合的"勿忘勿助"工夫。相较于近溪之学，陈履祥更为注重扩充的工夫与过程，尤其表现在他对戒惧或敬的强调甚至"偏爱"上。在三教观上，陈履祥反思当时流行的三教合流说模糊了儒学的精义，认为先要理解孔子之学，才能判别儒释的异同，因而他对佛老"不合不辟"的态度有明确的指向，即正面彰显儒学。陈履祥之学表明了近溪后学的多样性，也反映出近溪后学内部已然出现反思近溪及其后学的现象。

[关键词]

陈履祥；见性；戒惧；勿忘勿助；反思三教合流

* 李想，安徽大学哲学学院讲师，哲学博士。本文系 2022 年度国家社科基金冷门绝学专项学术团队重大项目"钱绪山学派、龙溪学派与近溪学派文献整理及思想研究"（22VJXT001）阶段性成果。

陈履祥（1540—1610），字光庭，号文台，又号九龙山人，明代徽州府祁门县人，为罗汝芳的晚年弟子。通过陈履祥，近溪之学曾一度风行南畿，甚至在宁国府一直传承到清初。[1] 晚明大儒邹元标更将陈履祥与杨起元并列为近溪的两大弟子，所谓"陈先生以布衣倡学江左，自泰州无两焉……同贞复夹毂而倡师传，贞复往，使盱江泽无穷者，谁之力哉"[2]，贞复即杨起元，可见陈履祥被时人视作杨起元离世后兴复近溪之学最为得力之人。然而，目前学界对近溪后学的认识，多以杨起元一脉当之，缺乏对陈履祥的必要关注。可是杨起元又过早离世，多少影响到近溪之学的传承。故而，若仅仅关注杨起元，很可能会遮蔽对近溪后学的多样性与丰富性的理解。之所以缺乏对陈履祥的研究，主要的困难在于缺少陈履祥的文献，即"史料的欠缺"[3]，而不能深入辨析其思想。笔者有幸发现了陈履祥的《愚谓》《三一点》及其年谱等著作，此就为考察其思想及近溪后学的衍化提供了新的可能。

一、性体之一元化

陈履祥作为罗汝芳的学生，其学与罗汝芳之间存在继承性。继承性首先体现在他对性体的一元化理解，也就是反对关于性体的抽象化看法，凸显出其活动性与合一性。此又具体表现为性体与气质之性、当下意识、孝悌慈之心等之间的一体关系。当然，在继承近溪之学的同时，陈履祥也表现出自身的为学倾向或者说学术特质。

（一）性与当下本心

陈履祥所理解的性为一种自然的存在或本然存在："天命二字，孟子一口道破，曰'莫之为而为者天也，莫之致而至者命也'，即此是性。试观吾人喜怒哀

---

[1] 万斯同也将陈履祥作为近溪的弟子，并单独列出陈履祥其后的传承，即以陈履祥的弟子孙经、王念祖、施弘猷、汪有源与杨逊等作为近溪的二传弟子。万斯同《儒林宗派》，《景印文渊阁四库全书》第458册，台湾商务印书馆1986年版，第582页。

[2] 邹元标《愿学集》，《景印文渊阁四库全书》第1294册，台湾商务印书馆1986年版，第280-281页。

[3] 吕妙芬《阳明学士人社群：历史、思想与实践》，北京师范大学出版社2017年版，第173页。

乐，何尝一息不发，果是自为自致……人性天也，知其性则知天矣。"〔1〕陈履祥
继承孟子对天命的理解，消解将天作为具有宗教神色彩的有意识、有意志的存在
者，而视其为一种自然的存在。基于此，性也就能不断地自我呈现。人性与天既然
具有相同的本质，或者说天与性为异名同指，那么对性与天之自然化的理解便是描
述一种本体论的事实。可以说，此种事实也意味着性体的具体存在方式："夫尧舜
性中者也，性体流行，何着何不着？若于动静云为处，比拟猜度，是为子莫之执
中。若于动静云为外，悬空抱一，是亦子莫之执中。君子而时中，故曰性之德也，
合内外之道也。"〔2〕陈履祥既不认同性无归着，此会割裂性体与事为之间的一体
关系，使之抽象化，也不赞同性滞于归着，此必将导致性体的"物化"。所谓的
"若于动静云为处，比拟猜度""若于动静云为外，悬空抱一"皆为子莫之执中，
一方面否定了性与物之间的相互还原，另一方面破除了将性作为块然一物的抽象理
解。故而，性毋宁说表现为一种功能性的感发作用，它要在具体的人伦事物中呈
现，而无分于内外，即性是一种一元化的存在，所以陈履祥指出性为"合内外之
道"，否定在割裂内外的视域中认识性。性即使被理解为一种作用或能力，也不可
将此能力抽象化，而割裂能力与具体发用的关系，必要在具体发用的活动与活泼视
域中理解此能力。唯其如此，此种发用乃是无止息的，故而他认为对事的理解不可
狭隘，亦即并非只有具体的行为才是事："会得，此心此性，息息念念皆真，则一
息万息矣……若不会得，此事此行，全在此心性上作用。若待处钱谷、接君父，然
后行忠孝廉节等事，则先虚却眼前事矣。"〔3〕能力始终体现于其功用中，已蕴含
普通能力与道德能力的不同：普通能力一般表现于对象出现之时，而道德能力是道
德人格的呈露，无时不呈现，故陈履祥强调始终在发用中把握此性，也就是注重从
发用的角度理解性。

陈履祥对性的这种一元化的理解，首先表现于他对朱子天命之性与气质之性的
评论，他强调"气质亦天命之性"："仁义礼知天道，性也。向使无口耳目鼻四肢，

〔1〕 陈履祥《愚谓》第34章，民国安徽通志馆抄本。按：陈履祥的《愚谓》《三一点》现藏于安庆市
图书馆，笔者曾在2022年提交的华东师范大学博士后出站报告中有所整理。
〔2〕《愚谓》第4章，民国安徽通志馆抄本。
〔3〕《愚谓》第56章，民国安徽通志馆抄本。

则性果悬空，挂在何处？若非声色臭味安逸相浃洽，则父子君臣宾主贤否，有何物事联属得来？是故内无我，外无物，上无天，下无地，统之一性，岂不至妙至妙者哉？"[1] 陈履祥认为朱子将天命之性与气质之性二分了，乃着意辨析性实不能脱离口耳目鼻四肢而呈现。在此意义上，气质即天命之性。故他强调物我天地之间要"统之一性"，或者说为"统一之性"更能表现其特质，并以之为孟子与阳明所提出的"性善之说"与"良知之说"的精义。

其次，对性的一元化理解，也表明此性能够而且必要当下呈现，也就是所谓的见在或现在良知的问题：

有不信当下者，曰："当下未必善。"有过信者，曰："当下无不善。"某曰："以我说尔，不得以我自说。当下视，当下明；当下听，当下聪；当下思，当下通；当下善，当下迁；当下过，当下改；当下无善无过，当下无迁改，奚必信，奚必不信？"[2]

以视听来说明当下的意义，陈履祥似乎有混淆道德意识与一般的感性意识的嫌疑。但从气质与天命之性合一的视角来看，他不过是借此表明道德意识的当下呈露之义。陈履祥指出，当下的善、恶或无善无恶，当下便迁、改或无迁改，也是要表明道德意识的当下呈露与落实。由此而言，所谓的当下似不包括所有的意识活动，而直接指向是是非非、善善恶恶的道德意识。[3] 当下的道德意识，彰显出良知的当下呈露不仅为道德行为的根据即立法者，也是道德行为的执行者，甚至是监督者（当下迁改）。在见成或现成良知的问题上，陈履祥处于"不信"与"过信"之间，从而为工夫留下空间。

（二）性与赤子之心、孝悌慈

陈履祥对性的一元论理解还指向他对赤子之心的认识。他强调人性具足，提出："孩提不学不虑，即是圣人不思不勉，上蔡之说直信本体。太早之旨，更何等待？"[4] "孝弟赤子之心，大人但不失之而已，舜、孟以是自为大人，而又以是教

---

[1] 《愚谓》第60章，民国安徽通志馆抄本。
[2] 陈履祥《三一点》第15章，民国安徽通志馆抄本。
[3] 近溪的当下即是，是本体的呈现，也并非所有的意识活动皆是。蔡世昌《罗近溪哲学思想研究》，人民出版社2019年版，第202页。
[4] 《愚谓》第7章，民国安徽通志馆抄本。

天下后世人人皆为大人，岂不与天地同功与?"[1] 陈履祥不认同程子批评谢良佐的何思何虑为"发得太早"，主张孩童的不学不虑之心与圣贤之间并无差异，二者在本体上具有一致性。在他看来，就赤子之心而言，大人只不过未尝丧失此心，并未于此心此性上有任何改变。孩提与大人、圣人之间在本体上的一致性，表明了人人皆可成圣的根据与可能性。然而，现实中并非人人皆自觉到此性，而能将之现实化，所以陈履祥也强调本体之性的实现："入井之怵惕，孩提之知能，此其心上六经，不待穷经而后得者。然必读书穷理，讲习明心，然后赤子可为大人，怵惕可保四海。从古至今，有不务学之圣贤乎?"[2] 陈履祥指出，四端之心与"孩提之知能"是"心上六经"，为生而具足的，但它的落实又须自觉努力，借助"读书穷理，讲习明心"等成为大人与圣人。"心上六经"说表明陈履祥认为赤子之心为未发，即强调赤子之心与圣人之心在本质内容上的一致，此则同于近溪，但他自觉地将此种一致定位于本体或本性上，而尊重现实中圣凡之间的差异，从而为修为工夫留下空间，此则异于近溪过于强调的"从本体上说赤子之心即是大人之心，不需要扩而充之方能'极其大也'"[3]，故而，作为近溪弟子的陈履祥开启了此后顾宪成与刘宗周等反思近溪的先声。

与赤子之心相联系的则是孝悌慈的问题，陈履祥以"本孝弟言动为实际"论学，赋予它们独特的含义，强调平易的伦常与玄妙的性命之间的合一关系：

中庸云者，立平常之则也，然开口便说天命之性、位育之化、至诚至圣、无声无臭，名为《中庸》而实何中庸矣？然而，究竟所以，不过知仁勇而已，子臣弟友而已……愚故以不平易则无以玄妙，玄妙由平易出也。不玄妙无取于平易，平易即玄妙寓也。[4]

他指出，《中庸》虽为平易之学，但又不乏天命之性、位育之化与至诚至圣等主题，这就表明平易中寓有玄妙，故玄妙不脱离子臣弟友等日用伦行。换言之，即孝悌即玄远，天命之性就表现于孝悌平易之中，此亦为合内外之性的表现。他对孝悌

---

[1]《愚谓》第19章，民国安徽通志馆抄本。
[2]《愚谓》第37章，民国安徽通志馆抄本。
[3] 蔡世昌《罗近溪哲学思想研究》，第140页。
[4]《愚谓》第55章，民国安徽通志馆抄本。

慈之心的认识与对赤子之心的理解有异曲同工之妙，只不过孝悌慈之心既指出此心的本质内涵，即以孝悌慈等价值为内容，也体现出在发用的意义上来理解人性，则孝悌慈之心似比赤子之心更能体现其学的特质。当然，赤子之心也包含着从发用的意义来理解的可能，所以陈履祥也有"孝悌赤子之心"的表述。

（三）不识不知与明物察伦

陈履祥对性的认识还表现于他对良知与知识关系的看法，此充分表现于他对"文王不识不知，顺帝之则"的论述："闻见博而真性凿，耳目乱而情伪起，文王所以不知识也。其曰顺帝之则，文王之知识与天通矣。"[1] 陈履祥认为知识可能淆乱真性或良知，所以有文王"不识不知"之说，从而凸显出良知、真性与知识之间的不同。另一方面，文王又非枯槁之人，自有知与识，而有顺帝之则的知识。"文王之知识与天通矣"之"天"亦是"真性"之义，它指向出于真性的知识，或者说知识与真性的一致面向。故而，文王的不识不知是以遮诠的方式表明其知的本质为"真性"。正是在真性之知的意义上，陈履祥指出："既知所为帝则，又知所为顺帝则，此所谓善知识明物察伦之学也……伦物正为帝则，顺则，只由仁义，舜之明察即文王之不识知，皆乾知大始之学，何以别?"[2] "明物察伦"之知识是顺此帝则、符合真性之知，在本质上与不识不知所欲传达的意涵一致，即二者具有内在的一致性。也可以说，陈履祥区分了两种知识，即真性之知与一般之知，并在真性之知的意义上，论述"不识不知"与"明物察伦"的一致性。故他既强调真性与知识的分别，也强调二者的内在联系。

二、顺适、戒惧与勿忘勿助

陈履祥既强调赤子之心与圣人之心在本质内容上的一致，又自觉将一致定位于本体或本性上，而尊重现实中圣凡之间的差异，并为修为工夫留下空间。同样地，陈履祥出于对合内外之性的理解，在工夫论上，他也不同意将戒惧与慎独、静存与

---

[1] 《愚谓》第39章，民国安徽通志馆抄本。
[2] 《愚谓》第39章，民国安徽通志馆抄本。

动察等二分，而二分的观点一般被认作朱子学的基本立场。陈履祥主张一元论的工夫观："即戒惧即不睹闻，即不睹闻即戒惧，即戒惧即睹闻即隐微，即莫见显即慎独，慎独所以申言必戒惧之意耳。无二时，无二事，亦无二心。"[1] 他强调戒惧慎独出于一心，无动静或隐显之分，此与他对性的理解一致。具体到工夫论的内容，他亦有丰富的认识。

（一）当下本心与工夫

陈履祥虽强调性体的当下呈现，但他也对过度渲染良知现成的说法以及"以猖狂为超脱"[2] 的现象不满，如他对"子罕言命与仁"的诠释为："天命自然处更难着力，仁体本然处不加人为，圣人以言仁体，则人信现成而废学术矣；言天命，则人弃人事而透气数矣，是以《论语》言仁多是为仁，《易传》言命多是至命，且也雅言诗书执礼，人果于性情政事节文间体认透悟，即命与仁在其中矣。"[3] 陈履祥认为，圣人罕言"命与仁"，是防止人们误持此种看法而有放纵的流弊。仁体虽为人所生而具有，但仁体的落实离不开修持工夫，故而，若人们执着于仁体本然固有，则"人信现成而废学术"；同样地，天命本是自然而然之事，其中并无意志目的，若执着于后者，则"人弃人事而透气数"。不难看出，陈履祥强调工夫的必要性，明确反对以良知现成而废修持之说。当然，此并不说明陈履祥反对当下本心，只不过是表明当下本心的落实离不开修持的贞定。这种观点，也表现于他对"下学上达"的重视与诠释："会中有以诗证曰：'下学须有上达日，寸积方成全体功。'曰：'上达方知下学路，寸体乃成寸积终。'某问其故，曰：'知我者其天，天岂待下而后上、积而后全哉！惟上也下之又下，惟全也积无所积。'"[4] "下学"与"上达"之分是有无工夫之别，而"上达方知下学路，寸体乃成寸积终"则表明下学中已有本体的参与，而且每一当下所呈露之体与全体之体并无本质的区别，因为人与天在本质上皆为此性。故而，陈履祥强调良知与此性的当下呈现与工夫的不断贞定是合一的，不可偏废。

〔1〕《愚谓》第31章，民国安徽通志馆抄本。
〔2〕《愚谓》第23章，民国安徽通志馆抄本。
〔3〕《愚谓》第18章，民国安徽通志馆抄本。
〔4〕《三一点》第11章，民国安徽通志馆抄本。

（二）放下、顺适与戒惧

陈履祥在与罗汝芳会面之前，曾与焦竑商量为学之方，他虽认同焦竑的"全放下"之说，但又不免有所疑惑。及至罗汝芳到南京，二人便有了关于戒惧与顺适本体的著名对话，近溪问"千古之旨，当下何如"，时人与陈履祥的回应为：

> 诸人士各各以良知活泼，快乐自在，予时曰："提省戒惧，顺适本体。"夫子诘之曰："本体何事戒惧？戒惧安在顺适？"予应曰："即此戒惧是本体，自是本体无戒惧，何以故？吾本无心戒惧，而自有不容不戒惧者。吾本无心不戒惧，而卒无所容吾戒惧者。故曰：'即本体即戒惧，即戒惧即顺适。'"夫子喟然曰："可哉！吾道徽矣！"[1]

与时人过于强调活泼快乐不同，陈履祥兼用戒惧与顺适来述说本体，意味着戒惧与顺适之间并非对立的关系。一则，戒惧为本体的内在本质，故此戒惧绝非有意而为，是自然的。其次，亦非有意不去戒惧。就无意而为而言，则为顺适；就戒惧而言，它是本体的内在要求。所以，他认为戒惧与顺适可以共存。

陈履祥最为核心的观点，便是戒惧与顺适的共存，或者说戒惧与自然的统一。他对此再三致意："要放得，便求得。勿正时，是正心。"[2] "不睹不闻之中，戒惧且着不得，更将何物打破？然惟打破不得，则恭而安，学成矣。"[3] "求"与"正"的工夫出于"放"与"勿正"即自然，则工夫出于自然。同时，他既同意本体上着不得戒惧，即无须刻意地戒惧，又强调要认识到终究不可或缺"敬"之工夫，如此才能最终成学，后者无疑申说了须臾不可缺失戒惧工夫。所以，他对空疏放纵的时弊深为不满："尧夫一身浑皮毛尽是学问工夫，后世有一派美精魄之人，讬为尧夫之风流，而更落东晋之疏亢，其于尧舜兢业一脉何有矣？"[4] 陈履祥重新刻画邵雍的形象，强调其学问不止风流疏亢面向，故批评任意纵行之人假托邵雍之学，背离尧舜的兢业精神。不难理解，陈履祥会主张"谨束中发扬，而发扬时谨束"[5]，也就是戒惧与自然的合一或统一。

---

[1] 陈履祥《明德罗夫子要录序》，罗汝芳撰、陈履祥辑《罗子要录》，明万历十八年（1590）刻本。
[2] 《愚谓》第1章，民国安徽通志馆抄本。
[3] 《愚谓》第12章，民国安徽通志馆抄本。
[4] 《愚谓》第47章，民国安徽通志馆抄本。
[5] 《愚谓》第76章，民国安徽通志馆抄本。

陈履祥对戒惧与顺适、谨束与发扬的理解，使得他反对可能削弱甚至取消良知之存有论向度的观点。如主张四无只是对良知自然的运作机制的描述：

> 方汝明曰："心无其心是正心，意无其意是诚意，知无其知是致知，物无其物是格物。"众然之曰："此文成之旨也。"先生驳之曰："物无其物，孰为之格。知无之知，孰为之致。意无其意，孰为之诚。心无其心，孰为之正。"汝明无以应，管彦兴曰："然则云何说四无字？"先生曰："心自正心，故无其心。意自诚意，故无其意。知自致知，故无其知。物自格物，故无其物。"[1]

对于如何理解"四无"，陈履祥警惕取消心知意物之至善内容的理解，反对"物无其物""知无之知""意无其意""心无其心"等说法，强调"四无"皆克就心意知物的自然存在与呈现发用而言。

（三）致良知与勿忘勿助

陈履祥所主张的戒惧既非有意而为亦非有意不戒惧的观点，既反映出陈履祥对戒惧与顺适的理解，也一定意义上透露出他对"勿忘勿助"的重视。陈履祥对诚意的解读也涉及此义，并认为"诚意"与"常有欲以观其妙，常无欲以观其窍"相通："夫所谓妙者，有中之无也。所谓窍者，无中之有也。有欲观妙，则有而未尝有矣。无欲观窍，则无而未尝无矣……欲也者，贯有无、联妙窍而一之者也，非意云何？一意存存，而若无所不存，不待存之而自无不存，勿忘勿助之间，鱼跃鸢飞自在，其妙其窍，可以观矣。"[2] 在他看来，"欲"为"意"之义，所谓的有欲无欲也就是有意无意，有意观妙乃知本体之发育流行出于自然，而无意观窍犹如本体自然地发育流行，前者是有中之无，后者是无中之有。二者虽然有不同的侧重，但皆本于"一意存存"。具体而言，有意强调勿忘，而无意指向勿助，"勿忘勿助之间"正刻画出"一意存存"的内涵。可见，"勿忘勿助"以此意的存在为前提，而以有意无意为具体内涵。其中的"一意存存"，是此性的不断呈露与现实化的过程，正是致良知的含义。

陈履祥也曾将正心与诚意置于有意无意的视域中审视。他既不同意余纯似（号弘斋）的先诚其意、诚意之外别无正心工夫的观点，也不认同俞仲立（号复

---

[1] 陈可儤录《陈九龙先生年谱》，民国安徽通志馆抄本。
[2] 《愚谓》第53章，民国安徽通志馆抄本。

吾）诚意之后还有正心工夫的看法。

> 夫人无无意之心，而亦无无心之意。复吾所谓正心云，果以有意正耶？无意正耶？以无意正，则心本自正，何必更加诚意工夫？若以有意正，则正只是诚，何处更有正心工夫？弘斋所谓诚意云者，果以无心诚耶？有心诚耶？以有心诚，则念虑之意，非真意也，果不足尽正心工夫。如以无意诚，则思意尽泯，不属意也，何得执为诚意工夫？[1]

陈履祥主张心意之间为联属一体关系，反对割裂正心与诚意的观点。他从有意无意或有心无心的视角展开对正心与诚意关系的理解。正心若出于无意，则心本自正，无须刻意诚意；若出于有意，则正心便是诚意。同样地，诚意若出于有心，则此时的诚意乃是诚念虑之意，或者是作意而非真意；若出于无意（可见其所谓的有心无心仍是从有意无意的角度而言的），则此时的意乃是顺心体而动，并无思虑的掺杂，故此时的诚意亦可说不离正心。在有意无意或有心无心的视域中，陈履祥才得以主张正心诚意的统一。换言之，陈履祥在勿忘勿助的视域中表明此意的生成流动，也就是此性的不断流露与呈现。

陈履祥在"一意存存"的前提下，运用"勿忘勿助之间"，表明他对致良知有深入的理解，或者说继承了阳明学的立场。然而，从一个比较的视野来看，陈履祥所生活的祁门具有浓厚的湛甘泉学的氛围，虽然目前尚未见及陈履祥明确的甘泉之学的师承，但其朋友中甚至兄弟中有甘泉后学，故陈履祥对勿忘勿助的熟悉运用也透露出其早年可能受到甘泉学的影响。

三、陈履祥的三教观

陈履祥所处的时代颇为流行三教合一之说。佛学在民众中流行，甚至士子也以此作为科举利禄的门径，所谓"目今煽惑，男女群相斋醮，以故缁衣满儒林，红裙绕山刹，此其风俗大坏，不容不辟者。顾相城士夫，多以明佛旨取宦达，如何辟

---

[1] 《陈九龙先生年谱》，民国安徽通志馆抄本。

得?"〔1〕陈履祥对此颇为忧虑,但又未简单地辟佛,此便涉及他对三教合流风尚或趋势的反思与回应。陈履祥提出对佛教"不必辟""不必合":"不必辟,何者?今之世,非但吾儒失真,而老释皆失真。时之人不但无真释老,而亦无真儒。以真儒辟假老释则可,以假儒辟真老释则不能。以假儒辟假老释则不必。以真儒合真老释则可。以假儒合真老释则不能,以假儒合假老释则不必。"〔2〕他强调先要真正地理解儒学的特质,便可知儒学与释老既有合处,也有异处。有此基础合之也可,辟之亦可。若以假儒对假释老,则不必汲汲合,也不必汲汲辟。显然,陈履祥认为当时学界对儒学的特质并无真切的认识,无论是主张对佛老的合还是辟,皆是建基于似是而非的模糊认识之上的虚妄景象。

陈履祥既对佛学有所担忧,又主张"不必辟""不必合",这种看似矛盾、纠结的思想昭示着他对儒学的认识必然与佛学之间有所关联。具体到三教异同的问题及其关系,陈履祥称:"老家度人,聚精炁神,养出婴儿,自往自来,生天生地;然而万物皆蔽,焉有不死之理?佛家度人,去贪嗔痴,脱却皮囊,来空去空,了天了地;然而万物皆我,焉有逃空之处?"〔3〕陈履祥认为,佛老的"逃空""不死"之说,皆有其弊。相较于此,他主张儒学的特质为:"惟吾孔子之教,君君臣臣、父父子子、夫夫妇妇,各安其分、率其性。古往今来无断续,即此'长生';间往间来无粘着,即此'真空',此二氏之所以羽翼吾儒,吾儒祖彼教哉!"〔4〕在他看来,儒学既以性善之体,妥善安置世间价值,又能包含二氏学说的精义。〔5〕陈履祥用古往今来人类的生命之流与道体的流行说长生,以对待生活的无所粘着论空,所以儒家与二氏之间有一主从之分,即"二氏之所以羽翼吾儒,吾儒祖彼教"。在

---

〔1〕《陈九龙先生年谱》,民国安徽通志馆抄本。

〔2〕《愚谓》第70章,民国安徽通志馆抄本。

〔3〕施闰章《矩斋杂记》卷上《陈九龙山人语》,施闰章《施愚山集》第4册,黄山书社2014年版,第51页。

〔4〕《矩斋杂记》卷上《陈九龙山人语》,《施愚山集》第4册,第51—52页。

〔5〕荒木见悟曾将明末的儒佛调和论分为三种典型类型:其一,基本认可传统的官僚社会、士农工商秩序等大的框架,而以良知扫除附着在名教伦理上的先验性因素,将佛教的明心见性说与儒家的明德说合体。其二,反抗官僚社会的伪善与横暴,跳入出世的世界,切断与世俗的联系,自己受用法乐。其三,名教的再度强化,既主张理障说,也在更深层次加强名教伦理的实践。荒木见悟《明代思想研究:明代的儒佛交流》,陈晓杰译,山东人民出版社2022年版,第247—255页。

儒学能兼有二氏之学的意义上,陈履祥面对"何以兼三教"之问时称:"何必兼,孔子之集大成,不兼之兼矣。"[1] 此便不难理解陈履祥何以既不认同方学渐的辟佛,也不认同近溪弟子曹胤儒的溺佛,并对焦竑[2]与杨起元所提倡的三教合流有所不满,因为他要重现儒学的真意与主导地位。他对近溪后学中溺于佛学的反思,反映出他实别于近溪学派中曹胤儒与杨起元等人对待佛学的亲近态度。

陈履祥以何谓真儒来评论与涵摄三教问题,反映出他的主要担忧是能否正确理解儒学。所以,陈履祥强调应当忧虑何为儒者的问题,而非一味担忧佛老:"佛佛惟传本体,师师密付本心,此亦吾儒家之说也,何必辟?若夫出家灭伦,则学佛而失之矣,何足辟?乃其深可辟者,学人士抱出世之谭,济功利之私,以猖狂为超脱,而割恩断爱,圣贤忠厚元气尽耗矣。此我中国今日大患可忧者。"[3] 陈履祥认为儒家的本心与佛教的本体有相似之处,显然并非儒家的性体与佛家的本体在内容上相类,只能是二者在作用或表现形式上有所相似,也就是"无粘着"与"空"之间相类,此是不必辟处。反而,"假儒"才是当时的大患,因为他们恣意而为,以猖狂为自然,一则既违背性体的至善要求,二则违背儒学中"无粘着"的意蕴。

由此而言,"不合不辟"的态度有其明确的指向,意在正面彰显儒学。三教合流的思想一定程度上未免模糊了儒学的特色,故他呼吁要能理解何谓"儒"。

孔子全未尝辟老释,而竟未尝合老释。孟子辟杨、墨,而未尝辟庄子,然竟未尝合庄子。杨、墨亲受老释之道,而自失其真,是故孟子辟之,然其言曰:"能言距杨墨者,圣人之徒也。"苟非真圣人之徒,而言距杨墨,能乎哉?今之合老释者,欲合其真,而不知不必合其假。欲辟老释者,知辟其假,而不知不必辟其真。夫亦自辟自合,不失孔孟之真而已矣。[4]

可知,陈履祥强调,不必担忧"不辟"佛老会丧失儒学的特质。若要辟假老释,则需"真圣人之徒"来进行。故首要的是明了儒学自身的特质,这样自然不

---

[1]《矩斋杂记》卷上《陈九龙山人语》,《施愚山集》第4册,第51页。
[2] 焦竑也称:"佛虽晚出,其旨与尧、舜、周、孔无以异者,其大都儒书具之矣。"焦竑《澹园集》,中华书局1999年版,第81页。
[3]《愚谓》第23章,民国安徽通志馆抄本。
[4]《愚谓》第70章,民国安徽通志馆抄本。

会为二氏所误，所谓"必须透发孔子，令其无佛可说，而收回吾圣门也可"[1]。

四、小结

陈履祥注重性体的不断呈现，持有性体一元的观点，即此性无内外物我之分，气质与天命之性合一，性体能够当下呈现，如此它也以孝悌慈之心的形态呈现。可以说，这些皆体现出他与近溪之间的继承关系。不过他更为注重性体当下呈现中工夫的必要性，他对赤子与讲习之功、知识之间关系的理解也显示出不太同于近溪的思路。他的工夫论立基于性体的呈现，而性体的呈露过程既要顺适和放下，也须自觉与警醒，此亦是对阳明学致良知工夫的绝好诠释。如以他对"一意存存"之"有意""无意"的理解为例，"一意存存"就是性体的呈露，而"有意""无意"便是此性体呈现过程中的勿忘勿助面向。其中，"一意存存"为基础，而"有意""无意"附属于它。在近溪弟子中，陈履祥以其注重戒惧与顺适的统一为特色，有矫正过于强调顺适之弊的意义，而且他也警惕三教合流说模糊了儒学的真面目，所以，对近溪弟子的相关论述皆有所救正或批评。这表明了近溪弟子为学宗旨的多样性，也预示着此后顾宪成与刘宗周等人反思近溪之学的学术现象的出场。

---

[1]《陈九龙先生年谱》，民国安徽通志馆抄本。

清儒孙景烈《四书讲义》的诠释特质及其学术史意义

李敬峰*

[内容提要]

经典诠释与学风变革是互为陶铸但又非完全同调的关系。处在雍乾交替、学风激变中的孙景烈，不事训诂，一尊宋学，恪守朱子，发明朱注，悉心撰写《四书讲义》以显其意。是书显豁出四书一体、求仁为要、羽翼朱子、折中陆王的诠释特质，相应地涵具典范的学术史意义：一是迎合清初以来推尊朱子的学术思潮，助推和强化这一思潮的鼎盛；二是恪守关学义理注经的学派传统，抵制乾嘉汉学在关中地区的渗透。这一个案提醒我们，乾嘉汉学更多只是江南一域的学术现象，而非全国性的。故而把握清代学术，既要避免一叶障目，以地域代表全国，也要防止有普遍而无特殊，忽略个体间的差异。

[关键词]

孙景烈；《四书讲义》；朱子学；宋学

---

* 李敬峰，陕西师范大学哲学学院教授，博士生导师，哲学博士。本文系贵州哲学社会科学规划国学单列课题"明代《大学》诠释史研究"（22GZGX28）阶段性成果。

雍乾之际，"惠、戴崛起，汉帜大张"[1]，而"治宋学者已鲜"[2]，介于"清代精英学术界空档期"[3] 的孙景烈恰是这"不复能成军"[4] 的宋学阵营中的典范人物，缘由在于其既不同于汤斌、李光地、魏象枢等"治宋学，颇婉婀投时主好以跻通显"[5]，亦有别于那些以"四书义进其身，程朱之传注，童而习之，既长而畔焉"[6] 的饮水忘源之徒，而是尊宋学不为名利，笃实躬行，俨然一介纯儒。孙景烈（1706—1782），字孟扬，号酉峰，陕西武功人。1739 年中进士，1743年因言事忤旨，定为"不合格"档，被责令原官致休。返籍后，以授徒讲学为业，前后达三十余年。先后主讲关中书院、兰山书院和明道书院，四方学者翕然宗之，门徒数以千计。孙景烈律己甚严，冬不炉，夏不扇，有邵雍之气象，督学杨梅似称其"关中一时人才济济，尤以先生为当世无双"[7]，王巡泰称其"务实不务名，务真修实践，不尚标榜浮华"[8]。孙景烈恪守朱子，虽博览群书，但以四书为主，尤尊朱子集注，他说："余读四子书，虽恪遵《集注》而无得于心，诸解或泥于字句，囿于见闻，敢谓其不差之毫厘而谬以千里也乎。"[9] 这就是说，孙景烈认为是时推阐朱注的解释多泥于章句，不合朱子本意，故而他着力著述《四书讲义》及《四书讲义补》，扫除成见虚说，力揭朱子本义。是书受到学者高赞，李元春称其"一生精力毕萃《四书讲义》中"[10]，可见其用力之勤。玛星阿亦说："先生夙明性理之学，故其说四子书一以考亭《集注》为主，研精覃思，辨析毫芒，而论

[1] 梁启超《清代学术概论》，上海古籍出版社 2005 年版，第 57 页。
[2] 皮锡瑞《经学历史》，中华书局 2011 年版，第 250 页。
[3] 张循认为："在康熙末到乾隆初的数十年里，所谓清初诸老先生已经凋谢殆净，而惠栋、戴震倡导的汉学又尚未完全兴盛。因此相较于其前与其后而言，清代精英学术界在那时出现了一个空档。"（张循《论十九世纪清代的汉宋之争》，复旦大学 2007 年博士学位论文，第 47 页。）
[4] 梁启超《清代学术概论》，第 56 页。
[5] 梁启超《清代学术概论》，第 57 页。
[6] 邵懿辰《仪宋堂后记》，任清编选《唐宋明清文集》第 2 辑，天津古籍出版社 2000 年版，第 1581 页。
[7] 李元春《关学续编》，王美凤编校《关学史文献辑校》，西北大学出版社 2015 年版，第 127-128 页。
[8] 王巡泰《太史孙酉峰先生文集序》，孙景烈《滋树堂文集》卷首，《清代诗文集汇编》第 307 册，上海古籍出版社 2010 年版，第 69 页。
[9] 孙景烈《关中书院课解》自序，清乾隆辛巳年滋树堂刻本，第 3A 页。
[10] 李元春《桐阁先生文钞》卷 10《检讨孙酉峰先生墓表》，《李元春集》，西北大学出版社 2015 年版，第 334 页。

议所及更有以发前人所未发。"〔1〕 薛宁廷亦高赞其："自吾与人讲四子书，未见有体认朱子《集注》如君之深细者，关学一脉如线，君其勉之。"〔2〕 由此可见孙景烈《四书讲义》的地位和价值。然囿于文献散乱等原因，是书并未受到应有的重视，这很大程度上不唯影响对四书学在清代中叶演进面貌的理解，更无助于我们对雍、乾之际学术思潮的把握。

一、四书一体

刘笑敢先生曾对"跨文本诠释"界定道："跨文本诠释是指以一部作品的内容（观念、概念、命题、理论等）去解释另一部作品，这样做的结果可能是无穷多的可能性。"〔3〕 关学宗师张载在四书学草创阶段，就极为重视四书文本之间的义理关联，运用刘笑敢所谓的"跨文本诠释"以求将四书进行一体化构建，使其超越了任何一个单本所不具备的理论力量。这一目标在朱子那里得以彻底实现，但在明清之际群经辨伪运动的驱使下，四书地位有所下降，"《大学》、《中庸》璧回《礼记》"〔4〕 之声日益高涨，原本一体化的四书有瓦解之隐忧。有鉴于此，孙景烈着意重倡和强化四书的一体化，以此来应对割裂四书的学术流波。我们先来看孙景烈对四书单本的认识和定位：

《大学》是万世治平书也。〔5〕

《中庸》言道。〔6〕

《论语》是政学合一之书。〔7〕

七篇不外性善二字。〔8〕

〔1〕 玛星阿《刻太史孙酉峰先生课解序》，孙景烈《关中书院课解》卷首，第1B页。

〔2〕 《滋树堂文集》卷2《薛尺庵先生小传》，第119页。

〔3〕 刘笑敢《从注释到创构：两种定向两个标准》，《南京大学学报》2007年第2期。

〔4〕 梁启超《中国近三百年学术史》，商务印书馆2011年版，第234页。

〔5〕 孙景烈《大学讲义》，清乾隆己丑年滋树堂刻本，第8A页。

〔6〕 《大学讲义》，第1A页。

〔7〕 孙景烈《论语讲义》卷1，清乾隆己丑年滋树堂刻本，第9A页。

〔8〕 孙景烈《孟子讲义》卷1，清乾隆己丑年滋树堂刻本，第1A页。

在孙景烈看来，《大学》是治国理政之书，《中庸》是言道体之书，偏于形而上的致思，《论语》是统合理政与为学之书，《孟子》则是言心性之书。孙景烈对四书性质的理解和把握大致与四书单本的性质若合符节，显示出其敏锐的理论观察。那么，内容殊异的四书之间是各自标榜，还是有内在的相互联系呢? 孙景烈分析道:

《大学》、《中庸》二书相为表里，《大学》言学，《中庸》言道，《中庸》之道即《大学》之根底，《大学》乃《中庸》之径途也。[1]

《孟子》七篇根柢《大学》、《中庸》两书，读者须章章句句与《学》、《庸》相印证始得。[2]

《孟子》七篇本于《中庸》。[3]

《孟子》七篇都从《中庸》一篇得来也，学者须互为发明。[4]

在上述引文中，孙景烈对四书关系的看法如下。一是《大学》与《中庸》是互为表里的关系，《中庸》所言的"道"是《大学》一书的根基和出发点，而《大学》则是《中庸》的途辙和阶梯，两者的关系类似于本体与工夫的关系。二是《孟子》以《大学》《中庸》为根底，且尤以《中庸》为据，研读《孟子》必须与《大学》和《中庸》相参照，然后才能明白其中精义。从孙景烈的主张可以看出，他认为《孟子》《大学》和《中庸》三书之间存在着极强的义理关联，且《中庸》在三书中的地位更为根本。至于《论语》，孙景烈虽没有直接的说明，但他的"读《论语》要识得仁字……乃孔门圣贤传授之真血脉也"[5]，这明显是将"仁"字作为圣门的传授内容，循此而论，《论语》一书的核心即是"仁"，而"仁"又是整个圣学体系的核心，这样《论语》也就具有圣学一脉的资格。

孙景烈更从具体的文内义理来论证四书之间的深度关联。在解释《孟子》和《中庸》的内在关系时，他说:

《孟子》七篇本于《中庸》，其实不外"天命之谓性"一句，所谓性善专指性之理而言也，所谓养气即养性所兼之气也。天命之理不离乎气，养成浩然之气，配

---

[1] 《兰山书院讲义》附录《大学》，第32A-32B页。
[2] 《孟子讲义》卷1，第1A页。
[3] 《孟子讲义》卷1，第1A页。
[4] 孙景烈《中庸讲义》，清乾隆己丑年滋树堂刻本，第1B页。
[5] 《论语讲义》卷1，第1A页。

义与道，则气无听命于理，即所谓率性之道也，读《孟子》须先识得此意。[1]

孙景烈将《孟子》所言与《大学》相类比，主张《孟子》一书所讲没有溢出《中庸》首句"天命之谓性"。《孟子》一书的主旨"性善"指的是圣凡皆同的"类本质"，意思是指"性之理"，也就是"天命之性"，《孟子》所讲的"养气"指的是"养性所兼之气"，而养浩然之气则可使"气"受到"理"的决定和支配，这就是《中庸》所讲的"率性之道"。孙景烈这种比附有一定的合理之处，如认为孟子讲的"性善"与"天命之谓性"的义理关联，但将"养浩然之气"与"养性所兼之气"等同则略显勉强。再来看孙景烈对《大学》与《中庸》义理的关联：

> 《大学》之物格、知至，即《中庸》之明善；《大学》之诚正修，即《中庸》之诚身；《大学》之齐治平，即《中庸》之赞化育、与天地参也。[2]

这就是说，《大学》和《中庸》中的核心概念在内涵上是一致的。"物格、知至" ="明善"、"诚正修"="诚身"、"齐治平"="赞化育、与天地参"。孙景烈的这种类比从大的方面来讲大致不差，基本抓住了两书概念之间的关联，进一步细化和证实《大学》与《中庸》之间的义理关联。再来看《孟子》与《大学》的关系，孙景烈说：

> 《孟子》知言从格物致知来，浩然之气从诚意正心修身来，此得之子思而本于曾子者。[3]

孙景烈认为，《孟子》讲的"知言"源自《大学》的"格物致知"，"浩然之气"来源于《大学》的"诚意、正心和修身"，这是孟子得之于子思而本源于曾子的。结合前面所述，至此孙景烈已经将《孟子》《大学》和《中庸》从义理方面打通，强化了四书之间的一体性和整体性，有力地回应和驳斥了"《大学》、《中庸》璧回《礼记》"的学术呼声。

---

[1]《孟子讲义》卷1，第1A-1B页。
[2]《兰山书院讲义》附录《大学》，第33B页。
[3]《兰山书院讲义》附录《大学》，第33B页。

二、以求仁为要

"仁"作为儒家的标志性学术观念，一直为历代儒家所重视和推阐。孔子视其为是非标准和人格境界，汉唐儒则着重从情感角度论仁，尤以韩愈的"博爱之谓仁"最具代表性，旨在强调"仁是对他人的爱，突出了他者作为政治实践对象的重要性"[1]。宋儒为对抗佛老，开始着意从本体视角建构仁，将其向宇宙论层面拔擢，从而为"儒家倡导的道德情感与道德规范寻找到了终极存在的依据"[2]。实际上，宋儒在完成仁体的建构之后，基本已经将仁学意蕴挖掘殆尽，后儒很难再有大的突破，更多的是倡导和践履。就关学一脉来讲，重视仁学的宋有张载，明有吕柟，清则以孙景烈最为突出。他在四书诠释中，首先强调"仁"在《论语》中的首出性，他说：

> 读《论语》要识得仁字。二十篇中，论学、论政、论人、论世，总不外这个字意思，乃孔门圣贤传授之真血脉也。[3]

孙景烈的意思很清楚，那就是"仁"是《论语》一书的题眼，涵括和统领学、政、人和天下。不唯如此，"仁"更是圣学代代相传的一贯之旨。这一方面抓住了《论语》的要旨，另一方面亦将"仁"由《论语》扩展至整个圣学体系。既然"仁"如此重要，那就必须将"求仁"作为第一要务，孙景烈说：

> 圣门论学以求仁为第一事。[4]

> 求仁是圣学要务。[5]

> 圣门惟仁是求。[6]

合而观之，孙景烈反复叮咛的都是"求仁"在圣人之学中的根基性地位，这实际上也是儒学所孜孜以求的，但原始儒学强调求仁需要通过切实的践履方能实有诸

---

〔1〕 陈来《仁学本体论》绪言，生活·读书·新知三联书店 2014 年版，第 17 页。
〔2〕 李祥俊《道通于一：北宋哲学思潮研究》，北京师范大学出版社 2006 年版，第 395 页。
〔3〕 《论语讲义》卷 1，第 1A 页。
〔4〕 《论语讲义》卷 1，第 1B 页。
〔5〕 《论语讲义》卷 1，第 4A 页。
〔6〕 《论语讲义》卷 1，第 29A 页。

身，绝非躐等陵节可求得。故而孙景烈在注释中重点围绕"求仁"的问题展开辨析。首先，他对如何求仁说道：

> 亲仁是求仁始基。[1]

> 亲仁是力行学文交资处，即求仁之端也。[2]

"亲仁"出自《论语》"泛爱众，而亲仁"，意思是泛爱众人，亲近仁者。孔子将其视为德性修养的具体途径。孙景烈则进一步发挥孔子此意，将"亲仁"作为"求仁"的出发点，也就是通过效仿、学习那些仁者，不断地熏陶自己的德性，这就是朱子所言的"后觉者必效先觉之所为，乃可以明善而复其初也"[3]。以此可见，孙景烈的主张在于求仁的第一步应该是亲近仁者，效仿仁者，来砥砺自己的德性。

当然，只有"亲仁"的工夫还远远不够。孙景烈着意凸出"力行"在"求仁"之中的重要性，他说：

> 致知非为求仁地也，而求仁已不患无地矣。力行方是求仁实功。致知尚未及乎力行，而仁已在其中。此力行之所以必先致知也。致知之后自然少不得力行功夫。[4]

> 致知非求仁之功，而实为求仁之门，故曰"仁在其中"。要晓得仁是纲，博学、笃志、切问、近思是目，然四者初非有意求仁也。[5]

在此，孙景烈构建了这样一个求仁次序：致知到力行再到求仁。且必须明确的是，致知不能作为"求仁"的工夫，只能作为"求仁"的入门，只有身体力行才能作为"求仁"的工夫。很显然，孙景烈这里特别强调了"践履"在"求仁"当中的核心地位，这就承继和发扬了关学注重践履的学术传统，从而与乾嘉汉学埋头文字训诂的学风拉开距离。

围绕"求仁"的第二个问题是"求仁"与"求放心"的关系问题，孙景烈对此着墨甚多，他指出：

---

〔1〕《论语讲义》卷1，第4A页。
〔2〕《论语讲义》卷1，第4A页。
〔3〕《四书章句集注》（上），第58页。
〔4〕《论语讲义》卷4，第25B页
〔5〕《论语讲义》卷4，第25B–26A页。

仁者心之德，非在外也。不知求仁则心放矣，心放即仁放，求放心即求仁也。[1]

放心则去仁，求放心即求仁也，故学问之道在求放心。[2]

欲弄清楚"求仁"与"求放心"的关系，先来看孙景烈对"仁"与"心"的看法，他说："仁是仁，心是心，然心非仁无以为心，仁非心则亦无以见仁，故曰'仁，人心也'"，[3] 这就是说，仁与心是差异互存的关系。孙景烈此意更多的是向程朱一系靠拢，因为在陆王心学那，是直接将"仁"与"心"等同为一的，而程朱一系则认为心既有源自天理的性，又有来自气的情，因此两者是不能直接为一的。基于此，他认为"放心"就是丢了"心之仁"，因此"求仁"也就是"求放心"。更为重要的是，他对两者亦做了区分：

《注》云："能求放心则不违于仁，而义在其中"，可见求放心即是求仁，然但曰"不违于仁又可见求放心、求仁之有浅深矣。"[4]

学问有浅深，求放心亦有浅深，求放心即求仁，求仁之功由浅及深，未易尽也。而学问之道皆所以求放心，故曰"无他"，故曰"而已矣。"[5]

朱子并未对两者进行区分，这是孙景烈对朱子之意的发挥。他认为在朱子那里，已经将"求放心"等同于"求仁"，但从"能求放心"就属于"不违仁"可以看出，求放心、求仁工夫是有浅深之别的。从孙景烈对"求仁"的强调和分疏来看，他一方面迎合了清代回向孔孟的学术思潮，另一方面也显豁出其绝非词章之徒，而是倡导践履之士。这就证实了《清儒学案》撰者观察的准确性，即其为学"以求仁为要领……于经义中讲求实用，合经义、治事为一"[6]。

---

[1] 《孟子讲义》卷 3，第 8B 页。
[2] 《孟子讲义》卷 3，第 9B 页。
[3] 《孟子讲义》卷 3，第 7B 页。
[4] 《孟子讲义》卷 3，第 9A 页。
[5] 《孟子讲义》卷 3，第 9A 页。
[6] 徐世昌等编纂《清儒学案》卷 206《诸儒学案十二》，中华书局 2008 年版，第 8039 页。

三、羽翼朱子

钱穆曾说："《大学》乃宋明六百年理学家发论依据之中心。"[1] 钱氏所论确然不易。朱子将《大学》视为群经之纲领，阳明更是从《大学》切入挑战朱子，故而形成"至其（阳明）与朱子抵牾处，总在《大学》一书"[2] 的学术态势。更进一层，学者在《大学》一书上的立场和态度就成为判释学派归属的不二法门。众所周知，《大学》从文本到义理所关涉的核心问题主要有三：首先在尊崇古本还是今本上，孙景烈指出：

> 《大学》古本，先儒或有讲得精确者，只可姑备一说以广其识，如执古本以议朱子，则过矣。[3]

朱子更补《大学》，从理学的角度完善《大学》的文本。阳明为驳朱子之说，则选取古本《大学》以为之据，走的是文本服从其思想的路径。孙景烈推崇朱子的《大学》改本，但并没有完全否定阳明对古本《大学》的诠解，也赞赏其言论精确，但只能备为一说来开阔视野，绝不能以此来驳斥朱子。以此可见孙景烈尊奉朱子但又有限包容阳明的学术立场。

在《大学》"格物致知"是否缺传这一问题上，孙景烈说：

> 朱子补此传为《大学》入门第一要功，不从此门入者，非正学也。此传为入《大学》者安眼目，不然则一物无所见矣。[4]

朱子将《大学》划分为一经十传，首次提出传里面唯独缺少对"格物致知"的解释，故而倾力作格致传，以从文本上完善《大学》的义理结构。阳明则极力反对朱子此举，他说：

> 《大学》古本乃孔门相传旧本耳。朱子疑其有所脱误，而改正补辑之。在某则谓其本无脱误，悉从其旧而已矣。……且旧本之传数千载矣，今读其文词，既明白

〔1〕 钱穆《中国近三百年学术史》，商务印书馆 1997 年版，第 57 页。
〔2〕 黄宗羲著、沈芝盈点校《明儒学案》（修订本）卷首，中华书局 2008 年版，第 7 页。
〔3〕 《兰山书院讲义》附录《大学》，第 35A 页。
〔4〕 《大学讲义》，第 14A 页。

而可通；论其工夫，又易简而可入。亦何所按据而断其此段之必在于彼，彼段之必在于此，与此之如何而缺，彼之如何而补，而遂改正补缉之，无乃重于背朱而轻于叛孔已乎?[1]

阳明反对朱子补传的缘由在于：一是旧本离古最近，可信度高；二是旧本无论是文辞还是义理皆完整无缺，根本不需要多此一举地进行补正。孙景烈则不取阳明之说，并援引冯从吾的"《大学》古本，原有错简，还当依朱子章句为是"[2]来否定阳明所主的古本《大学》。孙景烈高赞朱子的格致传，认为这是朱子为《大学》安装的眼目，无此则难以入《大学》之门，因此格致传就成为开启《大学》的钥匙乃至首要工夫，他进一步引证辛复元的"朱子补格致传，理极正当"[3]来代己立言，强化自己对朱子的推崇。既然格致传如此重要，那么将其当作《大学》的第一义工夫就是自然而然的，这明显沿袭了朱子的"'格物致知'是《大学》第一义"[4]，从而与阳明的"《大学》之要，诚意而已"[5]相区别。同时，由"格物致知"延伸出的另一争讼问题就是知行问题。孙景烈反复指出：

知行原是交进。[6]

学先知而后行。[7]

众所周知，朱子在知行问题上的核心观点是知先行后、行重于知和知行相须。[8]而阳明则认为朱子此说将"知行分作两件，故有一念发动，虽是不善，然却未曾行，便不去禁止"[9]。孙景烈在此问题上再次表现出一尊朱子之意，他同样重申朱子的"先知后行""知行相须"之意。这当然与前述他将"知"理解为经验知识

----

〔1〕 王阳明著、吴光等编校《王阳明全集》卷2《答罗整庵少宰书》，上海古籍出版社1992年版，第75-76页。

〔2〕 冯从吾著，刘学智、孙学功点校《冯从吾集》卷2《疑思录》，西北大学出版社2015年版，第67页。

〔3〕《大学讲义》，第15B页。

〔4〕 朱熹《晦庵先生朱文公文集》卷58《答宋深之》，朱杰人等主编《朱子全书》第23册，上海古籍出版社、安徽教育出版社2002年版，第2773页。

〔5〕《王阳明全集》卷7《大学古本序》，第242页。

〔6〕《论语讲义》卷1，第10A页。

〔7〕《论语讲义》卷1，第12B页。

〔8〕 朱子说："知行常相须，如目无足不行，足无目不见。论先后，知为先；论轻重，行为重。"（《朱子语类》卷9，第148页。）

〔9〕《王阳明全集》卷3《语录三》，第96页。

息息相关，这也就解释了他何以不能赞同阳明的"知行合一"，因为朱子、阳明在知行观上的差异很大程度上在于对"知"理解的差异，[1] 前者所主的是经验知识，后者意指良知。

再就朱子和阳明所争议的"新民"还是"亲民"说上，孙景烈仍然一尊朱子，力主"新民"说。他指出：

"新"字与明德有关会。凡物旧则暗，"新"则明也。故程子曰："亲当作新"，观经文"明明德于天下"句，"新"字之义更醒。[2]

新民者，使民各明其明德也。《章句》"去其旧染之污"，当兼体用言。体无所污，则具众理之心虚；用无所污，则应万事之心灵。阳明谓"只说明明德而不说新民，便似老佛"，似字颇有斟酌，非谓"老佛能明明德也"。[3]

孙景烈从上下文的关系来推断《大学》文本当为"新民"而非"亲民"。他认为，依据"明明德"，首先是自新己德，然后去新他人之明德，故而必须为"新民"，而不能为"亲民"。从文内来判释"新民"，这显然是朱子本人之意。要之，从《大学》所牵涉的朱、王之争的肯綮问题上，可以看出孙景烈完全站在朱子一边，虽殊少发明之处，但其卫道朱子的象征意义已然超出其实际行为。

四、折中陆王

孙景烈所处的雍、乾时期，阳明心学虽然已不复有明清之际尚能与朱子学对垒的实力，[4] 但流波遗韵尚在，仍有一大批学者在研习和传承。如何回应朱、王之争仍然是学界热议的话题。孙景烈自不能外这一时代思潮，他对朱子学态度前已述及，那就是羽翼尊奉，而对阳明心学，孙景烈既不像他所推崇的陆世仪那样斥阳明

〔1〕 详参李敬峰《吕柟对阳明心学的辩难及其思想史意义》，《中国哲学史》2020年第6期。
〔2〕《兰山书院讲义》附录《大学》，第34A页。
〔3〕《大学讲义》，第4A页。
〔4〕 王国维指出："国初承明之后，新安、姚江二派，尚相对垒，然各抱一先生之言，姝姝自悦，未有能发明光大之者也。"（王国维《国朝汉学派戴阮二家之哲学说》，《王国维遗书》第3册，上海书店1983年版，第482页。）

心学为亡国祸水，也不像关学集大成者李二曲那样以王学相标榜，而是采取较为中
肯的态度来评判陆王心学。他首先对朱、王之争回应道：

> 学者于朱陆之辨，各持门户，聚讼纷纷，数百年矣。朱子之学，广大精微，原
> 无所庸其斑驳。象山资学超绝，其说间有偏者，然与朱子亦未尝无所合。……阳明
> 倡为致良知之说，盖宗象山而不免于偏者，然其偏究在正学中，非背正学而入于他
> 途也。而浮慕朱子之学者，往往斥阳明为异端，无惑乎？学陆王者，不得其平，而
> 肆口以诋之，甚且斥朱子学为支离。两家门户，遂争持而不相下，其为学术之害，
> 岂小哉？余谓阳明"良知"二字，本于孟子，"致"字本于《大学》，但《大学》
> 言致知兼良知在内，阳明专言"良知"，则所谓良知者，本指爱亲敬长。而阳明于
> 人心之灵，凡有所知，俱目为良知，与孟子之学略异，与《大学》之说亦异，此
> 所以不免于偏。至其人品事业，嶭然卓然，虽朱子与之同时，不能有所短也。……
> 余谓阳明为人实无可疑，惟所学与象山均有过高者，而其均为正学。不尽庚于朱子
> 之说，亦无疑也。[1]

在孙景烈看来，朱子之学属于正学，也就是孔孟之学，中正不偏，陆九渊之学虽有
所偏，但与朱子仍有诸多相合之处，王阳明学本陆九渊，自然有所偏，但并没有溢
出正学之外，仍属于正学之列。既然如此，那种门户之争实在是口舌之争，毫无必
要。他进一步指出：

> 宜平心言之，毋穿凿，毋调停。……若更争持门户，党同伐异，毁誉失真，则
> 忠信又安在乎？[2]

钱穆曾指出，研究理学最为忌讳的就是"争道统、立门户"[3]，孙景烈持同
样的立场。在他看来，对待朱、王之争绝对不能持门户之私，罔顾学术实情而进行
毫无原则的挞伐，正确的态度应该是以公平心对待，不要穿凿，亦不能调停，真正
做到荀子所讲的"以仁心说，以学心听，以公心辨"[4]。孙景烈这一态度实是关

[1]《滋树堂文集》卷1《冉蝉庵先生语录序》，第78页。
[2]《关学宗传》，第478-480页。
[3] 钱穆《阳明心学述要》序，九州出版社2010年版，第1页。
[4] 荀子著、杨倞注、耿芸标校《荀子》卷22《正名》，上海古籍出版社2014年版，第151页。

学宗风的真实体现。基于此，他对陆王心学的可取之处作了肯定，他指出：

陆象山谓"人之所喻由于所习，所习由于所志"，是探本之说。[1]

王心斋云"致知是致'知所先后'之知，格物是格'物有本末'之物"，确然。[2]

阳明曰："个个人心有仲尼"，又曰："万化根源总在心"，此等精语，令读者茅塞顿开，有功圣学不小。[3]

（阳明）其人不可贬也。[4]

在这几段引文中，孙景烈首先赞赏的是陆九渊的"义利之辨"，认为其是探本之论。其次则认为王艮的格物致知之说与圣贤本义若合符节。最后则主张应该对阳明本人和阳明学术区分对待：对待阳明本人，绝不能贬低；其所说的"个个人心有仲尼""万化根源总在心"有补于圣人之道匪浅。以上是孙景烈对陆王心学的肯定。我们再来看一下孙景烈对心学核心概念的评判，以显豁其中肯之态度。首先，就颇受争议的阳明心学"无善无恶心之体"来讲，孙景烈指出：

阳明王氏谓"无善无恶心之体"，似近于告子"无善无不善"之说。故东林起而力排之。吾乡王丰川先生《书顾泾阳集后》，又谓"无善无恶"，依然濂溪"无极"之义，《大易》"无思无为"之旨，孔、周是而阳明不得独非，岂曲为袒护耶？抑确见其是而云然耶！[5]

孙景烈论证阳明"无善无恶"之说无误的逻辑是这样的：二曲高弟王心敬认为阳明"无善无恶"之说与《周易》"无思无为"、周敦颐的"无极"之义是相同的，既然孔子、周敦颐之言无误，那么阳明之说也不能错。孙景烈的这种逻辑显然是引先贤往圣之语来为自己观点张目，颇有挟圣贤之语堵众人之口之嫌疑，更何况王心敬尊崇阳明的心学立场也使其说的公正性大打折扣。

"致良知"是阳明50岁左右提出的哲学命题，此后被奉为瑰宝，成为心学一

---

[1]《论语讲义》卷1，第27B页。
[2]《兰山书院讲义》附录《大学》，第36A页。
[3]《关学宗传》，第483页。
[4]《滋树堂文集》卷2《与陈榕门先生书》，第105页。
[5]《关学宗传》，第478页。

脉的学问宗旨。孙景烈认为阳明此说"固偏",[1] 并不惜笔墨解释"固偏"的原因。他说:

> 孩提稍长所知之爱敬是良知从此推而极之,却是致知,不是致良知。良知不待致,致知不可谓之良也。良是本然之善,不加推致之名。[2]

> 愚曩谓"致知亦有良知在内者",尚属未确之见。孟子云"人之所不虑而知者,其良知也"。《大学》致知之功,全靠一虑字,不虑则无以致知,虑则所致之知不谓之良矣。孟子既以不虑而知者为良知,是良知不待致也。若云"致良知则非不虑而知矣",尚得谓之良乎?此义甚明,不难辨也。[3]

阳明的"致良知"是其将《大学》"致知"和《孟子》"良知"融合而成,使其超越了任何一个概念所具备的理论力量。但因为阳明后学"各以意见掺和,说玄说妙,几通射覆,非复立言本意"[4],致使《致良知》之说歧义丛生。孙景烈认为,这种分歧的焦点在于将"致知"和"致良知"混淆。"良知"是指那种先验的,不需要经过任何思虑造作就具有的道德意识,如恻隐之心,这种"知"是不待推致就具有的。而"致知"主要是后天获得的经验知识,是经过"虑"而有的,这种"知"前面不能加一"良"字,因为"良"是本然之善。这就是说,"致知"主要指向的是知识维度,而"致良知"主要指向的是"道德"维度,两者势若天壤,绝对不能等同。孙景烈这一说法很明显有朱子学的底色,但并不切合阳明本意。因为阳明并没有完全割裂"良知"与"见闻之知",而是主张"良知不由见闻而有,而见闻莫非良知之用,故良知不滞于见闻,而亦不离于见闻"[5],也就是说,"良知"与"见闻之知"是差异一体的关系。但孙景烈只看到两者的差异,没有注意到阳明对"良知"与"见闻之知"体用关系的定位。从孙景烈对陆王心学的评判可以看出,他承袭清初以来"以孔、孟为断"[6]来解决朱、王之争的思潮

---

[1]《滋树堂文集》卷 2《与陈榕门先生书》,第 105 页。
[2]《四书讲义补》,第 3B 页。
[3]《四书讲义补》,第 5A 页。
[4]《明儒学案》(修订本)卷 10《姚江学案》,第 178 页。
[5]《王阳明全集》卷 2《答欧阳崇一》,第 71 页。
[6] 戴望《颜氏学记》,河北教育出版社 2009 年版,第 1520 页。

与方案，将阳明心学仍纳入孔孟学统之中，即使阳明心学有所偏颇，但"阳明之
学稍偏于此，然偏在正学之中，不在正学之外"[1]。这种态度就显得颇具温情和
敬意，一方面反映出孙景烈秉承关学一贯的不持门户、兼容并包的学术品格，另一
方面也映衬出阳明心学至雍、乾时期已经衰微，无须再像清初诸儒进行"辟王以
尊朱"的辩驳。

五、小结

晚清学者郭嵩焘在描述雍乾学风时曾指出："雍乾之交，朴学日昌，博闻强
力，实事求是，凡言性理者屏不得与于学，于是风气又一变矣。"[2] 孙景烈就处
在这一学风由理学向考据学转变之际，其《四书讲义》呈现出鲜明的特质：一是
迎合清初以来推尊朱子的学术思潮。清初自"圣祖以朱子学倡天下"[3]，朱子学
再次获得官身，自庙堂至民间渐趋形成"崇朱黜王"的学术思潮。孙景烈的四书
注解正是这一时代的产物，同时反过来又强化和助推尊朱思潮。故而无论是其自述
还是后学所评，皆称其为朱子学者。二是恪守关学义理注经的学术传统，抵制乾嘉
汉学在关中地区的渗透，使得乾嘉汉学只是江南一域而非全国性的学术现象。[4]
柏景伟曾说："我朝李二曲、孙酉峰前后主讲关中，阐扬关学，克绍恭定之传，三
辅人士不尽汩没于词章记诵者，皆两先生之力也。"[5] 这就将孙景烈在抵制和防
止关学陷溺于词章之学之功提揭出来。柏景伟之说确属无疑，这一方面可从孙景烈
自述的"少不知学，为词章所误，既而悔之。自罢史官归里，掌关中书院，始有
志于实学，而词章之学未能决去，……自获是书，日与诸生相研求，乃于词章绝无
嗜好"[6] 所反映的其逃脱词章之学的经历中得到间接的证明，更可从其《四书讲

---

〔1〕《关学宗传》，第 480 页。
〔2〕 郭嵩焘《大学章句质疑自序》，《郭嵩焘全集》第 2 册，岳麓书社 2012 年版，第 725 页。
〔3〕 赵尔巽等《清史稿》卷 290，中华书局 1977 年版，第 10282 页。
〔4〕 艾尔曼《从理学到朴学》，赵刚译，江苏人民出版社 1997 年版，第 4-6 页。
〔5〕 柏景伟《关中书院课艺序》，孙景烈《关中书院课艺》，清光绪戊子年刻，第 2B 页。
〔6〕《滋树堂文集》卷 1《陈榕门先生寿序》，第 91-92 页。

义》不涉章句训诂、直求经文义理中获得直接的印证。因此，王巡泰赞其"羽翼关学，扶持名教"[1] 自非过誉之论。要之，孙景烈的《四书讲义》为我们理解和把握雍乾之际学术思潮的面貌和格局提供了一个鲜活而具体的个案，启示我们：若要真切地把握这一时期的学术思潮，必须注意地域与全国、特殊与普遍之间的交错关系，既避免以地域代表全国，亦防止有普遍而无特殊。

[1] 《滋树堂文集》卷首《太史孙酉峰先生文集序》，第70页。

晚清圣人观的变迁及其思想意涵

[内容提要]

晚清时期，在西学东渐等的影响下，中国的圣人观发生了显著的变化：一方面，中国圣人的形象逐渐西化，黄帝成为汉族始祖，尧、舜禅让被视为"私相授受"，汤、武成为"革命圣人"，孔子则被视为教主、学者等；另一方面，以华盛顿、拿破仑为代表的西人则被圣化，西方圣人不断涌现，其形象、内涵相当程度上沿袭中国圣人。中国圣人形象的解构造成了传统圣人观的解体，中国圣人及其所内含的价值观念逐渐被边缘化，西方圣人则取代中国圣人成为新的理想人格。厘清晚清圣人观的变迁对于探讨近代中国思想文化的变迁具有重要意义。

[关键词]

西学东渐；圣人观；孔子；华盛顿；拿破仑

* 刘绪明，中国井冈山干部学院教学科研部副教授，历史学博士。

圣人观为中国传统文化的核心思想观念之一。先秦时代，诸子百家皆论及圣人。在儒家眼中，圣人为礼乐刑政之作者，亦为器物文明之创造者，"'圣人'既是超绝智慧的象征，又是道德境界上的理想人格，也当然能够成为政治统治者，即'王者'"，呈现"三位一体"之特征。[1] 汉武帝"独尊儒术"之后，圣人一词渐趋于为儒家所专有。在唐代，"致君尧舜"作为最高的政治理想追求之一，同时伴随着对皇帝的圣化，皇帝多带有"圣"字的尊号名称，以"圣"自称，圣人也逐渐成为传统臣民对君主的尊称并为后世所沿袭。[2]

宋代理学兴起之后，圣人观有了新的内容和侧重，"圣人可学而至"以及"圣人能够完全且自然的发挥人性中的'理'"等思想观念成为儒者之共识，[3] 圣人作为理想人格的一面被突出，"人皆可以为尧舜"也成为流行的观念。此外，道统论亦趋于成形，朱熹将伏羲、神农、黄帝列为尧、舜之前的道统人物谱系，以尧、舜、禹、汤、文、武、周公、孔子、孟子作为儒家一脉相承的道统，"人心惟危、道心惟微、惟精惟一、允执厥中"也成为统一的圣人谱系之基本保证和基本内涵。[4] 儒家文化被称为"尧、舜、禹、汤、文、武、周、孔之道"或"孔孟之道"。诸人之中，除孟子号"亚圣"之外，[5] 其余则被公认为圣人，再加上三皇五帝（一说含尧、舜在内），则构成儒家之圣人谱系。其中以尧、舜、孔子最为圣人之代表，"三代以上言圣者必曰尧舜"，"三代而下言圣者必曰孔子"。

时至晚清，儒家思想仍居于统治地位，圣人之道、心、教、训、法、德、学、言、行等皆为世之准则、人之轨范，亦是政教秩序正当性的唯一来源。时人称：

---

[1] 王中江《儒家"圣人"观念的早期形态及其变异》，《中国哲学史》1999年第4期。

[2] 蒋金坤《"致君尧舜"：唐代皇帝的神圣化与士人转型》，《杭州师范大学学报》（社会科学版）2016年第4期。

[3] 吾妻重二《道学的"圣人"观及其历史特色》，见朱杰人主编《迈入21世纪的朱子学——纪念朱熹诞辰八百七十周年、逝世八百周年论文集》，华东师范大学出版社2001年版，第139-164页。

[4] 朱汉民《经典诠释与道统建构——朱熹〈四书章句集注〉序说的道统论》，《北京大学学报》（哲学社会科学版）2018年第4期。

[5] 长期以来，儒家"亚圣"之名由颜回独享，其正式确立在开元八年，唐玄宗"以颜子亚圣，亲为之赞"。至元丰七年，孟子得以配享孔庙，逐渐开始与颜回共享"亚圣"之名，"孔颜"逐渐为"孔孟"所取代，"'孔孟'在宋元之际已成儒家道统的主要代名词"，而孟子正式获得"亚圣"封号则在元朝至顺元年，具体过程参见赵宇《儒家"亚圣"名号变迁考——关于宋元政治与理学道统论之互动研究》，《历史研究》2017年第4期。

"中国自三皇五帝三王以及周公、孔子、孟子皆以大圣之资，著书立说，相传道统，谓为圣人之教，以迄于今。有国家者治国之道，因之取士之则，用之教人之法，由之其所以尊崇者，至矣。舍此之外，别无所谓教化也。"[1] 然晚清以来的西学东渐与西力东侵造成了中国思想文化的整体性解构与重构，随着中国思想界逐渐进入对西方亦步亦趋时期，"每受一新理新学，必附会古人，……民族思想发达，而黄帝轩辕氏为汉民之鼻祖矣。……景教流行，而孔子为教主矣"[2]。中国圣人的形象发生了显著的变化，传统的圣人观逐渐被颠覆，西人形象逐渐圣化，这一历程对近代中国思想文化的演变产生了重要的影响。

一、中国圣人形象之西化

晚清圣人形象的变迁以黄帝、尧、舜、汤、武及孔子为典型，黄帝成为汉族始祖；尧、舜因其禅让先被视作"民主之圣"，后又被视为"私相授受"；汤、武成为"革命圣人"；孔子则呈现为教主、学者、"历代帝王专制之护符"等多面形象。此类圣人的新形象皆根源于西学东渐，中国圣人的形象逐渐西化并成为西方新学理的对应者，内涵及价值评判的权力逐渐西移。

（一）黄帝：汉族始祖

自司马迁《史记·五帝本纪》置黄帝为首，黄帝渐被视为帝系之始，成为远古以降各代帝王的共同先祖。其形象内涵也具有了帝王典范的意义，是"皇统"的一个组成要素。时至晚清，汉民族主义者共同进行了树立黄帝为共祖之运动。

晚清思想家接受了王夫之倡导的严夷夏之防，奉黄帝为华夏畛域之奠立者，将"种类"提升为主要思考范畴的思想，经历了黄色民族主义阶段之后逐渐接受民族国家思想。随着"排满种族主义"思潮席卷全国，"汉民族主义分子"遂将黄帝转

---

[1]《论中外各教》，《申报》1875年9月21日。
[2] 民《好古》，张枬、王忍之编《辛亥革命前十年间时论选集》第2卷（下），生活·读书·新知三联书店1960年版，第1050-1051页。

化为民族始祖。此举亦与法国学者拉库伯里的学说之传入日本有关。[1]

首揭黄帝纪年的刊物乃是留日江苏同乡会于 1903 年在东京发行的《江苏》月刊杂志，该杂志于第 3 期（1903 年 6 月）将"光绪二十九年"变更为"黄帝纪元四千三百九十四年"。同年，刘师培发表的《黄帝纪年论》一文称："民族者，国民特立之性质也。凡一民族，不得不溯其起源。为吾四百兆汉种之鼻祖者谁乎？是为黄帝轩辕氏。是则黄帝者，乃制造文明之第一人，而开四千年之化者也。故欲继黄帝之业，当自用黄帝降生为纪年始。"[2] 此后，黄帝纪元普遍流行开来，黄帝为汉族始祖（后演变为中华民族始祖）的形象也延续至今。

（二）尧、舜："私相授受"

尧、舜为传统中国除孔子之外最具代表性的圣人，"致君尧舜""人皆可以为尧舜"长期以来一直是儒家的流行观念。传统的尧、舜形象的最大特质为禅让，因此被视为公天下之代表。康有为将尧、舜塑造为"民主之圣"，其在"大同三世说"的基础上提出孔子改制之说，认为文王、尧、舜等皆孔子臆造，且孔子臆造之圣人亦各有寓意，其称：

> 孔子祖述尧、舜，宪章文、武，故《诗》托始文王，《书》托始尧、舜。治法进化，由君主而及民主；文王为君主之圣，尧、舜为民主之圣。《春秋》始于据乱立君主，中于升平为立宪君民共主，终于太平为民主。故《春秋》始言文王，终道尧、舜也。[3]

此种观点虽流行一时，但很快受到梁启超等的抨击，在民主—君主（专制）的概念结构中重新理解禅让之事，禅让虽有举贤之意，然并不合于民主这一"天下之公理"，实质是"私相授受"，"以国家为君主所有物"，故而尧、舜禅让之事与民主制度及精神绝不相干，这一观点逐渐成为主流观点。梁启超称：

> 尧、舜禅让为中国史上第一盛事，非特寻常旧学所同推赞而已。即近世言民

---

〔1〕 沈松侨《我以我血荐轩辕——黄帝神话与晚清的国族建构》，《台湾社会研究季刊》1997 年第 28 号；孙隆基《清季民族主义与黄帝崇拜之发明》，《历史研究》2000 年第 3 期；石川祯浩《20 世纪初年中国留学生"黄帝"之再造——排满、肖像、西方起源论》，《清史研究》2005 年第 4 期。

〔2〕 刘师培《黄帝纪年论》，张枬、王忍之编《辛亥革命前十年间时论选集》第 1 卷（下），第 721 页。

〔3〕 康有为《〈春秋〉笔削大义微言考》，《康有为全集》第 3 集，中国人民大学出版社 2007 年版，第 310 页。

权、言大同者，亦莫不称道尧、舜，以证明中国古有民主制度，其意不可谓不善。……即使尧、舜果有禅让，则其事亦与今日民主政体绝异，何则？民主国者，其主权在国民，其举某人为民主，由于全国人之同意，绝非君主所得而禅让也。禅让者，私相授受之意也。……国家者，岂君主所有物乎？以国家为君主所有物，是正沉惑于专制政体之谬想耳。[1]

在梁启超看来，尧舜禅让即传贤而不传子虽有一定之不可否认之"功德"，但本质上仍为"私相授受"，无公天下之意，与西方"民主政体绝异"，且"则传贤传子之变迁，实由政体之进化使然"。尧、舜的圣人形象不再至高无上，而是受到"进化"规律的制约，其所代表的禅让这一最高价值理念在新的价值排序中也变得无足轻重。

（三）汤、武："革命圣人"

汤、武"篡弑"或"革命"的争论为中国传统政治学的一个重要但却经常被回避的问题，因汤、武形象的特殊性，故而在宋以来的圣人谱系中并不占据代表性的地位。传统中国皇权承继与朝代更迭，无外乎"禅让""世袭""篡夺""放伐"或"征诛"等方式，其中汤、武为"放伐""征诛"之代表。

先秦时代，大抵儒、墨皆肯定汤、武"革命"，道家与法家则否定汤、武"革命"而斥之为"篡弑"。朱熹在继承了儒家特别是孟子以降强调天命随人心而移转的传统之时，又强调政治秩序对于实现政治理想的作用，担心有人借口"革命"而改朝换代，因此倾向于采取"格君心之非"作为折中的解决方案，[2]朱熹之论大抵为后世儒家的基本观点。至晚清，随着新的"革命"观念的出现，汤、武成为"革命圣人"，大放异彩。

清末"革命"一词流行之初主要有两种含义：一种经由日本之翻译 revolution 而来，近于"变革""进化""改革"等词；一种源于传统，近于"造反""暴乱"等词。以孙中山为首的革命党人首次在新的意义上采用"革命"话语，并有着从

---

〔1〕 梁启超《尧舜为中国中央君权滥觞考》，《清议报论说》卷2，1901年，第107-112页。
〔2〕 赵金刚《常道与变易的困境——朱熹论"汤武革命"》，《河北学刊》2016年第4期。

使用"造反"或"起义""光复"到"革命"的转变[1] 1896年11月，孙中山在《复翟理斯函书》中即明确表彰汤、武，称其从事革命"于人则仰中华之汤、武暨美国华盛顿焉"[2]。此中，孙中山将汤、武与华盛顿并称，同视为革命建国之偶像。1903年12月13日，孙中山在檀香山的演说中称，"革命为唯一法门，……首事革命者，如汤、武之伐罪吊民，故今人称之为圣人"[3]，以汤、武为革命偶像，其因"吊民伐罪"而为圣。

同样在1903年，邹容所著《革命军》风行海内，其称："革命者，天演之公例也；革命者，世界之公理也；革命者，争存争亡过渡时代之要义也；革命者，顺乎天而应乎人也；革命者，去腐败而存良善者也；革命者，由野蛮而进文明者也；革命者，除奴隶而为主人者也。"[4] 邹容在保留汤、武革命的"顺乎天而应乎人也"内涵的同时，增加了公例、公理、文明等内涵。

此中，传统汤、武革命论中的"天命论"被改造，"扬弃了其中天意天数与圣人天子的环节，代之以世界潮流与先知先觉，并基本保留了民心所向在革命叙事中的原有地位和内涵"[5]。"西来的'革命'意义的'革命'被等同于进化的历史观"，"并与中国原先'革命'一词所包含的王朝循环式的政治暴力相结合"[6]，"汤、武革命"所代指以暴力手段推翻旧政权，建立新政权的方式被赋予了正当性，汤、武也理所当然被视为"革命圣人"，并且成为革命党人的基本观点。[7]

[1] 陈建华《孙中山何时自称"革命党"？——早期思想地图与"革命"指涉的勘探》，《中国图书评论》2009年第5期。
[2] 广东省社会科学院历史所、中国社会科学院近代史所中华民国研究室、中山大学历史系孙中山研究室合编《孙中山全集》第1卷，中华书局1981年版，第46-48页。
[3] 广东省社会科学院历史所、中国社会科学院近代史所中华民国研究室、中山大学历史系孙中山研究室合编《孙中山全集》第1卷，第226页。
[4] 邹容《革命军》，张枬、王忍之编《辛亥革命前十年间时论选集》第1卷（下），第651页。
[5] 徐斌《孙中山与天命论》，《史林》2017年第5期。
[6] 陈建华《"革命"的现代性：中国革命话语考论》，上海古籍出版社2000年版，第8-19页。
[7] 1908年，革命派的《中兴日报》和保皇派的《南洋总汇报》在新加坡展开论战，其中孙中山曾亲自撰文回应唐璆的观点，虽然两人对汤、武、华盛顿的理解有所不同，特别是对革命之时势与革命之人物的关系理想差别较大，但都将汤、武、华盛顿视为"革命者之标准"。唐璆《论中国革命不可强为主张》，见杨式仁主编《唐璆集》，光明日报出版社2016年版，第39-46页；孙中山《平实开口便错》，见广东省社会科学院历史所、中国社会科学院近代史所中华民国研究室、中山大学历史系孙中山研究室合编《孙中山全集》第1卷，第386-389页。

（四）孔子：教主、学者

晚清，孔子的形象大抵出现了三种：一为教主，一为学者，一为专制之护符。孔子教主形象主要成于康有为。康有为认为，"中国义理、制度，皆立于孔子，弟子受其道而传其教，以行之天下，移易其旧俗。若冠服、三年丧、亲迎、井田、学校、选举，尤其大而著者"。六经皆孔子所制，"孔子为教主，为神明圣王，配天地，育万物，无人、无事、无义不围范于孔子大道中，乃所以为生民未有之大成至圣也！"[1] 经康有为等的大肆宣扬以及孔教运动的渐次展开，孔子的教主形象逐渐深入人心。

在支持者看来，宗教这一中西差异被视为文野之辨的重要内涵。国家被分为"有教有学之完全国家"与"无教无学之野蛮国家"，"有教者谓之文明之邦，无教者则谓之野蛮之国"，因此孔子的教主形象也成为"中国"的重要内涵。"吾国何教，曰孔教；吾国何学，曰孔学。崇孔教，即以崇中国；尊孔学，即以尊中国。"[2] 有人提出国人应一律纪念孔子，甚至将黄帝与孔子合为中国之"国魂"，"盖黄帝为政治之纪元，孔子则为宗教之纪元。……彼二圣者皆处吾国自古迄今至尊无上之位，为吾全历史之关键，又人人心中所同有者。以之为国魂，不亦宜乎！"[3]

孔子的教主形象受到了诸多批评，学者形象因此逐渐凸显。梁启超在东渡日本后，宗教观念大变，反对将孔子视为宗教家，其称：

西人所谓宗教者，专指迷信宗仰而言，其权力范围乃在躯壳界之外，以魂灵为根据，以礼拜为仪式，以脱离尘世为目的，以涅槃天国为究竟，以来世祸福为法门。……孔子则不然，其所教者，专在世界国家之事，伦理道德之原，无迷信，无礼拜，不禁怀疑，不仇外道，孔教所以特异于群教者在是。质而言之，孔子者哲学家、经世家、教育家，而非宗教家也。[4]

章太炎亦是孔子教主形象的坚决反对者，虽然其对孔子的褒贬因时而异，但对

---

[1] 康有为《孔子改制考》，《康有为全集》第 3 集，第 111-112 页、第 127 页。

[2] 冠诤《笔政部：尊孔即所以尊中国论》，《天铎》1909 年第 1 期。

[3] 许之衡《读〈国粹学报〉感言》，张枬、王忍之编《辛亥革命前十年间时论选集》第 2 卷（上），第 49 页。

[4] 梁启超《保教非所以尊孔论》，《新民丛报》1902 年第 2 期。

孔子的两点基本认识始终未变。[1] 一方面，章太炎尤其强调孔子破除鬼神迷信的特点并因此表彰孔子为"独圣"。1899 年，章太炎在《儒术真论》一文中指出："仲尼所以凌驾千圣，迈尧、舜，轹公旦者，独在以天为不明及无鬼神二事。""惟仲尼明于庶物，察于人伦，知天为不明，知鬼神为无，遂以此为拔本塞原之义，而万物之情状大著。1906 年 7 月 15 日，在《东京留学生欢迎会演说辞》中，章太炎称："若说孔教，原有好到极处的，就是各种宗教，都有神秘难知的话杂在里头，惟有孔教，还算干净，但他还有极坏的。"[2]

另一方面，章太炎尤其强调孔子史学家的形象，在 1902 年完成的《訄书》修订本《订孔》一篇中称："孔氏，古良史也。辅以丘明而次《春秋》，料比百家，若旋机玉斗矣。"1907—1910 年在《中国文化的根源和近代学问的发达》系列演讲中，将孔子视为"第一个宣布历史的人""史学的宗师"，其称：

孔子也是由百姓起家，很不愿意贵族政体，所以去寻着一个史官，叫做老子，拜了他做先生，老子就把史书都给他看；又去寻着一个史官，叫做左丘明，两个人把《春秋》修改完全，宣布出来，传给弟子，从此民间就晓得历史了。以前民间没有历史，历史都藏在政府所管的图书馆，政府倒了，历史也就失去。自从孔子宣布到民间来，政府虽倒，历史却不会亡失，所以今日还晓得二三千年以前的事。这都是孔子赐的了。

章太炎还强调孔子"并不是什么教主"，"史学讲人话，教主讲鬼话。鬼话是要人愚，人话是要人智，心思是迥然不同的"。[3]

稍晚于教主化及学者化孔子形象的形成，随着 20 世纪初将秦以来的中国政体视为"专制"的观念的流行，[4] 以孔子为代表的圣人在专制论者眼中变成了"历

〔1〕 1922 年 6 月 15 日在《致柳翼谋书》中，章太炎称："鄙人少年本治朴学，亦唯专信古文经典，与长素辈为道背驰，其后深恶长素孔教之说，遂至激而诋孔。中年以后，古文经典笃信如故，至诋孔则绝口不谈，亦由平情斟论，深知孔子之道，非长素辈所能附会也。"见汤志钧编《章太炎政论选集》下册，中华书局 1977 年版，第 764-765 页。
〔2〕 汤志钧编《章太炎政论选集》上册，第 120-121 页、第 272 页。
〔3〕 章太炎《中国文化的根源和近代学问的发达》，章念驰编订《章太炎全集·演讲集》（上），上海人民出版社 2015 年版，第 80-81 页。
〔4〕 侯旭东《中国古代专制说的知识考古》，《近代史研究》2008 年第 4 期。

代帝王专制之护符"。如君衍认为，"圣人与君主，互相为因，互相为果"。"孔子在周朝时候虽是很好，但是在如今看起来，也是很坏。'至圣'两个字，不过是历代的独夫民贼加给他的徽号，那些民贼为什么这样尊敬孔子呢？因为孔子专门叫人忠君服从，这些话是很有益于君的，所以那些独夫民贼，喜欢他的了不得。"[1]林懈认为，"圣人倡君尊臣卑之说。一人为刚，万人为柔"，"君主无圣人，则其压制臣民较难，惟有圣人而君主乃得操纵自如，以济其奸"。在清代满-汉问题的特殊语境下，以孔子为代表的圣人又成为满族压迫汉族的工具，林懈即称：

> 而且我汉种的习惯性本来是最崇拜古人的，可巧那有名的古人、有名的书卷，里头说话都是叫百姓服从皇帝，尊敬皇帝，不可以共皇帝作对，若有此等的人，都称他做乱臣贼子，那贼□知道此层缘故，心中暗暗欢喜，因此利用了中国的文字，又利用了孔夫子及各种酸腐的道学家，仗着什么圣贤古训，来压制汉族，那些经传好象就是他杀汉人的快刀利剑了。[2]

在此种观念下，孔子的教主形象成为孔子形象的负资产。如吴虞即称："天下有二大患焉：曰君主之专制，曰教主之专制。君主之专制，钤束人之言论；教主之专制，禁锢人之思想。君主之专制，极于秦始皇之焚书坑儒，汉武帝之罢黜百家；教主之专制，极于孔子之诛少正卯，孟子之距杨、墨。"[3] 在此情形下，孔子之形象逐渐趋于负面化。

随着中国圣人形象逐渐西化，诸圣人形象之间出现显著的差异，圣人形象内含的价值观念及其价值排序发生了显著的变化，由圣人形象、内含的相对一致性所保证的统一的圣人谱系即"道统论"的基础也被动摇，长期居于中国传统文化主导地位的儒家思想受到越来越大的冲击。

二、西人形象之圣化

西方人、事、物的圣化在晚明基督教东传时即已出现。利玛窦以"圣"作为

〔1〕 君衍《法古》，张枬、王忍之编《辛亥革命前十年间时论选集》第1卷（上），第529-533页。
〔2〕 林懈《国民意见书》，张枬、王忍之编《辛亥革命前十年间时论选集》第1卷（下），第901页。
〔3〕 吴虞《辨孟子辟杨、墨之非》，张枬、王忍之编《辛亥革命前十年间时论选集》第3卷，第737页。

基督教徒所崇拜的人或事物的尊称，其所借用旧有词语者如"圣神""圣教""圣旨""圣像""圣母""圣经""圣徒"等，其中如"圣母""圣经""圣徒"现已成为基督教专词，而其所生造者则有"圣土""圣城""圣门""圣水"等等。[1]利玛窦还提出"大西圣人"之说法，但在耶稣会士这一话语系统中，"圣"带有明确的概念限定，是一个高度宗教化的词语。[2] 此后这一宗教性的"圣"的话语系统一直延续。王韬即称："其传教于中华者，则皆著书立说以冗长，人不免躐等而进。教中所尤重者曰'圣学'，他若六艺以及杂技，视为小道，于会堂中尚无坐次。"[3] 所谓"圣学"，近于基督教神学，为传教士所最重。时至晚清，在这一宗教话语系统之外，西方世俗人物也开始圣化，其中以"华、拿二圣"的出现最为典型。

（一）华盛顿："尧、舜、汤、武合为一人"

对于华盛顿的圣化，潘光哲称之为"华盛顿神话"，熊月之则称其为"尧、舜华盛顿"。[4] 据两人的研究，早在 1837 年传教士所办《东西洋考每月统记传》中即称："教授振举国者之君子，称华盛屯，此英杰怀尧、舜之德，领国兵攻敌，令国民雍睦，尽心竭力，致救其民也。自从拯援国释放民者，不弄权，而归庄安生矣。"[5] 1838 年，《东西洋考每月统记传》中又载《华盛顿言行最略》一文，称"经纶济世之才，宽仁清德遍苑，忠义两全之烈士中，华盛顿独立无比"，并颇叙述华盛顿之事迹，叙述中多道德评价，且多以尧、舜等圣王事迹为本源。[6] 此虽

---

〔1〕 黄铭石《利玛窦中文著译中的术语及专名研究》，四川外国语大学 2013 年硕士论文。
〔2〕 张向东《明末清初西学东渐中的"心同理同"说与"圣人"话语纠葛新诠》，《山东社会科学》2012 年第 11 期。
〔3〕 王韬《瀛壖杂志》，岳麓书社 1988 年版，第 206 页。
〔4〕 潘光哲《"华盛顿神话"在晚清中国的创造与传衍》，郑大华、邹小站主编《西方思想在近代中国》，社会科学文献出版社 2005 年版，第 73-111 页；熊月之《华盛顿形象的中国解读及其对辛亥革命的影响》，《史林》2012 年第 1 期。
〔5〕 《论》，爱汉者等编《东西洋考每月统记传》，黄时鉴整理，中华书局 1997 年版，第 232 页。
〔6〕 该文叙述华盛顿之事迹，幼年时"然见识、历练、才能高大，最有胆量，雄烈过人"。领兵时，"华不干民之誉，而真推民之兴，不自贪俸禄，宁守清贫，并无害人利己矣"。美国独立战争胜利后，"虽势浩大，威震天下，弄权在掌握之中，为所得为，然上报国家，下安黎庶，竭心忠诚，昼夜专务。良民知华胸怀大志，腹有良谋，故立之为国之首领主。华虽愿避静潜修，悦听民之声，在位八年，治国如运于掌，政情利达，百姓动履亨嘉，其名声高著，流芳百世"。《华盛顿言行最略》，爱汉者等编《东西洋考每月统记传》，黄时鉴整理，第 319-320 页。

皆传教士自说自话，但对此后国人对于华盛顿的认识产生了重要影响。

承袭传教士之叙述，徐继畬在《瀛寰志略》中称："华盛顿，异人也，起事勇于胜、广，割据雄于曹、刘，既已提三尺剑，开疆万里，乃不僭位号，不传子孙，而创为推举之法，几于天下为公，骎骎乎三代之遗意。""米利坚合众国以为国，幅员万里，不设王侯之号，不循世及之规，公器付之公论，创古今未有之局，一何奇也！泰西古今人物，能不以华盛顿为称首哉！"徐继畬还按照中国圣王的形象塑造了华盛顿的诸多细节，如"顿既定国，谢兵柄，欲归田，众不肯舍，坚推立为国主，顿乃与众议曰：'得国而传子孙，是私也。牧民之任，宜择有德者为之。'仍各部之旧，分建为国，每国正统领一，副统领佐之。以四年为任满，集部众议之，众皆曰贤，则再留四年"。[1] 徐继畬以中国人熟悉的推让等"历史经验"来比附这位人物，此类称颂中，华盛顿之事迹颇符合尧、舜禅让所代表的传贤之制以及天下为公之意，"内圣外王，华盛顿成为雄绝千古的圣人"，[2] 在华盛顿转化为"异国尧、舜"的形象历程里，徐继畬堪居"首功"。[3]

"尧、舜华盛顿"之外，因华盛顿建国之功，又有"汤、武华盛顿"的出现。早在1896年11月，孙中山将汤、武与华盛顿并称，同视为革命建国之偶像。[4] 1898年，唐才常记录其师欧阳中鹄之言论，称："先生早即力昌西学，至谓华盛顿为尧、舜、汤、武合一人，嶻然西方之圣者。"[5] 1900年，在革命党兴中会的机关报《中国旬报》之上也有类似的论调，赞赏华盛顿"提三尺剑，开疆万里，乃与世共之，不家天下，创推举之公法，开未有之奇局。唐尧揖让之风不能及其无弊，欧洲民主之政不足拟其宽仁，诚长治久安之道也"[6]。至此，华盛顿"圣人"形象的内涵已经涵盖华盛顿为美国创制立法者，"公举"之法及其所代表的天下为公等，承载了尧、舜、汤、武等四圣的基本内涵，华盛顿成为超越尧、舜、汤、武

----

〔1〕 徐继畬《瀛寰志略》，上海书店出版社2001年版，第276—277、291页。
〔2〕 熊月之《华盛顿形象的中国解读及其对辛亥革命的影响》，《史林》2012年第1期。
〔3〕 潘光哲《"华盛顿神话"在晚清中国的创造与传衍》，郑大华、邹小站主编《西方思想在近代中国》，第81页。
〔4〕 广东省社会科学院历史所、中国社会科学院近代史所中华民国研究室、中山大学历史系孙中山研究室合编《孙中山全集》第1卷，第46—48页。
〔5〕 唐才常《浏阳兴算记》，《唐才常集》，岳麓书社2011年版，第262页。
〔6〕 陈沂春生《原中原》，《中国旬报》1900年第22期。

的新圣人。

（二）拿破仑：豪杰、革命偶像

相较于华盛顿，拿破仑的形象变迁则更为复杂，包含霸王、雄主、大豪杰、革命偶像等多个面向。[1]《东西洋考每月统记传》1837 年连载的《谱姓：拿破戾翁》为用中文编写的拿破仑传记，其中称："若论其行藏，可谓出类拔萃，而高超乎众。盖彼实钟山川之英气，而为特异之人也。"该刊另有《霸王》一文讲述拿破仑称霸欧洲的事迹，评论道："若以拿皇帝较秦始皇及元之忽必烈，或谓相似，但拿破戾翁乃为霸中之魁矣。"两文对于拿破仑的叙述多为魏源的《海国图志》、徐继畲的《瀛寰志略》所引用，影响深远。1890 年，王韬的《重订法国志略》中，拿破仑的形象依旧以赫赫武功而名。[2]

拿破仑还成为梁启超重点塑造的理想人格。1902 年，梁启超创办《新民丛报》，第一号首页就是拿破仑的肖像。在《新民说》中，梁启超将拿破仑塑造为"新民"的重要代表。梁启超还大声疾呼维新党之拿破仑的出现，称：

> 即法国大革命之始，民党名士，星罗棋布，风驰电掣，只能破坏法国，不能成就法国；而成就之者，乃一当时无名之拿破仑。意者中国之拿破仑，今犹未出世耶？吾愿爱国之士，其勿以中国再造之业，望诸今日有名之维新党，彼真英雄固不可以名求也。抑所谓今日有名之维新党者，其勿自尊大，亦勿自暴弃，惟尽其责任，以为将来出世之拿破仑前驱先导，……[3]

伴随着革命思潮的风起云涌，拿破仑一变而与华盛顿一道成为革命偶像。如1901 年《国民报》发表《亡国篇》一文，称："法之有拿破仑，美之有华盛顿，欧西人所称为大豪杰者。""彼国民自为其身家，其始也，不知几千百华盛顿、拿破仑忘生死、掷头颅，以争一日之命，而彼二人者乃坐享其名。"[4]

1902 年 5 月，康有为撰《答南北美洲诸华商论中国只可行立宪不可行革命书》批判革命思潮，称："然则革命者之言民权自立，不过因人心之所乐而因以饵之，

---

〔1〕 刘宝吉《拿破仑的近世中国之旅》，《史林》2014 年第 2 期。
〔2〕 王韬《重订法国志略》卷 6《保拿巴氏纪》，光绪十五年上海淞隐庐刊本，第 2 页。
〔3〕《饮冰室自由书·十九世纪之欧洲与二十世纪之中国》，《清议报》1901 年第 93 期。
〔4〕《亡国篇》，张枬、王忍之编《辛亥革命前十年间时论选集》第 1 卷（上），第 92-94 页。

以鼓动大众，树立徒党耳。假令革命果成，则其魁长且自为君主，而改行压制之术矣，不见法之拿破仑乎？始则专倡民权，每破一国，辄令民背其主，既为民主，事事皆俯顺民情，而挟其兵力以行之，于是复自为君主矣。""今所见革命之人，挟权任术，争锱铢小利而决裂者，不可胜数，如此之人，使其有天下，而望其行尧、舜、华盛顿之事，是望盗跖之让国也。"[1] 拿破仑被视为革命转向君主（专制）的"枭雄"形象与尧、舜、华盛顿相对，此一"枭雄"形态的革命者形象成为对革命者最大的污蔑。

章太炎在《驳康有为论革命书》中则提出"华、拿二圣"之说，其称："而谓革命党中必无有才略如华盛顿、拿破仑者，吾所不敢必也。虽华盛顿、拿破仑之微时，天下亦岂知有华盛顿、拿破仑者？""借曰此魁梧绝特之彦，非中国今日所能有，尧、舜固中国人矣，中国亦望有尧、舜之主出而革命，使本种不亡已耳。何必望其极点如华盛顿、拿破仑者乎？"[2] 邹容在《革命军》中亦称期待"黄帝子孙皆华盛顿"，认为"而况又有大儿华盛顿于前，小儿拿破仑于后，为吾同胞革命独立之表木"，"今日之中国，故非一华盛顿、一拿破仑所克有事也。然必预制造无量无名之华盛顿、拿破仑，其庶乎有济"。[3] 虽然诸人对拿破仑的评价褒贬不一，但皆视华盛顿、拿破仑为革命代表人物。

当华盛顿、拿破仑成为革命代表人物，传统中国的"致君尧、舜"即为致君华盛顿、拿破仑所取代。1911年11月9日，黄兴致电袁世凯称："明公之才能，高出兴等万万。以拿破仑、华盛顿之资格，出而建拿破仑、华盛顿之事功，直捣黄龙，灭此虏而朝食，非但湘、鄂人民戴明公为拿破仑、华盛顿，即南北各省当亦无有不拱手听命者。"[4] 11月13日，张謇作《拟会程德全嘱杨廷栋进说袁世凯书》亦称："至于华盛顿传，则世多能道之，亦公所稔，不以烦听。"[5] 而在1912年2月15日《参议院为选定临时大总统致袁世凯电》中径直称："查世界历史，选举大总统满场一致者，只华盛顿一人，公为再见。同人深幸公为世界之第二华盛顿，

〔1〕 康有为《答南北美洲诸华商论中国只可行立宪不可行革命书》，《康有为全集》第6集，第319页。
〔2〕 上海人民出版社编《章太炎全集·太炎文录初编》，上海人民出版社2014年版，第184页。
〔3〕 邹容《革命军》，张枬、王忍之编《辛亥革命前十年间时论选集》第1卷（下），第651、666页。
〔4〕 湖南省社会科学院编《黄兴集》，中华书局1981年版，第82页。
〔5〕 《张謇全集》编纂委员会编《张謇全集》第1册，上海辞书出版社2012年版，第231页。

我中华民国之第一华盛顿。"〔1〕

"圣人，人伦之至也。"从"致君尧、舜"到致君华盛顿、拿破仑，从"人皆可以为尧舜"到"制造无量无名之华盛顿、拿破仑"，以华盛顿、拿破仑为代表的西人逐渐占据了中国社会、政治和伦理道德的最高理想和标准。

三、圣人观的变迁

随着中国圣人形象的西化和西人形象的圣化，中国圣人及其所内含的社会、政治和伦理道德观念逐渐被边缘化，以圣人观为核心思想观念的儒家思想体系受到越来越大的冲击。

（一）无圣主义

随着中国圣人形象的解构，作为最高的价值、意义及规范之本源的圣人观念和圣人形象逐渐被消解，对中国圣人的解构开始普遍出现。

按照进化论的观点，古代圣人的言行已经成为历史的陈迹，并不具有"万世法"的意义，遵从圣贤，"为古人之奴隶"，厚古薄今为中国落后的重要原因，亟待改变。"盍思乎世运者进而愈上，人智者浚而愈莹，虽有大哲，亦不过说法以匡一时之弊，规当世之利，而决不足以范围千百万年以后之人也。"〔2〕"世界是一天天的进步的，现今文明胜过古时，怎么可以拿文明不及现在的时候的法儿，行到现在呢？如今的人说圣贤是万古之师，这真是放屁的话。"〔3〕1907年，"民"在《好古》一文中较详细地阐明了这种观点：

后世推重孔子为至圣，而排斥百家，奉孔门之一言一语为金科玉律，而不因时省察，不随事更化，徒株守拘泥，以致不可随世运而进化者，知好古而不敏于求知，温故而不知新，便失进化之理也。夫古人自古人，今人自今人，时代不同，群事不一，其见理而发议论，任事而下手段，各以境遇时势而异。今人诵古人之学

---

〔1〕　中国第二历史档案馆编《中华民国史档案资料汇编》第2辑，江苏古籍出版社1991年版，第83页。

〔2〕　梁启超《新民说》，张枬、王忍之编《辛亥革命前十年间时论选集》第1卷（上），第141-142页。

〔3〕　君衍《法古》，张枬、王忍之编《辛亥革命前十年间时论选集》第1卷（上），第529-533页。

说，不过察往以知来，以考人类进化之迹耳，非崇拜其学说，羡慕其行事，为万世之标准也。且今世界万国交通，声息之灵通，影响之迅速，岂与鸡犬之声相闻，老死不相往来之时代所可比喻也。……谓中国之所以不能随世运而进，好落人后，以尊古薄今也。泰西之所以实事求是，精益求精者，以尊今薄古也。惟尊今薄古，故能今胜于古，而进化无极也。[1]

遵循圣人，尊古薄今也被认为是中国近代以来衰落的重要原因，"现在的中国所以弄成如病夫、如死人这样，都是被那'法古'两个字害的"。"总而言之，孔子虽好，并不能和现在的时候了，我但望吾同胞做现在革命的'圣贤'，不要做那忠君法古的'圣贤'"。[2] 张竞良称"好古"之原因"一由不知进化之公例"，"一由不知圣贤之何以为圣贤"。"中国尊卑之分，自古甚严，凡分位之相对待者，皆有如天如地之别，圣凡二字亦然。以为天下古今，惟圣最尊，事事物物，不得不惟圣是师，否则则罪且与天，大逆不道等。""欧西治化日隆而中国奄奄一息，在此而已。"[3]

因此，1908年3月，"凡人"在《无圣篇》中大胆提出了"无圣主义"的口号，认为中国圣人"定于一尊"，"政法，圣之政法也；理论，圣之理论也；伦理，圣之伦理也；下至洒扫应对进退之节，礼乐射御书数之文，无不根原于圣，而惟圣是准"。"秦汉以降，历世相传，有不可思议之一怪物焉，曰圣人。其为怪也，富贵者淫之，威武者屈之。君主不可得而臣，而利用之以钳制其下；尚古者不可得而友，而利用之以慑服其徒。强权之患，由是始恣"。[4] 1908年，"绝圣"在《排孔征言》中指出，"孔丘砌专制政府之基，以荼毒吾同胞者"，因此"欲支那人之进于幸福，必先以孔丘之革命"。其形式为"尽集其一生之言行，分门著论。言则取类似者，仿《左氏博议》之例排比为题，痛加驳斥。行则或就身世，或以所言反诘，要勿稍留余地"。[5]

随之而来的是一系列儒家核心思想观念受到越来越多的挑战，如"毁家""三

〔1〕 民《好古》，张枏、王忍之编《辛亥革命前十年间时论选集》第2卷（下），第1049-1050页。
〔2〕 君衍《法古》，张枏、王忍之编《辛亥革命前十年间时论选集》第1卷（上），第529-533页。
〔3〕 张竞良《万国教育通考》，上海明权社1903年版，第5-6页。
〔4〕 凡人《无圣篇》，张枏、王忍之编《辛亥革命前十年间时论选集》第3卷，第261-271页。
〔5〕 绝圣《排孔征言》，张枏、王忍之编《辛亥革命前十年间时论选集》第3卷，第207-209页。

纲革命""祖宗革命""无父无君无法无天"等等逐渐流行，以西学释圣人、释经典成为潮流，近代中国的思想文化逐渐进入了"行迈靡靡，中心摇摇"的主体性缺失阶段。

(二）公理取代圣人

对圣人的解构使得儒家思想在某种意义上来说被"斩首"，"公理"取代圣人成为最高准则，甚至成为衡量圣人之准则，"凡公理所在，不必以古人曾行与否为轻重"[1]，以圣人为代表的中国历史人物及历史经验不再具有本源性意义，而是成为西方社会、政治和伦理道德观念的附庸。

梁启超在《新民说》中提出，"我有耳目，我物我格；我有心思，我理我穷，高高山顶立，深深海底行，其于古人也，吾时而师之，时而友之，时而敌之，无容心焉，以公理为衡而已。自由何如也！"[2]民主制度、革命皆被视为"公理"[3]，因而具备了正当性，甚至孔教也只能在被视为"公理"的情形下才具有正当性，"盖孔教公理也，人道也，固寰球大同之公教。其道则本三皇五帝尧舜禹汤文武周公之传，其事不外仁义忠信，父子、君臣、夫妇、兄弟、朋友之理。然自伏羲神农黄帝以至于今，从未有违此公理而可以称为人者"[4]。

如章太炎所述："昔人以为神圣不可干者，曰名分。今人以为神圣不可干者，一曰公理，二曰进化，三曰惟物，四曰自然。有如其实而强施者，有非其实而谬托者。"[5]"名分"以圣人为本源，而"进化""惟物""自然"实际上皆为"公理"之内容。以此推之，在晚清中国的具体语境下，"神圣不可干者"已经由"圣人"变而为"公理"。

儒家的道统观念也因此被否定。以圣人观为基础的道统观，是具有本源性意义的，客观上发挥着对抗、筛选、评判由西方输入的社会、政治和伦理道德观念的作用。由此，时人认为："若执道统之说，则是当今之新理新学古圣贤所未言者，无

---

〔1〕 梁启超《尧舜为中国中央君权滥觞考》，《清议报论说》卷 2，1901 年，第 107-112 页。

〔2〕 梁启超《新民说》，张枬、王忍之编《辛亥革命前十年间时论选集》第 1 卷（上），第 141-142 页。

〔3〕 梁启超《尧舜为中国中央君权滥觞考》，《清议报论说》卷 2，1901 年，第 107-112 页；邹容《革命军》，张枬、王忍之编《辛亥革命前十年间时论选集》第 1 册（下），第 651 页。

〔4〕 李不惭《敬告我中国人一律纪念孔子》，《农工商报》1908 年第 45 期。

〔5〕 上海人民出版社编《章太炎全集·太炎文录初编》，第 468 页。

论其为公理与否，皆以异端邪说斥之，入主出奴，固执而不知通，其狭除之范围，阻滞学术岂浅解哉！""使执道统之说，则必中学为正，而西学为邪矣，中学为得而西学为失矣。"〔1〕 通过解构圣人观以及以圣人观为基础的道统观念，西方新学理的输入逐渐成为驳杂而浩荡的潮流。

（三）新理想人格

随着以华盛顿、拿破仑为代表的西方人物的圣化不断推进，各式各样的西方偶像不断涌现。〔2〕 如梁启超在《新民说》中所述及之西人几乎不胜枚举，诸人成为公德、国家思想、进取冒险、毅力等各种精神之代表人物，对西人之褒扬、对中国传统之贬斥随处可见。如其称："试观一部十七史之列传，求所谓如哥仑布、立温斯敦者有诸乎？曰无有也。求所谓如马丁路得、林肯者有诸乎？曰无有也。求所谓如克林威尔、华盛顿者有诸乎？曰无有也。"〔3〕

在此过程中，部分传统中国圣人的形象、内涵逐渐被转移到了以华盛顿、拿破仑为代表的西方"圣人"身上，西方"圣人"也成功取代中国圣人成为新的理想人格，对西人的圣化逐渐泛化并形成了"尊西人若帝天"的风气和普遍心态。

晚清圣人观的变迁对中国近代思想文化的演变产生了巨大的影响。以圣人为代表的传统中国的社会、政治和伦理道德观念等被重新评判，并在新的西方输入的历史、理论、价值体系下被重新编织并逐渐被边缘化。

四、结语

晚清圣人观的变迁主要包含中国圣人形象的西化和西人形象的圣化两个方面的内容。中国圣人的西化根源于西学东渐，中国圣人成为西方新学理的对应者，诸圣

〔1〕 《道统辨》，张枬、王忍之编《辛亥革命前十年间时论选集》第 1 卷（下），第 736—739 页。
〔2〕 如陶孟和在 20 世纪 20 年代时写道："士的阶级是执中国思想与学术的锁钥的……但是此次西洋的思想学术的侵入是猛不可当，士的阶级向来所自负所爱护的思想与制度一旦遇见这个劲敌，完全失去效力。他们对于人生、道德、家庭、政治、经济各方面现在完全没有权威了。士的阶级所崇拜的偶像都一时退位，却来了许多新的偶像——易卜生、嘉本特、马克斯、杜威、罗素……"显然，此时的偶像已经又换过一轮，见 A. B《士的阶级的厄运》，《努力周报》1923 年第 69 期。
〔3〕 梁启超《论进取冒险》，《新民丛报》1902 年第 5 期。

人形象之间出现显著的差异，由圣人形象、内涵的相对一致性所保证的统一的圣人谱系即"道统论"的基础也被动摇。部分传统中国圣人的形象、内涵逐渐被转移到了以华盛顿、拿破仑为代表的西方"圣人"身上，西方"圣人"逐渐占据了中国社会、政治和伦理道德的最高理想和标准，成功取代中国圣人成为新的理想人格。

中国传统文化以儒家思想为主导，而圣人观为儒家的核心思想观念之一。随着中国圣人形象的西化和西人形象的圣化，中国圣人及其所内含的社会、政治和伦理道德观念等逐渐被边缘化，儒家思想在某种意义上来说被"斩首"，失去了主导中国思想文化变迁的地位，中国思想界也逐渐沦为西方思想界的附庸，西方思想界"诸神之战"也开始不断在中国大地上演。

论《资治通鉴》与《春秋》学的学术理路

王戈非*

[内容提要]

宋代《春秋》学十分繁荣，其与史学呈现相互促进的形态。《资治通鉴》与《春秋》学的互动就是其中之一。尽管司马光认同中国传统史家提出的"史可续经"之论，但是并未明确表示以所著史书续《春秋》的主张。后世学者多认为《资治通鉴》是续《左传》之作，这可从史法和史事两个方面予以佐证：在史法上，《资治通鉴》继承并发展了《左传》的编年体例与史论形式；在史事上，《资治通鉴》上接《左传》之终章。司马光以"谨名分"立为《资治通鉴》首发之《春秋》大义。在义例上，《资治通鉴》承续了《春秋》褒贬之法。司马光对"国家之兴衰""生民之休戚"进行叙述、呈现，使读者在阅读中自行体悟善恶得失。对于正闰之说，司马光认为，评判标准是是否达成"大一统"之功业。司马光遵从"正名"大义，承续褒贬之法，是谓"接续"。不取正闰之论，是谓"革新"。

[关键词]

司马光；《资治通鉴》；正名；正闰；褒贬

* 王戈非，湖南大学岳麓书院博士研究生。本文系国家社会科学基金重大项目"宋学源流"（19ZDA028）阶段性成果。

在北宋儒学复兴精神的引领下，宋代《春秋》学十分繁荣。四库馆臣评价道："说《春秋》者莫夥于两宋。"[1] 相对于《诗经》学、《尚书》学、《易》学、"三礼"学，《春秋》学最具经世潜质。以史事为依托，阐发义理，给了宋儒"以古喻今"的发挥空间。宋代《春秋》学与史学呈现相互促进的形态。欧阳修明确表示，《新五代史》是仿《春秋》而作；孙甫的《唐史记》、范祖禹的《唐鉴》在体例上亦效法《春秋》；朱熹的《资治通鉴纲目》将"春秋精神"贯彻得最为彻底。学界对于宋代史学与《春秋》学之间的关系多有研究，多认为《春秋》学促进了宋代史学的义理化。[2] 史学中的"春秋笔法"是指通过特定的义例蕴含大义。邓锐总结的义例内容如下：冠王于正、一字寓褒贬、常事不书、讳书、书义理之实等；大义则有正名、尊王、攘夷、正统等。[3] 将《资治通鉴》置于宋代《春秋》学的视角下进行再审视，司马光遵从"正名"大义，承续褒贬之法，不取正闰之论，呈现出宋代史学革新的独特路径。

一、《资治通鉴》为拟《左传》之作

史家素有以史著续经的志向。如司马迁著《史记》以续《春秋》。[4] "太史公曰：先人有言：'自周公卒……有能绍明世，正《易传》，继《春秋》，本《诗》《书》《礼》《乐》之际'[5]？意在斯乎！意在斯乎！小子何敢让焉。"班固亦谓其

---

[1] 《四库全书总目》卷 29，中华书局 1965 年版，第 234 页。

[2] "'春秋精神'，不仅是宋代史家主要的思想食粮，而且还是他们借史笔以传'圣人之意'的最高境界。纵观宋代史学，几乎所有有影响的史家史著，都与《春秋》经学有着内在的联系。"（王东《宋代史学与〈春秋〉经学——兼论宋代史学的理学化趋势》，《河北学刊》1988 年第 6 期。）"宋代史学是中国史学史上繁荣昌盛的时期之一，也是受《春秋》影响比较典型和强烈的时期。欧阳修公开声明所修《新五代史》是学孔子、仿《春秋》而作；司马光作《资治通鉴》亦是明仿《左传》而实继《春秋》；范祖禹、孙甫效法《春秋》更进一步；朱熹的《通鉴纲目》学《春秋》达到顶峰。"（贾贵荣《〈春秋〉经与北宋史学》，《中国史研究》1990 年第 1 期。）

[3] 邓锐《〈春秋〉书法对宋代史书褒贬的影响》，《安徽史学》2009 年第 6 期。邓锐《宋代的〈春秋〉学与史学》，《学习与探索》2012 年第 8 期。

[4] 另有学者认为《史记》是在文笔上接续《左传》之作。参考张高评《春秋书法与左传学史》，上海古籍出版社 2005 年版。

[5] 《史记》卷 130《太史公自序第七十》，中华书局 1982 年版，第 3296 页。

《汉书》，"穷人理，该万方。纬《六经》，缀道纲"〔1〕。刘知几著《史通》，自言"但以无夫子之名，而辄行夫子之事"〔2〕。司马光的前辈欧阳修以私修的《新五代史》拟《春秋》，"昔孔子作《春秋》，因乱世而立治法；余述本纪，以治法而正乱君"〔3〕。司马光亦认可史书是经典的接续：

余窃谓先王之六经不可胜学也，而又奚续焉？续之庸能出其外乎？出则非经矣。苟无出而续之，则赘也，奚益哉？或曰："彼商周以往，此汉魏以还也。"曰：汉魏以还，迁、固之徒记之详矣，奚待于续经然后人知之？必也，好大而欺愚乎，则彼不愚者孰肯从之哉。〔4〕

司马光认为"六经"已囊括儒家之道的精义，且此"道"是不变的。"古之天地有以异于今乎？古之万物有以异于今乎？古之性情有以异于今乎？天地不易也，日月无变也，万物自若也，性情如故也，道何为而独变哉？"〔5〕既然如此，那么续写"六经"反而会成为没有益处的累赘。然而，"六经"记载的是商周时期的过往，到了汉魏时期是否需要重新记述？司马光认为是有必要的，司马迁的《史记》、班固的《汉书》等史书正好承担了延续"道"在不同历史情境中的呈现这一功能。

尽管司马光认同"史可续经"之论，但是对于历时十九载编写的《资治通鉴》，亦只道"臣之精力，尽于此书"而已。这与前代史家明确表示"史可续经"之著史意图大为不同。司马光的助手刘恕引述司马光言语：

春秋之后，迄今千余年，《史记》至《五代史》一千五百卷，诸生历年莫能竟其篇第，毕世不暇举其大略，厌烦趋易，行将泯绝。予欲托始于周威烈王命韩、魏、赵为诸侯，下讫五代，因丘明编年之体，仿荀悦简要之文，网罗众说，成一

〔1〕《汉书》卷100下《叙传第七十下》，中华书局1962年版，第4271页。
〔2〕刘知几著、浦起龙释《史通通释》卷10《内篇·自叙第三十六》，上海古籍出版社2009年版，第269页。
〔3〕"先公……自撰《五代史》七十四卷……褒贬善恶，为法精密。发论必以'呜呼'，曰：'此乱世之书也。'其论曰：'昔孔子作《春秋》，因乱世而立治法。余述本纪，以治法而正乱君。'此其志也。"（李逸安点校《欧阳修全集·附录》卷2，中华书局2001年版，第2628页。）
〔4〕司马光《文中子补传》，《司马光全集·补遗》卷11，四川大学出版社2010年版，第1781页。
〔5〕司马光《迁书·辨庸》，《司马光全集》卷74，第1504页。

家书。[1]

面对《春秋》之后千余年史书积累之繁杂的现状，司马光明确表示欲用"丘明编年之体""荀悦简要之文"，网罗众说以"成一家之言"。这一差异，不仅体现了司马光的谦虚谨慎，更引发了学者们对于《资治通鉴》性质的思考：《资治通鉴》与《左传》的关系是怎样的？

关于一问题，古今学者均发表了看法。如：

司马温公既体《春秋左氏传》为编年一书，又欲仿班史叙宋兴以来百官沿革、公卿除拜作《百官公卿表》，以便省览。[2]

或问："近世史学孰优？"曰："《通鉴》，历代之纲目，诸史之会要。编年本《春秋》之意，纪事概《左氏》之文。秦、汉以来，作者弗可及矣。不特优于近世而已也。"[3]

公与二刘氏、范氏纪千三百年治乱废兴成败之迹，盖用《春秋左氏传》、荀悦、袁宏《汉纪》例为之，以便观览，故于中秘外邸之书，芟夷翦截，举宏纲而撮机要，其所取才十一耳。[4]

用其中的一句话概括就是"《春秋》之意，《左氏》之文"。今人张煦侯认为："故司马氏者，纂纪年之大宗，为左氏之肖子者也。非惟用其法也，即史事亦隐相衔接。"[5] 张煦侯明确提出，对于《资治通鉴》性质的讨论要从史法和史事两个方面讨论。在史法上，《资治通鉴》继承并发展了《左传》。在史事上，《资治通鉴》与《左传》相接。

关于史法的讨论。洪迈认为，"司马公修《通鉴》，辟范梦得为官属，尝以手帖论缵述之要，大抵欲如《左传》叙事之体"[6]。《资治通鉴》恢复《春秋》《左

［1］ 刘恕《通鉴外纪·后序》，《全宋文》卷 1740，上海辞书出版社、安徽教育出版社 2006 年版，第 80 册，第 36 页。
［2］ 徐自明撰、王瑞来整理《宋宰辅编年录校补》，中华书局 1986 年版，第 1832 页。
［3］ 马峦、顾栋高编著，冯惠民整理《司马光年谱》，中华书局 1990 年版，第 416 页。
［4］ 元好问著，狄宝心校注《元好问文编年校注》卷 5《集诸家通鉴节要序》，中华书局 2012 年版，第 1015 页。
［5］ 张煦侯《通鉴学》，北京联合出版公司 2019 年版，第 125 页。
［6］ 洪迈撰、孔凡礼点校《容斋随笔》，中华书局 2005 年版，第 262 页。

传》之编年体例，"系日月而为次，列时岁以相续"〔1〕。《资治通鉴》的编年法正效仿《左传》。同时，《左传》中的"君子曰""孔子曰""仲尼曰"等议论是中国最早的历史评论。司马光亦以"臣光曰"的形式发表历史评论。王鸣盛试图领会司马光著史之意图，"然则君实盖不敢续《春秋》而欲接《左传》也。续经则僭，续传则可，其微意如此"〔2〕。在尊经的时代，"六经"的权威是不能挑战的，后人只能"述而不作"。在历史编纂与评论上，则有较大的空间可供发挥，即司马迁提出的"成一家之言"。

关于史事的讨论。朱熹赞曰："然自汉以来，为史者一用太史公纪传之法，此意固不复讲。至司马温公受诏纂述《资治通鉴》，然后千三百六十二年之事编年系目，如指诸掌。虽托始于三灾之侯，而追本其原，起于智伯，上系《左氏》之卒章，实相受授。伟哉书乎！自汉以来，未始有也。"〔3〕胡三省则指出："左丘明传《春秋》，止哀之二十七年赵襄子悉智伯事，《通鉴》则书赵兴智灭以先事……实接《春秋》《左氏》后也。"〔4〕《资治通鉴》始于周威烈王二十三年（前403）三家分晋，终于五代后周显德六年（959）周世宗逝世，纵贯十六朝一千三百六十二年的历史。〔5〕并且，《资治通鉴》虽然起始于三家分晋，但实际上追溯到智伯之亡，正是上接《左传》之终章。

二、遵从"正名"大义

《资治通鉴》不仅在史法和史事上承接《左传》，而且遵从了《春秋》的"正名"大义。"正名"是《春秋》大义的重要部分。《庄子·天下篇》认为："《诗》以道志，《书》以道事，《礼》以道行，《乐》以道和，《易》以道阴阳，《春秋》

---

〔1〕 刘知几著、浦起龙释《史通通释》卷2《内篇·二体》，第57页。
〔2〕 《十七史商榷》有"《资治通鉴》上续《左传》"一条。详见王鸣盛著《十七史商榷》卷100《缀言二》，中华书局2010年版，第1468页。
〔3〕 朱熹《跋通鉴纪事本末》，《全宋文》卷5624，第250册，第381页。
〔4〕 《新注资治通鉴序》，《资治通鉴》卷首，中华书局1956年版，第28页。
〔5〕 《春秋》《公羊传》《穀梁传》始于鲁隐公元年（前722年），终于鲁哀公十四年（前481年）。《左传》始于鲁隐公元年（前722年），迄于鲁哀公二十七年（前468年）。

以道名分。"〔1〕近代学者胡适认为："一部《春秋》便是孔子实行正名的方法。《春秋》这部书，一定是有深意'大义'的。"〔2〕当代学者邓锐认为："宋代有不少史家研习《春秋》学并以《春秋》为修史的指导思想，因此宋代史学的历史观念深受《春秋》大义影响，在正名观、尊王观、夷夏观及正统观等方面体现得尤为明显。"〔3〕可见，"名分"是《春秋》之主旨，即"春秋大义"。

孔子认为，"礼"是政治伦理和社会伦理的准则，"正名"则是礼乐秩序的基础与前提。《论语·子路》篇中有这样一段对话：

子路曰："卫君待子而为政，子将奚先？"子曰："必也正名乎！"子路曰："有是哉，子之迂也！奚其正？"子曰："野哉，由也！君子于其所不知，盖阙如也。名不正，则言不顺；言不顺，则事不成；事不成，则礼乐不兴；礼乐不兴，则刑罚不中；刑罚不中，则民无所措手足。故君子名之必可言也，言之必可行也。君子于其言，无所苟而已矣。"〔4〕

孔子论述了"正名"与为政之间的关系，名正—言顺—事成—礼乐兴—刑法中，"正名"是为政第一要务。司马光十分认同孔子的"正名"思想，他认为"礼"是通过"名"与"器"来体现的，"名""器"既亡，礼也就不复存在了。司马光说：

昔仲叔于奚有功于卫，辞邑而请繁缨，孔子以为不如多与之邑，惟名与器，不可以假人，君之所司也；政亡则国家从之。卫君待孔子而为政，孔子欲先正名，以为名不正则民无所措手足。夫繁缨，小物也，而孔子惜之；正名，细务也，而孔子先之：诚以名器既乱则上下无以相保故也。〔5〕

"名"本是细微之处，但是从"正名"着手，可以牵一发而动全身，"用力寡而功

〔1〕 郭庆藩撰、王孝鱼点校《庄子集释》卷10下《天下第三十三》，中华书局1961年版，第1067页。吴澄认为："'《春秋》以道名分'，此言虽出庄氏，而先儒有取焉，以其二字足以该一经之义也。"（吴澄《春秋纲常序》，《全元文》卷485，第14册，第348页。）
〔2〕 胡适《中国哲学史大纲》，商务印书馆2011年版，第79页。
〔3〕 邓锐《宋代的〈春秋〉学与史学》，《学习与探索》2012年第8期。
〔4〕 程树德撰，程俊英、蒋见元点校《论语集释》卷13《子路第十三》，中华书局1990年版，第880-893页。
〔5〕《资治通鉴》卷1《周纪一》，第4页。

劳多"。可见，名分、器物对于维护礼法秩序有着见微知著、防微杜渐的作用。孔子正是通过著《春秋》的方式，在历史书写中倡导"君君、臣臣、父父、子子"的"正名"思想。[1]

《资治通鉴》承续"春秋大义"，在开篇《周纪一》首条史文"威烈王二十三年，初命晋大夫魏斯、赵籍、韩虔为诸侯"，司马光发论千余字曰：

> 臣闻天子之职莫大于礼，礼莫大于分，分莫大于名。何谓礼？纪纲是也。何谓分？君臣是也。何谓名？公、侯、卿、大夫是也。夫以四海之广，兆民之众，受制于一人，虽有绝伦之力，高世之智，莫敢不奔走而服役者，岂非以礼为之纪纲哉！[2]

司马光继承了孔子"正名"（以"名"证"实"）与"循礼"（以"仁"释"礼"）的观点。"礼"是确立社群等级秩序以安置个体生命的重要举措。[3]"文王序《易》，以《乾》、《坤》为首。孔子系之曰：'天尊地卑，乾坤定矣。卑高以陈，贵贱位矣。'言君臣之位犹天地之不可易也。《春秋》抑诸侯，尊王室，王人虽微，序于诸侯之上，以是见圣人于君臣之际未尝不惓惓也。"[4] 人事要契合天道，不可颠倒顺序。孔子作《春秋》以"尊王室，抑诸侯"，正是遵循"君君""臣臣"的政治秩序。除非有如商汤、周武一般的"天命所归"，君臣之分当"死守"。尽管商朝的微子和吴国的季札都十分贤明，但是因为要遵循"礼"的秩序，所以哪怕亡国，二人也不能作出僭越的事情。

由于周幽王、周厉王的统治失德，周礼几近沦丧，但是周文王、周武王开创的周朝依旧能够延续，就是因为周朝的子孙尚能坚守名分。晋文公于周王室有大功，请求用天子的隧葬。周襄王不许，"未有代德而有二王"。尽管周王室的国土和臣民并不比部分诸侯国广阔、众多，但是仍能宗主天下百年之久，这是名分尚存的缘故。如若僭越了名分，损害了君臣之礼，"则天下以智力相雄长，遂使圣贤之后为诸侯者，社稷无不泯绝，生民之类糜灭几尽，岂不哀哉！"[5] 这并非逻辑上的推

----

〔1〕《论语集释》卷25《颜渊下》，第855页。
〔2〕《资治通鉴》卷1《周纪一》，第2页。
〔3〕钟艳艳《秩序与身份：正名视域中礼的神圣性》，《政治思想史》2020年第4期。
〔4〕《资治通鉴》卷1《周纪一》，第3页。
〔5〕《资治通鉴》卷1《周纪一》，第6页。

导，而是历史的经验教训。宋神宗评价此处史论道："光之志以为周积衰，王室微，礼乐征伐自诸侯出，平王东迁，齐、楚、秦、晋始大，桓、文更霸，犹托尊王为辞以服天下；威烈王自陪臣命韩、赵、魏为诸侯，周虽未灭，王制尽矣！此亦古人造端立意之所由也。"[1] 胡三省于此处注曰："此温公书法所由始也……三卿窃晋之权，暴蔑其君，剖分其国，此王法所必诛也。威烈王不惟不能诛之，又命之为诸侯，是崇奖奸名犯分之臣也。《通鉴》始于此，其所以谨名分欤！"[2] 司马光以"谨名分"立为《资治通鉴》首发之《春秋》大义。

西汉立国之初，汉高祖能够称赞陆贾以仁义治国的言论，感叹叔孙通制定的尊君礼仪，可见其明智通达。但是终究不能与三代之王比肩，其原因在于他未能理解"礼"的意义。司马光认为：

礼之为物大矣！用之于身，则动静有法而百行备焉；用之于家，则内外有别而九族睦焉；用之于乡，则长幼有伦而俗化美焉；用之于国，则君臣有叙而政治成焉；用之于天下，则诸侯顺服而纪纲正焉；岂直几席之上、户庭之间得之而不乱哉！[3]

叔孙通为汉高祖定朝仪本是一桩好事。然而，叔孙通只取礼之糟粕，迎合于世俗，自此先王之礼沉沦不振至今。司马光认为，"夫大儒者，恶肯毁其规矩、准绳以趋一时之功哉！"[4] 他们既要引导君主正名分、知礼义，又要把持住原则，才是恪守了臣子的本分。

对于韩信之死，司马光认为，韩信有大功于汉室，仅仅因为对封赏不满而怠慢汉高祖，并非有不臣之心。汉高祖为君有不当之处，韩信为臣亦是如此。司马光引用司马迁的评语："假令韩信学道谦让，不伐己功，不矜其能，则庶几哉！于汉家勋，可以比周、召、太公之徒，后世血食矣！不务出此，而天下已集，乃谋畔逆；夷灭宗族，不亦宜乎！"[5] 在此，对于臣子的批评更甚于君主。臣子不守名分，即使灭其宗族也不过分。

---

〔1〕《资治通鉴》序，第33页。
〔2〕《资治通鉴》卷1《周纪一》，第2页。
〔3〕《资治通鉴》卷11《汉纪三》，第375—376页。
〔4〕《资治通鉴》卷11《汉纪三》，第376页。
〔5〕《资治通鉴》卷12《汉纪四》，第391页。

司马光评"玄武门之变"时说:"立嫡以长,礼之正也。"然而,李唐之所以坐拥江山,唐太宗居功至伟。隐太子李建成资质平庸低劣,却身居高位,必然导致兄弟不和。"向使高祖有文王之明,隐太子有泰伯之贤,太宗有子臧之节,则乱何自而生矣!"[1] 司马光并未一味批判唐太宗"喋血禁门",而认为唐高祖、隐太子、唐太宗都有过失,未能遵循"君君、臣臣、父父、子子"之道。以至于唐中宗、唐玄宗、唐肃宗、唐代宗均效法唐太宗夺取皇位。

三、不取正闰之论

宋儒受宋代《春秋》学,尤其是《春秋公羊传》的影响,十分重视正统说。梁启超考证道:"'统'字之名词,何自起乎?殆滥觞于《春秋》。《春秋公羊传》曰:'何言乎王正月?大一统也。'此即后儒论正统者所援为依据也。"[2] 正统论发展到宋代已十分发达。

欧阳修指出,纵观中国历史,尧、舜、三代的正统性是无可置疑的。论说如下:

尧、舜之相传,三代之相代,或以至公,或以大义,皆得天下之正,合天下于一,是以君子不论也,其帝王之理得而始终之分明故也。……尧、舜、三代之始终,较然著乎万世而不疑,固不待论而明也。[3]

三代之后的政权,或多或少都在"正统"问题上有所欠缺,如楚汉正统之争、魏蜀正统之争、南北朝正统之争、宋辽金正统之争。"苏门六君子"陈师道总结道:"有其位而不一者,东周是也;有天下而无位者,齐、晋是也;有其统而为闰者,秦、新是也;无其统而为伪者,魏、梁是也;上无所始,下无所终,南、北是也。"[4] 应如何界定这些存在争议的朝代呢?宋儒众说纷纭。欧阳修提出了与时俱进的"居正"和"一统"的"正统"学说,取代了前代的"五德始终说"。"正

---

〔1〕《资治通鉴》卷191《唐纪七》,第6012-6013页。

〔2〕梁启超《梁启超中国历史研究法》,吉林人民出版社2013年版,第168页。

〔3〕《欧阳修全集》卷16《正统论上》,第267-268页。

〔4〕陈师道《正统论》,《全宋文》卷2667,第123册,第335页。

者，所以正天下之不正也；统者，所以合天下之不一也。"[1] 他将《春秋公羊传》中的"君子大居正"简化为"居正"，"王者大一统"简化为"一统"，从而组合成"正统"一词。"正"亦可看作礼法、秩序的代表，"统"则是指王朝在文治武功上的成就，实现"大一统"。苏轼支持欧阳修的观点，并对他的"正统论"思想做了进一步完善。"正统者，名之所在焉而已。名之所在，而不能有益乎其人，而后名轻。名轻而后实重。"[2] 在看待"正统"问题上，应该更注重"大一统"的成就，对于"名分"与"礼法"也应该重视，但不应该过分看重。

同时代学者对于"正统"的重视与论说自然引起了司马光的重视。"正闰之际，非所敢知，但据其功业之实而言之。"[3] 司马光认为评判正统的标准是达成"大一统"之功业，否则都是有名无实。宋以前的中国历史，能"九州岛合为一统"的有周、秦、汉、晋、隋、唐等六朝。至于分裂时期，无论是"以自上相授受者"，"以居中夏者"，还是"以有道德者"，均不能定为"正统"，而是"列国"时期。汪高鑫总结道："宋代经史学家的正统论有一个非常显著的特点，那就是它否定了传统意义上立定正统标准重视纯道德因素的做法，而突出了大一统功业的重要地位。"[4]

对于三国时期以何为正统的探讨，亦是宋儒争论的重点。早在两晋时期，史家便就魏、蜀、吴之正闰展开争论。西晋史家陈寿著《三国志》，以曹魏为正统。东晋史家习凿齿著《汉晋春秋》，则以蜀汉为正统。北宋时期，夏竦、欧阳修、苏颂、章衡、苏轼等儒士以及官修类书《册府元龟》均以魏为正统。南宋时期，萧常、周必大、朱熹、张栻、陈亮、高似孙、黄震、周密、郑思肖等儒士，一则批评陈寿《三国志》帝魏，一则批评北宋诸儒以魏为正统。他们反复强调，三国当以蜀汉为正统。对于这样的现象，四库馆臣评价道："此犹宋太祖篡立近于魏，而北汉、南唐迹近于蜀，故北宋诸儒皆有所避而不伪魏。高宗以后偏安江左近于蜀，而

[1]《欧阳修全集》卷16《正统论上》，第267页。
[2] 孔凡礼点校《苏轼文集》卷4《正统论三首总论一》，中华书局1986年版，第120页。
[3]《资治通鉴》卷69《魏纪一》，第2187页。
[4] 汪高鑫《中国史学思想通论·经史关系论卷》，福建人民出版社2011年版，第131页。

中原魏地全入于金，故南宋诸儒乃纷纷起而帝蜀。此皆当论其世，未可以一格绳也。"[1] 宋太祖立国情境与曹魏相近，北宋一朝的政治形势也与曹魏相近。南宋偏安一隅，政治形势与蜀汉相近，故而南宋诸儒纷纷以蜀汉为正统。对于两宋士人正统观的问题，应一时一论，而不能"一刀切"。

以"因时制宜"的标准再回顾司马光的正统论可知，他兼顾了时代背景与史家特色。史家著史以明正统，无外乎两种方式：本纪与年号。本纪为纪传体体例之一，如司马迁为项羽、吕后作本纪。年号则为编年体常用方式。政权并立时，以彼之年号贯于此之国事，即以"彼"为正统。"纪之为体，犹《春秋》之经，系日月以成岁时，书君上以显国统。"[2] 刘知几所言正是此意。那么，司马光的史书纪年（年号）是否具有"纪年存统"的意义？答案显然是否定的。司马光判定三国这一历史阶段是"列国"时期，三国均非正统。但是，编年纪事又需要以年号作为标识。司马光在《资治通鉴》卷六十九《魏纪一》中明确说明：

> 然天下离析之际，不可无岁、时、月、日以识事之先后。据汉传于魏而晋受之，晋传于宋以至于陈而隋取之，唐传于梁以至于周而大宋承之，故不得不取魏、宋、齐、梁、陈、后梁、后唐、后汉、后周年号，以纪诸国之事，非尊此而卑彼，有正闰之辩也。[3]

司马光的做法是将分裂时期向前追溯、向后延伸至一统时期。汉传于魏，晋受于魏。汉、晋均是统一王朝。故而不得不取魏国之年号纪年。胡三省谓之："温公纪年之意，具于此论。"[4] 同理，南北朝时期、五代十国时期之年号纪年都是出于同样的考虑。司马光在《答郭长官纯书》中也表达了相近的意思："光学疏识浅，于正闰之际，尤所未达。故于所修《通鉴》，叙前世帝王，但以授受相承，借其年以记事尔，亦非有所取舍抑扬也。"[5]

后世学人对于司马光编年之法亦有评价。如吴澄在总结《资治通鉴》的义例

---

[1] 《四库全书总目》卷 45，第 403 页。

[2] 刘知几著、浦起龙释《史通通释》卷 2《内篇·本纪第四》，第 24 页。

[3] 《资治通鉴》卷 69《魏纪一》，第 2187—2188 页。

[4] 《资治通鉴》卷 69《魏纪一》，第 2188 页。

[5] 司马光《答郭长官纯书》，《司马光全集》卷 61，第 1277 页。

时，说道："宋司马文正公作《资治通鉴》，仿《春秋左氏传》编年法，而不书甲子。天下不一统之时，不备各国之年故。"〔1〕近代学者章太炎认同司马光的做法："史家载笔，直书其事，其义自见，本不必以一二字为褒贬。书法固当规定，正统殊不可问，所谓不过假年号以记事耳。"〔2〕尽管司马光阐明了取魏国之年号纪年的原因，其做法仍然受到了后世学者的批评。如朱熹指出："温公《通鉴》以魏为主，故书'蜀丞相亮寇'何地，从魏志也，其理都错。"〔3〕"问《纲目》主意。曰：'主在正统。'问：'何以主在正统？'曰：'三国当以蜀汉为正，而温公乃云，某年某月'诸葛亮入寇'，是冠履倒置，何以示训？'"〔4〕并著《资治通鉴纲目》重申己意。

对于这一问题，袁桷在《答高舜元经史疑义十二问》中有如下分析：

问："三国之时，司马公、邵康节、朱文公三子之言不同，谁之言为是？"

答："司马编年之法，当时较量极费力。然既谓之编年，不得不尔。终建安而始魏，亦自有深意，但不合谓诸葛公入寇耳……仆尝谓：'正统'二字，于经无所见。《尚书》止有《大统》二字。汉历法有'三统'二字。后人泥正统之说，故皆不通，前后遮护不得。律以大义，则汉以后皆当缺书。若用编年备事，温公之法尽矣。"〔5〕

袁桷表达了三重含义。一则，编年之法，是极费力的。二则，以曹魏接续东汉，司马光自有深意。三则，司马光说"诸葛亮入寇"是不合适的。并且，袁桷追溯了"正统"的来源，表示经典中并无此二字，拘泥于"正统"之说，是不通的。

四、承续褒贬之法

《春秋》学的勃兴，引得北宋史家在编纂史籍时，多注重"褒善贬恶""惩恶

〔1〕 吴澄《甲子年表图序》，《全元文》卷485，凤凰出版社1998年版，第14册，第346页。
〔2〕 章太炎《国学概论 国学略说》，江西教育出版社2012年版，第166页。
〔3〕 黎靖德编、王星贤点校《朱子语类》第150《朱子二》，中华书局1986年版，第2637页。
〔4〕 黎靖德编、王星贤点校《朱子语类》第150《朱子二》，第2637页。
〔5〕 杨亮校注《袁桷集校注》卷42《答高舜元经史疑义十二问》，中华书局2012年版，第1879-1880页。

劝善"之春秋笔法的运用。如尹洙的《五代春秋》、欧阳修的《新唐书》《新五代史》、孙甫的《唐史记》、范祖禹的《唐鉴》等。正如清儒王鸣盛所说："宋人略通文义，便想著作传世，一涉史事，便欲法圣人笔削，此一时习气，有名公大儒为之渠师，而此风益盛。"[1] 王鸣盛所言固有批评之意，但其对于宋代史学的特征把握得十分精准。

欧阳修说："《春秋》辞有同异，尤谨严而简约，所以别嫌明微，慎重而取信，其于是非善恶难明之际，圣人所尽心也。"[2] 他参与编修的《新唐书》与其私修的《新五代史》是宋代史著行"褒贬"之法的代表作，并且二者均以古文写作。欧阳修有言，"孔子患旧史是非错乱而善恶不明，所以修《春秋》"[3]，隐然道明了其重修《五代史》的原因。陈师锡《五代史记·序》中亦凸显欧阳修之意："其事迹实录详于旧记，而褒贬义例仰师《春秋》，由迁、固而来未之有也。"[4] 清儒赵翼十分推崇欧阳修之创制，谓之"以《春秋》书法寓褒贬于纪传之中，则虽《史记》亦不及也"[5]。

范祖禹亦以春秋笔法申明褒贬之义。他不承认武则天的统治，于《唐鉴》中援引《春秋》"公在乾侯"例。何谓"公在乾侯"例？他首先阐明了这一点。"昔季氏出其君，鲁无君者八年，《春秋》每岁必书公之所在；及其居乾侯也，正月必书曰：'公在乾侯'，不与季氏之专国也。"这种做法的确依循了史实，却未能体现《春秋》之法。"《春秋》吴、楚之君不称王，所以存周室也。天下者唐之天下也，武氏岂得而间之。故臣复系嗣圣之年，黜武氏之号，以为母后祸乱之戒，窃取《春秋》之义，虽获罪于君子而不辞也。"[6] 在上述议论中，范祖禹不认同《旧唐书》《新唐书》列武后于"本纪"的做法，认为此举遵从"纪实之体"，而未用"《春秋》之法"。

----

〔1〕 王鸣盛《十七史商榷》卷92《新旧唐书二十四》，第1362页。
〔2〕 《欧阳修全集》卷18《春秋论中》，第307页。
〔3〕 《欧阳修全集》卷18《春秋论下》，第309页。
〔4〕 王鸣盛著《十七史商榷》卷93《新旧五代史一》，第1367页。
〔5〕 赵翼著、王树民校证《廿二史札记校证》卷21《290欧史书法谨严》，中华书局2010年版，第460页。
〔6〕 范祖禹《唐鉴》卷7，上海古籍出版社1984年版。

汪高鑫总结范祖禹的观点认为："天下是李唐的天下，武则天以无罪废中宗，以武周代李唐，是'母后祸乱'。"故而，"首先，《唐鉴》将仅存二月之久的中宗嗣圣年号作为这21年的纪年，而不用武则天的年号。其次，从公元685年武则天迁唐中宗于房州后，《唐鉴》记载此后每年历史，纪年之后必书'帝在房州'；从公元699年起，因中宗已被召回居东宫，则书'帝在东宫'。"[1]

司马光在史著中行褒贬之法，不同于欧阳修、范祖禹等史家。他说："臣今所述，止欲叙国家之兴衰，著生民之休戚，使观者自择其善恶得失，以为劝戒，非若《春秋》立褒贬之法，拨乱世反诸正也。"[2] 司马光仅仅对"国家之兴衰""生民之休戚"进行叙述、呈现，使读者在阅读中自行体悟善恶得失，善以为法，恶以为戒。他认为这并非《春秋》褒贬之法。而事实上，"褒善贬恶""惩恶劝善"正是《春秋》褒贬之法。正如刘恕于《资治通鉴外纪·序》中所言："夫今之所以知古，后之所以知今，因善恶以明褒贬，察政治以见兴衰，《春秋》之法也。"[3]

司马光论"卫鞅立徙木之赏，取信于民"。司马光认为，"夫信者，人君之大宝也"[4]。国家由民众来保卫，民众由信誉来保护。"非信无以使民，非民无以守国。是故古之王者不欺四海，霸者不欺四邻。"[5] 擅长治国者不欺骗民众，擅长治家者不欺骗亲族。若是反其道行之，欺骗邻国，欺骗百姓，欺骗兄弟，欺骗父子，就会导致上下离心的败局。例如，"昔齐桓公不背曹沫之盟，晋文公不贪伐原之利，魏文侯不弃虞人之期，秦孝公不废徙木之赏"[6]。此四位国君都是重信用的人。尽管商鞅过于刻薄，但是其身处乱世，尚且不敢忘记守信以收服人心，更何况是四海治平的统治者呢？

司马光十分赞赏张良的为臣之道。对于张良追随赤松子远游之举，司马光认为，以张良的明辨达理，足以知晓神仙之说不过是虚无缥缈的事情。张良的远游之

---

[1] 汪高鑫《司马光范祖禹唐史观点不一致论》，《安徽史学》2000年第1期。
[2] 《资治通鉴》卷69《魏纪一》，第2187页。
[3] 刘恕《资治通鉴外纪·自序》，《全宋文》卷1740，第80册，第36页。
[4] 《资治通鉴》卷2《周纪二》，第48页。
[5] 《资治通鉴》卷2《周纪二》，第48页。
[6] 《资治通鉴》卷2《周纪二》，第49页。

举，实则明哲保身。"夫功名之际，人臣之所难处。"[1] 汉高祖所称的"三杰"，韩信被诛，萧何下狱。这正是因为达到了极盛却不知止步的缘故。"故子房托于神仙，遗弃人间，等功名于外物，置荣利而不顾，所谓'明哲保身者'，子房有焉。"[2]

又言张良听说诸多开国良将意图谋反，直到汉高祖眼见着他人议论，才进言劝诫。司马光认为，"盖以高帝初得天下，数用爱憎行诛赏，或时害至公，群臣往往有觖望自危之心，故良因事纳忠以变移帝意"[3]。司马光评价道："使上无阿私之失，下无猜惧之谋，国家无虞，利及后世。"[4] 张良才是善于进谏的人。

地节二年（前 68）三月，霍光去世。地节四年（前 66）七月，霍家谋反败露，满门抄斩。"书报闻。会事发觉，云、山、明友自杀，显、禹、广汉等捕得。禹要斩，显及诸女昆弟皆弃市。唯独霍后废处昭台宫，与霍氏相连坐诛灭者数千家。"[5] 司马光评汉代霍氏之祸："霍光之辅汉室，可谓忠矣；然卒不能庇其宗，何也？夫威福者，人君之器也；人臣执之，久而不归，鲜不及矣。"[6] 赏罚之权是君王的权力，臣子长期享有而不归还，多会遭受祸害。当时的朝堂局势是君主已然做好接受权力的准备。"以孝昭之明，十四而知上官桀之诈，固可以亲政矣。况孝宣十九即位，聪明刚毅，知民疾苦。"[7] 霍光却依然长期专权，在朝中多置私党，子孙更是不知收敛。"光久专大柄，不知避去，多置私党，充塞朝廷，使人主蓄愤于上，吏民积怨于下，切齿侧目，待时而发，其得免于身幸矣，况子孙以骄侈趣之哉！"[8] 接着，司马光话锋一转，认为汉宣帝之举亦失仁义。霍光去世后，汉宣帝没有收回霍氏子弟的政权、兵权，只是等到事态严重了，才加以裁夺，致使霍氏子弟生出谋反之心。司马光认为这并非霍氏自己导致的，而是汉宣帝促成的。

[1] 《资治通鉴》卷 11《汉纪三》，第 363 页。
[2] 《资治通鉴》卷 11《汉纪三》，第 363 页。
[3] 《资治通鉴》卷 11《汉纪三》，第 370 页。
[4] 《资治通鉴》卷 11《汉纪三》，第 370 页。
[5] 《汉书》卷 68《霍光金日磾传第三十八》，第 2956 页。
[6] 《资治通鉴》卷 25《汉纪十七》，第 821 页。
[7] 《资治通鉴》卷 25《汉纪十七》，第 821 页。
[8] 《资治通鉴》卷 25《汉纪十七》，第 821 页。

司马光举了春秋时的例子："昔斗椒作乱于楚，庄王灭其族而赦箴尹克黄，以为子文无后，何以劝善。"[1] 认为这才是君王值得效仿的善举。反观汉宣帝将霍氏一族全部处死，致使为国家立下大功的霍光无人祭祀，未免刻薄寡恩了。《汉书》有言："及光身死而宗族竟诛，故俗传之曰：'威震主者不畜，霍氏之祸萌于骖乘。'"[2]

五、结语

宋代《春秋》学十分繁荣，其与史学呈现相互促进的形态。尽管司马光认同中国传统史家提出的"史可续经"之论，但是并未明确表示以所著史书续《春秋》的主张。后世学者多认为《资治通鉴》是续《左传》之作。这可从史法和史事两个方面予以佐证，司马光遵从了《春秋》的"正名"大义，但是不取正闰之论。在义例上，承续了《春秋》褒贬之法。司马光遵从"正名"大义，承续褒贬之法，是谓"接续"；不取正闰之论，是谓"革新"。司马光通过拟传而非拟经的方式，将史学视为经之传。这既是宋代史学中极具代表性的成果，又是北宋儒学复兴运动的重要部分。

---

[1]《资治通鉴》卷25《汉纪十七》，第821页。
[2]《汉书》卷68《霍光金日䃅传第三十八》，第2958页。

传统思想与哲学

建之以常无有、出为无为与副墨

——陆西星庄学道论抉微

费春浩*

[内容提要]

陆西星庄学认为道论是《庄子》一书的宗旨，其内容主要包括对道的特性和返道工夫的抉示与剖析。它们分别可用"建之以常无有"与"出为无为"来概述。"建之以常无有"是从物之"有"的角度来反衬道的虚无之性；是以分别的、对待的具体之物的存在状态来否定式地呈现道为一整全、统一且无对待的本体境域。"出为无为"中的"为"与"无为"之间的相互限制与成全，实际上构成了一种以"无为"作基础，以"为"作指向的工夫路向。以"无为"作基础，又包括"无为"作为"为"的本体根据和行为限制两方面，是为了防止"为"走向妄为；以"为"作指向，则是对前者的补充与提撕，是为了防止"无为"落入死寂。陆西星以"副墨"为其书名，就是对其道论宗旨的集中、简明且富有庄学风格的表述。

[关键词]

陆西星；庄学；道论；《副墨》

---

* 费春浩，湖南大学岳麓书院助理研究员，哲学博士。本文系国家社科基金青年项目"阳明学派的庄学思想研究"（23CZX028）、湖南省教育科学"十四五"规划 2023 年专项课题"湖南省中小学文化教育导师培训课程与研修模式研究"（XJK23BJSF006）阶段性成果。

陆西星（1520—约1606），字长庚，号潜虚（子），又号方壶外史、蕴空居士，扬州兴化人，道教内丹学东派之祖。他晚年所著《南华真经副墨》一书，是一部最能代表明代庄学特色的注《庄》著作。[1] 此书不但受到时人的关注和褒扬，而且对后世的庄学研究影响深远。[2] 目前，学界关于陆西星的研究，主要集中在其道教内丹学方面，而对其庄学研究仍很缺乏。在陆西星看来，道论是《庄子》一书的宗旨所在。此道论宗旨的内容、特性，乃至致思理路，对其庄学中的其他论题具有范式性的意义。因此，本文拟从道的特性和返道工夫两方面，对其庄学道论进行一种概括式的廓清与剖示。同时，将在此道论宗旨视域下，对《副墨》书名进行重新诠释。

一、"建之以常无有" 与道的特性

陆西星认为《庄子》看似文本驳杂，结构松散，[3] 实际上是由其独特的语言风格所致，就其内在主旨而言却是一贯的。他在《读〈南华真经〉杂说》中即明确指出："是经篇章虽多，阖辟鼓舞，一意贯串，但其言突兀惊人。"[4] 在陆西星看来，庄子的此一贯之宗旨，是继承老子而来。他在《杂说》首条中便特别指出："《南华经》分明是《道德经》注疏。欲读《南华》，先须读《道德经》，大要识其

[1] 方勇先生从庄学史出发，认为《副墨》是"明代最重要的一部庄子学专著"。[方勇《庄子学史》（增订版）第三册，人民出版社2017年版，第11页。] 笔者以为"最重要"这个概括过于宽泛。例如，从最具独创风格的角度而言，方以智的《药地炮庄》毫无疑问是明代"最重要"的庄学著作；从创作时间的角度而言，明代第一部完整的庄学著作朱得之的《庄子通义》毫无疑问又是"最重要"的。因此，笔者根据《副墨》的内容和特点，特别指出它是最能代表明代庄学特色的注《庄》著作。

[2] 参考丁四新、贾春浩《陆西星庄学中的礼学思想初探——以〈南华真经副墨〉为基础》，《中州学刊》2022年第4期，第116页。

[3] 对于《庄子》一书是否有一个一以贯之的主旨，古代庄学研究者多执肯定意见，至少就内篇而言是可以如此说的。现代学者对此则常持存疑态度，认为由于《庄》书"文本的独特性和历史流传的复杂性"，导致其文本驳杂，结构松散，故多呈片段性的特征。可参考邓联合对此问题的研究。（邓联合《〈逍遥游〉释论》，北京大学出版社2010年版，第57-68页。）

[4] 陆西星《南华真经副墨》，中华书局2010年版，第8页。

立言宗旨。"[1] 而《庄子》《老子》二书之"立言宗旨"就是"道德": "看《庄》《老》书，先要认道德二字。道者，先天道朴，无名无相，所谓'无名天地之始'。德则物得以生，本然之体，一而不分……则二书之宗旨也。"[2] 在陆西星这里，道与德是相通不二的。道为生化万物之形上本原，德则为道在人或物上的落实。在《庄子·在宥》篇注释中，陆西星即指出"德亦道也，道亦德也"[3]。在《庄子·天地》篇注释中，他也指明: "然道与德，又岂有二乎哉? 原于天则谓之曰道，即立之本原也。立于己则谓之曰德，即通神之知也。"[4] 由此可见，陆西星庄学便是以"道论"为《庄》书宗旨。

在陆西星庄学这里，此道论又主要包括对道的特性的阐明，以及对返道工夫的剖析。前者是本体境域，后者是实地工夫，后者的践行是为了回到前者。陆西星的如此观点，在其《副墨·序》开篇即作了高度概括:

（《南华》）其说建之以常无有，而出为于不为，以破天下之贪执者。[5]

陆西星此语极为精到，将其庄学宗旨和盘托出。"建之以常无有"是对道的特性的阐明，"出为于不为"是对返道工夫的抉示，而"贪执"则是对人离道原因的指明。人所贪执的或为功名利禄，或为一己私见，皆是"有"者，通过"出为于不为"的工夫，便可"破""有"归"无"，如此便可回到"常无有"的本体境域。

"建之以常无有"一语实际上是《庄子·天下》篇对关尹与老子学术宗旨的概述。其原文曰: "以本为精，以物为粗……关尹、老聃闻其风而悦之。建之以常无有，主之以太一。"[6] 陆西星注"建之以常无有"曰: "常无有即本也，未始有始也。"[7] 此处，他将"常无有"训作"本"和"未始有始"。"本"在陆西星庄学体系中指"道"，他在释义"以本为精"时即指出"本谓道"[8]。"未始有始"也

---

[1] 陆西星《南华真经副墨》，第 8 页。
[2] 陆西星《南华真经副墨》，第 10 页。
[3] 陆西星《南华真经副墨》，第 165 页。
[4] 陆西星《南华真经副墨》，第 171 页。
[5] 陆西星《南华真经副墨》，第 1 页。
[6] 郭庆藩撰《庄子集释》，中华书局 2012 年版，第 1087 页。
[7] 陆西星《南华真经副墨》，第 487 页。
[8] 陆西星《南华真经副墨》，第 486 页。

是陆西星庄学中的核心命题，义涵极为丰富，其首先即指"道"。比如陆西星多次用"未始有始"训"宗"："宗，即所谓'未始有始也者'。"[1]"宗，即所谓'大宗师'，'未始有始也者'之谓也。"[2] 其又以"大宗师"与"道"相提并论："夫天者，君也，父也，大宗师也，道也，一也。"[3] 可见，陆西星确实是用"常无有"来指代"道"，且以"未始有始"来解释"常无有"。

"未始有始"一语首先出现在《庄子·齐物论》篇："有始也者，有未始有始也者，有未始有夫未始有始也者；有有也者，有无也者，有未始有无也者，有未始有夫未始有无也者。"[4]"始"是指时间上的开端，"有"则是指形色上的存有。但凡有时间上开端，形色（空间）上存有的，都是具有一定颜色大小，且有死生存亡之变化的具体之形下器物，所以陆西星说这是从"形""气"的层面而言的。[5] 与此相应，"未始有始"与"未始有无"则是指器物产生之"前"的一种存在状态。显然，这里的"前"并非指时间先后的"前"，而是存在论意义上的先在，也就是指道的存在境域。所以，"未始有始"即是从物的层面来讲道。

在陆西星庄学中，"未始有始"既然是指代道的存在境域，它就已不仅仅是《庄子·齐物论》篇原文中没有时间之开端意义上的"未始有始"，而当是此"未始有始"与"未始有无"的统一，既没有时间的开端，也没有空间上大小形色的存有。不仅如此，它还代表陆西星庄学中一切与此类似的表达，如"未始有封""未始有极""未始有我""未始有是非"等等。显而易见，它们都具有类似的表达形式，可以概括成"未始有 X"。这个"X"指代"封"（畛）、"极"（限）、"是非"，乃至在与他物对比中出现的"我"等等，这些都是相对存在且有界限分别的，都是物的世界才有的。所以，"X"又可直接指代物世界中的分别、对待的存

---

[1] 陆西星《南华真经副墨》，第 477 页。
[2] 陆西星《南华真经副墨》，第 77 页。
[3] 陆西星《南华真经副墨》，第 95 页。
[4] 郭庆藩《庄子集释》，第 85 页。
[5] 陆西星注云："天地造化，以气而言，有始也者，有未始有始也者，有未始有夫未始有始也者；以形而言，有有也者，有无也者，有未始有无也者，有未始有夫未始有无也者。"（陆西星《南华真经副墨》，第 32 页。）

在状态。

在"未始有 X"这个表达中，"X"既然是指代物世界中的分别、对待的存在状态，那么"未始有 X"便是通过"否定"（"未始有"）这分别、对待之存在状态，来呈现一个整全、统一且无对待的存在境域。陆西星在《庄子·德充符》篇的注释中直接指出："盖未始有始也者，混合和融，一而不分，谓之滑和，上篇所谓'游心于德之和'，意盖如此。"[1] 在这里，陆西星便直接以"混合和融""一而不分"来解释"未始有始"。"混合"即"一而不分"，是整全统一的；"和融"则表明此一整全统一又不是僵化死板的，而是无对待且相感相通的。

需要说明的是，这种"否定"并不是指向"有"（如另外一些其他的性状），而是指向"无"（形上本体）的。也就是说，这种"否定"不是一种对待式的，而是一种超越式的。在上引例子中，陆西星还用"游心于德之和"类比"未始有始"来形容这个存在境域。其注"游心乎德之和"云："不知所宜，则浑合为一，无可分异，而游心于德之和。既游于和，则不见有彼有此、有得有丧，得亦莫非一，而得未尝增，丧亦莫非一，而丧未尝减，视丧其足犹遗土也。此便是命物之化而守其宗。"[2] 在这个"德之和"的境域中，人与万物是"浑合为一"的，这种"一"是超越了具体事物之"彼""此"、"得""丧"之后的"一"，所以也就不是一具体对待之"一"（有），而是本体之"一"（无），也就是道的存在境域。所以陆西星说达到这个存在境域，便是"守其宗"。正是通过这种超越式的否定方法，陆西星便将道的整全统一且无对待性进行了呈现。

"常无有"与"未始有始"两个命题有相似的组词结构。成玄英注"未始"为"未曾"[3]。因此，"未始有"也就是"未曾有"，即"无有"。那么，"未始有始"即可作"无有始"。与"（常）无有"相比，它仅多个"始"，而这个"始"实际上就是上文分析所谓指代物的相对而生之特性的"X"。用"未始有始"来诠释"常无有"，也就表明"常无有"并非指本体论上的不存有，而是指没有物的对待

---

[1] 陆西星《南华真经副墨》，第83页。
[2] 陆西星《南华真经副墨》，第77页。
[3] 郭庆藩《庄子集释》，第81页。

分别的特性。对陆西星庄学中所谓"大道者，本来无物"[1]，"夫大道，本无所有"[2]，"道之本体亦虚焉尽之矣"[3] 等经典表达，也应该从这个角度上思考。换言之，"常无有"是从物之"有"的角度来反衬道的虚无之性，是以分别的、对待的具体之物的存在状态，来否定式地呈现出一个整全、统一且无对待的本体境域。

另外，值得注意的是，如上所言，在陆西星庄学这里，"未始有 X"中的"X"实际上就是指物世界的存在状态，所以这个"X"可以直接用"物"代替。在《副墨》中，陆西星也确实使用过"未始有物"来指代道的存在境域，如其释义《庄子·人间世》篇中"唯道集虚"之"虚"便云："虚也者，道也，未始有物也。"[4] 可见，在陆西星庄学这里，"未始有始"与"未始有物"是相通的。但问题在于，陆西星这里选择用前者而非后者来注释"常无有"。笔者以为，这并非偶然为之，而是有一定深意。首先，"未始有始"的中心词为"始"，它是指时间上的开端，所以"未始有始"便是从宇宙生成论角度而言的，故多被用来描述道；而"未始有物"的中心词为"物"，它常是相对于"心"而呈现，所以"未始有物"多被用来指代本然虚静的心体，如陆西星在释义《庄子·齐物论》篇"古之人"章即指出，"此心寂然不动之时，便是未始有物之先"[5]。其次，更重要的是，"未始有始"比"未始有物"更直接地指出道的整全、统一、无对待性。"未始有物"的中心词"物"虽然也可以表达一个对待的、分别的存在状态，如陆西

---

[1] 此语出自陆西星对《大宗师》"三人相与友"章注释。（参考陆西星《南华真经副墨》，第 105 页。）另外，陆西星庄学中，除了有"大道者，本来无物"的经典表达，也有"道之为物"的说法，二者实际上并不矛盾。"道之为物"的说法是陆西星在对《大宗师》"夫道，有情有信"章的注释中提出来的："在太极之先而不为高，在六极之下而不为深……先天地生而不为久，长于上古而不为老，总上四句，极赞道之为物。"（陆西星《南华真经副墨》，第 98 页。）实际上，这里仍然是用否定超越"物"的"高""深""久""老"等性状的方法，来诠释道。此说法本自《老子》二十一章："道之为物，惟恍惟惚。"（王弼注《老子道德经校释》，中华书局 2008 年版，第 52 页。）此即从"物"的角度，来描述道。
[2] 陆西星《南华真经副墨》，第 107 页。
[3] 陆西星《南华真经副墨》，第 120 页。
[4] 陆西星《南华真经副墨》，第 59 页。
[5] 陆西星《南华真经副墨》，第 29 页。

星在《庄子·天道》篇"孔子西藏书"章的注释中指出，"夫物，有万不齐"[1]，在《庄子·山木》篇"孔子问子桑雽"章之注释中也指出，"物，即所谓'名以命之，器以别之'者"[2]。但"物"仍然是一个较为笼统的词语，如陆西星就有"道之为物"[3] 的说法。而"未始有始"的中心词"始"，则直接呈现出一种分化后的分别对待的状态（始、终相对）。所以，"未始有始"可直接通过否定超越这种分别对待，而成为统一整全且无对待的道的存在境域。当然，以上两方面原因，实际上是相通的，前者是就体的面向而言的（体之"始"生万物），后者则是从物的角度来讲的（物之"始"终相待）。所以，陆西星选择用"未始有始"诠释"常无有"，来指代统一整全且无对待的道。

二、"出为无为" 与返道工夫

（一）"出为无为"表明此工夫以"无为"作基础

作为陆西星庄学中工夫论的奠基性命题，"出为于不为"是从《庄子·庚桑楚》篇末章化出来的，其在《庄子》原文中表达为"出为无为"：

> 夫复謵不馈而忘人，忘人，因以为天人矣！故敬之而不喜，侮之而不怒者，唯同乎天和者为然。出怒不怒，则怒出于不怒矣；出为无为，则为出于无为矣！欲静则平气，欲神则顺心，有为也。欲当则缘于不得已。[4] 不得已之类，圣人之道。[5]

在《庄子》这里，"为出于无为"是对"出为无为"的解释。从形式上看，陆西星的"出为于不为"，是对以上二命题的综合表达。此表达形式不见于《副墨》其他处，当是为了与"建之以常无有"相对仗而作的改动，就内在意涵而言则与"出为无为""为出于无为"是一致的。为了讨论的方便，本文仍采用《庄子》"出为

[1] 陆西星《南华真经副墨》，第202页。
[2] 陆西星《南华真经副墨》，第289页。
[3] 陆西星《南华真经副墨》，第98页。
[4] 此处，陆西星读作"有为也欲当，则缘于不得已"。可参考陆西星《南华真经副墨》，第351页。
[5] 郭庆藩《庄子集释》，第809页。

无为"的表达形式。陆西星注此章云：

> 复謷，犹言服习。夫人不能忘情于人，于是始有馈遗，不馈而忘人，则无人之情矣。有人之形，无人之情，非天人乎？无人情者，敬而不喜，侮而不怒，无喜无怒，同乎天和。天和者，自然之冲气，人得之以为生者。然非无喜无怒也，谓出怒而不怒也。出怒不怒，则怒出于不怒矣。此个不怒，乃未发之中，在未怒之先者；常能养得此中，然后发而皆中。出怒如此，出喜可知，其有为也亦然。故出为无为，则为出于无为矣。无为非块然也，不得已而应之，虽为犹不为也。故欲静则须平其气，欲神则须顺其心，欲有为而得其当，则必缘于不得已。"欲静"二句，起下之词。平气者，谓调息而后归于静也。欲神则顺心者，心无物忤，然后存神而应妙，以喻有为而欲当者则必缘于不得已。不得已者，自然也，天也，圣人之道类是也。[1]

按照陆西星的理解，"出为无为"并非死寂（"块然"）无为，而是"为出于无为"或"为犹不为"。就如"出怒不怒"一样，并非指无喜无怒，而是指喜怒皆从本体之中而发，发而皆中节，即当喜则喜，当怒则怒，纯任自然，不掺一毫私意。在这里，"出怒不怒"中第一个"怒"不是一与喜或悲相对待之"怒"，而是一"中和"之"怒"。前者是有待偏颇的，而后者则是无待整全的。此中"不怒"则为"未发之中"，也就是本体或心体。所以，陆西星说"无喜无怒，同乎天和"，又说"天和者，自然之冲气，人得之以为生者"。与此相应，"出为无为"首先强调的是"为"当以"无为"为本体根据，即所有的行为都当是从本体自然流出（"为出于无为"），而一旦此行为是自本体自然流出，此"为"就是一整全无待之行为，由此行为便可回到统一整全的本体境域中去，这就是"出为无为"的第一层义涵。

另一方面，陆西星还指出在"出为无为"中，"无为"对于"为"，除了有本体根据，还有行为限制方面的义涵。陆西星释义"不馈"为"不馈遗"，即不馈赠（"遗"）于人之义。按照陆西星的理解，不馈赠于人即"忘情于人"，也就是"无人之情"。"无人之情"出自《庄子·德充符》篇："有人之形，无人之

---

[1] 陆西星《南华真经副墨》，第351页。

情。"[1] 陆西星释之云:"无人之情,故四者不用而是非不以得于身。"[2] 此处陆西星所谓的"四者",即指《德充符》前文所提及的智谋机巧之事。"不用"则表明"无人之情"首先是对这些出于目的性、功利性的智谋机巧之行为的限制。与"无人之情"相关联的,就是此处所提及的"不得已"。"不得已"首先出现在《庄子·人间世》篇首章,其原文云"一宅而寓于不得已,则几矣"[3],是《庄子》的核心命题之一。刘武特别揭示出此命题的重要性:"庄子之道,重在于不得已,故'不得已'句全书数见,如下文'讬不得已以养中',《庚桑楚篇》'动以不得已之谓德',《刻意篇》'不得已而后起'。盖即虚而待物之旨,必待感而后应,迫而后动也。"[4] 成玄英以"已"为"止",其《疏》云:"处心至一之道,不得止而应之,机感冥会,非预谋也。"[5] 陆西星的解释,与此不同,其注云:"浑然忘物忘我,一宅而寓乎不得已之中。一宅者,无间之义。不得已,犹言不自由也。"[6] 陆西星以"不得已"为"不自由",也就是"不由自",即不"由"自己的私意机心("自")决定或出发。不由自己的私意机心决定或出发,一方面强调对"自"的本体根据的回归(不由自,而由天);另一方面也是对人之私心有"为"的限制。而一旦对人为私意有所限制,人便能自本体出发而行为。所以,陆西星又说:"不自由,则动以天矣。"[7]

由此可知,"出为无为"表明陆西星庄学的返道工夫实际上是以"无为"作基础,从体用两方面入手来阐明的。一方面,"出为无为"表明"为"是自"无为"之本体自然流露;另一方面,又表明"无为"是对"为"的限制。前者是从本体论角度正面言说的,后者则是从限制人之私意行为的角度负面言说的,二者从体和用、正与负两个面向整体地诠释了返道工夫。

(二)"出为无为"表明此工夫以"为"作指向

"出为无为"的工夫,指出"为"要以"无为"作本体根据和行为限制。实际

[1] 郭庆藩《庄子集释》,第222页。
[2] 陆西星《南华真经副墨》,第85页。
[3] 郭庆藩《庄子集释》,第154页。
[4] 王先谦等撰《庄子集解·庄子集解内篇补正》,中华书局1987年版,第479页。
[5] 郭庆藩《庄子集释》第155页。
[6] 陆西星《南华真经副墨》,第60页。
[7] 陆西星《南华真经副墨》,第60页。

上，就是要以"无为"作"为"的基础，所以可以将这种工夫称作是"无为"工夫。以"无为"作"为"的基础，又是为了防止"为"走向妄为，如此便可不执着于物。与此相应，陆西星认为"出为无为"还表明"无为"的最终指向是"为"。这从《庄子》用以解释"出为无为"的"为出于无为"，以及陆西星改造后的"出为于不为"中皆以"为"作中心词可以看出。陆西星的如上观念，在其对《庄子·在宥》篇"贱而不可不任者"章的注释中，得到了很好的阐明：

> 承上"睹有"、"睹无"之说，又恐人截然分"有"、"无"为两段，将个所谓无为者一切沦于幻空，则是大人之教为"说断灭相"矣。盖有无、道器，本不相离，无是有中之无，有是无中之有，佛语云"我法不说断灭相"……大人立言，语上而不遗乎下，语理而不遗乎物，故物虽贱而不可不任也，民虽卑而不可不因也……事虽微暧，然皆分之所当为者，不为可乎？法虽粗迹，然皆所以显吾道者，不陈可乎？……此皆相矫之辞，具言有为之法。佛科云："有为虽伪，弃之则功行不成。"玄语云："用铅不用铅，须向铅中作。"于此会而通之，方知三教圣人宗旨不殊。至于德也、道也、天也，皆形而上者，本不容于有为，然而无为之道，有作为基，不可以不为也……天则神矣，而不可以不为也。神，谓莫测。神而为焉，则尽人以合天矣。此亦相矫之辞，皆无为中之有为。[1]

陆西星认为道器是不离的，与之相应，"有""无"也不应该截然分开："无"是"有"中之"无"，"有"是"无"中之"有"。就"有为""无为"这对范畴而言，"有为"是"无为"中之"有为"，"无为"是"有为"中之"无为"。这种结合"有为"与"无为"的表达方式，陆西星称作是"相矫之辞"，有相互矫正的意思。"矫"有限制义，"正"则有成全义，"相矫"就是指相互限制又相互成全。这里所谓的"无为是有为中之无为"，便是表示这种"无为"是"有为"之基础。所以，有时陆西星又直接将其称作"有为中之无为"[2]，这正是上文所讨论的返道工夫。

与之相应，在这里，陆西星直接将"有为是无为中之有为"称作"无为中之有为"，其所强调的是"有为"，表明"无为"要指向"有为"。在陆西星看来，

〔1〕 陆西星《南华真经副墨》，第 163-164 页。
〔2〕 陆西星《南华真经副墨》，第 164 页。

"无为"之所以要指向"有为",在于防止"无为"工夫落入"寂灭","沦于幻空"。所以,他说"无为之道,有作为基,不可以不为也"。这里所谓的"基"并非指本体意义上"基础""本原",而是指器用方面的资具。也就是说,"无为"的工夫必须要以"有为"作指向,要落实到"有为"中来,不可与具体鲜活的生活世界相隔离。这点在陆西星庄学中被反复强调。例如,其在解释《庄子·大宗师》篇"南伯子葵问乎女偊"章"撄宁也者,撄而后成者也"句便云:"撄,拂乱也。宁者,定义……谓于纷纭扰乱之中而成大定。此便是'不坏世相而成实相'……非与其断灭人事以求寂定然后可以成此名也。"[1]"人事""世相"虽然"纷纭扰乱",但离此则不能"成大定""成实相"。又,其在注《大宗师》篇中颜子之"坐忘"工夫时,也特别提醒道:"此个忘字,与外道所谓'顽空、断灭'者,万万不侔。"[2]可见,以"有为"作"无为"之指向,是对于"无为"工夫的补充与提撕。

三、道论宗旨视域下的《副墨》书名新诠

对于《副墨》书名的命名问题,学界研究不多,且多是简单提及,并未做深入阐发。四库馆臣指出了此书名出处,但未对其进行解释:"其名'副墨',即取《庄子·大宗师篇》'副墨之子'语也。"[3]方勇认为《副墨》之命名,意谓此书"既可羽翼《庄子》,又可补救前贤注解之失",足为二者之"副贰"。[4]人们"通过阅读他的诠释文字,并'领之以心,会之以神'","最终领悟到庄子的真实思想","体悟到'道妙'"。[5]后之学者一依方勇观点,蒋门马即云:"注名《副墨》,盖寓以注文阐发《南华真经》之意蕴,兼以阐明大道之理,冀后学者心领神会。"[6]方、蒋二先生简单地指出,《副墨》书名是指此书为《庄子》副本,

〔1〕 陆西星《南华真经副墨》,第100页。
〔2〕 陆西星《南华真经副墨》,第111页。
〔3〕 纪昀撰《四库全书总目提要》卷147,河北人民出版社2000年版,第3779页。
〔4〕 方勇《庄子学史》(增订版)第三册,第155页。
〔5〕 方勇《庄子学史》(增订版)第三册,第153页。
〔6〕 陆西星《南华真经副墨》,第6页。

通过此书可以了解到庄子的"真实思想",体悟到"道妙"。但对如何可通过此书名了解到庄子之思想,又如何由此书名便能"体悟道妙",乃至"阐明"了"大道"哪方面的"理",则一概未能说明。

(一)"副墨"表明《副墨》一书的主旨是道论

首先,从注《庄子》动机来看,陆西星有很明确的问题意识,并且对自己于昔贤庄学的推进和贡献有清晰的认识,而其《副墨》书名正是对这一点的展现。陆西星在《副墨·序》中,阐述自己注《庄子》动机时说:"星款启寡闻,素无前识,而二氏之学,载之末年,颇窥堂奥,乃复添注是经,补救偏弊,以匡昔贤之不逮,名之《副墨》,相与二家之说,参订异同,而二一同志佥谓发所未发,勉令卒业。游历江海,佩之奚囊,三易岁乃脱草。"[1] 在这里,陆西星指出,将其注《庄子》之作名之为《副墨》,有一个重要的原因,就是此作的内容和旨趣是为了"补救偏弊,以匡昔贤之不逮"。这里所说的"昔贤"主要是指后文所谓的与之"参订异同"的"二家之说"。陆西星说在与"二家之说,参订异同"后,"二一同志佥谓发所未发"。可见,"二家之说"并不是指佛老二家,当是指注释《庄子》的两家。从《副墨》全书内容来看,陆西星多处与郭象和林希逸庄学做比较。由此可知,此"二家"就是指郭象的《庄子注》和林希逸的《庄子鬳斋口义》。其实,在《副墨·序》中,特别对郭象和林希逸进行了概说,并认为他们"千虑一失""挂漏仍多":"昔晋人郭象首注此经,影响支离,多涉梦语;鬳斋《口义》颇称疏畅,而通方未彻,挂漏仍多。是知千虑一失,在贤知犹不能免;'商赐启予,回非助我',仲尼大圣,不无望于人人,而况其散焉者乎?"[2] "影响"则非形声之本体,"支"(枝)则非主干,"离"则与主体分开,"通方"则道也。所以,"影响支离""通方未彻"就是批评郭象与林希逸庄学对形上的道体没有切实的把握。在《副墨》的注释中,陆西星对此观点更是多次提及并进行了具体阐发。由此可见,相对于昔贤,特别是郭象的《庄子注》和林希逸的《庄子鬳斋口义》,陆西星《副墨》的旨趣和贡献主要体现在对"道"的阐发和凸显上,而其对《副墨》的命名实际上就是对自己此作旨趣与贡献的归纳和展现。

---

[1] 陆西星《南华真经副墨》,第3页。
[2] 陆西星《南华真经副墨》,第2页。

其次，从"副墨"一词的原文来看，其出现在《大宗师》篇"南伯子葵问乎女偊"章，这章主要就是讲学道、闻道的问题。南伯子葵见女偊年长而"色若孺子"，便问其能如此的原因，女偊答曰"吾闻道矣"。后女偊又指出道是不能够通过一般的学习来获得的，但其对学道的过程以及道的特性进行了描述。由是，南伯子葵便问女偊是从哪里听来的，女偊的回答便出现了我们要探讨的关键词"副墨"。其答曰："闻诸副墨之子，副墨之子闻诸洛诵之孙，洛诵之孙闻之瞻明，瞻明闻之聂许，聂许闻之需役，需役闻之于讴，于讴闻之玄冥，玄冥闻之参寥，参寥闻之疑始。"由此可见，这里主要就包含了两个方面的义涵：一个是道的特性，另一个便是"闻道"的方法。陆西星释此句云：

> 是道也，乌乎闻之？闻之副墨之子以下，皆庄子巧立名字，大是戏剧，前此未闻。副墨，文字也。洛诵，诵读也。瞻明，审视也。聂许，耳聂而心许之也。需役，耳有听，手有书，皆待役于主人者。于讴，叹美讴歌也。玄冥，有气之始。参寥，无名之始。疑始，无始之始。盖言道理得之言语文字间，而领之以心、会之以神，则己之朝彻而独见者也。[1]

陆西星指出，"副墨"就是文字，通过对书中语言文字的诵读审视、耳听手写而心领神会，便可以"朝彻而独见"。陆西星又注"朝彻""见独"云："朝彻者，清明莹彻如平旦也。""见独者，人不见而己独见之也。见独则无古今，无死生去来，而可与言道矣。"[2] 也就是说，"朝彻""见独"就是得道。可见，此"副墨"绝不是一般性的文字，而是载道的文字。吕惠卿说："道以体之为正，则文墨所论者，乃副之而非其正也……子孙者，言道之有生乎此已。"[3] 就是从这个层面而言的。"副墨"是对道的记载，通过"副墨"便可见道。换言之，通过"副墨"所能学到的不是仁义，不是礼乐，而是道。所以，从这个角度而言，我们也可以说"副墨"书名表示《副墨》的主旨和致力之处就是对"道"的阐释和凸显。

（二）"副墨"指代一种返道工夫

"副墨"既是载道之文，通过"副墨"便可"朝彻""见独"，即返回道体。

---

[1]　陆西星《南华真经副墨》，第100页。
[2]　陆西星《南华真经副墨》，第100页。
[3]　吕惠卿撰《庄子义集校》，中华书局2019年版，第133页。

所以，"副墨"书名除了指出《副墨》一书之主旨归宗即道论外，还展示了一种返道的工夫。在《庄子》文中，"副墨"只是达到"疑始"（"无始之始"）即虚无道体的一个环节，其中还要经过"洛诵""瞻明""聂许""需役""于讴""玄冥"以及"参寥"等诸多步骤。通过对这些步骤进行整体释义，陆西星阐明了两方面的工夫论思想。

首先，直见本体。陆西星的注释与前人的大致相同，但其对"需役"二字的解释与前贤迥然有别。如成玄英注之云："需，须也。役，用也，行也。虽复私心自许，智照渐明，必须依教遵循，勤行勿怠。懈而不行，道无由致。"[1] 林希逸注之云："役者，行使也，需，待也，可以待时而行使也，故曰需役。"[2] 成、林二氏或以"役"为"用"，或以为"行""行使"，皆与"行"联系起来，强调践行、行动的重要。而陆西星则反其道而行，将"役"释作"役于"即"役使于"或被役使之义。这就是由"需役"理解到耳目皆为所役。换言之，是理解到此耳目之"用"或"行"的背后，有一个"能"役使此耳目者。在陆西星看来，这个"能"就是"主人"，即心之本体。通过这一点点的释义改变，陆西星其实已将整个诠释思路进行了转换和调整。由此，便可知由"副墨"到"洛诵"（耳）、"瞻明"（目），是由听或见到语言文字，而思及当有一能听能见的耳目之能做支持；从"洛诵"（耳）、"瞻明"（目）到"聂许"（心之能）、"需役"（心之体），则是由耳目之能，而思及有一心君为之作主宰，如此便见"心体"。而此心体又非吾一人独有，人人皆有之，可见又有一超越者，为此心体之根据。如此这般，从语言文字之被听之见之，而及耳目之能；又由耳目之能，见心体之能，乃见心体，以至于见道体。整个工夫过程，就是一个体认证见本体的过程。

其次，去除私意。就体的角度而言，由"副墨"，到"洛诵"，到"瞻明"，到"聂许"，到"需役"，到"于讴"，乃至到"玄冥""参寥""疑始"，是一个证见本体的过程；但从用的角度而言，这还是一个不断"去除"小我私意的过程。由"副墨"到"洛诵"（耳）、"瞻明"（目），是对文字的"去除"；从"洛诵"（耳）、"瞻明"（目）到"聂许"（心之能）、"需役"（心之体），是对耳目感官的

---

[1] 郭庆藩《庄子集释》，第262页。
[2] 林希逸《庄子鬳斋口义》，中华书局1997年版，第112页。

"去除"。前面相当于《大宗师》"坐忘"[1]工夫所谓的"离形"，后面相当于"去知"。通过"离形去知"的工夫，便可达到"同于大通"的境界。处此境界之人，便有种来自性体上的自得之快感，所以"叹美讴歌"（"于讴"）。但此种性体上的自得之快感，亦是要为之"去除"的，如此这般"去除"才能回到"无始之始"（"疑始"）的道体。

四、结语

综上所论，陆西星认为道论是《庄子》一书的宗旨，并特别以《庄》书中"建之以常无有"与"出为于不为"二语对其庄学道论进行概述。"建之以常无有"出自《庄子·天下》篇，陆西星用之以概述道的特性。在《副墨》中，陆西星又用"未始有始"来诠释"常无有"。"未始有始"实际代表陆西星庄学中一切与此类似的表达，如"未始有封""未始有极""未始有我""未始有是非"等等。这些类似的表达形式，可以概括成"未始有 X"。"X"是指代物世界中的分别、对待的存在状态，因此"未始有 X"便是通过"否定"（"未始有"）这分别、对待之存在状态，来呈现一个整全、统一且无对待的存在境域。与之相应，"常无有"便是从物之"有"的角度来反衬道的虚无之性，是以分别的、对待的具体之物的存在状态，来否定式地呈现出一个整全、统一且无对待的道的存在境域。

"出为于不为"化自《庄子·庚桑楚》篇"出为无为"一语，陆西星以之概述返道工夫。陆西星认为"出为无为"中的"为"与"无为"之间的相互限制与成全，实际上构成了一种以"无为"作基础，以"为"作指向的工夫路向。以"无为"作"为"的基础，是为了防止"为"走向妄为，如此便可不执于物；以"为"作为"无为"的指向，是为了防止"无为"落入死寂，这样便可免于幻空。以"无为"作"为"的基础，主要包括"无为"作为"为"的本体根据和行为限制两方面：既强调"为"要自"无为"本体中自然流露，又要求"无为"对人的私意之"为"有所限制，是实地工夫；而以"为"作为"无为"的指向，则是对

---

[1] 郭庆藩《庄子集释》，第290页。

前者实地工夫的补充与提撕。这一既强调正面的本体发明，又限制负面的私意行为，还强调不可落入死寂的体用并重、多管齐下的方法，是陆西星庄学中具有代表性的工夫论路向，在其庄学天人论、知论、心论、礼论[1]甚至死生观等等方面都有具体的应用。

另外，陆西星将其注《庄》著作命名为"副墨"，颇有深意，是对《副墨》整书宗旨集中、简明且富有庄学风格的表述：既表明了《副墨》一书的宗旨是道论，又指代了一种返道工夫。这种返道工夫，实际上又包括"直见本体"和"去除私意"两个方面。这和"建之以常无有"所要体现的对道的凸显，以及"出为无为"所论及的体用兼备之工夫论思想正好是统一的。

---

[1] 陆西星庄学中的礼论研究，可参考丁四新、贲春浩《陆西星庄学中的礼学思想初探——以〈南华真经副墨〉为基础》，《中州学刊》2022 年第 4 期。

中国哲学知识体系构建的"概念工具"

——以徐复观对思想史方法的讨论为中心

王 川[*]

[内容提要]

观念史、概念史方法在中国哲学研究领域中的应用促进了中国哲学、思想史研究的范式更新。这种方法作为"概念工具"实际上抓住了中国哲学知识体系构建中以观念、概念、命题为中心的基础意义单位。发掘本土观念史研究的典范并阐发其关涉哲学思想史的方法意识,能够促进观念史研究的本土化。徐复观对中国哲学基本观念的研究及其在与毛子水、钱穆等人的思想史争论中所体现的方法论在观念史的谱系中占据重要地位。他们主要讨论的问题包括考据、训诂与义理之真,义理之学和现代学术意义上治思想史的区分,考据、训诂的义理前提,字语、概念与特定观念的思想脉络、"体系义"的关联,字语、观念的辨析与思想史重要问题的疏释等。这些问题的提出和讨论不仅在方法论层面关涉中国哲学古典传统的现代诠释,而且对当代中国哲学知识体系构建的观念路径具有重要的启示意义。

[关键词]

中国哲学;知识体系;徐复观;思想史;观念史

----

* 王川,湖南大学岳麓书院助理教授,哲学博士。本文系湖南省社科基金青年项目"中国内学院与现代新儒学的兴起和发展研究"(20YBQ033)阶段性成果。

近些年来，在中国哲学史、思想史的研究中观念史、概念史的方法得到大量应用，这在一定程度上促进了研究范式的更新和思想方法的转换。[1] 在构建中国哲学知识体系的过程中，这种以观念、概念为中心的研究方法的确为我们梳理、反思中国传统的哲学概念和思想命题提供了"概念工具"[2]，也为重新激活固有的思想资源，从而促进传统观念的现代转化创造了契机。值得我们思考的问题是：此种"概念工具"如何与中国本土的思想资源相结合？前辈学者已有的典范性研究是否已在方法论的意义上揭示了观念、概念、范畴研究在中国哲学史、思想史研究中的重要意义？笔者试图在中国哲学知识体系构建的问题意识下，以徐复观对思想史方法的讨论为中心，探讨他对思想史研究的方法和态度问题的看法以及相关争论。[3]

目前学界对徐复观思想史诠释方法的研究主要有两种路向：一是从内向的角度揭示其思想史方法中所蕴含的对主体解释结构的追问和对解释的主体性强调。因此，这种研究路向侧重对徐复观解释学构架中对心体与心的文化的理解，以及其思

----

[1] 观念史的研究方法不仅在哲学史、思想史领域得到广泛应用，而且逐渐渗透到文学史等相关学科，如王齐洲先生就运用观念史的方法来清理中国古代小说观念发生、发展、演变的历史。参见王齐洲《中国古代小说观念史论纲》，《江西师范大学学报》（哲学社会科学版）2023年第1期。

[2] 王汎森先生在讨论戊戌前后中国"思想资源"及"概念工具"之变化与日本的关系问题时提出了"概念工具"这一概念，他将这一时期引入的新词汇称作"概念工具"，认为"新的词汇、新的概念工具使得人们在理解及诠释他们的经验世界时，产生了深刻的改变"。参见王汎森《"思想资源"与"概念工具"——戊戌前后的几种日本因素》，《中国近代思想与学术的系谱（增订版）》，上海三联书店2018年版，第211页。笔者借用"概念工具"来指称中国哲学知识体系构建中观念史、概念史方法的运用以及中国哲学传统的概念和思想命题本身。如果结合徐复观的思想史诠释来讲的话，王汎森的"概念工具"说讨论的是新词汇的引入问题，徐复观则更多的是旧词汇的现代疏释，可以说徐复观的思想疏释主要是通过概念疏释实现的。

[3] 新世纪初以来，中国哲学界出现关于"中国哲学的合法性问题"的大讨论，这一问题所涉及的论域十分广阔，包括中国传统哲学及其现代发展，"哲学"这一概念是否是诠释中国传统思想的恰当方式，"中国哲学"知识系统和学科范式的确立及其危机，哲学史与思想史的区隔与联系等。可参考郑家栋《"合法性"概念及其他》，《哲学动态》2004年第6期；桑兵《近代"中国哲学"发源》，《学术研究》2010年第11期。关于哲学史与思想史的关系，徐复观相对于西方哲学以知识为主的范式，提出"哲学思想史"的名目来定义中国哲学的特点，"以表示在中国的历史文化中，在这一方面的成就，虽然由于知识的处理、建构有所不足，但其本质依然是'哲学的'"。参见徐复观《中国人性论史·先秦篇》，九州出版社2014年版，第1页。可见，徐复观的思想史研究本质依然是"哲学的"，他对思想史研究方法和态度的讨论同样适用于哲学史研究，特别是他承认中国历史文化中知识的处理、建构有所不足，他的"中国哲学思想史"研究理当在中国哲学知识体系建构方面有所创获。

想史疏释中"对语"和"追体验"的方法进行阐发。[1] 二是在先秦人性论研究的语境中，检讨徐复观对傅斯年《性命古训辨证》中考证"性"字本义所使用的语源学方法的批评，由此阐明徐复观注重观念的发展、演进和归纳方法的运用等具体字语考释以及文献处理层面的方法论问题。[2] 尽管先行研究已经注意到在徐复观与他人的思想史方法论争中展开对其思想史疏释方法的论述，但并未抓住作为基本意义单元的"观念"这一核心，从观念史的路径探讨徐复观哲学思想史知识体系建构的方法路径。因此，笔者以"概念工具"为视角，在徐复观与毛子水、钱穆等人的思想史争论的比较情境中讨论字语、观念是如何成为哲学思想史知识体系建构中的重要意义单元的，尤其突出了徐复观所特别强调的字语、观念在不同思想系统和脉络中的"体系义""思想义"的问题。

一、考据、训诂与义理之真

在讨论思想史方法问题时，汉宋之争的问题意识和学术脉络在根本上主导着徐复观的思想观念和方法论意识。[3] 徐复观对考据、训诂与义理之真问题的探讨可

----

[1] 参见丁四新《方法·态度·心的文化——徐复观论治中国思想史的解释学架构》，《学术月刊》1996年第5期；李维武《徐复观研究中国思想史的基本方法》，杨国荣主编《思想与文化》第6辑，华东师范大学出版社2007年版。

[2] 参见丁四新《"生""眚""性"之辨与先秦人性论研究之方法论的检讨：以阮元、傅斯年、徐复观相关论述及郭店竹简为中心》（上、下），刘笑敢主编《中国哲学与文化》第6、7辑，广西师范大学出版社2009、2010年版；陈少明《由训诂通义理：以戴震、章太炎等人为线索论清代汉学的哲学方法》，《中国社会科学》2018年第7期。

[3] 徐复观对清代汉学的批评主要从三个方面着手：第一，他主张厘正汉代学术与清代汉学的大疆界。汉代的训诂、章句、义理实系三个阶段，"训故（诂）是字面上的工作，章句则是将字面的训诂加以连贯演绎的工作，义理（大义）则是探讨文字后面所含的意义"。因此，不能仅以训诂、章句之儒代表两汉学问。第二，他认为清代汉学家在完全不了解宋学的情况下排斥宋学。宋学系汉代汉学的发展，二者并不是两相对立的。宋学相较清代汉学而言，在某些方面反而近于汉儒的汉学传统。因此严格来讲，汉宋之争在徐复观那里只是表现为清代汉学与宋学的对立。第三，他主张从近代的立场对宋学及清代汉学进行再评价。清代汉学家固守古典注释和书本，缺乏思想性和实践精神，把中国学术进到近代之路隔断了。相对地，宋代理学家尽管也不曾以思想史的角度去研究古典，但他们由"实践"的观念，"把古典上的道理，落实到现实的人生、社会、政治，以现实的人生、社会、政治，考验古典的内容"。参见徐复观《〈清代汉学〉衡论》，《中国思想史论集续编》，九州出版社2014年版，第611、616、618、629-630、635、638页。

以说正是汉宋对立的延展与回响。他是在分别与毛子水和钱穆关于思想史方法的相关争论中展开这一问题的。在与毛子水关于考据与义理的争论中，徐复观主张区分"义理之学"和现代学术意义上的治思想史，特别强调义理之学之"实践"的"历程"和"工夫"。钱穆提出义理、考据一以贯之的目标，重视字语在特定思想脉络中的"特诂"，应该说是颇具洞见的。但在徐复观看来，考据、训诂应有义理前提，他所始终追问的是何谓义理之学，义理之学的根源及其主体性问题。

（一）义理之学和治思想史的区分

1956 年至 1957 年，徐复观和毛子水有一场关于考据与义理的争论。毛子水批评徐复观"扬义理而抑考据，以为考据是末是粗，而义理是本是精"。他提出三点理由：一是考据和义理各为学问的一途，"考据是属于语言和历史范围以内的事情，义理则为哲学的一支流"；二是从治"国学"者的观点来讲，"考据是指草木鸟兽和典章制度的探讨言，义理是指圣贤修己治人方术的阐明言"，义理是打基础在考据上的；三是做学问的目的未必在明义理，学术需要分工合作，"我们不能责治音韵训诂的人去讲义理，正和我们不能责讲义理的人去治音韵训诂一样"。[1]毛子水还举宋明理学的例子以明考据和义理有时须仔细分别，他说："研究宋明理学，在许多人心目中是义理的学问；但依我的见解，这是考据范围以内的事情。什么是'天'？什么是'理'？什么是'气'？怎样叫做'敬'？怎样叫做'静'？张载怎样讲？程颢程颐怎样讲？朱子以后那些理学家又是怎样讲？关于宋明理学的无数的这样问题，我们如果能够一一穷源竟委，辨析毫芒，以求得正确的解答，那我们便可算是研究宋明理学。这样的做学问，不是考据是什么？"[2]毛子水亦承认世间有所谓"义理之学"，但认为"无论哪一种学问，真正不愧'义理'的名字的，都应当以最精审的考据为基础"[3]。

徐复观的回应主要涉及义理之学是否一定要通过考据、考据与义理的本末之争以及义理之学与治思想史的区分等问题。在徐复观看来，"中国的学统几乎无不是

---

[1] 毛子水《论"考据"和"义理"》，毛子水著，钱阳薇编《毛子水文存》，华龄出版社 2011 年版，第 5-6 页。
[2] 毛子水《论"考据"和"义理"》，第 6 页。
[3] 毛子水《论"考据"和"义理"》，第 6-7 页。

以知识为达到修己治人的手段",中国学问的基本性格是要由治义理所得的知识对治义理者自身的人格发生启发塑造的影响。因此,"从中国文化传统的立场,可以说义理是本,考据是末"〔1〕。尽管毛子水从定义上区分了考据之学和义理之学,但徐复观仍认为他是把义理之学和思想史混为一谈了。在徐复观看来,第一,义理之学可以直接从义理之学的本身去讲,重点可以不放在史实的考证整理上面。第二,传统的义理之学是要直接对自己人格的修养负责,对世道人心负责;其最后的根源是各个人的心、各个人的性;义理是要经过各人在生活中的认取证验,生活中所认取证验的即是最高的根据。第三,治思想史的目的是求得一种知识,应遵守知识所得以成立的基本规定,因此治中国思想史的人首先要注重文献的搜集考订,但若仅停留在文献学阶段,则不能称之为思想史。〔2〕

徐复观特别强调义理之学之"实践"的"历程"和"工夫",认为义理之学不是走的思辨的路。治宋明思想史者最重要的工夫,首先是鉴别实践中所说出的话和依样葫芦的话;其次对于实践中所说出的话,了解其实践的历程,顺此历程以达其结论或中心点;再顺其中心点按照严格的思辨经路将其表达出来,这才算是了解了一个人的思想。〔3〕至于所谓"工夫",他指出,"义理之学的命脉全在'反躬以践其实'的'工夫'","把义理之学只当作思想史去研究,也要承认古人有这种工夫","这种反躬实践的工夫以及考据的文字工夫全系两件事"〔4〕。

通过这场考据与义理的争论,徐复观澄清了"考据"和"义理"的定义、歧义,〔5〕并对义理之学在历史上的特定内容和基本性格作了阐发。他对治思想史和义理之学的区分是颇具洞见的,可以说指出了中西思想史解释传统的一个根本差异。如果说西方的解释学传统无论是作为方法论的解释学还是哲学解释学,关注的

---

〔1〕 徐复观《两篇难懂的文章》,《学术与政治之间》,九州出版社 2014 年版,第 458-459 页。

〔2〕 徐复观《两篇难懂的文章》,第 460-461 页。

〔3〕 徐复观《两篇难懂的文章》,第 461 页。关于治宋明思想史,徐复观在《答毛子水先生的〈再论考据和义理〉》一文中针对毛子水"治宋明思想史不应当依用宋明儒者的方法"的观点,进一步申论道:"科学方法是要先顺着研究对象自身的生成构造的程序而得出其一定的规律,以将其再构造。我们研究宋明理学,我们不依用宋儒所以得出某种结论的方法,你如何能了解它?"参《学术与政治之间》,九州出版社 2014 年版,第 491 页。

〔4〕 徐复观《答毛子水先生的〈再论考据和义理〉》,第 493 页。

〔5〕 参见徐复观《考据与义理之争的插曲》,《学术与政治之间》,九州出版社 2014 年版,第 519-546 页。

重心在文本的解释技艺或哲学思辨，那么徐复观对"义理之学"的强调恰突出了中国解释学传统注重实践、工夫、体验的特征。在徐复观看来，"义理之学"的思想性和实践精神是区别于治思想史的本质特点，也是中国学术走向近代化过程中需要自觉的要点。这场争论所体现的问题意识和思想史方法的探讨进一步延续到徐复观与钱穆关于思想史若干问题的讨论中，并引出考据、训诂的义理前提与考据、训诂与义理之真的关系问题。

（二）考据、训诂的义理前提

钱穆在《庄老通辨》自序中对清儒"训诂明而后义理明"的观点提出修正，认为求通古书训诂，不应限于字书小学，《尔雅》《说文》，音韵形体，转注假借之范围，因为"此属文字通训，非关作家特诂"。他特举孔孟言仁之例，指出不能专据字书为说，"即遵古注，亦难惬当"。他又批评阮元《论语论仁篇》《孟子论仁篇》"遍集《论》、《孟》'仁'字，章句缕析，加以总说，用意可谓微至。然所窥见，仍无当于孔孟论仁之精义"。"此必于孔孟思想大体，求其会通，始可得当，而岂寻章摘句，专拈《论》、《孟》有'仁'字处用心，谓能胜任愉快乎？又况抱古注旧训拘墟之见，挟汉、宋门户之私，则宜其所失之益远矣"。[1] 可以看到，钱穆重视字语的"特诂"，也就是在特定思想脉络下的语境义，同时也注重从整体上求会通。他批评清儒"蹠实有余，蹈虚不足"，"其于古人学术大体、古今史迹演变，提挈纲宗，阐抉幽微，则犹有憾"。由此钱穆提出其新考据法，"此必具综合之慧眼，有博通之深识，连类而引申之，殊途而同归焉；此亦一种考据"。[2] 应该说，钱穆对清儒轻忽于义理探求之病的批评是深刻的，但他又主张古书义理，不能舍训诂考据而不务，希望能在继承清儒训诂考据成果基础上，达到"通汉、宋之囿，而义理考据一以贯之"的目标。正是这一点，引起了徐复观的批评，并进而引发对"考据、训诂与义理之真"问题的探讨。

徐复观认为，"钱先生'一以贯之'的方法却是继承清人'以考据通义理'的

----

[1] 钱穆《庄老通辨自序》，《庄老通辨》，九州出版社 2011 年版，第 1 页。
[2] 钱穆《庄老通辨自序》，第 1–2 页。

老话，而将考据的范围加以扩大，以打破'宋儒重义理，清儒重考据'之'各有所偏'"[1]。钱穆在《自序》中主张"明古书义理""治宋儒之义理"均当对古书本身和宋儒书先做一番训诂、考据工夫，并举出阳明与朱元晦的《大学古本》之争，及朱、王两家训释"格物致知"之例以证二者分别是有关考据和训诂之争辩。[2]徐复观指出，"钱先生所说的'治宋儒之义理'及'欲明古书义理'，实际是指治思想史的工作而言"，这种治思想史的工作，并不否认训诂、考据的必要性，但训诂、考据并非每一思想史的文献都须要，对治思想史而言，也只是起码的初步工作，进一步的工作，便非清人"考据"一词所能概括。"至于钱先生所说的'宋儒偏重义理'，则并非如钱先生所意指的思想史的工作，而是探求道德的根源，及使道德如何能在一个人的身上实现，以完成一个人的人格的学问。"[3]徐复观在这里如同他与毛子水的争论一样，再次重申了其区分义理之学和治思想史的立场。他在评价前述《大学古本》之争，及训释"格物致知"之辨时，与钱穆的观点针锋相对，认为"此两问题的发生，主要是来自两家思想上的不同。先有思想上的不同，才发生对文献解释上的歧异；绝非由文献上的歧异，才发生思想上的不同"[4]。就此而言，这两场争辩在徐复观看来就不是单纯的考据、训诂问题，而是涉及思想前提和义理立场的差异。[5]这就进一步提出了考据、训诂的义理前提问题，并把考据、训诂和义理在求取思想真理过程中各自的作用、界限和局限的问题摆在了我们面前。

---

〔1〕 徐复观《有关思想史的若干问题——读钱宾四先生〈老子书晚出补证〉及〈庄老通辨自序〉书后》，《中国思想史论集》，九州出版社2014年版，第100页。

〔2〕 钱穆《庄老通辨自序》，第6页。

〔3〕 徐复观《有关思想史的若干问题——读钱宾四先生〈老子书晚出补证〉及〈庄老通辨自序〉书后》，第100-101页。

〔4〕 徐复观《有关思想史的若干问题——读钱宾四先生〈老子书晚出补证〉及〈庄老通辨自序〉书后》，第103页。钱穆弟子余英时在处理训诂、考据与义理之间关系，或者说处理宋明理学与清学关系时并不似钱、徐二人将两者对立化，而是从重新解释清代思想史发展的内在理路的角度寻求贯穿于理学和清学间的共同的内在生命。参见余英时《清代思想史的一个新解释》，《论戴震与章学诚：清代中期学术思想史研究》，三联书店2000年版，第322-356页。

〔5〕 凌丽君在分析中国传统典籍的注释实践和诠释观念时，即指出注释者对文本义理的前期预想影响和决定了具体语境下的字词训诂。参见凌丽君《论字词训诂与文本阐释的互动关系》，《社会科学战线》2022年第7期。

总体而言，徐复观批评的就是钱穆在《自序》中对义理之学自身和后人对义理之学作的思想史研究混而不分，但又"擎着清代考据家反宋、明学的口号，而自谓超出于汉、宋门户之争以外"。徐复观在考据和义理问题上所追问的是：何谓义理之学？义理之学的根源在书本还是人的心性、生活？如何能把握此根源而使其在自己身上实现？是否要由考据以通义理？清人的考据较宋、明人为精，是否清人讲的义理比宋、明人精？在考据学未成立以前，是否即无义理之学？[1] 徐复观对这些问题的进一步讨论和回答主要体现在他对中国思想史研究的态度和方法的论述中。

二、字语、概念与思想脉络

徐复观在讨论"治思想史的方法问题"时提出了字语、概念与问题的区分。他认为在训诂、考据的基础上，还有进一步的工作。首先是处理整体和局部的关系，既要在从局部到整体的工作中归纳出若干可靠的概念，又要进一步由全体来衡定局部的意义。这里值得注意的是，徐复观重视所谓抽象出概念的能力，即在字义、句义、章义、书义直至一家之思想义的理解过程中，需要运用抽象的能力"归纳出若干可靠的概念，亦即赵岐之所谓'意'"。也就是说，从字语、文字本身到概念其间有一个飞跃。清人正是由于没有自觉到这种抽象能力，所以只能归纳出文字本身的若干综合性结论，而不能建立概念。他认为清人的训诂、考据之学是以"实物"为对象的活动，如字形、字音、版本上之文字异同、记载上之事实异同等都属于"实物"的范畴。而徐复观所重视的是以实物活动为基础，以建立概念为桥梁的以"意"为对象的活动，亦即以概念为对象的思维活动。他注重抓住凡成一家之言的思想中的基本概念，这些基本概念来自实践、观照或解析，"概念一经成立，则概念之本身必有其合理性、自律性"，徐复观即以概念的合理性、自

---

[1] 徐复观《有关思想史的若干问题——读钱宾四先生〈老子书晚出补证〉及〈庄老通辨自序〉书后》，第103-104页。

律性之大小作为衡断一家思想的重要准绳。[1] 在以抽象的方法求得某书某家的概念以后，尚须顺着某种概念的合理性、自律性对概念本身加以分析、推演和发展，辨析概念之间的同中之异、异中之同、形异实同、形似实异等。"在此种精密的概念衡断之下，于是对于含有许多解释的字语，才能断定它在此句、此章、此书、此家中，系表现许多解释中的某一解释，确乎而不可移。"[2] 在这里，徐复观实际上提出了一种重要的思想史研究方法，即如何在精密的概念衡断下，断定多义的字语在具体思想系统中的确定的"体系义"。[3]

应该说，徐复观对字语在特定思想系统中的"体系义"的强调并没有走向忽视"训诂义"的极端。因此，一方面他批评阮元的《释心》《论语论仁论》《孟子论仁论》《性命古训》等训诂、考据字语之作，认为它们缺乏"宗旨"、主帅，如没有纪律训练的乌合之众。另一方面，他又指出字语和概念，"训诂义"和"体系义"之间的相互限定关系。他认为对概念本身的推演是有限度的，"这种以概念为活动对象的工作，还应时时扣紧语文，反转来要受语文的约束，要受语文的考验，不可以语文去附会概念"[4]。

徐复观重视钱穆所强调的会通的方法，即由群经以通一经，由诸子以通一子。

---

[1] 高瑞泉区分了语词的"训诂义"和"思想义""体系义"，类似徐复观对字语和概念所作的区分。他并指出了"思想义"在其系统内是否足够自洽，即在同一个"学统"内的内在理路问题，这实际上也就是徐复观所探讨的概念本身在某家思想系统内的合理性、自律性问题。参见高瑞泉《词汇：中国观念史研究的进路》，《学术月刊》2021 年第 5 期。另外，在训诂学的视域中，孟琢提出自语言文字系统以求经典解释的确定性，并以此作为中国训诂学的阐释原理。值得补充的是，此处所谓"系统"依然局限在语言文字、语义以及经典语境的范畴内，而没有进一步关注到徐复观提出的思想、义理的系统，不同的思想、义理的系统及其脉络是不可混清的。参见孟琢《论中国训诂学与经典阐释的确定性》，《社会科学战线》2022 年第 7 期。

[2] 徐复观《有关思想史的若干问题——读钱宾四先生〈老子书晚出补证〉及〈庄老通辨自序〉书后》，第 129-131 页。

[3] 刘笑敢在分析《老子》"自然"观念的语义时提出概念考古、诠释取向和体系义三个方法论概念。他区分了造词义、语词义和哲学概念的体系义，指出一个语词必定有其造词义和语词义，但未必具有体系义。具有体系义的语词或概念一定浓缩或代表了某位思想家的最重要的思想理论。所以，同一个哲学概念在不同的思想家那里，可能有体系义，也可能没有体系义。注意分析一个思想概念的"体系义"是准确理解一个思想体系的重要步骤。参见刘笑敢《〈老子〉之自然的独特性——多元视角的思考与发现》，《哲学研究》2022 年第 1 期。

[4] 徐复观《有关思想史的若干问题——读钱宾四先生〈老子书晚出补证〉及〈庄老通辨自序〉书后》，第 132 页。

但他认为这种方法的运用必须有一个基本前提，那就是在以群书互相参校之前，应切实研究各书之本身，以就本书求得本书之解释和结论，如此"乃能使各书、各家的脉络分明，异同自显，不至有附会含混淆乱之弊"〔1〕。可见，徐复观重视字语、观念、名词所处的语境和思想脉络，这也是来自他对古人使用名词的特点的观察。他说："古人无下定义之习惯，对名词之使用，至欠严格。不仅各家所用之同一名词，常各有其独特之内容；即一人所用之同一名词，其涵义先后亦常不一致。故仅持一二名词以论古人之思想，实冒最大之危险。"〔2〕

钱穆以字语考证思想线索的方法与徐复观极为相似，可以说二者都是通过对字语、观念的辨析来疏释思想史上的重要问题和关键节点。〔3〕但在徐复观看来，钱穆的问题在于对字语、观念所处的思想脉络的混淆，这一点突出表现在钱穆对儒、道两家学统的含混。针对钱穆以《庄子》释《中庸》的问题，徐复观认为此关涉思想史甚大。他举出《中庸》一书中与《论语》上词气相同相合者为证，指出《中庸》《易传》在文字上的格调词气显然与《论语》《孟子》为同一类型，而《庄子》之格调词气，则完全属于另一类型和系统。"吾人研究思想史，应从一个人、一部书的全部思想结构、文字结构，以推论其渊源流变，断不可截头去尾，从中执著一二字以下断语。"〔4〕这表明徐复观意识到运用字语、观念考索思想史问题这一方法的前提是区分不同的思想脉络和思想系统。尤其是儒、道两家的分野问题对于字语考索法的限制和规范构成徐复观与钱穆之间在系列思想史问题上争论的焦点。

---

〔1〕 徐复观《有关思想史的若干问题——读钱宾四先生〈老子书晚出补证〉及〈庄老通辨自序〉书后》，第133页。
〔2〕 徐复观《象山学述》，《中国思想史论集》，九州出版社2014年版，第1页。
〔3〕 钱穆指出："先秦诸子著书，必各有其书所特创专用之新字与新语，此正为一家思想独特精神所寄。"钱氏正是通过对这些新字新语的思想源流的考察佐证其在思想史上的重要论断。例如他对庄老先后问题和《易传》《中庸》与庄老关系问题的看法，徐复观就敏锐地注意到钱穆意图建立一个"庄学的道统"。参见钱穆《庄老通辨自序》，第3页；徐复观《有关思想史的若干问题——读钱宾四先生〈老子书晚出补证〉及〈庄老通辨自序〉书后》，第134页。
〔4〕 徐复观《〈中庸〉的地位问题——谨就正于钱宾四先生》，《中国思想史论集》，九州出版社2014年版，第82页。

三、思想线索与思想系谱

钱穆指出，考论一书之著作年代有两种方法：一是求其书之时代背景，一是论其书之思想线索。他认为其考论《老子》书之思想线索体现了方法上的新创。他是这样论述"思想线索"和"思想条贯"的："以言先秦，其人其世其书，有确可考而无疑者……就于其人其世先后之序列，而知其书中彼此先后思想之条贯，此亦一种考据也。然先秦诸家著书，亦有不能确知其书之作者与其著作之年代者……然其人虽不可知，而其世则约略尚可推。此于考求其书时代背景之外，复有一法焉，即探寻其书中之思想线索是也。何谓'思想线索'？每一家之思想，则必前有承而后有继；其所承所继，即其思想线索也。"[1] 其《老子书晚出补证》一文，选取《老子》书中所用主要字语，推究其时代背景，阐说其思想线索，可以说就是其新考据方法的具体运用。他说："就思想史进程言，一新观念之兴起，必先有人提出其正面，然后始有人转及其反面。"此外，除正、反之别，尚有深、浅之异。[2] 这都属于广义的思想上的承继关系。

关于《易传》《大学》《中庸》与老庄的关系，钱穆运用其字语考索法，指出《中庸》论"中和"一节之用语全承老庄来，不从孔孟来。"此由于拈出其书中所用字语，而推阐申述其观点沿袭之线索，此一方法，即可证成各家思想之先后，必如此而不可紊也。"他拈出字语"明"字条对《中庸》之"极高明而道中庸""尊德性而道问学"乃汇通孔孟老庄以为言做了论证，其中特别提出"然则庄老之学，又安可坚摈而严斥之，必使与孔孟划为截然之两流乎？""正贞"条言道："就其所用之字语，推求其所涵之义蕴，《易系》之与《中庸》，往往可以援《老子》之书为解而得其相通者。"[3]

徐复观首先指出钱穆在治思想史中提出了考据的新方法。一是注意各家新字与新语之使用，二是由各家新字新语以探求一书及各书之思想线索。他认为钱穆用新

---

[1] 钱穆《庄老通辨自序》，第7—8页。
[2] 钱穆《老子书晚出补证》，《庄老通辨》，九州出版社2011年版，第359页。
[3] 钱穆《老子书晚出补证》，第365—366、370—371、383页。

的考据方法要达到两个目的：一是证明庄子为先秦道家的始祖，老子则在庄、惠、公孙之后；二是证明《易传》《大学》《中庸》的思想皆出于老、庄，其思想属于老、庄的系谱，而不属于儒家系谱。[1] 对后一问题，徐复观就钱穆的考据方法提出两点质疑："第一，老、庄所用的字语，都是几经发展演变而来，无一字语具有'语源'的资格"；第二，"《中庸》、《大学》等所用字语，在各书中皆自有其解释，以形成其'特殊之涵义'，假定《中庸》、《大学》所用之字语，真是沿自老、庄，亦只能由此以推断各书成立时代之先后，并不能由此以断定各书的思想线索"。[2] 徐复观实际上已经提出思想系谱的问题，如果说钱穆的新考据法所重视的是字语所揭示的思想线索的纵向演变，那么徐复观所谓思想系谱强调的则是横向的思想系统和思想脉络间的不可相乱。

以字语"中"为例，钱穆以《庄子》的"环中""养中"，《老子》的"守中"作《中庸》之"中"字的思想线索。徐复观就此批评道："在《庄子》一书中，既可由'环中'的外在之'中'以演进而为'养中'的内在之'中'，则《论语》及其以前典籍上所说的外在之'中'，何以不能顺其自家思想线索而演进为《中庸》的内在之'中'?"[3] 徐复观在这里对儒、道两家的思想系统和思想脉络作了区分。钱穆在运用其思想线索法时将儒、道两家的思想系谱串联在一起，徐复观则注意到相关字语含义在不同思想系谱内部演变的内在理路。在徐复观看来，儒、道在根本原则上的区别决定了两家的思想系谱不同。他指出，天地与人的关系是儒、道两家的共同课题，"但儒家是站在人的立场去看自然，要由尽己之性以尽物之性，要推扩自己的德性去成就自然"；"道家则是站在自然的立场来看人生，而要'绝仁弃义'、'绝圣弃智'，把人生消纳于自然之中，把人生变成自然"。徐复观分别以"道德的人文主义"和"艺术的自然主义"概括儒、道两家的精神，认为"这是两家思想的大脉络，是两家思想的大分水岭。把握到这一点来读两家

---

〔1〕 徐复观《有关思想史的若干问题——读钱宾四先生〈老子书晚出补证〉及〈庄老通辨自序〉书后》，第 111–112 页。

〔2〕 徐复观《有关思想史的若干问题——读钱宾四先生〈老子书晚出补证〉及〈庄老通辨自序〉书后》，第 112–113 页。

〔3〕 徐复观《有关思想史的若干问题——读钱宾四先生〈老子书晚出补证〉及〈庄老通辨自序〉书后》，第 116 页。

的书，即可随处发现两家在同一问题、同一字语之下，其精神面貌，皆厘然不可相乱"[1]。徐复观要求把握儒、道两家思想之"大脉络"和"大分水岭"。他进一步要求把握思想大线索之所在，指出"两家所同用的字语皆各以其文句表现此种思想线索，并在此种线索之下而各表现相同的字语之不同涵义。这是不可用单词只语来轻相比附的"[2]。徐复观所举出的育（化）、明、止、曲、强等字语，正是为了说明相同的字语在不同的思想系谱中各有其特殊的含义，不可比附相混。

四、结语

从徐复观与毛子水、钱穆关于思想史研究方法的论争中可以看到，他依然具有很强的宋学情怀与义理立场。这可以从以下三个方面得到说明。

首先，汉宋之争的问题意识和学术脉络主导了徐复观对考据、训诂与义理之真问题的认识和立场。他主张厘正汉代学术与清代汉学的"疆界"，并从近代的立场对宋学和清代汉学进行再评价，特别强调义理之学的"实践"与"工夫"面相，在思想史研究的基本原则层面明确区分了义理之学和现代意义上的治思想史。其次，他在批评清儒的训诂、考据之学时，明确提出了字语和概念的区分，指出清儒考据所得仅是关于字语本身的若干结论，没有从字语层面进入抽象的概念层次，而基本概念是凡能成一家之言的思想的出发点和归结点。徐复观始终注意字语和概念，字词、观念的"训诂义"和"体系义"间相互限定的张力关系。最后，徐复观与钱穆虽都是通过字语、观念的辨析来疏释思想史上的重要问题和关键节点，但是比较而言，从徐氏对观念所在的思想脉络和思想系统的重视来看，其谈论语义问题始终注意儒、道两家思想系统的分野，认为儒、道两家思想的"大脉络"之不同决定了相同字语在不同思想系谱中各有其特殊含义，不可比附相混。

徐复观作为现代新儒家中自觉以哲学思想史研究范式对中国传统思想资源进行

---

[1] 徐复观《有关思想史的若干问题——读钱宾四先生〈老子书晚出补证〉及〈庄老通辨自序〉书后》，第119-120页。

[2] 徐复观《有关思想史的若干问题——读钱宾四先生〈老子书晚出补证〉及〈庄老通辨自序〉书后》，第121页。

现代转化的学者，虽然并未致力于建立形而上的思想体系，而是通过下学上达的方式对中国哲学中的基本字语、观念作现代疏释，进而提出系列具有深远启示意义的人文命题。诸如忧患意识、周初人文精神的跃动、中国文化的性格等许多他所提出的有价值的人文命题和思想史论断，主要是通过对先秦儒、道两家性、命、道、德等观念的讨论揭示出来的。可以说，徐复观对中国古典传统的现代诠释聚焦于中国哲学传统观念和语汇的现代疏释。中国哲学传统中的字语、观念与命题积淀着古典智慧，是中国哲学知识体系的基本观念单元，而徐复观对这些传统语汇的现代诠释恰为当代中国哲学知识体系构建的观念路径提供了重要启示。当然，徐复观的思想史诠释也有其局限性，主要体现为他在新儒家道统意识下对儒、道两家思想分野区分过严，而较为忽视不同思想系统和脉络间的融通，钱穆先生在这方面则较为开放。

吕碧城《大公报》时期的女学女权思想新探

文碧方　陈乾奕*

[内容提要]

　　吕碧城作为近代女性独立自主的先觉先行者，可以说与英敛之的《大公报》息息相关，她的"离家出走"是在《大公报》鼓动下的"出走"，她的女学女权观是在《大公报》的影响下形成的，同时她又转而用她的如椽之笔将《大公报》所倡导的女学女权思想推向了高峰。吕碧城之所以能走出一条女子自立自强、自己掌握自己命运之路，是因为她有着自己较为成熟而又系统的女学女权思想。吕碧城的女学女权思想不仅代表了《大公报》妇女解放宣传的高峰，而且代表了她那个时代女学女权思想的高峰。

[关键词]

吕碧城；女学；兴女权；《大公报》

---

* 文碧方，武汉大学哲学学院教授，哲学博士；陈乾奕，武汉大学哲学学院博士研究生。

一、"离家出走"的吕碧城与《大公报》

"绛帷独拥人争羡，到处咸推吕碧城。"[1] 人人争羡咸推的吕碧城是"近代女词人第一"[2]，是"近代教育史上女子执掌校政第一人"[3]。然而，她也是近代第一位离家出走的大家闺秀。"塘沽距津甚近，某日舅署中秘书方君之夫人赴津，予约与同往探访女学。濒行，被舅氏骂阻，予忿甚，决与脱离。翌日，逃登火车，车中遇佛照楼主妇，挈往津寓。予不惟无旅费，即行装亦无之。"[4] 鲁迅曾在《娜拉走后怎样》中指出："从事理上推想起来，娜拉或者也实在只有两条路：不是堕落，就是回来。"[5] 离家出走的吕碧城并没有像鲁迅所推想的那样堕落或回来，而是一往直前走上了一条中国妇女几千年来从未走过的崭新的路。

吕碧城踏上的究竟是一条怎么样的路呢？她走上的是一条争女权求平等之路，一条女子自立自强之路，一条女子独立自由之路，一条自己掌握自己命运之路。吕碧城愤然从舅父严朗轩塘沽的家中出走到天津的那天是 1904 年 5 月 8 日，据英敛之日记载，5 月 7 日，方小洲夫妇从塘沽到天津来看望他，吕碧城本该跟他们夫妇一起来却被舅父骂阻，故只有在第二天才找到机会逃登火车。一到天津在同升客栈安顿后，"知方夫人寓大公报馆，乃驰函畅诉。函为该报总理英君所见，大加叹赏，亲谒邀与方夫人同居，且委襄编辑"[6]。当晚，吕碧城当众提笔"书囊作《满江红》词一阕"[7]：

晦黯神洲，忻曙光一线遥射，问何人女权高唱？若安达克。雪浪千寻悲业海，风潮廿纪看东亚，听青闺挥涕发狂言，君休诧。

---

[1] 缪素筠《七绝二首》，吕碧城著、李保民校笺《吕碧城集》附录二，上海古籍出版社 2015 年版，第 732 页。

[2] 钱仲联《近百年词坛点将录》，《吕碧城集》附录三，第 747 页。

[3] 戴建兵、许可《吕碧城及其佛学》，吕碧城著、戴建兵编《吕碧城文选集》附录，天津古籍出版社 2012 年版，第 287 页。

[4] 《吕碧城文》卷 1《予之宗教观》，《吕碧城集》，第 441 页。

[5] 鲁迅《娜拉走后怎样》，《鲁迅全集》第 1 卷，人民文学出版社 2005 年版，第 166 页。

[6] 《吕碧城文》卷 1《予之宗教观》，《吕碧城集》，第 441 页。

[7] 英敛之著、方豪编《英敛之先生日记遗稿》，文海出版社 1974 年版，第 818 页。

幽与闲,如长夜,羁与绊,无休歇。叩帝阍不见,愤怀难泻。遍地离魂招未得,一腔热血无从洒,叹蛙居井底愿频违,情空惹。[1]

吕碧城能诗善词与其家学渊源关联甚深,吕碧城(原名贤锡)生于1883年阴历六月,父吕凤岐为清光绪进士,官至山西学政,母亲严士瑜能诗文,"生女贤钟、贤钫、贤锡、贤满,亲为课读"[2]。吕凤岐五十致仕后也"日亲督诸女读"[3]。此外,吕家还藏书甚丰,故深受家学熏陶的吕碧城擅长旧体诗词也就不言而喻。吕碧城的《满江红·感怀》一词于5月10日在《大公报》发表后,之所以使得吕碧城"京津间闻名来访者踵相接,与督署诸幕僚诗词唱和无虚日"[4],并不是因为这首词的形式和文字多么高妙,而是因为这首词中所表达出的思想,竟然出自一位二十二岁的女子之手。

英敛之曾以其夫人"洁清女史"之名,特意在吕碧城该词刊发时做了一个跋,该跋对吕碧城此词思想如此概括道:

历来所传闺阁笔墨,或托名游戏,或捉刀代作者,盖往往然也。昨蒙碧城女史辱临,以敝簏索书,对客挥毫,极淋漓慷慨之致,真女中豪杰也。女史悲中国学术之未兴,女权之不振,亟思从事西学,力挽颓风,且思想极新,志趣颇壮,不徒吟风弄月,搞藻扬芬已也。裙钗伴中得未曾有。予何幸获此良友,而启予愚昧也。钦佩之余,忐识数语,希邀附骥之荣云。[5]

英敛之指出,吕碧城此词不仅悲中国学术不兴女权不振,而且力图以西学来启愚昧挽颓风,其志趣之壮、思想之新,振聋发聩,一扫传统闺阁吟风弄月之风气。一位生长于传统官宦之家、未受过任何新式教育的大家闺秀何以有此思想?吕碧城此思想又是如何形成的?吕碧城词中所表达的思想显然不是来自父母的传统教育和熏陶。吕碧城十三岁那年父亲即已去世,她曾自述道:"予髫龄失怙,侍母乡居,舅方司榷津沽,奉母命往依之,冀得较优之教育。"[6]毫无疑问,她的这些思想是

---

[1] 英敛之著、方豪编《英敛之先生日记遗稿》,第818-819页。

[2] 光铁夫编《安徽名媛诗词征略》,黄山书社1986年版,第205页。

[3] 吕凤岐《石柱山农行年录》,吕碧城著、李保民校笺《吕碧城集》附录五,第798页。

[4] 《吕碧城文》卷1《予之宗教观》,《吕碧城集》,第441-442页。

[5] 洁清女史《〈满江红·感怀〉跋》,《大公报》1904年5月10日。

[6] 《吕碧城文》卷1《予之宗教观》,《吕碧城集》,第441页。

她依舅父居于塘沽时期所形成，而这一时期无论是吕碧城自己的文字还是相关记载皆付之阙如，故对这一时期吕碧城如何形成这一思想知之甚少。

吕碧城十四岁至二十二岁都寄居在塘沽的舅父严朗轩家，吕碧城在舅父家的这七八年里，可谓她一生最为关键的成长期。吕碧城到塘沽的第三年，戊戌变法轰轰烈烈地发生，但一百零三天后就失败了，这一变法对吕碧城影响如何虽不得而知，但吕碧城后来无任何文字论及这场变法对自己的影响，故这场自上而下的变法对十六岁的她来说应当印象不深。庚子之变中饱受战火蹂躏的京津塘地区可谓满目疮痍，身处塘沽的吕碧城心中的家国之痛可想而知。尽管这一时期舅父和大姐给了吕碧城生活上的关照和情感的慰藉，但从严朗轩"骂阻"吕碧城探访女学这一点来看，严朗轩无疑是一个传统而非开明、保守而非开放的长辈，英敛之日记中有关严朗轩的记载也表明了这一点。故吕碧城这一时期的新知识、新思想显然不是她舅父所提供的"较优之教育"的结果，而是发自她真正的兴趣去主动探求而形成的。

相较于以上海为中心的南方地区，吕碧城所处的京津塘等北方地区可谓风气未开，后来吕碧城在谈及北洋女子公学为何只有十人正式毕业时也深刻地体会到这一点。她称："计七学期间培植成材者，仅有十人。此其故，实缘北方女学未昌，肄业者率多随宦闺秀，曾得南方风化之先者。而土著之族，仍守旧习，观望不前，各于家塾自相教教焉。"[1] 只有得南方风化之先的随宦闺秀才来北洋女子公学就读，而北方的土著之族仍固守旧习只在自家私塾里就学，根本不愿意进入北洋女学这种新式学校，北方的女学及风俗如此，思想界更是死气沉沉。5月8日离家出走的吕碧城一到《大公报》报馆，就对该报总理英敛之挥毫写下她的那首充满新思想新观念的《满江红·感怀》，极慷慨淋漓之致而毫无陌生拘束之感，仿佛是写给自己多年来声气相投的知音和老友。在吕碧城现存的诗词中先前也有一些感叹身世、伤春悲秋之作，为何偏偏只写下这首《满江红·感怀》，在北方思想观念、风俗习惯如此因循守旧的环境下，委实有些不可思议。5月19日，吕碧城听说秋瑾要来见她，立即告诉英敛之夫人英淑仲道："所云秋碧城女史，同时而同字，事亦甚奇。惟伊生于名地，阅历必深，自是新学中之矫矫者。若妹则幼无父兄指授，僻处乡

----

[1]《吕碧城文》卷2《北洋女子公学同学录序》，《吕碧城集》，第533页。

隅，见闻狭隘，安敢望其肩背。然既属同志，亦愿仰瞻风范。"[1] 从吕碧城视新学中的佼佼者秋瑾为同志来看，吕碧城见到英敛之的当天，就提笔写下她那首充满新思想新观念的作品，吕碧城无疑是把英敛之视为未曾谋面却又志同道合的同志。

对吕碧城来说，年幼时无父兄指授，成长过程中舅父也不能给予她所希冀的新学教育，她究竟从何人、从何处获得内心所真正渴望的新学、新观念、新思想？在风气未开又死气沉沉的京津塘地区，除了英敛之所主持的《大公报》外恐无他途，因为英敛之的《大公报》是当时偌大的北方地区唯一一份向众人宣传新学、新观念、新思想且人们又最容易获得的最流行的新型传播媒介。5月8日前，虽无文字记载吕碧城接触和阅读过《大公报》，但吕碧城应是熟稔英敛之和《大公报》的。吕碧城所居的塘沽邻近天津，是受《大公报》影响和辐射的核心区域。英敛之早就与吕碧城舅父严朗轩相识相熟，英敛之曾把他的朋友方小洲推荐给严朗轩做秘书，英敛之与方小洲之间往来密切，方小洲南下娶亲就是英敛之提供的船费。方小洲及其夫人去天津一般住《大公报》馆，吕碧城应与方小洲夫人极为熟悉，否则，吕碧城不会与方小洲夫人相商相约去天津探访女学。为什么她们俩相约要去探访女学呢？因为从《大公报》开办之日起到她们相约去探访女学之时，《大公报》在这将近两年的时间里共发表了十四篇有关提倡、筹划和开办女学的文章，吕碧城可以说是在《大公报》倡导兴办女学的鼓动下来探访女学的。

二、剖数千年中国女性不幸之因

5月20日和21日，刚到天津十二天的吕碧城就在《大公报》上发表了《论提倡女学之宗旨》及其续篇，这表明吕碧城正式在《大公报》上为提倡女学摇旗呐喊。此后的一个月内，吕碧城还在《大公报》上连续发文，即5月24日《敬告中国女同胞》、6月13日《兴女权贵有坚忍之志》和6月18日《教育为立国之本》，可谓开启了吕碧城在《大公报》论女学女权的时期，从而将《大公报》倡导女学

---

[1]《吕碧城文》卷2《致英淑仲书》，《吕碧城集》，第455页。

女权等新思想的宣传推向了高峰。

从吕碧城最初连续五天内发表在《大公报》上的《论提倡女学之宗旨》《敬告中国女同胞》来看，尽管以提倡女学为宗旨，但实际上主要在讨论如何兴女权以及中国女权不兴之原因。

> 今欲激发个人之权利，姑先从个人之形体上论起。夫此身者，为天所赋，完全自由之身也。与以肢体，使能运动；与以耳目，使能见闻；与以唇舌，使能语言；与以精神，使能发思想，运智机。天之生人，未尝不各与一完全之形体也。……乃中国之民，同生于公众之世界，同具个人之形体，忽严划为两界，男子得享人类之权利，女子则否。[1]

依吕碧城之见，每个人无论是男人还是女人的身体，皆为天所赋，都是完全自由之身，每个人无论男人还是女人的肢体之运动，耳目之见闻，唇舌之言语，精神之发思想、运智机完全应由自己做主，这不仅是男人而且也是女人作为人与生俱来的权利。然而，在中国同处这一世界的男女其权利却被人为地严分为两个世界，只有男人才享有权利，而具有完整自由之身体的女人不得享有权利。可见，吕碧城是以人皆具天赋自由之身、人皆平等来作为她讨论女权的基础。

正是基于男女皆具自由之身完全平等这一个看法，吕碧城对中国男女不平等、女子几千年来无权的现象做了无情的揭露和沉痛的控诉。

> （女子）只为男子之附庸。抑之制之，为玩弄之具，为奴隶之用。……虽有肢体以资运动，然压制之，排叱之，即不得运动；虽有耳目以资见闻，然幽闭之，不许出户，即不得见闻；虽有精神以利思想，然不许读书以开心智，即难发思想。是天赋之形体，已不能为己有焉。夫奴隶乞丐，虽无一长物，而一身尚可为己有，女子乃竟奴隶乞丐之不若，更何言乎女学？更何言乎女权？至于事业，为官为吏，固不可得矣。以至于为士不能，为农不能，为工不能，为商不能。下至欲为奴隶，亦不克自主，只有仰角求人给衣食，幽闭深闺如囚犯而已。囚犯犹有开赦之日，此则老死无释放之期。嗟嗟！是何乾坤，而有此惨淡昏黑之地狱耶？昔白傅诗云："为

----

[1] 《吕碧城文》卷2《论提倡女学之宗旨》，《吕碧城集》，第460页。

人莫作妇人身，百年苦乐由他人。"盖古人已知其隐痛矣。[1]

吕碧城指出，在中国，女子只是男子的附庸、奴隶、玩弄之具，几千年来毫无任何权利，不断地被压制、排斥、束缚和驯服；女子虽有肢体却使"紧缠其足、生性戕伐、气血枯衰"，虽有耳目却被幽闭深闺不得出户，虽有精神却不许读书开心智；女子为士不能，为农不能，为工不能，为商不能；女子为乞丐而一生不能自主，为奴隶而身无一长物，为囚犯至老死也永无开赦之日释放之期，女子生于人世间如同身处惨淡昏暗之地狱。其呈现、其揭露、其控诉鞭辟入里、力透纸背，其心酸、其隐痛、其悲愤不能自已、跃然纸上。吕碧城在写作此文时，时任《大公报》主笔的刘孟扬就在其侧，刘孟扬一读之下当即写下了《书碧城女史论提倡女学之宗旨后》，称："以二旬之弱女子，竟能言人之所不能言，发人之所不能发。其词旨之条达，文气之充畅，直如急湍猛浪之奔流。而且不假思索，振笔直书，水到渠成，不事雕琢。此固目所亲见，而绝非假托者。"[2]这说明吕碧城在写作该文时该思想在心中酝酿已久，故能不假思索挥笔而就。"深宵寂寂，蓦听破晓之钟；苦海茫茫，忽得渡迷之筏。发人猛省，动人感情，其即为碧城女史之论女学乎？夫人之大不幸，莫如生而为中国之女子。"[3]该文是女子言女子事，不仅有着切肤之痛，而且发人所不能发，言人所不能言，如同破晓之钟、渡迷之筏，使人感同身受，令人猛醒。

究竟是什么造成中国男女之地位判若云泥、极不平等？吕碧城曾从政治制度层面对中国女子几千年来无权的原因做了一定程度的分析和探讨。

中国自嬴秦立专制之政，行愚弱黔首之术，但以民为供其奴隶之用，孰知竟造成委靡不振之国，转而受异族之压制，且至国势岌岌存亡莫保。吁！可畏哉！而男之于女也，复行专制之权，愚弱之术，但以女为供其玩弄之具，其家道之不克振兴也可知矣。

---

[1] 《吕碧城文》卷2《论提倡女学之宗旨》，《吕碧城集》，第460-461页。

[2] 刘孟扬《书碧城女史论提倡女学之宗旨后》，《吕碧城文》卷2《论提倡女学之宗旨》附录，《吕碧城集》，第464页。

[3] 刘孟扬《书碧城女史论提倡女学之宗旨后》，《吕碧城文》卷2《论提倡女学之宗旨》附录，《吕碧城集》，第463页。

夫君之于民，男之于女，有如辅车唇齿之相依。君之愚弱其民，即以自弱其国也；男之愚弱其女，即以自弱其家也。自剪其爪牙，自断其羽翼。[1]

吕碧城认为，自嬴秦确立专制之政开始，两千多年来皆行专制之政，专制帝王无不视民为供其之用的奴隶，为了方便民作其奴隶之用，愚民、弱民成了专制帝王的必然选择。受此专制之习熏陶和濡染的男子同样如此，男子不仅对女子行其专制之权，而且还以愚其女、弱其女作为治家之道。专制帝王愚民、弱民完全是自弱其国，行专制之权的男子愚其女、弱其女完全是自弱其家，自剪其爪牙，自断其羽翼。

其不明此理者，则每以分己权利，脱己羁轭为忧。吾闻李文忠对德相毕司麦，自夸其平粤寇之功，毕司麦犹以杀戮同种讥之。今男子以本国女子受己压制为荣，岂不大谬乎？既无权术压制敌国，徒施其野蛮手段，压制同室无能为力之人。[2]

吕碧城指出，对那些不明事理的男子而言，他们认为，在中国倡导女权，女子会瓜分他们权利；在中国提倡男女平等，女子会脱离他们的约束和控制。因此，他们总是以各种野蛮的手段来对付女子，即使懦弱无能之男子也以压制同室手无缚鸡之力的弱女子为荣。

今试举一女子问之曰："尔苦耶乐耶？"必曰："吾乐也，无所苦也。"此皆由性质之腐败，思想之壅塞，脑力之消亡，奴隶之性造成习惯，不以为苦，只求得衣食之资，花粉之费，便相安而自足矣。"哀莫大于心死。"吾二万万同胞，诚可谓身未亡而心已死之人也。[3]

按照吕碧城的看法，在几千年的专制制度下，君主愚弱民众，男子愚弱女子，积年累月造成了中国女子的奴隶之性，故中国女子不仅思想壅塞、脑力消亡，唯衣食之资花粉之费是求，而且以服从为安、以自苦为乐。因此，吕碧城沉痛地指出，专制制度下，女子的奴隶之性一旦养成，则习以为常麻木沉沦，故二万万中国女同胞身未亡而心已死。专制之恶不仅导致男人以愚弱和欺压女人为荣，而且造成了女人自甘沉沦的奴隶之性，等等这些，可谓致使中国女权不兴的原因。

---

[1]《吕碧城文》卷2《论提倡女学之宗旨》，《吕碧城集》，第458–459页。
[2]《吕碧城文》卷2《论提倡女学之宗旨》，《吕碧城集》，第459页。
[3]《吕碧城文》卷2《论提倡女学之宗旨》，《吕碧城集》，第461页。

不仅如此，吕碧城还从思想文化层面对女权不兴的原因进行了更为深入的剖析和揭示。

凡我女子之生于中国，不克与男子平等，且卑屈凌辱，置于人类之外者，固为万世一定不移之例矣。盖中国以好古遵圣为癖，以因循守旧为法。[1]

只此"好古遵圣，因循守旧"八字，遂使我二万万之女子，永永沉沦，万劫不复矣。[2]

按照吕碧城的看法，几千年来中国女子之所以卑屈凌侮甚至永远沉沦毫无出头之日，就在于中国人"好古遵圣，因循守旧"的积习。"于所谓圣贤之书，古人之语，一字不敢疑，一言不敢议。虽明知其理之不合于公，其言之不适于用，亦必守之，护之，遵之，行之。至一切教育、法律、风俗，明知其弊有损于世，明知其腐无补于今，亦不肯改革，曰古法也，曰旧章也。"[3] 吕碧城认为，在"好古遵圣，因循守旧"的思维习惯下，中国人不仅对古圣贤的不合理不合公的言论不敢疑不敢议，而且对有损于世而无补于今的古法旧章不肯改不肯变，甚至在几千年里死死守之护之遵之行之不敢越雷池一步。"因而有'夫纲'之说，因而有'三从'之义。设种种之范围，置层层之束缚，后世遂奉为金科玉律，一若神呵鬼护之不可移易者矣。只此'好古遵圣，因循守旧'八字。……闻导女子之自由，倡个人之权利者，必群起鼓噪之，排抑之。"[4] 在"好古遵圣，因循守旧"的积习下，剥夺女子权利、束缚女子自由之身的"夫纲""三从"等说成了不可移易的金科玉律，倡导女子权利和自由则被视为有违古法旧章大逆不道，必遭群起而攻之。

三、陈今日中国兴女权之急

毫无疑问，吕碧城对中国女权不兴的现状及其原因的揭示和探究，是为了让女权有朝一日兴起于华夏大地。

[1] 《吕碧城文》卷2《敬告中国女同胞》，《吕碧城集》，第465页。
[2] 《吕碧城文》卷2《敬告中国女同胞》，《吕碧城集》，第465页。
[3] 《吕碧城文》卷2《敬告中国女同胞》，《吕碧城集》，第465页。
[4] 《吕碧城文》卷2《敬告中国女同胞》，《吕碧城集》，第465页。

立此颓败之国，生此竞争之时，为风潮之所驱，不自立则不可以自存者乎！此吾率土同胞所当打破迷团，力图自立，拔出黑暗而登于光明。上以雪既往众女子之奇冤，下以造未来众女子之幸福，使之男女平等，无偏无颇。解其幽囚束缚之苦，御其凌虐蹂躏之残。[1]

当今之世，万国往来，门户已开，竞争日烈，生此颓败中国的妇女却深受幽囚束缚之苦、凌虐蹂躏之残，何以自存？唯有自立自强，才能一洗几千年来妇女卑屈凌侮之耻，造未来妇女自主幸福之途。有鉴于此，吕碧城根据当时之时势和国势对中国兴女权的必要性和急迫性做了充分阐发和说明。

吾二万万同胞，诚可谓身未亡而心已死之人也。呜呼！一枕黑甜，沉沉千载，哀我同胞，何日是鸡鸣兴起时耶？惟愿此后，各唤醒酣梦，振刷精神，讲求学问，开通心智，以复自主之权利，完天赋之原理而后已。夫夺人自主之权，即阻人运动之机；阻人运动之机，即断人求生之道。人生于世，孰不求生？今日之言自主，乃环球最当之公理，绝无可讳者也。[2]

几千年来，毫无任何自主之权的中国妇女终其一生浑浑噩噩，身未亡而心已死，当今之世男女平等、女性自主乃举世公认之理，中国妇女若无自由之身和独立自主之权，将无以求生、无以立于世，故此时此世正是中国妇女觉醒之时、振奋精神之时、讲求学问开通心智之时、复其自主权利之时。

民者，国之本也；女者，家之本也。凡人娶妇以成家，即积家以成国。故欲固其本，宜先树个人独立之权，然后振合群之力。盖无量境界，无量思想，无量事业，莫不由此一身而造，此身为合群之原质。若此身无独立之气，虽使合群，设遇攻敌，终不免有解散败坏之虞。故独立者，犹根核也；合群者，犹枝叶也。有根核，方能发其枝叶，藉枝叶以庇其根核。二者固有密接之关系，而其间复有标本之判别，窃冀览者毋河汉焉。[3]

依吕碧城之见，个人与家、国、群体之间紧密相连、相互依存，但个人与家、国、群体之间孰轻孰重，又不可不辩、不可不知。在她看来，家为国之本，女子为家之

---

[1]《吕碧城文》卷2《敬告中国女同胞》，《吕碧城集》，第466-467页。
[2]《吕碧城文》卷2《论提倡女学之宗旨》，《吕碧城集》，第461-462页。
[3]《吕碧城文》卷2《论提倡女学之宗旨》，《吕碧城集》，第462页。

本，对视家为国、视国为家的中国人来说，女子是真正的国家之本，若女子无自主之权，无量的思想、无量的事业、无量的境界将是无源之水、无本之木；若女子无独立之气，不仅不能振合群之力，而且还免不了解散败坏之日。因此，她强调，每个人不管是男人还是女人，其独立自主之权才是根核，家、国、群体只是枝叶而已，如同有根核才能发其枝叶，有独立之个人才有其家其国其群体。吕碧城在中国传统的家国情怀合群意识的基础上对个人特别是女性独立自主权的强调，可谓振聋发聩。

在儒家文化的长期熏陶下，中国人的家国情怀合群意识举世无匹，吕碧城深知这一点，故她不仅大力强调女性独立自主、男女平等，开女智倡女学兴女权，而且常常从中国人的家国情怀合群意识出发来阐发兴女权的必要性和急迫性。

女权之兴，归宿爱国，非释放于礼法之范围，实欲释放其幽囚束缚之虐权。且非欲其势力胜过男子，实欲使平等自由，得与男子同趋于文明教化之途，同习有用之学，同具强毅之气。使四百兆人合为一大群，合力以争于列强，合力以保全我四百兆之种族，合力以保全我二万里之疆土。使四百兆人，无一非完全之人；合完全之人，以成完全之家；合完全之家，以成完全之国。其志固在与全球争也，非与同族同室之男子争也。[1]

对吕碧城而言，倡女权，既不是为了冲破传统礼法，也不是为了胜过男子，而是为了与男子平等以同趋文明教化之途，为了使女子争独立自由之权成为完全之人。当女子与男子一样同为完全之人，才能成就完全之家成就完全之国，才能与列强同争于世界，才能保种族保疆土保国家；否则，无完全独立之个人，无完全自主之女性，将无以为家无以为国无以合群，故吕碧城宣称她兴女权的目的就是爱国。

或曰：中国之自强，在二百兆之男子足矣，奚用女子为？而不知国之有男女，犹人体之有左右臂也，虽一切举动操作，右臂之力居多，然苟将左臂束缚之，斫断之，尚得为活泼之躯乎？尚得为完全之体乎？假使此一臂之人，穴居野处，与人无争，虽缺一臂之力，尚可勉强支持。若驱之入人群争竞之场，其有不颠而踣者鲜矣！在昔日以半强半弱之国众，闭关自守，尚不至骤形其颓坏。今则门户洞辟，万

---

[1] 《吕碧城文》卷2《论提倡女学之宗旨》，《吕碧城集》，第457—458页。

国往来，以半强半弱之国，与彼男女均强之国敌，其败也不待智者而知。[1]

在吕碧城看来，在闭关自守的中国，女权不兴、男女不平等，国家尚能勉强支持，就像独臂之人独处无人竞争之洞穴尚能生存。当今是国门大开万国竞争之时代，只依赖男子与列强相争，就如同独臂之人被驱赶进竞技场与人打斗，根本无任何获胜之机，而今虚弱的中国正处竞争之世，排女权斥平等即自断其臂，岂有不败之理。故今日之中国倡平等、兴女权、成就完全独立自主之女性，是何等的必要和何等的迫切。

自强之道，须以开女智兴女权为根本。盖欲强国者，必以教育人材为首务。岂知生材之权，实握乎女子之手乎？缘儿童教育之入手，必以母教为基。若女学不兴，虽通国遍立学堂，如无根之木，卒鲜实效。故外国婴儿学塾，多以妇人为师也。欲求强种者，必讲求体育，中国女子，不惟不知体育为何事，且紧缠其足，生性戕伐，气血枯衰，安望其育强健之儿？固无怪我中国民种之以劣闻也。由是观之，女学之兴，有协力合群之效，有强国强种之益，有助于国家，无损于男子。[2]

吕碧城认为，欲强其国，培养造就人才是首务，而培养人才必须从儿童教育入手，母教作为儿童教育的最初一环，对儿童的教育和影响最先最为基本也最为深远。女性也是儿童教育的最佳人选，若女智不开女权不兴，又何以教育和培养儿童？不能培养儿童又何以造就人才，无人才又何以使国家强盛？强种也同样如此。健康母育健康子，母壮则子壮，母强则子强。中国女子千年来被紧缠其足，以致身体畸形气血枯衰生意全无，很难孕育健壮之后代，强种无非空谈。因此，吕碧城宣称，开女智兴女权，在今日之中国不仅必要而急切，而且是强国强种自强之根本所在。

四、兴女权贵在树独立之思想立坚忍之志

萧萐父先生曾在《中国哲学启蒙的坎坷道路》中称："'难产'作为一种历史现象，指社会运动和思想运动的新旧交替中出现新旧纠缠，新的突破旧的，死的又

---

〔1〕《吕碧城文》卷2《论提倡女学之宗旨》，《吕碧城集》，第458页。
〔2〕《吕碧城文》卷2《论提倡女学之宗旨》，《吕碧城集》，第459页。

拖住活的这种矛盾状况。"[1] 吕碧城可谓正生长于新的突破旧的，死的又拖住活的这一"难产"期。吕碧城作为中国近现代史上首位出走的"娜拉"，在新旧纠缠的夹缝中之所以没有像鲁迅所推想的那样被旧的死的拖回或堕落，而是走上了一条女子自立自强、掌握自己命运之路，是因为她出走前就已形成了自己较为成熟的求通求变谋独立自主的思想。

　　吾常语人曰：无论古圣大贤之所说，苟其不合乎公理，不洽乎人情，吾不敢屈从之。无论旧例之所沿习，众人之所相安，苟其有流弊，有屈枉，吾不敢不抉摘之，非尽违圣贤之议论，尽废古人之成说。不过择其善者而从之，不善则改之耳。如此然后可与言进化，可与言变通，可与言改革。[2]

不合乎公理不洽乎人情，即使大圣大贤所言亦不屈从，有流弊有屈枉，即使金科玉律也毫不留情地指出并摒弃之，择善而从，不善则改。只有具此大无畏的精神，才可言进化、变通和改革；否则一切进化、变通和改革将无从谈起。吕碧城常常与人谈论她的此看法，这表明此并非她一时之见，而是她出走之前就已深思熟虑的。吕碧城一生不仅秉持此思想去寻找志同道合的同志，而且百折不挠地践行她的这一思想。

　　今欲超拔我二万万沉沦之女子，必须破此一定不移之旧例。欲破此一定不移之旧例，必须辟其好古遵圣，因循守旧之积习。否则闻导女子之自由，倡个人之权利者，必群起鼓噪之，排抑之。愚不敏，请呈浅说以辟其积习。夫圣贤者，虽有过人之卓识，盖世之圣德，恐终不免有缺陷处。且时势变迁，人情移易，古法虽精，恐不合于今世，况未必能垂之久远而无弊也。缘世事莫不贵乎变通，法律以日改而日平，教育以日讲而日善，学术以日究而日精，智慧以日斗而日辟，变通不已，真理乃见。[3]

吕碧城声称，兴女权开女智申自由，促使千千万万女子觉醒，除破除一定不移之旧例，别无他途；而破除一定不移之旧例，除去除好古尊圣、因循守旧之积习，别无

---

〔1〕 萧萐父《吹沙集》，巴蜀书社 1991 年版，第 24 页。
〔2〕 《吕碧城文》卷 2《敬告中国女同胞》，《吕碧城集》，第 466 页。
〔3〕 《吕碧城文》卷 2《敬告中国女同胞》，《吕碧城集》，第 465-466 页。

他法。之所以如此，吕碧城认为，圣贤虽见识过人，但毕竟是人，是人就终究有其缺点和缺陷。随着时势的变迁、人情的移易，古法旧规总有其不合时宜之时，法律日改日平，教育日讲日善，学术日究日精，智慧日斗日辟，世事世法在于与时偕行、与时俱进、与时变通，世界上没有永恒不变完美无缺的金科玉律绝对真理。

泰西常日古不如今，世道日进故也。中国则日今不如古，世道日退故也。今人之病痛，谓除古人之耳目外，即无耳目；除圣贤之思想外，即无思想。故无论有弊无弊，惟敬谨守之而已。法国大学家笛卡儿之学说日："若但以古人之耳目为耳目，以古人之心思为心思，则吾之在世界不成赘疣乎？"审如是也，则天但生古人可矣，而复生此千百万亿无耳目无心思之人，以蠕缘蠹蚀，此世界将安取之？故笛氏之言，最能破学界之奴性，实获我心。[1]

依吕碧城之见，西方人总是求新求变，持进步的世界观，中国人则好古尊圣因循守旧，持倒退的世界观。笛卡儿曾称，只以古人的耳目为耳目，只以古人的心思为心思，则今人的耳目有之何用，今人的心思有之何益，今人完全成了多余的赘疣一无是处。吕碧城认为，笛卡儿此语最能痛击中国人因循守旧的病痛，最能破除中国学界好古尊圣的奴性，最能道尽自己心中久而未发的肺腑之言。从吕碧城引用笛卡儿之语和对西方的了解来看，吕碧城在离家出走之前并非足不出户孤陋寡闻之旧时闺秀，而是对西方及其思想家有着相当了解和真切见解的先锋女杰。

吕碧城所主张和倡导的兴女权开女智办女学，由于是一条几千年来中国妇女从未经历过的崭新之途，其艰难困苦可想而知。

夫女权一事，在外国则为旧例，在中国则属创举；外国则视为公理，中国则视为背逆。盖彼顽固之辈，据惟我独尊之见，已深印入脑筋，牢不可破，讵能以二三书生之笔墨争哉！虽然，刚刃可折，不可使曲；匹夫可杀，志不可夺。彼强权者，亦视吾有牛马驯伏之性，故被以羁轭耳。若我有自立之性质，彼虽有极强之压力，适足以激吾自立之志气，增吾自立之进步。[2]

吕碧城指出，从世界范围来看，男女平等是旧例是公理，而对中国人而言，却是创

〔1〕《吕碧城文》卷2《敬告中国女同胞》，《吕碧城集》，第466页。
〔2〕《吕碧城文》卷2《兴女权贵有坚忍之志》，《吕碧城集》，第469-470页。

举是悖逆，并且那些顽固之辈男女不平等的观念由来已久根深蒂固牢不可破，非道理可以说服。故吕碧城深深认识到，女子要真正做到自立自强，一方面要树立独立自主的观念和思想，另一方面要造就坚韧不拔之志气和意志。

　　我女子痛除旧习，各自维新，人人有独立之思想，人人有自主之魄力，然后可以众志成城，虽无尺寸之柄，自能奏奇功于无形，获最后之战胜。但今之兴女权者，较创国家、夺疆土为尤难。创国业者，犹众人之所共闻也，历史之所共见也。若女权，则我中国闭关自守，数千年来从无一人发此问题，为众人耳所未闻，目所未见。男子闻之，固叱为怪异矣；即女子受压制之教育，既成习惯，乍语以此二字，亦必茫然不解。是必须先为之易旧脑筋，造新魄力，然后再为之出暗世界，辟新乾坤，岂非较之创国尤难乎？[1]

按吕碧城的看法，创国家夺疆土史有记载，人所共知；兴女权则闻所未闻见所未见，男子斥为怪异，女子茫然不解，知难行也难。吕碧城之所以反复强调在中国兴女权较之创国尤难，是因为中国数千年来男女不平等、女子无权之弊沉疴已久积重难返，这表明吕碧城对中国兴女权的阻力之大、困难之重有着极为清醒的认识。在较之创国尤难的中国兴女权，依吕碧城之见，在知方面，必须易旧脑筋，亦即改千年不移之旧习，树独立之思想；在行方面，必须造就新魄力，亦即人人确立自主之魄力。尽管兴女权知难行亦难，但只有此知行两方面的合力，才可能摆脱女子无权的黑暗世界，开辟男女平等的新乾坤。

　　究竟如何从知的方面来易中国人数千年来所形成的民智不开男尊女卑之旧脑筋？在吕碧城看来，其解决之道在于办学校兴教育。

　　我中国不克优胜于世界者，其故何在？愚弱而已。何以愚？不学则愚也；何以弱？不智则弱也。既愚弱，自危亡，欲救危亡，非学不可。[2]

　　教育一日不讲，则民智一日不开；民智不开，则冥顽愚蠢，是非不辨，利害不知。所知者，独自私自利而已。[3]

在《教育为立国之本》一文中，作为女学先锋的吕碧城之所以力图从立国之本而

---

[1]《吕碧城文》卷2《兴女权贵有坚忍之志》，《吕碧城集》，第470页。
[2]《吕碧城文》卷2《教育为立国之本》，《吕碧城集》，第472页。
[3]《吕碧城文》卷2《教育为立国之本》，《吕碧城集》，第473页。

非从女性觉醒的角度来倡导兴学校和隆教育，是因为对她而言，兴女权不仅是中国女性之事，同时也是中国男性之事，若中国男性不觉悟，即使中国女性觉醒，则欲改数千年之旧习而兴女权也绝无可能；若从国之危亡立国之本来提倡教育，则开民智兴女学医愚治弱就成了所有中国人无论女性还是男性走向现代文明之首务和共同奋斗目标。

> 至若专制学堂，时人谓之为制造奴隶厂，以其志趣不过借为富贵利禄之阶梯，而毫无国家思想，绝少爱群公心。……故立国之道，在有完全美善之教育，以培植根本。[1]

> 世界中所被最广久而弥彰者，其惟学术一道乎？如培根、笛卡儿、孟德斯鸠、卢梭诸人，皆握转移世界之大权，为十九世纪文明之原动力，其关系于世界，岂浅鲜哉？故欲立国者，必以兴学校、隆教育为当今之急务。[2]

依吕碧城之见，数千年来中国也有学堂，但此学堂只是专制学堂，只是奴隶的制造厂，只是谋富贵利禄之阶梯，故毫无公德之培养，全无现代文明思想之教育，也就是说绝非美善之教育。较之于中国，西方民智之开、女权之兴，则与培根、笛卡儿、孟德斯鸠、卢梭等哲学家的思想关联甚深，这些哲学家的思想影响之广之久之巨可谓真正改变世界的力量，是现代文明的原动力。因此，中国要走向世界走向现代文明，必须以兴学校隆教育作为当今之急务，用现代文明之思想启蒙民智、驱除冥顽愚蠢之旧习和陈腐观念。委实令人惊异的是，西方如此多的思想家和哲学家，吕碧城竟然如介绍家人般地娓娓道来，完全可以说是中国女性中睁眼看世界的先行者。

又如何从行的方面立女性人人自主之志和造就女性坚韧不拔之意志魄力？

> 今欲求持久，则力有不足，且顽固诸辈，复压制阻挠之。其何以能成此宏功，偿此大愿哉？则曰"贵有坚忍之志"而已。使吾二万万同胞，各具百折不挠之定见，则阻力愈大，进步逾速。处此黑暗世界，野蛮之辈甚多，迂儒之习未改，訾诋

---

[1]《吕碧城文》卷2《教育为立国之本》，《吕碧城集》，第473-474页。
[2]《吕碧城文》卷2《教育为立国之本》，《吕碧城集》，第473页。

谤诽，自所不免。而事之有益于众生，无害于国家者，我女流必人人皆视为应尽之责任，宁冒万死而不辞。虽能糜其身，而不能夺其志；虽能阻其事，而不能缄其口；虽能毁其名，而不能馁其气。竭力为之，今日不成，明日为之；明日不成，后日为之。鞠躬尽瘁，死而后已。果能如此，而终不获与男子同趋于文明教化之途，为平等自由之人者，则余未之信也。[1]

吕碧城深知，在中国兴女权不能只坐而论道停留在口头上文字里，必须即知即行落实在行动中，行动中有压制有阻挠有力有不逮困难重重时，可谓荆棘载途。故吕碧城宣称"兴女权贵有坚忍之志"。她指出，兴女权谋平等争自由走向文明教化之途任重而道远，非立此坚忍之志不能达此宏功大愿，有此坚忍之志，自能形成百折不挠之定见；有此坚忍之志，阻力愈大进步愈速；有此坚忍之志，无惧訾诋诽谤；有此坚忍之志，事阻名毁绝不缄其口馁其气；有此坚忍之志今日不成明日为之，明日不成后日为之；有此坚忍之志，自能万死不辞鞠躬尽瘁死而后已。由此可见，对吕碧城而言，在中国欲兴女权谋平等争自由走向文明教化之途，知与行、独立自主之观念与坚韧不拔百折不挠之志，如车之两轮鸟之两翼不可或缺。

五、结语

吕碧城一生之志业可谓集传统与现代、新与旧、中与西于一身。作为"近代女词人第一"，吕碧城显然是深受中国传统文化熏陶和濡染的旧时闺秀；作为"近代教育史上女子执掌校政第一人"，吕碧城又无疑是办女学启女智倡女权的现代新女性。吕碧城之所以能成为近现代女性独立自主的先觉先行者，可以说与英敛之的《大公报》息息相关，她的"离家出走"是在《大公报》的鼓动下的"出走"，她的女学女权观是在《大公报》的影响下形成的，同时她又转而用她的如椽之笔将《大公报》所倡导的女学女权思想推向了高峰。

吕碧城之所以能走出一条女子自立自强、掌握自己命运之路，是因为她有着较

----

[1] 《吕碧城文》卷2《兴女权贵有坚忍之志》，《吕碧城集》，第470—471页。

为成熟而又系统的女学女权思想。在她这套较为系统的女学女权思想中，吕碧城既以人皆具天赋自由之身作为女权的基础，又以人之独立自主之权作为家国合群的根核；既从政治制度层面对中国女权不兴的原因作了探讨，又从思想文化层面对中国女权不兴的原因进行了剖析；既从中国人的家国情怀合群意识出发对兴女权的必要性作了阐发，又对虚弱不堪之中国处此竞争之世兴女权的急迫性作了说明；既主张从知的方面易旧脑筋树独立之思想，又强调从行的方面立坚韧不拔百折不挠之志。吕碧城的女学女权思想不仅代表了《大公报》妇女解放宣传的高峰，而且代表了她那个时代女学女权思想的高峰。

政道与史鉴

董仲舒的三统五德说与帝德谱重建

刘 斌[*]

[内容提要]

以三统五德为主要内容的帝德谱问题是中国古代政治文化的重要议题，涉及历史的构建、政权合法性论证等重要内容。汉代是帝德谱成熟的关键时期，董仲舒的学术在其中有重要地位。董仲舒的帝王谱和朝代更替的学说以孔子素王改制说为出发点，以三统说为基本形式，以五德相生说为辅助，王、帝、皇、民依次推迁。董仲舒在三统说中摒弃秦的地位，指向《春秋》为汉制法，三统说尤其是《春秋》当黑统、汉当黑统之说是董仲舒所发，而非来自邹衍的五德终始说。董仲舒的帝德谱采用五德相生说而非五德相胜说，在五德说中保留秦的地位，且应该已推定汉为火德。《春秋》在三统中是黑统，在五德中无地位；秦在三统中无地位，在五德中是木德。在三统上，《春秋》继周，汉法《春秋》；在五德上，秦继周，汉继秦。在此三统五德相结合的帝德谱中，周、《春秋》、秦、汉四者之间的关系首次得到较为妥善的处理，汉朝的合法性得到论证，《春秋》作为经世大典得以与现实政治结合，当时学术亦为之一变。

[关键词]

董仲舒；三统；五德；帝德谱

---

* 刘斌，河北大学哲学与社会学学院讲师，哲学博士。

以三统五德为主要内容的帝德谱问题是中国古代政治文化的重要议题。汉代是构建帝德谱的关键时期，这种构建是政局与学术交互影响的结果，既有与现实政局的密切关联性，又有基于学术讨论的深刻学理性。董仲舒的学说在其中具有重要地位，深刻影响了帝德谱的构建和转型。目前学界关于汉代帝德谱研究的成果较多，但对董仲舒学说的探讨仍有不足，尤其缺乏将五德说与三统说相结合的研究。本文结合西汉景帝、武帝时期的政局演变与学术转变的背景，探究董仲舒如何因应现实政局，试图以道驭势，通过重建三统说与五德说相结合的帝德谱而妥善安顿周、《春秋》、秦、汉之间的关系并申明《春秋》为汉制法的深刻用意。

背景：景、武之际政局与学术的转变

西汉景帝、武帝之际，儒术取代黄老渐成趋势，"汉家法周"之说有一定影响，[1] 如袁盎谏窦太后曰："方今汉家法周，周道不得立弟，当立子。"[2] 公孙弘上书武帝曰："陛下躬孝弟，监三王，建周道，兼文武。"[3] 这是继汉初"汉承秦制"之后的一大转变。

武帝初即位，锐意进取，臣下颇有言封禅改制者。《史记》载：

> （建元）元年，汉兴已六十余岁矣，天下艾安，搢绅之属皆望天子封禅改正度也。而上乡儒术，招贤良。赵绾、王臧等以文学为公卿，欲议古立明堂城南，以朝诸侯；草巡狩、封禅、改历、服色事，未就。[4]

这是武帝初即位的改制尝试，主事者赵绾、王臧是鲁申公弟子，其主张除贾谊、公孙臣主张的改正朔、易服色等内容外，还包含立明堂、朝诸侯、巡狩、封禅等，这些内容甚至比改正朔、易服色还重要，显示出复古重于改制的倾向。[5] 此次改制

〔1〕 陈苏镇《〈春秋〉与"汉道"——两汉政治与政治文化研究》，中华书局 2011 年版，第 149、214 页。
〔2〕 《史记》卷 58《梁孝王世家》，中华书局 1982 年版，第 2091 页。
〔3〕 《汉书》卷 58《公孙弘卜式兒宽传》，中华书局 1962 年版，第 2622 页。
〔4〕 《史记》卷 28《封禅书》，第 1384 页。
〔5〕 参见王尔《"汉当自制礼"：东汉前期"制汉礼"的逻辑理路及失败原因》，《中国文化研究》2021 年第 3 期。

因窦太后反对而作罢。不过,其主要内容在元封、太初年间大多付诸实施。

窦太后崩后,武帝意欲兴作,再三策问董仲舒,而有"天人三策"[1]。武帝策问,起首即曰:"盖闻五帝三王之道,改制作乐而天下洽和,百王同之。"[2] 可知武帝很关心五帝三王的历史及其治理之道。武帝又问:"子大夫明先圣之业,习俗化之变、终始之序,讲闻高谊之日久矣,其明以谕朕。"[3] 此所谓"终始之序"即五德终始之序,[4] 可见武帝对此问题的重视。董仲舒答曰"孔子作《春秋》,先正王而系万事,见素王之文焉"[5],"《春秋》受命所先制者,改正朔,易服色,所以应天也"[6],又特重三统说,提出"《春秋》当新王",从而变"汉承秦制""汉家法周"为"汉法《春秋》"。武帝疏董仲舒之身,而用董仲舒之议,《公羊》学自此渐盛,对武帝朝的内外政策颇有影响。[7] 以下分述董仲舒的三统说、五德说,进而探究董仲舒如何将二说与帝王谱融为一体及其用意。

一、"《春秋》当新王"与董仲舒对三统说的改造

董仲舒的三统说渊源有自。三统说起源较早,《论语》孔子论夏殷周三代礼乐损益已发其端,战国礼书有相关内容,如《檀弓》:

> 夏后氏尚黑,大事敛用昏,戎事乘骊,牲用玄。
>
> 殷人尚白,大事敛用日中,戎事乘翰,牲用白。

----

[1] 武帝的策问时间有建元元年、五年、元光元年等异说,本文取元光元年(公元前134年)之说,见李梅、郑杰文等《秦汉经学学术编年》,凤凰出版社2015年版,第131页;徐建委《发现董仲舒:独尊儒术的历史重塑》,《文学评论》2022年第2期,第188页。

[2] 《汉书》卷56《董仲舒传》,第2496页。

[3] 《汉书》卷56《董仲舒传》,第2498页。

[4] 钱穆《秦汉史》,九州出版社2011年版,第86页。

[5] 《汉书》卷56《董仲舒传》,第2509页。

[6] 《汉书》卷56《董仲舒传》,第2510页。

[7] 参见陈苏镇《〈春秋〉与"汉道"——两汉政治与政治文化研究》,第226-229页。武帝并未完全采纳董仲舒的奏对,而是用"尊儒术,重法制,兼用百家学说"的政策,直到元帝朝才确立"独尊儒术"。参见钱穆《秦汉史》,第185-191页;王葆玹《西汉经学源流》,东大图书公司1994年版,第145-146页;张小锋《西汉中后期政局演变探微》,天津古籍出版社2007年版,第134-136、153页。

周人尚赤，大事敛用日出，戎事乘骤，牲用骍。[1]

此提及三代所尚之黑、白、赤三色，但是尚未与三正（十一月、十二月、十三月）、三朔（夜半、鸡鸣、平旦）、三微（动、萌、芽）相关联，可称之为"三代异制"。礼书所言虞、夏、殷、周诸制度有邹衍五德终始说的遗留，而非全部来自三统说。[2] 汉初，伏生传《尚书大传》，对三统说有较系统的论述。[3]《尚书大传》在伏生之后或有增补，其三统说与《春秋繁露》的三统说大致成于同一时代或稍前。[4]《尚书大传·略说》：

> 夏以孟春为正，殷以季冬为正，周以仲冬为正。夏以十三月为正，色尚黑，以平旦为朔。殷以十二月为正，色尚白，以鸡鸣为朔。周以十一月为正，色尚赤，以夜半为朔。[5]

> 周以至动，殷以萌，夏以牙。天有三统，物有三变，故正色有三。天有三生三死，故土有三王，王特一生死。是故周人以日至为正，殷人以日至三十日为正，夏以日至六十日为正。天有三统，土有三正。三统者，所以序生也。三正者，所以统天下也。是故三统三正也，若循连环，周则又始，穷则反本。[6]

此已将三代、三色、三正、三朔、三变（三微）、三生、三死等融合为三统体系，而又可分为"三代、三色、三正、三朔""三变（三微）、三生、三死"两个系统，前者是从三代异制来讲，循环的次序是"寅—丑—子"，后者是从万物生死的三个开端来讲，循环的次序是"子—丑—寅"。

董仲舒的三统说详载于《春秋繁露·三代改制质文》：

---

[1] 郑玄注、孔颖达疏、龚抗云整理、王文锦审定《礼记正义》卷 6《檀弓上》，北京大学出版社 2000 年版，第 208 页。《明堂位》亦曰："夏后氏牲尚黑，殷白牡，周骍刚。"王锷认为《檀弓》《明堂位》成书于战国晚期，见氏撰《〈礼记〉成书考》，中华书局 2007 年版，第 251-268、274-281 页。

[2] 顾颉刚《秦汉的方士与儒生》，《顾颉刚古史论文集》卷 2，中华书局 2011 年版，第 620 页。

[3] 彭美玲《汉儒三代质文论脉络考察》，《汉学研究》2014 年第 3 期。

[4] 参见侯金满《〈尚书大传〉源流考》，南京大学 2013 年硕士学位论文，第 8、12 页。

[5] 皮锡瑞《尚书大传疏证》卷 7，吴仰湘编《皮锡瑞全集》第 1 册，中华书局 2015 年版，第 330 页。

[6] 何休解诂、徐彦疏、刁小龙整理《春秋公羊传注疏》卷 1《隐公元年》，上海古籍出版社 2014 年版，第 12 页；李昉等《太平御览》卷 29，影印商务影宋本，中华书局 1960 年版，第 135 页上栏。

三正以黑统初，正日月朔于营室，斗建寅，天统气始通化物，物见萌达，其色黑，故朝正服黑……亲赤统，故日分平明，平明朝正。

正白统者，历正日月朔于虚，斗建丑，天统气始蜕化物，物初芽，其色白，故朝正服白……亲黑统，故日分鸣晨，鸣晨朝正。

正赤统者，历正日月朔于牵牛，斗建子，天统气始施化物，物始动，其色赤，故朝正服赤……亲白统，故日分夜半，夜半朝正。[1]

此与上揭《略说》之义大体相同，包含"三代、三色、三正、三朔"、"三变（三微）[2]、三生、三死"两个系统。与董仲舒以前和以后的三统说相比，董仲舒的三统说具有如下特征。其一，《三代改制质文》还有一套关于三统下的冠、昏、丧、祭等礼仪的不同设计，这是《尚书大传》所无。其二，董仲舒所说的"天统"为三统所公有，"以黑统初"认为黑统为三统之始，这与刘歆、谶纬有所不同，后者所言的三统是历时性的"天地人"三统，而董仲舒所言的三统是共时性的。[3]其三，从邹衍到汉初，历法和岁首问题都是附属于五德终始说，董仲舒转而将历法和岁首问题归入三统说，刘歆则将三统说彻底律历化。其四，邹衍五德终始说含有文质救弊之义。董仲舒主张"以《春秋》当新王"，将此文质救弊之义移至三统说上，其五德说无文质救弊之义。而刘歆的三统说和五德说皆无文质救弊之义，仅是机械化的德运。

除以上特征之外，董仲舒的三统说的最大特征是申明孔子受命改制、《春秋》为汉制法之义。董仲舒给武帝的奏对谆谆然劝以改制更化之义，又强调"王者必受命而后王。王者必改正朔，易服色，制礼乐，一统于天下，所以明易姓非继人，通以己受之于天也"[4]。他的改制理论包含"受命应天""补弊救衰""改制而不变道"等三个层面，"受命应天"与三正循环对应，"补弊救衰"与三教循环对

---

[1] 董仲舒著、苏舆撰、钟哲点校《春秋繁露义证》卷7《三代改制质文》，中华书局1992年版，第191-195页。

[2] 董仲舒所言的三变之序是动、芽、萌，而此前的三变之序是动、萌、芽，是其异。

[3] 参见刘禹彤《从〈春秋繁露〉三统论到〈白虎通〉三皇说》，《衡水学院学报》2022年第3期。

[4] 《春秋繁露义证》卷7《三代改制质文》，第184页。

应。[1] 三个层面实际上皆指向"《春秋》当新王""《春秋》作新王之事"的主张，[2] 认为"王者未作乐之时，乃用先王之乐宜于世者，而以深入教化于民"[3]，由此很容易推出"《春秋》为汉制法"之义。董仲舒提出"王鲁"说，[4] 云"《春秋》缘鲁以言王义"，[5]"《春秋》应天作新王之事，时正黑统，王鲁，尚黑"，[6]《春秋》、王鲁、黑统三者合为一体，与"《春秋》为汉制法"结合，必然推出汉是黑统。在三统上，《春秋》继周为黑统，也就是汉继周为黑统，"王鲁"也就是"王汉"。[7] 因而董仲舒的帝王谱和朝代更替学说以孔子素王改制说为出发点，以三统说为基本形式，[8] 以论证汉当《春秋》黑统为目的，这是他与此前三统说的最大区别。[9]

董仲舒三统说的黑、白、赤三色是否来自邹衍五德终始说需要辨明。董仲舒的三统说认为，殷、周、《春秋》构成新的三统。而在邹衍的五德终始说中，殷、周、周后一代分别是金德（白色）、火德（赤色）、水德（黑色），此白、赤、黑三色与殷、周、《春秋》三统之色相同。顾颉刚、童书业等据此而认为董仲舒的三统说是以三正说为骨干又截取五德终始说的五分之三而来。[10] 按，此说不妥。其一，三正说、三代异制原本是独立的学说，是就夏、殷、周三代之正朔、所尚等制度而言，见于《左传》《礼记》《尚书大传》等，并不依赖于五德终始说。其二，

---

〔1〕 黄铭《试论董仲舒的改制理论》，复旦大学上海儒学院编《现代儒学》第 3 辑《多元视角下的康有为问题》，读书·生活·新知三联书店 2018 年版，第 228-230、240-242 页。

〔2〕 黄铭《试论董仲舒的改制理论》，第 243-244 页。

〔3〕《汉书》卷 56《董仲舒传》，第 2499 页。

〔4〕 董仲舒的"王鲁"说源自孔子"因行事以加王心""《春秋》缘鲁以言王义"，可谓《论语》"变鲁"说的发展，见杨运筹《春秋"王鲁"说刍议：以董仲舒为中心》，陈明、朱汉民主编《原道》第 38 辑，湖南大学出版社 2019 年版，第 52 页。

〔5〕《春秋繁露义证》卷 9《奉本》，第 279 页。

〔6〕《春秋繁露义证》卷 7《三代改制质文》，第 187 页。

〔7〕 参见杨运筹《春秋"王鲁"说刍议：以董仲舒为中心》，第 57 页。

〔8〕 参见唐君毅《中国哲学原论·导论篇》，九州出版社 2021 年版，第 451 页。

〔9〕 参见黄开国《董仲舒三统说历史观及其评价》，《河北学刊》2012 年第 6 期。

〔10〕 顾颉刚《五德终始说下的政治和历史》，《顾颉刚古史论文集》卷 2，第 287 页；顾颉刚《中国上古史研究讲义》，《顾颉刚古史论文集》卷 3，中华书局 2011 年版，第 206、416、422 页；顾颉刚《战国秦汉间人的造伪与辨伪》，吕思勉、童书业编著《古史辨》第 7 册，海南出版社 2005 年版，第 18 页。

《尚书·禹贡》曰："禹锡玄圭，告厥成功。"《天人三策》董仲舒引《尚书》曰："'白鱼入于王舟，有火复于王屋'，此盖受命之符也。"[1]"白鱼"之白是殷的三统之色。可知董仲舒将玄圭、白鱼、火视为夏、殷、周的受命符瑞，则黑、白、赤三色自然成为三代所尚之色，《檀弓》所云三代所尚之色也是由此而来。《史记·封禅书》云"夏得木德，青龙止于郊，草木畅茂。殷得金德，银自山溢。周得火德，有赤乌之符"，《吕氏春秋·应同》与此相似，这是邹衍五德终始说关于夏、殷、周三代受命符瑞的内容，与董仲舒的夏、殷、周的受命符瑞不同。由此可知，董仲舒的三统之色来自《尚书》所载的三代受命符瑞，而非来自邹衍的五德终始说。殷、周、《春秋》的三统之色与邹衍的殷、周、周后一代之色相同，只是巧合。须指出，董仲舒虽承认受命说，但他的受命说与符瑞尚未系统地结合起来，他的三统说中符瑞的内容并不突出，这与谶纬不同。虽然武帝首次策问即提出"三代受命，其符安在"的问题，但是董仲舒并未在此问题上过多论述。[2] 其三，董仲舒的三统说立足于《春秋》，以新王受命改制为旨趣，指向"《春秋》作新王之事"[3]、孔子为汉制法，故特重三统说，[4] 这是此前的三正说、五德终始说所没有的含义，他的三统说有更深刻的内涵。综上可知，三统说尤其是《春秋》当黑统之说是董仲舒所发明，而非来自邹衍的五德终始说。以上是从学理上来看。若历史地看，《春秋》之所以是黑统，"盖汉儒恶秦特甚，不欲汉承秦后，因《春秋》有托王之义，遂夺秦黑统而归之素王，因素王黑统而遂有改制之说"[5]。

二、董仲舒的三统说、五德相生说与帝王谱的推迁

董仲舒的帝德谱中的五德说，与董仲舒的五行说密切相关。董仲舒的五行说兼

---

[1] 《汉书》卷56《董仲舒传》，第 2500 页。
[2] 陈鹏《三统说与汉晋服色》，《史林》2017 年第 4 期。
[3] 陈鹏《三统说与汉晋服色》，《史林》2017 年第 4 期。
[4] 参见汪高鑫《"三统"说与董仲舒的历史变易思想》，《齐鲁学刊》2002 年第 3 期；徐兴无《经纬成文——汉代经学的思想与制度》，凤凰出版社 2015 年版，第 236 页；徐兴无《〈春秋繁露〉的文本与话语——"三统""文质"诸说新论》，《中国典籍与文化》2018 年第 3 期。
[5] 《春秋繁露义证》附录 2《春秋繁露考证》，第 519 页。

具相生说和相胜说,[1]"比相生而间相胜"是他对五行关系的概括,而相胜之义有二:一为厌胜,一为克胜。[2] 那么董仲舒的帝德谱中用五行相生还是相胜之序?《尚书·洪范》曰"水曰润下,火曰炎上,木曰曲直,金曰从革,土爰稼穑",此五行既非相生之序,也非相胜之序。夏侯始昌撰《洪范五行传》,已用五行相生之序。[3] 其实,稍早于夏侯始昌的董仲舒已将五行相生用于时令,《盐铁论》载:

> 始江都相董生推言阴阳,四时相继,父生之,子养之,母成之,子臧之。故春生,仁;夏长,德;秋成,义;冬藏,礼。此四时之序,圣人之所则也。[4]

董仲舒用五行相生来讲四时,应当受到《吕氏春秋》《月令》的影响。[5] 不过,他的五行相生说不仅应用于四时。《春秋繁露》中有多篇以"五行"为题,检案诸篇,可发现董仲舒的五行说的基本结构是五行相生,而五行相胜则处于附属地位,只有言及灾异、职官相互制约时才用相胜说。董仲舒之所以如此重视五行相生,盖因他将五行与五常、五伦这些儒学的关键概念相关联,他说"五行者,乃孝子、忠臣之行也"[6]。在相生而非相胜之序中,五行与五常、五伦的关联得到更为恰当的安排。而且相胜之序对前朝缺乏谦敬之义,对天命流转也缺乏敬畏之义。[7] 然则董仲舒用五德相生说来解释历史运动,就是势之必然,体现了董仲舒对以五德相胜说为载体的秦制的改造。

董仲舒的历史运动学说除三统说、五德说外,尚有文质、四法诸说。《三代改制质文》云:

> 王者改制作科奈何?曰:当十二色,历各法而正色,<u>逆数三而复</u>;纳三之前日

---

[1] 参见邝芷人《阴阳五行及其体系》,文津出版社有限公司 1998 年版,第 46-54 页。

[2] 吴飞《董仲舒的五行说与中和论》,《中国哲学史》2020 年第 4 期。陈明恩认为董仲舒之说似有"以相生含摄相胜"的倾向,见氏撰《东汉谶纬学研究》,林庆彰主编《中国学术思想研究辑刊》27 编第 14 册,花木兰文化事业有限公司 2018 年版,第 254 页。

[3] 程苏东《〈洪范五行传〉灾异思想析论——以战国秦汉五行及时月令文献为背景》,《苏州大学学报》(哲学社会科学版) 2018 年第 6 期。

[4] 桓宽撰集、王利器校注《盐铁论校注》卷 9《论菑》,中华书局 1992 年版,第 556 页。

[5] 徐兴无认为,董仲舒据《吕氏春秋》《月令》,将此前的五德相胜说修正为相生说的辅助理论,突出相生说,为德治主义和汉武帝的更化奠基,见氏撰《谶纬文献与汉代文化构建》,中华书局 2003 年版,第 255 页。

[6] 《春秋繁露义证》卷 11《五行之义》,第 321 页。

[7] 黄铭《试论董仲舒的改制理论》,第 250 页。

五帝，帝迭首一色，<u>顺数五而相复</u>；礼乐各以其法象其宜，<u>顺数四而相复</u>，咸作国号，迁宫邑，易官名，制礼作乐。故汤受命而王，应天变夏，作殷号，时正白统，亲夏，故虞，绌唐谓之帝尧，以神农为赤帝，……文王受命而王，应天变殷，作周号，时正赤统，亲殷，故夏，绌虞谓之帝舜，以轩辕为黄帝，推神农以为九皇，……故《春秋》应天作新王之事，时正黑统，王鲁，尚黑，绌夏，亲周，故宋，……[1]

"逆数三而复"即三统循环，由于夏正是十三月，殷正是十二月，周正是十一月，故曰"逆数"，此与天气施生化物的三个过程相关。"顺数四而相复"即董仲舒所谓"夏、商、质、文"四法。"顺数五而相复"是否与五德相生或相胜相关，据董仲舒所言"以神农为<u>赤帝</u>""以轩辕为<u>黄帝</u>"，火生土，故赤帝在先，黄帝在后，可知董仲舒以为五帝是以五德相生为序，董仲舒所言"帝迭首一色"是就五德相生而言，[2]顾颉刚认为"春秋五帝"以颛顼为白帝，即是据此而推知。[3]《宋书》云："五德更王，唯有二家之说。邹衍以相胜立体，刘向以相生为义。据以为言，不得出此二家者。"[4]这是认为五德相生说在帝德谱上的应用始于刘向，顾颉刚则认为始于刘歆。[5]钱穆纠正顾氏之说，指出："太初改历后，学者多趋向

[1]《春秋繁露义证》卷7《三代改制质文》，第185-191页。

[2] 钱穆、陈苏镇、陈泳超、徐兴无同，见钱穆《评顾颉刚五德终始说下的政治和历史》，顾颉刚著《顾颉刚古史论文集》卷2，第452页；钱穆《秦汉史》，第115页；陈苏镇《谶纬与〈公羊〉学的关系及其政治意义》，陈苏镇主编《中国古代政治文化研究》，北京大学出版社2009年版，第28页；陈泳超《〈世经〉帝德谱的形成过程及相关问题——再析"五德终始说下的政治和历史"》，《文史哲》2008年第1期，第51页；徐兴无《〈春秋繁露〉的文本与话语——"三统""文质"诸说新论》，《中国典籍与文化》2018年第3期，第13页。钱穆认为，董仲舒之所以区分三王与五帝，是由于三统之白、赤、黑三色只适用于殷、周、《春秋》三代，而不适用于夏以上，故"不得不旁采五行相生来弥缝其阙，因此要分为三王五帝，说逆数三而复，绌三为五，五数顺复了"，见氏撰《评顾颉刚五德终始说下的政治和历史》，第452页。按：董仲舒所言三王五帝与他的历史系统、改制理论成一整体，钱说非是。

[3] 顾颉刚《三皇考》，《顾颉刚古史论文集》卷2，第48、50页。钱穆认为《三代改制质文》"把相生相胜两说一并采用"，见氏撰《评顾颉刚五德终始说下的政治和历史》，第451-452页。按：虽然《春秋繁露》兼用五德相生和相胜说，但是《三代改制质文》则专用相生说来讲五帝之色。

[4] 沈约《宋书》卷12《律历志中》，中华书局1974年版，第259页。

[5] 陈槃认为"五德相生之历史系盖起于西汉中叶以后"，见氏撰《古谶纬研讨及其书录解题》，上海古籍出版社2010年版，第122页。

改用五行相生说的一边，乃承董仲舒而来，并非刘歆创始。"[1] 由以上可知，董仲舒历史观的首要出发点是新王受命改制，由此而有文质、三统、四法、五德诸说，诸说融为一体，[2] 而试图为汉朝规划一套完备的制度。其中尤其须注意的是，在历史运动上董仲舒采用五德相生而非相胜之说，这与邹衍到汉初之说不同。

董仲舒所论的帝王谱的推迁，《三代改制质文》云：

王者之法必正号，绌王谓之帝，封其后以小国，使奉祀之；下存二王之后以大国，使服其服，行其礼乐，称客而朝。故同时称帝者五，称王者三，所以昭五端、通三统也。是故周人之王，尚推神农为九皇，而改号轩辕谓之黄帝，因存帝颛顼、帝喾、帝尧之帝号，绌虞，而号舜曰帝舜，录五帝以小国；下存禹之后于杞，存汤之后于宋，以方百里，爵号公，皆使服其服，行其礼乐，称先王客而朝。《春秋》作新王之事，变周之制，当正黑统，而殷、周为王者之后，绌夏，改号禹谓之帝，录其后以小国，故曰：绌夏，存周，以《春秋》当新王。……故王者有不易者，有再而复者，有三而复者，有四而复者，有五而复者，有九而复者……故圣王生则称天子，崩迁则存为三王，绌灭则为五帝，下至附庸，绌为九皇，下极其为民……[3]

可知董仲舒认为，三王、五帝、九皇、民不断变易，新王兴起而先王、先帝、先皇依次绌降，[4] 故有"同时称帝者五，称王者三"的情况，此即所谓"昭五端、通三统"。皮锡瑞申论之：

以董子书推之，古王者兴，当封前二代子孙以大国，为二王后，并当代之王为三王，又推其前五代为五帝，封其后以小国，又推其前为九皇，封其后为附庸，又其前则为民。……《春秋》托王于鲁，为继周者立法，当封夏之后以小国，故曰绌夏；封周之后为二王后，故曰绌周。此本推迁之次应然。《春秋》存三通，实原于古制。逮汉以后，不更循此推迁之次，人但习见周一代之制，遂以五帝、三王为

---

[1] 钱穆《评顾颉刚五德终始说下的政治和历史》，第456页。
[2] 顾颉刚《中国上古史研究讲义》，第213页。
[3] 《春秋繁露义证》卷7《三代改制质文》，第198-202页。
[4] 汉儒将皇、帝视为由王绌降而来，又将十月排除出三正之列，隐含有绌秦的用意，参见段熙仲《春秋公羊学讲疏》，南京师范大学出版社2002年版，第742-743页。

一定之号。[1]

可知董仲舒的帝王谱不是固定不变的，而是随新王的受命改制而有"推迁之次"，皇、帝、王之号并非固定地指某几位帝王。[2]

董仲舒云"以神农为赤帝，……以轩辕为黄帝"，"尚推神农为九皇，而改号轩辕谓之黄帝"，是以五帝之首帝之谥号为"某帝"，而以其余四帝之谥号为"帝某"，有此不同。其原因，董仲舒曰：

> 黄帝之先谥，四帝之后谥，何也？曰：帝号必存五，帝代首天之色，号至五而反。周人之王，轩辕直首天黄号，故曰黄帝云。帝号尊而谥卑，故四帝后谥也。[3]

可知五帝之首与其余四帝的号、谥的先后有异，由于五帝递迁，五帝之首由原先的先号后谥改为先谥后号，即就周而言"帝轩辕"推迁为五帝之首则改为"黄帝"，其余四帝仍为"帝某"。同理，就殷而言"帝神农"推迁为五帝之首则改为"赤帝"，其余四帝仍为"帝某"。然则就《春秋》而言"帝颛顼"推迁为五帝之首则改为"白帝"[4]，就《春秋》后第一代而言"帝喾"推迁为五帝之首则改为"黑帝"，就《春秋》后第二代而言"帝尧"推迁为五帝之首则改为"苍帝"，就《春秋》后第三代而言"帝舜"推迁为五帝之首则改为"赤帝"。须指出，董仲舒已将

---

[1] 皮锡瑞撰、吴仰湘点校《经学通论》，中华书局 2018 年版，第 374 页。皮锡瑞《今文尚书考证》所言与此相似，见氏撰，盛冬铃、陈抗点校《今文尚书考证》卷 1《尧典》，中华书局 1989 年版，第 6 页。钱穆、蒋庆、黄开国亦认为九皇之数有九，见钱穆《两汉经今古文平议》，商务印书馆 2005 年版，第 272 页；蒋庆《公羊学引论》，福建教育出版社 2014 年版，第 249 页；黄开国《董仲舒三统说历史观及其评价》，《河北学刊》2012 年第 6 期。顾颉刚、杨向奎认为"九皇"是一代，皆非是，见顾颉刚《三皇考》，第 51 页；顾颉刚《五德终始说下的政治和历史》，第 286、324 页；顾颉刚《中国上古史研究讲义》，第 210 页；顾颉刚《战国秦汉间人的造伪与辨伪》，第 19 页；杨向奎《西汉经学与政治》，独立出版社 1945 年版，第 56 页；杨向奎《绎史斋学术文集》，上海人民出版社 1983 年版，第 111 页。

[2] 此推迁模式至少持续到王莽时期，见顾颉刚《三皇考》，第 69 页。案，《周礼注》反映东汉注家对此"推迁之次"的吸纳，如郑司农云："四类，三王、五帝、九皇、六十四民咸祀之。"（郑玄注，贾公彦疏，彭林整理《周礼注疏》卷 20《小宗伯》，上海古籍出版社 2010 年版，第 698 页）"三王"原作"三皇"，据顾颉刚意见改，见氏撰《三皇考》，第 50 页。又郑玄云："都或有山川及因国无主九皇六十四民之祀，王子弟则立其祖王之庙。"（《周礼注疏》卷 32《都宗人》，第 1061 页）可知东汉的古文学家和郑玄吸纳董仲舒的"三王、五帝、九皇、民"结构，将其固定化为就周而言。

[3] 《春秋繁露义证》卷 7《三代改制质文》，第 200 页。

[4] 董仲舒未明言"白帝""黑帝""苍帝"，然据战国秦汉间流行的五色与五行的配伍关系，他应有此意。

"黄帝"与轩辕氏相联系，但尚未将神农与炎帝相联系。董仲舒称神农是"赤帝"，开后世将炎帝与神农合并之端。[1] 秦始皇改正朔不用三微之月，"皇帝"称号不符合推迁之次，故虽有改制，不得为三统之一。[2] 综上所述，可将董仲舒所言的帝王推迁之次列表如下。

表 1　董仲舒的帝王谱的推迁

	……	夏	殷	周	《春秋》	三统
民	……	……	……	……	……	……
九皇	……	……	……	……	……	……
	……	……	……	……	……	黑
	……	……	……	……	神农	白
	……	……	……	神农	轩辕	赤
五帝	……	……	赤帝（神农）	黄帝（轩辕）	白帝（颛顼）	黑
	……	帝神农（赤帝）	帝轩辕（黄帝）	帝颛顼（白帝）	帝喾（黑帝）	白
	……	帝轩辕（黄帝）	帝颛顼（白帝）	帝喾（黑帝）	帝尧（苍帝）	赤
	……	帝颛顼（白帝）	帝喾（黑帝）	帝尧（苍帝）	帝舜（赤帝）	黑
	……	帝喾（黑帝）	帝尧（苍帝）	帝舜（赤帝）	帝禹（黄帝）	白
三王	……	唐	虞	夏	殷	赤
	……	虞	夏	殷	周	黑
	……	夏	殷	周	《春秋》	……

说明：颜色相同的格子，其三统之色相同。各朝代的五帝，除首帝之外其余四帝的"某帝"之谥号是日后推迁至首帝时所改之谥号。

三、"昭五端、通三统"与董仲舒的帝德谱重建

董仲舒所言"昭五端、通三统"也可以说是一种"三五之运"，[3] 但是由于

----

[1] 顾颉刚《中国上古史研究讲义》，第 266 页。

[2] 参见黄铭《推何演董：董仲舒〈春秋〉学研究》，生活·读书·新知三联书店 2023 年版，第 236-237 页。

[3] 雷家骥认为董仲舒的学说是糅合了孟子、邹衍的学说而成的"三五相包说"，见氏撰《两汉至唐初的历史观念与意识》，书目文献出版社 1987 年版，第 91 页下栏。

五帝是由三王崩迁而来，故董仲舒的历史运动学说的主体还是三统说，[1] 这与他的《春秋》学和天命论相符。董仲舒立足于《春秋》而确立三统说，一方面意在确立"孔子—《春秋》—新王—黑统"的天道天命统绪，[2] 另一方面意在服务于"继治世者其道同，继乱世者其道变"的主张，这含有规劝汉帝改制更化的用意，[3] 而用三统说解释历史运动即是此用意的体现。[4] 董仲舒尊崇天，他讲的天只是一天，而非如东汉经学讲的六天，这与《春秋》"大一统"义相符，反映在他的历史观上，必然导致五天帝更王说不能成立，故特重三统说，因而三统说成为董仲舒的历史运动学说的主体，而五德说只能附属于三统说。[5]

须指出《春秋》、秦的德运在董仲舒学术中的特殊性。上揭董仲舒所云"《春秋》应天作新王之事，时正黑统"，与三统说为一体，而与五德说无涉。西汉后期兴起孔子水精说，将孔子与五德相生说相联系，然此非董仲舒本意。"《春秋》作新王之事"是为了规劝汉帝用《春秋》之黑统，含有摒秦之义，因而秦在董仲舒的三统说中无地位。不过，董仲舒又曰：

> 故夏无道而殷伐之，殷无道而周伐之，周无道而秦伐之，秦无道而汉伐之。有道伐无道，此天理也，所从来久矣，宁能至汤武而然耶？夫非汤武之伐桀纣者，亦将非秦之伐周、汉之伐秦，非徒不知天理，又不明人礼。[6]

> 今秦与周俱得为天子，而所以事天者异于周。[7]

董仲舒将秦伐周、汉伐秦与殷伐夏、周伐殷同等看待，肯定它们皆具有革命的合法

---

〔1〕 参见陈明恩《东汉谶纬学研究》，第 245 页。董仲舒的三统说之相关制度，参见陈明恩"三统说制度表"，见氏撰《东汉谶纬学研究》，第 249 页。
〔2〕 徐兴无《刘向评传（附刘歆评传）》，南京大学出版社 2005 年版，第 325 页。
〔3〕 汪高鑫《中国史学思想通史·秦汉卷》，黄山书社 2002 年版，第 190 页。
〔4〕 目前学界多认为董仲舒的历史观是基于三统说的循环史观，只有形式的改变而无实质的意义，另有少数学者在三统循环上肯定了历史的进化，见陈明恩《诠释与建构——董仲舒春秋学的形成与开展》，秀威信息科技股份有限公司 2011 年版，第 113-114 页脚注。其实董仲舒的三统说涉及文质、三教以及正偏弊的复杂内涵，参见陈苏镇《汉代政治与〈春秋〉学》，中国广播电视出版社 2001 年版，第 188-191 页。
〔5〕 唐君毅《中国哲学原论·原道篇》，中国社会科学出版社 2006 年版，第 461、500-501 页。
〔6〕 《春秋繁露义证》卷 7《尧舜不擅移、汤武不专杀》，第 220-221 页。苏舆谓"此篇非董子文"，举五不合以证之。按，其说疑古过甚，昧于董子大义，本文不取。
〔7〕 《春秋繁露义证》卷 14《郊语》，第 399 页。

性；又认为"秦与周俱得为天子"，肯定秦始皇与周天子在爵位上的相同性。由此可知，"夏—殷—周—秦—汉"的更迭是连续的过程，"秦"在其中不可或缺。[1]上文论及董仲舒在朝代更迭上用五德相生之序，则秦势必在五德中具有独立的德运。然则《春秋》在三统中有地位，在五德中无地位，而秦在三统中无地位，在五德中有地位，二者相反。

上文论及董仲舒所言的诸帝王是由三王崩迁而来，其王、帝、皇、民之号变动不居。虽然如此，但是各帝王的三统、五德之运却是确定的，若抛却其推迁过程，而用三统、五德为每位帝王确立其德运，可列表如下。

表 2　董仲舒的帝王谱与三统、五德的关系

帝王（朝代）	三统	五德
……	……	……
神农	黑	火
轩辕	白	土
颛顼	赤	金
喾	黑	水
尧（唐）	白	木
舜（虞）	赤	火
禹（夏）	黑	土
汤（殷）	白	金
文王（周）	赤	水
孔子（《春秋》）	黑	—
始皇帝（秦）	—	木
高皇帝（汉）	黑	火
汉后一代	白	土
……	……	……

----

[1] 参见陈侃理《如何定位秦代——两汉正统观的形成与确立》，《史学月刊》2022 年第 2 期。钱穆谓汉人认为秦不能在五德终始中占一德位，这是董仲舒以下公认的理论，见钱穆《评顾颉刚五德终始说下的政治和历史》，第 455 页，非是。

董仲舒对策曰："王者未作乐之时,乃用先王之乐宜于世者。"〔1〕此"先王"对汉而言即是孔子,"先王之乐"对汉而言即是《春秋》。由此表可知,在三统上,汉继周来自《春秋》继周,汉用《春秋》之黑统;在五德上,秦继周,其德为木,汉继秦,其德为火。其实董仲舒就此似有明言,其论《春秋》"十指"曰:"承周文而反之质,一指也。木生火,火为夏,天之端,一指也。"〔2〕此二指相连,"承周文而反之质"是说汉之黑统承周之赤统,变周之文而从殷之质,这是就三统改制以及忠敬文三教救弊而言;"木生火,火为夏"是说秦之木德生汉之火德,这是就五德相生而言。在汉言汉,由于《春秋》在董仲舒那里只是"当一王之法",〔3〕而非万世之法,《春秋》法尚无永恒性,故继汉而兴的下一代当用白统,其德为土。

须注意,此表显示董仲舒已推定汉为火德。施之勉云董仲舒推定汉为火德,然他误以为董仲舒用五德相胜之序,又不数秦之德运。〔4〕由此看来,若抛却汉初的准火德制不算,则汉为火德说实始于董仲舒。《春秋繁露》三次提及"本朝",皆与火相联系:"南方者火也,本朝"〔5〕;"夫火者,本朝"〔6〕;"火者夏,成长,本朝也"〔7〕。"本朝"一词指义不明,论者多以为指职官司马,〔8〕然此说不无扞格。颇疑"本朝"即指汉朝,汉朝是"火者夏",与上揭"木生火,火为夏"相应。若果如此,则董仲舒已明言汉为火德。〔9〕

---

〔1〕 《汉书》卷56《董仲舒传》,第2499页。
〔2〕 《春秋繁露义证》卷5《十指》,第145页。
〔3〕 此是司马迁引壶遂之言,见《史记》卷130《太史公自序》,第3299页。
〔4〕 施之勉《汉家尧后出于董仲舒说》,《大陆杂志》1953年第8期。
〔5〕 《春秋繁露义证》卷13《五行相生》,第363页。
〔6〕 《春秋繁露义证》卷13《五行相胜》,第368页。"本"原作"大",据卢文弨校语改。
〔7〕 《春秋繁露义证》卷13《五行顺逆》,第373页。
〔8〕 《春秋繁露》关于五行的九篇分三个层次,《五行相生》《五行相胜》是董仲舒原作,《五行顺逆》等篇是董仲舒后学所补,见程苏东《〈春秋繁露〉"五行"诸篇形成过程新证》,《史学月刊》2016年第7期。按,由此可知董仲舒原本就采用"本朝"一词。
〔9〕 参见杨运筹《春秋"王鲁"说刍议:以董仲舒为中心》,第55页。

结 语

汉初的德运之争，实质是五德说下如何安排秦的德运问题，此问题迁延不绝，直接影响到汉廷的合法性论证，也导致统治思想和施政方针难以明确。这说明仅靠五德说已无法解决此问题，三统说的引入成为势之必然。

董仲舒作为《公羊》宗师，面对如此情势，试图以他的学术来解决此问题。他立足于《春秋》，以新王受命改制为旨趣，指向孔子为汉制法，《春秋》、汉皆当黑统，故特重三统说，与之相关的还有文质三教的救弊理论和为汉所规划的一套黑统制度。[1] 他将前人的五德相胜说下的帝德谱改为五德相生说，与三统说配合，由此而首次确定了将三统说、五德相生说相结合的帝德谱。既往的研究多措意于董仲舒在三统说中"摒秦"以凸显汉继周，其实董仲舒是将三统说、五德说结合，在三统说中摒秦以论证汉是黑统，在五德说中保留秦的地位以论证汉是火德。在其帝德谱中，周、《春秋》、秦、汉四者之间的关系首次得到较为妥善的安顿，汉廷的合法性得到论证，《春秋》作为经世大典得以与现实政治结合，当时学术亦为之一变。

太初元年（公元前104年），"夏五月，正历，以正月为岁首，色上黄，数用五，定官名，协音律"[2]，是为太初改制，董仲舒大概卒于此前夕。[3] 太初改制对后世的政治和学术有垂范意义，成为中国历史的转折点。[4] 参与改制的重要人员如兒宽、司马迁等都对三统说和五德说有相当程度的认同，但是三统说在太初改制中的实际作用仅限于历法、正朔，太初改制采用的是另一套五德说和帝德谱，而董仲舒的文质三教的救弊理论和为汉所规划的一套黑统制度并未得到落实。虽然如此，太初改制首次在政治实践上将三统说与五德说结合起来应用，其中不乏董仲舒及其学派的影响，汉代政治和学术由此而进入新的阶段。

------

〔1〕 参见汪高鑫《"三统"说与董仲舒的历史变易思想》，《齐鲁学刊》2002年第3期，第98页；徐兴无《经纬成文——汉代经学的思想与制度》，第236页；徐兴无《〈春秋繁露〉的文本与话语——"三统""文质"诸说新论》，第14页。
〔2〕 《汉书》卷6《武帝纪》，第199页。
〔3〕 李梅、郑杰文等《秦汉经学学术编年》，第196页。
〔4〕 杨向奎《西汉经学与政治》，第47页。

常州学派的《书》学统绪与经世理想

贾宏涛*

[内容提要]

    以常州庄氏家族为核心的常州学派，其最具统绪性和连贯性的学术主调并非仅仅传统意义上所认为的《春秋》学或《公羊》学，而是同样容纳了《诗经》《尚书》等经部之学并进而构建起常州学问的框架，其中尤以《尚书》学为特色。在庄存与、庄述祖、刘逢禄、宋翔凤、庄绶甲的《尚书》学著述中，展现出"玩经文、存大体"的学术取向，与传统的章句之儒形成明显区隔。而在其《尚书》学的理想之中，既涵括有对"三代大经大法"的抉隐，同时也有对现实问题的观照，其中论说又多以《书序》、孔子、孟子论说为依归，并对荀子、郑玄等人多有驳斥。最后在宋翔凤的笔墨中，又展现出以宋氏为代表的常州庄氏家族对顾炎武的推重和效法以及背后包孕的经世理想，折射出常州学派的丰富面目。

[关键词]

常州学派；《尚书》；家学；经世致用；顾炎武

---

* 贾宏涛，南京师范大学国际文化教育学院讲师，文学博士。

在现代学术史的视野中，常州学派往往被赋予《公羊》学或今文经学的学术色调。[1] 这种叙述的表达无疑方便了学派主色的突显，但却无意间造成研究视角上的某种遮蔽或断裂。首先，就常州学派本身而言，作为家族一体的庄存与、庄述祖、刘逢禄、宋翔凤和后世的龚自珍、魏源、戴望、康有为、梁启超等人实有明显不同，即后者方旗帜鲜明地标举出今文经学的大旗。而《公羊》学作为今文经学最具代表性的学术门类，其有意被贯注融入经学话语的阐释体系之中，则是由刘逢禄方才彻底确立。

此外，常州学派较早被写入学术史中先是由梁启超、皮锡瑞等人完成，随后章太炎、刘师培又撰述文字对庄氏一族的学术声伐驳诘，但二者均有明显的今、古文立场，因此这也造成了某种评价上的偏颇与失真。事实上，作为常州学派的奠基者和中坚力量，庄氏家族呈现出今、古文兼治的学术取向，且《春秋》或者说《公羊》学并非其明显主调。[2] 相反，《尚书》学成为三代人共治并且肆力颇勤的家族学问，如：庄存与的《尚书既见》《尚书说》，庄述祖的《尚书今古文考证》《书序说义》《尚书记》，刘逢禄的《尚书今古文集解》《书序述闻》，宋翔凤的《尚书略说》《尚书谱》，庄绶甲的《尚书考异》，等等。这种《书》学统绪一以贯之的现象却是其他几经无法比拟的，但目前学界仍多将目光停留于《春秋》学上，对此却少有人问津。即使有相关的常州学派《尚书》学研究成果，[3] 但其中多为专人研究介绍，未能立足于庄氏家族《书》学的脉络统绪来观照个体研究的价值，由此易拔高如刘逢禄以及淡化如庄述祖等人的《尚书》学成就。同时，本文研究的重点在于梳理并建立庄氏家族的《书》学脉络，揭示庄氏成员于《尚书》研究

---

〔1〕 较有代表性的如梁启超《清代学术概论》、钱穆《中国近三百年学术史》、陆宝千《清代思想史》多集中于其《公羊》学特色。

〔2〕 相关论述参见蔡长林《常州庄氏学术新论》，台湾大学中国文学研究所2000年博士学位论文，第220页。

〔3〕 关于常州学派的《尚书》学研究，学界目前较有代表性的成果有：刘德州《常州学派与〈尚书〉之"微言大义"》，《天津社会科学》2013年第4期；赖志伟《庄存与的〈尚书〉研究：对〈尚书既见〉的新解读与新看法》，陈明、朱汉民主编《原道》第28辑，东方出版社2015年版，第145-157页；孙娟《刘逢禄〈尚书〉学研究》，重庆师范大学2019年硕士学位论文；李玲玉《庄述祖〈尚书〉学述论——以〈书序说义〉为中心》，南京大学2019年硕士学位论文。这些研究对于了解常州学派《尚书》学成就均有一定价值，不过在论述的丰富性以及整体性上仍有可以推进的空间。

的承继性、互文性以及差异性，并特别突出宋翔凤这一较少被关注的研究对象于这一领域的地位与价值。

因此，本文拟以《尚书》之学作为视角，并将常州学派的考察范围回归并限定于庄氏一族，以此考察常州庄氏家族的《书》学统绪及脉络呈现，并发掘其文字背后的理想寄寓与学术追求，以期对常州学派有新的认知。

一、"玩经文、存大体"：与章句之儒的界限

《汉书·艺文志》曾言："古之学者耕且养，三年而通一艺，存其大体，玩经文而已，是故用日少而畜德多，三十而五经立也。后世经传既已乖离，博学者又不思多闻阙疑之义，而务碎义难逃，便辞巧说，破坏形体。说五字之文，至于二三万言。"[1] 其中"存其大体，玩经文"为古时学者治经的状态，即反复体会经文，掌握其中的重要义。而自汉武帝立五经博士后，经学的发展渐趋步入烦琐芜杂的状态，积重难返之势使得六经义理埋没不彰，这也是庄氏家族对章句之徒痛加驳斥的缘由。有趣的是，庄氏一族有时又常常援引此句，表明自己的治经原则和态度。如庄述祖在《尚书今古文序略》中言：

> 永嘉板荡，典籍散亡，学官所传，亡可征信。故孔氏古文出，历五代及唐乃盛行，讫诸家废，而其书独传，非人力所能致也。存其大体，略枝辞，考异同，以求其长义，在好学者深思而自得之。[2]

庄述祖在此序中详细分说了《尚书》今、古文的发展流脉，但著书立说之意并不在于往复辨析文字异同，而是力图如古之学者"存大体""求长义"，即义理是其最终归宿。至于阐释方式则不与后世汉学枝蔓相同，以此与章句之儒做出区隔。事实上，庄述祖在其解经过程中也是如此实践的，譬如在《尚书记》中解释《度邑》中的经文"定天保，依天室。悉求共恶，敷从殷王纣，四方亦宜未定"，先是以双行小字附录于后考其文字异同：

---

[1] 《汉书》卷30《艺文志》，中华书局1962年版，第1723页。
[2] 庄述祖《珍艺宦文钞》卷2《尚书今古文序略》，《续修四库全书》第1475册，上海古籍出版社1996年版，第9页。

悉求本作志杀，杀又作我，古文杀字。共恶，《史记》作夫恶。《世俘》篇有纣矢恶，臣亦从夫恶。贬，皆从卑，本作俾，从《史记》本亦作本作赤。[1]

而后又在正式的注文中另作解释：

悉，尽。卑，倾覆也。言克殷之日即黜殷命，依天室以定天保，尽求纣之同恶诛绝之，天下亦未遽定，故顺暇之。若武之德，延四方之民，冈不祗畏。既宅天室，纯化革心，天下定矣。乃纣恶既稔，殷命遂终。外蠹内慝，胥伐厥室，我宝命其坠乎！《东山》之诗曰："制彼裳衣，勿士行谋。"诛其君，弔其民，而无事兵革焉，犹武王之志也。非周公孰能庚之！[2]

显然，双行小注与正式注文分别承担了不同的阐释功能。前者主要将经文与《史记》中的相应文字进行比照，最终落实文本从属的大致形态。后者在简单训释字句的同时更着重经文义理的发挥，强调周公对武王之德的继承，即对殷不尚杀伐的仁者之心。从文本优先次序来说，同样作为经典阐释的内容，考辨文字异同并非庄述祖的重心所在，因此它是以双行小字的形式进行呈现。而对字句的理解、大义的阐发才是庄述祖的关注之处，所以这些内容又以更为疏朗的字体以及更为详细的叙述方式另作排布，这种解经方式恰与庄述祖所言"存其大体，略枝辞，考异同，以求其长义"是一致的。这一现象并非孤例，在庄氏经说中频繁显现。

此外，宋翔凤也有类似的阐说，如他在《经问自序》中便言：

然六经之在当世，若恒星之丽天，日月之成岁，推步虽失，不乱于运行；言天虽殊，无伤于躔次。后儒相习于冥冥之谕，古人固存其昭昭之理，玩经文，存大体，则庶几已。若□恩所到，微言匪远，博观之顷，大义有获，余之《经问》所由作焉。[3]

宋翔凤的治经追求同样在于"玩经文，存大体"，进而探得六经大义，这一理念与其舅氏是完全一致的。由此，章句之儒的枝蔓之辞自然不为所取，是故在解经时更注重行文的通畅自然：

---

〔1〕 庄述祖《尚书记》卷3，《丛书集成续编》第5册，上海书店1994年版，第9页。
〔2〕 庄述祖《尚书记》卷3，《丛书集成续编》第5册，第9页。
〔3〕 宋翔凤《朴学斋文录》卷2《经问自序》，《续修四库全书》第1504册，上海古籍出版社1996年版，第342-343页。

　　　　　两京家法著分合，六代群儒失条理。

　　　　　即今综核正未晚，言之无文行不远。

　　　　　先宜痛削饾饤辞，造语洁净义安稳。

　　　　　当同汉师相揖让，毋求俗说恣往返。[1]

摆落饾饤之辞的目的仍然是要保证经文义理的彰显，而对于"言之无文"的规避也体现出他们与章句之儒琐碎冗长的不同。尽管庄存与、刘逢禄等人并未明确标举出"玩经文，存大体"的治经取向，但若通览他们的经说著述，正可感受到这种学术特质的映射与展现，这一原则也成为庄氏家族自觉的学问追求。当其映射在《尚书》之上，则更折射出庄氏家族别具一格的《书》学理想。

二、作为家学一体的《尚书》之学与理想寄寓

　　庄存与曾有一段入值南书房及上书房行走的经历，在此期间奉命教授皇子读书。[2] 其中，《尚书既见》《尚书说》被认为是授读的教材讲义。庄绶甲曾言："先大夫常自言生平于《诗》《书》之学最明，盖好学深思，能见圣人之深，于圣人之于天道之常变三致意焉。"[3] 龚自珍亦道："幼诵六经，尤长于《书》，奉封公教，传山右阎氏之绪学，求二帝三王之微言大指，闵秦火之郁伊，悼孔泽之不完具，悲汉学官之寡立多废，惩晋代之作僭与伪，耻唐儒之不学见绐。"[4] 即庄存与最具深思自得之学的并非传统学术史中所认定的《春秋正辞》，而在于《诗经》《尚书》两部经典，特别于《尚书》最为擅长。清初伪古文《尚书》之事大白于天下，当时便有声音要求废除伪古文，庄存与对此却据理力争道：

　　昔者《大禹谟》废，"人心道心"之旨、"杀不辜宁失不经"之诫亡矣；《太

〔1〕 宋翔凤《答曹识善光诏三首（其一）》，《洞箫楼诗纪》，《清代诗文集汇编》第 513 册，上海古籍出版社 2010 年版，第 271 页。

〔2〕 王逸明编《武进庄存与庄述祖年谱稿》，学苑出版社 2011 年版，第 45 页。

〔3〕 庄绶甲《尚书既见跋》，《拾遗补艺斋文钞》，《清代诗文集汇编》第 512 册，上海古籍出版社 2010 年版，第 401 页。

〔4〕 龚自珍《资政大夫礼部侍郎武进庄公神道碑铭》，《龚自珍全集》，上海人民出版社 1975 年版，第 141 页。

甲》废，"俭德永图"之训坠矣；《仲虺之诰》废，"谓人莫己若"之诫亡矣；《说命》废，"股肱良臣启沃"之谊丧矣；《旅獒》废，"不宝异物贱用物"之诫亡矣；《冏命》废，"左右前后皆正人"之美失矣。今数言幸而存，皆圣人之真言，言尤病痒关后世，宜贬须臾之道，以授肄业者。公乃计其委曲，思自晦其学，欲以借援古今之事势，退直上书房，日著书，曰《尚书既见》若干卷，数数称《禹谟》《胤诰》《伊训》，而晋代剟拾百一之罪，功罪且互见。公是书颇为承学者诟病，而古文竟获仍学官不废。[1]

龚自珍的这段文字详细交代了庄存与面对伪古文《尚书》的态度，即面对天下尽知的作伪事实，庄存与秉持的根本原则是圣人大义的存续与否，而非对伪古文《尚书》的刻意偏袒。在庄氏看来，这些被证伪的篇目中所蕴含的义理实有裨于世道人心，而一味剖辨古籍真伪则"为术浅且近"[2]。也正因庄存与以此力争，方保证伪古文《尚书》仍立于学官而不废，这一"抗争"显然大有直接与考据势力辩论的色彩。

而对于圣贤之书应当如何理解、作何阐释这一问题，李兆洛将"圣人之书"比作"日"，将世间学者又由低到高划分为"庸夫孺子""畴人子弟""羲和容成"三个进阶层级，不同群类的人面对"太阳"也有自浅入深的认识，但以上一层级的认知告诉下一层级，则是"夏虫语冰"，不被接受和理解，其原因正在于"其知不足及此"[3]。李兆洛认为庄存与是属于"羲和容成"那一类可以探得宇宙玄机即圣人之心的人，是故他说道：

读方耕先生《尚书既见》，始卒业而爽然，徐寻绎之而怡然。舜、禹、文王、周公得孔子、孟子之言，而其心可知矣。后之读书者，求端于孔子、孟子之言，而勿以凡所言者乱之，则几乎其可矣。先生之言，若与凡言之者异，而与孔子、孟子之言近矣。由是以求窥圣人之心，亦犹欲问日于羲和容成，而以灵台畴人为之导也。[4]

[1] 龚自珍《资政大夫礼部侍郎武进庄公神道碑铭》，《龚自珍全集》，第 142 页。
[2] 龚自珍《资政大夫礼部侍郎武进庄公神道碑铭》，《龚自珍全集》，第 141 页。
[3] 李兆洛《养一斋文集》卷 2《庄方耕先生尚书既见序》，《清代诗文集汇编》第 493 册，上海古籍出版社 2010 年版，第 24 页。
[4] 李兆洛《养一斋文集》卷 2《庄方耕先生尚书既见序》，第 24 页。

在李兆洛看来，当时学人多诵习传记之言，庄存与则上溯三代，以孔、孟之言为依归，方能窥得圣人之心。由此也表露出《尚书既见》中蕴意之博大、气象之宏阔，自然与斤斤于名物训诂之作不同。

庄绶甲曾如此称述庄述祖道："从父珍艺先生从大父讲授，有《尚书驳义》《尚书授读》之著，亦考信于序，有《书序说义》之著。从父尝叹曰：'《书》所著盖文、武之道，贤者识其大者，世父是也。余则不贤者识其小者而已。'一时学者因目大父与从父为大小夏侯焉。恪守家法，亦不为墨守。如今文、古文则从阎氏、惠氏之说，大指则无不合撰。"[1] 庄存与和庄述祖在《尚书》学上有直接的授受关系，"恪守家法，亦不为墨守"又显示弘通的治《书》观念。庄述祖自言世父"识其大"，而自己则"识其小"，虽其中不乏自谦的成分，但客观上庄述祖的确在庄存与的基础上加入了考据的话语阐释，使得其《书》学在关节处又显得细密而充满实证。庄述祖曾在与孙星衍的两封书信中交代自己的治《书》缘由及《书》学理想，从中可以窥得庄述祖的一二心迹：

承示所辨周公称王，属宋人之见。宋儒说经，类多凭臆。述祖尝学《尚书》，病其无可依据，为孔传又陋。旦略求之于伏生传，马、郑、王诸家注，时亦有所去就，而一折衷于《书序》。《书序》所有，传注不同，则从《书序》。汉儒所言，孔、孟不言，则不敢从汉儒。[2]

庄述祖认为《尚书》今、古文之说皆有可供采择之处，但又认为相比之下《书序》最能贴合经文大旨，故论说之间多以《书序》为宗。而汉儒与孔、孟相较又更信赖孔、孟之说，其原因正在于荀子乱经，汉儒如马、郑等又多信从。庄述祖以"周公称王"说为例论道：

彼谓周公称王者，固非汉儒创说也。其说盖本之孙卿子，而尸子已倡之于前。孟子之时，尸佼书未行于中国，故孟子辨益、伊尹而不及周公。汉儒之学，多自孙卿，故不可不知所择。如以《大诰》诸篇之王为周公，《康诰》之孟侯为成王，略说天子太子年十八曰孟侯，是周公称王，成王为太子矣。而《酒诰》成王若曰之成王，谓成王耶？抑谓周公耶？郑氏以成王为成道之王，则成王亦周公矣。……

[1] 庄绶甲《尚书既见跋》，《拾遗补艺斋文钞》，《清代诗文集汇编》第512册，第402页。
[2] 庄述祖《珍艺宦文钞》卷6《答孙季逑观察书》，《续修四库全书》第1475册，第106页。

《书》易失诬，不可不辨，非敢立异也。[1]

"周公称王"之说涉及君臣之道的节义问题，而庄氏家族在此问题上有近乎一致的共识：周公一直安守臣子之道，恪尽职守，辅佐成王，从未有过任何僭越之举。"周公称王"这种说法于汉、宋儒生之间颇为盛行，荀子作为始作俑者实难辞其咎。是故庄述祖特意说明自己并非有意标新立异，而是以《书序》、孔子、孟子等更为原始的论说作为立论依据，仅就这一点来说也是与庄存与保持一致的。[2]

有趣的是，庄绶甲也曾在寄给孙星衍的书信中表达过相似的说法：

自七十子丧后，弟子人人异端，荀卿氏之儒独陋，战国诡诞之说，皆出于是。汉氏惟董君、毛公学最醇，能抉经之心，以贻后学。虽精如郑君，犹不能不沿其说。故为《尚书》必斟酌于古、今文，而折衷于百篇之序，庶可弗畔于圣。郑氏之失，有必宜是正者，如周公称王之解，《金縢》罪人之训，皆袭荀卿氏陋儒之论。达神旨者，理而董之，二十八篇之《书》，咸可尽信矣。[3]

显然，庄绶甲对于《尚书》阐释的理解基本吸纳了庄存与和庄述祖的观点，汉儒如郑玄等皆承袭荀子诡诞之弊，而探寻圣人之旨取道于《书序》方为正途，从中亦可见家学一体的身影。

也正因此，庄述祖对汉儒之说多有阙疑、不盲从，故而屡屡与孙星衍往复辩驳：

前奉钧诲，并赐示文王受命称王考，征引该博，足破唐人臆论。惟《史记·殷本纪》周武王为天子，其后世贬帝号，号为王，不无疑义。《书大传》："帝乃称王而入唐郊。"是称王不始于周。董生书《三代改制质文》，大略以为王者必受命

---

[1] 庄述祖《珍艺宧文钞》卷6《答孙季逑观察书》，《续修四库全书》第1475册，第106页。

[2] 如庄绶甲曾论庄存与《尚书既见》的宗旨道："一卷首篇正后儒之误，解《禹谟》为再征有苗重为书诬，因以明不攻古文之意。次篇释《盘庚》而证以二《雅》，以著'以经解经'之法。三篇阐《书》之言天言命言性至明切，而惟后儒鲁莽读之也。二卷皆论周公相武王辅成王之事，一衷于经与《序》，以明文、武之志事，述显承之艰难，辨成王不能泜祚、周公践祚摄政之诬。三卷皆论舜事父母之道，以孟子之言为本，而证明逸书之《舜典》，后述伊尹、周公之遇，皆所以明圣人之于天道也。"即第一卷明不薄伪古文之意，第二、三卷皆以《书序》和孟子为论说大本，可以窥得庄述祖如此论说的渊源所在。见庄绶甲《尚书既见跋》，《拾遗补艺斋文钞》，《清代诗文集汇编》第512册，第402页。

[3] 庄绶甲《上孙观察星衍书》，《拾遗补艺斋文钞》，《清代诗文集汇编》第512册，第407页。

而后王，同时称帝者五，称王者三。周人之王，绌虞曰帝，与《尚书》唐虞称帝、夏殷称王正合。顾说《尚书》者皆莫之及。太史公据汉立法，固宜称周为王，而以夏殷为帝。《殷本纪》乃谓周自贬号为王，非经义矣。楚、吴、越称王，徐亳之等蛮夷之俗，故《春秋》不书楚、越之王丧，非不责其僭号也。[1]

《史记》认为，周武王之称由"帝"变"王"为自贬之意，庄述祖则举《尚书大传》、董仲舒"三代改制"说认为，"同时称帝者五，称王者三"，周朝建立，自当与夏、商两朝称王，而绌唐虞为帝，虽是今文之说，却更为符合经义。孙星衍多信奉甚至泥于《史记》之说，是故庄氏此处不无纠偏之意。事实上，庄述祖对于当时汉学家的关注不惟孙星衍，亦包括吴派大家江声。譬如他在书信中又与孙星衍道：

《尚书》已刻竣否？急欲得一读，归途阅江叔沄《尚书》，颇缘以寻绎，有一二事欲献其疑。如三亳之亳，似当从《说文》在京兆杜陵亭者为是，皇甫谧以为西夷之国。其北亳、南亳、西亳之说，固属无稽，似不必定以地名为亳，即是汤旧都之民服文王者。《左氏传》云：肃慎、燕、亳，吾北土也。岂亦有汤旧都民乎？又六宗之义，终未能决，幸阁下教之。[2]

庄述祖对江声《尚书》学著作中涉及的地理名物的观点有所疑惑，并提出自己的看法进行辨证。这些内容只是单纯的考证问题，对错与否并不重要，但从庄述祖与当时汉学家在《尚书》考据和经义的问题上展开对话可以感受到他对自我的认同和自信。他在对孙、江《尚书》著作关注之余，也希望能有所撰述来寄寓自己的《书》学理想：

《尚书》疏通知远之教，三代帝王大经大法略具。窃不自量，欲采集西汉以前诸儒传记为一书，以留微言大义于万分一，牵于吏事，不克卒业。[3]

应该说，庄述祖对自我的期许是更为高远的，他的理想在于采集留存有关《尚书》的微言大义，并发挥疏通知远之教，进而列陈三代帝王大经大法，显然这其中蕴纳有庄氏本人的致用理想。这种心迹其实也体现在他的书斋名中："吾向以珍艺名读

〔1〕　庄述祖《珍艺宦文钞》卷6《答孙季逑观察书》，《续修四库全书》第1475册，第107页。

〔2〕　庄述祖《珍艺宦文钞》卷6《答孙季逑观察书》，《续修四库全书》第1475册，第107页。

〔3〕　庄述祖《珍艺宦文钞》卷6《答孙季逑观察书》，《续修四库全书》第1475册，第107页。

书之室，盖取张平子《思元赋》所云'御六艺之珍驾，游道德之平林。'夫以六艺为御，而游道德之林，其与虚车异矣。"〔1〕从中可以感受到庄氏本人深潜六经、发挥义理的治学理想。

刘逢禄的《书》学理想更为明确，他在《尚书今古文集解自序》中明确交代自己的作书缘由和寄托之心：

《尚书今古文集解》何为而作也？所以述舅氏庄先生一家之学，且为诸子授读之本也。嘉庆初，先生归自沛南，余始从问《尚书》今、古文家法及二十八篇叙义，析疑赏奇，每发神解，忽忽数十年，久不省录。今年夏，先生子循博来京，旋卒旅寓，启其行箧，而先生所为《书序说义》一卷、《尚书授读》一卷在焉，寻绎洛诵，音容如在。先生学通仓籀，温故知新，其所创获，近轹诸儒，远质姚、钦。所恨记录过疏，引而不发，亦有亲承口授，或反缺然。绪论微言，不著竹帛，传而不习，自古叹之。湮没驳寻，玩愒滋惧。爰推舅氏未竟之志，缀为是编。〔2〕

从上述征引不难看出，刘逢禄具有强烈的继承家学的意志和倾向，尤其与庄述祖关联最为密切。刘逢禄曾跟随庄述祖专门学习《尚书》，但舅氏多有精妙神解或引而未发之处，是故刘氏欲在引述庄述祖成说的基础上另作阐发，以推舅氏之志，当然其中必定也有刘逢禄个人的新见。此外，刘逢禄又于原文反复强调"段氏旁征蔓衍，烦赜为患，艽芜存英，什仅二三，从简要也""有乖说经，概从薙汰，惧支蔓也"，这些又是从说经体式上对文字简净的追求和理想。

事实上，刘逢禄治《书》别有心曲，即他并不是简单地传述家学，而是希图能将其立于学官。这一心迹被其子刘承宽详细记录：

郑氏于三《礼》而外，于《易》《诗》非专门，其《尚书》注已亡。或掇拾残阙，欲申墨守；或旁搜众说支离杂博，皆浅涉藩篱，未足窥先王之渊奥。乃别为《尚书今古文集解》三十卷，别黑白而定一尊，由训故以推大义，冀他日与各经传注并立学官焉。〔3〕

---

〔1〕 庄述祖《珍艺宦诗钞》卷2《珍艺宦诗》，《续修四库全书》第1475册，第146页。另庄氏此处所引本为张衡《思玄赋》，从讳而变"玄"为"元"，暂从原貌。

〔2〕 刘逢禄《尚书今古文集解自序》，《尚书今古文集解》，《续修四库全书》第48册，上海古籍出版社1996年版，第185页。

〔3〕 刘承宽《刘礼部集》附录《先府君行述》，《续修四库全书》第1501册，第211页。

简言之，郑玄注《尚书》已亡逸，但后世仪郑者皆抱残守缺，却难窥圣人大义。因此，刘逢禄不仅为述家学，更冀望能让家学在自己的传述发挥下立于朝廷学官，大有与汉、宋之学争胜之意。这也可以视为刘逢禄《书》学理想真正的要旨所在。

宋翔凤曾与陈寿祺、王引之在书信中讨论有关《太誓》的问题，宋氏力图证明《太誓》为得孔安国的真古文说，但却不被陈、王二人所取，[1]从中也显现出宋翔凤与当时汉学家理念的不合之处。[2]是故，他在《虎坊桥杂诗十二首》中"王肃词难合，刘歆说已通"下又附注文道："余说《尚书》，外兄刘申受颇以为是，近与王伯申学士论之，不甚相合也。"[3]字里行间不难看出宋翔凤与家族学问的亲近之感，并与以王引之为代表的汉学家在学问上多有龃龉之处。

将宋翔凤与庄存与、庄述祖、刘逢禄等人案例结合起来看，可以确定常州庄氏一族在《尚书》之学上有一条稳定的传承统绪，这条家学脉络上不仅寄寓着他们各自的《书》学理想，同时也表现出与时人不同的学术特质，于乾嘉之际展现出独特的《书》学范式。当然，常州学派这种《尚书》学统绪一以贯之的内在理路与其《春秋》学乃至《诗经》学都是互通的，[4]因此对于这种家学一体以及脉络统绪的理解，也应包孕于庄氏家族对《诗经》《春秋》等几部经典的学问阐释之中。

三、以"顾"为仪：宋翔凤的笔墨与抱负

事实上，宋翔凤特意着墨谈论自己《书》学理想的文字并不算多，但其心迹

---

[1] 参见宋翔凤《朴学斋文录》卷1《与陈恭甫编修书》《与王伯申学士书》，《续修四库全书》第1504册，第337-339页。另在陈寿祺和王引之的文集中并未见与宋翔凤的信函，故只能暂时从此处略窥痕迹。

[2] 关于这一问题具体可参见蔡长林《宋翔凤与陈寿祺、王引之之论〈泰誓〉及其相关问题》，安平秋主编《中国典籍与文化论丛》第25辑，凤凰出版社2022年版，第139-165页。

[3] 宋翔凤《忆山堂诗录》卷5《虎坊桥杂诗十二首（其一）》，《续修四库全书》第1504册，上海古籍出版社1996年版，第286页。

[4] 如庄绶甲有《诗书春秋相通论》即为对这一问题的阐说。在这篇文字中，庄绶甲以"变风变雅"发挥《尚书》的正书、书序说，并与《春秋》的褒贬微义相关联，展现出《诗》《书》《春秋》交互汇通的学术品貌，这一特质也同样可以作为常州庄氏整体治学风格的注脚和说明。见庄绶甲《拾遗补艺斋文钞》，《清代诗文集汇编》第512册，第393页。

蕲向却可从他对当世学的评价风及治学追求上呈现一二。宋翔凤的文集，给人印象最为深刻之处莫过于他对时下学风空疏的现象多次表达不满。譬如他在给包世臣的书信中曾感叹道："然近来风气，又即空疏。如泾、旌两邑，慕学之地，弟亦不敢高论骇俗。惟择其文行高洁者，商略持身涉世之故。为学不致是今非古而已，沽名市美，非意所存。"[1] 其中所言近来风气空疏即指乾嘉以后学风之流转变化。宋翔凤虽然与汉学家在学术观点上多有方枘圆凿之处，但并不代表他排斥考据及其所带来的征实学风的特质。时下空疏蔓衍的风气常常激起他对乾嘉时代的怀想：

> 忆昔乾嘉间，名儒方辈出。训故说尽明，声音辨逾密。
>
> 古字与古言，家家有撰述。先从东西京，次第征固实。
>
> 六艺及九流，周秦通缠缔。微言大义存，轩豁如白日。
>
> 逮今数十载，此境全荡汩。群经既束阁，诸子不开帙。
>
> 相与蹈空疏，徒思逞轻率。高官复清选，飘骹同一术。
>
> 所学无本末，所论但纤悉。苟逢大谋猷，皆比处暗室。
>
> 独行亦踽踽，忧叹成首疾。自作西南游，斯意孰堪质。[2]

乾嘉至今，风气为之一转，训诂征实、微言大义不再，取而代之的则是率意逞论、空疏浮谈。因此在其治学的逻辑中，多主动将考据吸纳进来。譬如宋翔凤在《忆山堂诗录序》中曾如此论道：

> 余初事篇什，风气已降，为者空疏，无事学问，可率意而成，遂不甚致力。乃学为考据，则如拾沈，莫益于用，而又置之。其心窈窅，迄无所寄。[3]

此论与之前所述一致，宋翔凤对学问中的征实之风有自觉追求，故而在空疏之风大行其道时有意识地希望引考据以纠偏。但这里又显现出宋翔凤除对考据有所追求外，其更大的寄托实在于学问是否能够达到致用之效果，这一观念也被融入他治学的最高理想之中。

如果一定要为宋翔凤的这一理念追溯源头的话，无疑庄氏家族是最为理想也是

---

[1] 宋翔凤《朴学斋文录》卷1《答包慎伯书》，《续修四库全书》第1504册，第336页。

[2] 宋翔凤《洞箫楼诗纪》卷19《寄邹叔绩汉勋新化县人》，《清代诗文集汇编》第513册，第234页。

[3] 宋翔凤《忆山堂诗录》卷首《忆山堂诗录序》，《续修四库全书》第1504册，第245页。

最为合适的选择。但有趣的是，在宋翔凤的诗文集中，我们却可清晰地感受到他对明末清初的顾炎武怀有特别的感情和敬意，甚至可以说，宋翔凤的学术渊源其实与顾炎武有密切的联系。[1] 譬如因为周中孚作顾炎武年谱的机缘，宋翔凤曾赠诗一首道：

> 本朝儒林盛，特立推宁人。读书论其世，纪年一编陈。
>
> 我思亭林叟，述作多精醇。烦君集其要，从可知迷津。
>
> 近时考据家，坠叶同纷纷。饾饤适足厌，绝学谁则臻。
>
> 今来得同志，斯道诚有因。我家慎交社，寂寞过百春。
>
> 风流犹未沫，叹息怀先民。相期结时彦，友道从可振。
>
> 可怜共贫贱，漂泊天涯身。儒冠顾悲嗟，朱门望逡巡。
>
> 但坚岁寒意，莫使磨而磷。短歌期君和，朔风满郊闉。[2]

宋翔凤在诗中吐露出内心学问世界中的"孤寂"与"热望"。对于将考据作为一种学问的方法，宋翔凤并不排斥，他反感的是最后将考据呈现为饾饤堆积、繁乱芜杂的表达程式，显然这并不是他满意的解经方式，因此内心中腾起一层"绝学谁则臻"的落寞之感。而在明清结社风气蔚然的环境下，道出"我家慎交社，寂寞过百春"的心曲，又表露出问学"孤寂"的心境。放眼儒林赫赫的清代，宋翔凤却首推顾炎武作为自己学问世界的标杆，正在于其人读书论世、著述精醇，即一为有用之学，一为简净之文，这恰恰是宋翔凤理想的学问形态。因此借周中孚作年谱的机缘，宋翔凤追仰先贤之余又激发出内心中的"热望"，认为斯道可振、吾道不孤。随后，他又在年谱后题诗一首：

> 甲子曾题古岁名，遗民风节挹还清。
>
> 翻君一卷旁行谱，增我高山仰止情。
>
> 亭林先生一代遗民，旧君故国之思，溢于文词，故其书古甲子及古地名，可以知其苦心，非好奇也。[3]

---

[1] 这一问题及观点受到友人南京大学潘登博士的启发，在此特为注明。
[2] 宋翔凤《忆山堂诗录》卷3《赠周信之中孚》，《续修四库全书》第1504册，第267页。
[3] 宋翔凤《忆山堂诗录》卷3《题周中孚亭林先生年谱后》，《续修四库全书》第1504册，第267页。

"高山仰止情"的背后，是宋翔凤可以读其书而"知其苦心"，比如读罢《日知录》，宋翔凤又作出如下一段序文：

> 昆山顾君以故国遗献，为本朝逸民，家传其书，庶几不朽，人闻其议，遂以无惑。如《日知录》三十二卷，其尤章明者也。当明末造，纲纪不张，绌陟无序，时之人士，率为空疏，以博利禄，学问之道，荡焉将泯。惟君寻六艺之根柢，识往古之是非，历九州之平险，明生民之利病，不立门户，不求名声，有超然遗世之迹，成卓尔不群之书，故能浚灌不竭，独立千载。蒙幼摩斯编，常不去手，知于古人，通之以心，不徒以迹，宏纲具举，条目毕张。凡其探求之故，皆关措施之端。至于一话一言，小物小数，无不足以引伸臻其极致。如五经取士，三涂用人，除口耳之陋，破科第之习，圣人复起，已不易其言，凡可以进经筵、备前席者，不徒一端也。故其名则考之于古，其实则用之于今。去芜杂之累，息纷争之气，秀水朱氏、萧山毛氏所不及也。实事求是，语有归宿，修身践行，词无迂远，中州孙氏、二曲李氏，有未逮也。灼知伪《书》而不畅言，欲存其理以治天下，则阎氏之《疏证》尚十□事也。综览水地，究其源流，足迹所到，明其分合，则胡氏之《锥指》犹墟拘也。推声音之道，知方言之本，搜罗前文，发明古韵，意为部居，暗合许学。今之学者日益明备，周秦遗籍，读之易通，然其范围，莫加所议，知豪杰之兴，无所待也。后之著书者，或立异于前人，或求知于没世，日就日及，时合时离，故爱者增其美，憎者纠其违。君之所言，如不得已。江河之所浸灌溃决者非咎，日月之所关烛掩蚀者何？昆山顾君，其人是也。朝益暮习，不为岐趋，幼学壮行，知所自立。推而上之，孟、荀、贾、董，将以齐骦，仲任而下，语难同日，贯乎九家者流，超乎儒林之上，《日知录》一书是也。蒙之所言，闻者必有以为太过，然百世之下，或能取诸？[1]

这段文字中可以提炼出如下四个重要的信息点。

其一，宋翔凤与顾炎武都面临时下学风"空疏"的局面，顾炎武"实事求是，语有归宿"的征实之风恰与宋翔凤希图以考据救学的心迹相暗合。更紧要的是顾亭林"考之于古"的目的在于"用之于今"，这也是宋翔凤所认同的学问真义

---

[1] 宋翔凤《朴学斋文录》卷 2《昆山顾氏日知录后序》，《续修四库全书》第 1504 册，第 351-352 页。

所在。

其二，文中提及"蒙幼摩斯编，常不去手"，即顾炎武在宋翔凤幼时已是他学问上的启蒙人物，这一影响也一直延续至宋翔凤后来的学术生命历程之中。此处可以追问的是，是谁在他仅是孩童之时便将顾炎武的著说荐引至他面前？结合宋翔凤的成长历程，或许可以大胆推测当有庄氏家族甚至可以具体说是庄述祖的启蒙影响。虽然其他几位并无明确提及顾氏，但是似乎可以在此窥得常州学派与顾炎武之间存在的某种关联。

其三，文末提及"灼知伪《书》而不畅言，欲存其理以治天下"，意即顾炎武明知古文《尚书》为伪却不纠结于真假与否，而是更关注其中所存大义并以此致用天下，这是同样治《书》的阎若璩、胡渭等人难以企及的。其中侧面也展现了宋翔凤的《书》学理想绝不仅仅束限于辨析声音训诂等墟拘末尾，而是渴望以六经实现致用的抱负。

其四，在宋翔凤的心目中，也有一个自我认同的道统谱系所在，即以孟子、荀子、贾谊、董仲舒等为一脉的儒学体系，而顾炎武正是承续这一道统的先贤代表。譬如他在《书鲒埼亭集亭林先生墓表后》中以近乎一致的口吻再次补充道："亭林先生一生学问行谊，可以接迹孟、荀，比肩贾、董，包举一世，牖迪后贤，其功匪细。"[1] 可见宋翔凤对顾炎武的推崇。

宋翔凤屡屡称述顾炎武是大有追述前贤之意的，而对顾氏的肯定正来源于心知顾氏学问著述其意：

> 亭林著《音学五书》，自命绝业。《中庸》言修道之谓教。道者，人所由之道，教以传道，由字以知其音，由音以知其义，皆教之事也。音在口耳，古今易变，不通古音，则不知古义，而六经之意俱晦，故叶韵出，而古字古言皆如重译，向壁虚造日滋。先生探索于若灭若没间，然后合古今为一家，见圣贤于一室。后之传亭林者，辄略此事，是见浅也。[2]

---

〔1〕 宋翔凤《朴学斋文录》卷3《书鲒埼亭集亭林先生墓表后》，《续修四库全书》第1504册，第362页。

〔2〕 宋翔凤《朴学斋文录》卷3《书鲒埼亭集亭林先生墓表后》，《续修四库全书》第1504册，第362页。

顾炎武以《音学五书》作为自己的著述绝业，但后世学顾者如乾嘉汉学家多取其音韵训诂，嘉道以后则又蹈疏之风日炽。宋翔凤认为顾炎武"由音韵训诂以通六经大义"的学问宗旨多为传顾者忽略，又可见宋氏对此的反复体察明悟。事实上，庄氏家族的学术体质与顾炎武多有相通之处，譬如不立门户、不薄今古，对伪古文《尚书》多取弘通包纳的态度，以及选择"由音韵训诂以通六经大义"的学问路径（这一点在庄述祖以降表现尤为明显）。而最突出的，则是希图在明晰大义的基础上达以经世致用的目的，这也是庄氏家族学问的追求所在。与此相应的是，在宋翔凤的笔下，又常常隐现出庄氏家族成员的经世怀抱或致用形象。譬如回忆舅氏庄述祖在潍县任职时常"据经决事"：

> 治潍五年，尤培奖士林。……相继两充同考官，所荐皆经术士，亦辄以经义断事。尝勘盐碱废地，询之耆老不能辨，或请尝土味咸甘以别之，先生笑曰："吾能遍食块为若曹辨盐碱耶？顷吾见田间有生马帚草者，马帚，茾也，即王蒉之类。夏时始于王蒉秀，终于茾秀。其草蒉者宜麦，其草茾者宜禾。此等出秀之地，不准盐碱。"耆老皆服。[1]

庄述祖虽在仕宦上不如庄存与担任皇家老师显耀，但从上述文字不难看出他"以经义断事"的吏治风格。而宋翔凤在作完行状后又补充道："曾窥公牍文，经义陈滔滔。吏治当波靡，迈俗轻牛毛。"[2] 同样可见庄述祖将"经义入文"的心迹。值得一提的是，庄述祖的这种吏治之风也收到很好的效果，宋翔凤在某次路过潍县后又曾系诗一首：

> 三载痛渭阳，愁过西州门。经师一徂谢，人鉴今谁存。淄河涉犖确，潍水听潺湲。忽感千秋情，怅然动愁烦。余舅宰斯邑，星周隔两番。至今闾阎口，犹怀父母恩。为士开学识，为民计饔飧。稍稍出绪余，恢恢足讨论。虽为时势画，仍留道德尊。襄闻说当官，自歉术未纯。贱子缀行状，岂敢溢一言。兹采舆情热，弥叹古风敦。儒林作循吏，斯语有本根。云雾翳海陬，踯躅心自扪。遥思宰树碧，嗟我惭

---

[1] 宋翔凤《朴学斋文录》卷4《庄珍艺先生行状》，《续修四库全书》第1504册，第396页。
[2] 宋翔凤《洞箫楼诗纪》卷1《撰舅氏庄葆琛先生行状竟，系之以诗，即呈孙渊如观察星衍三首（其一）》，《清代诗文集汇编》第513册，第84页。

渊源。[1]

宋翔凤途中停留潍县感受到的是百姓对庄述祖主政期间的怀念，而"儒林作循吏"的诗句背后，又表达出不甘墨守书斋、冀望学以达用的理想。甚至在宋氏的心目中，庄述祖若能仕宦通达，或许可以更从容地去发挥自己所长：

> 呜呼！使先生宦达至卿相，当治太平之世，亦不过夕稽朝考，守象魏之法，自公退食，示委蛇之度而已。惟浮沉下位，久而归于寂寞之乡，抱其明智通辨之材，以日与古人相接，则古人之所言所行者，若或是之，若或语之，关键开闭，绝续渊源，一人之身，以彼易此，不已大哉！[2]

在"宦达至卿相，当治太平之世"和"浮沉下位，久而归于寂寞之乡"的言语之间，不难感受出宋翔凤为舅氏未能实现淑世天下之志的惋惜之情。此外，这种济世的理想也传衍至家族下一代人身上。例如，宋翔凤对庄绶甲怀念道："念子滞故山，常积经世抱。曈曈守家学，矻矻坐编校。"[3] 亦可见庄绶甲对经世的追求。但与庄述祖"据经决事"品格最为相近的则当属刘逢禄无疑。刘承宽曾追述其父刘逢禄"以经义决事"的代表性事件：当时越南朝贡使者认为谕旨中对他们的"外夷"之称有贬义之嫌，要求换为"外藩"。在如此进退为难的情境下，刘逢禄举以《周官》《说文》等经义来表明"夷"比"藩"字更有高贵之义，由此近乎完美地解决了这场"外交危机"，并称"其据经决事，有先汉董相风，类此至多"[4]。而这种行事作风很容易让人联想到皮锡瑞于《经学历史》中所言："以《禹贡》治河，以《洪范》察变，以《春秋》决狱，以三百五篇当谏书，治一经得一经之益也。"[5] 故而难怪其子有比拟董仲舒的感叹。

此外，这种经世致用的特质在宋翔凤身上也表现明显。宋翔凤虽仕途坎坷，并无担任高官要职，但他在文字笔墨上多有致用思想的表露。如他曾言道："学术宜

[1] 宋翔凤《洞箫楼诗纪》卷2《过潍县舅氏葆琛先生旧治》，《清代诗文集汇编》第513册，第91页。
[2] 宋翔凤《朴学斋文录》卷4《庄珍艺先生行状》，《续修四库全书》第1504册，第397页。
[3] 宋翔凤《洞箫楼诗纪》卷4《途次理近日所得书问各系一诗》，《清代诗文集汇编》第513册，第108页。
[4] 刘承宽《刘礼部集》附录《先府君行述》，《续修四库全书》第1501册，第210-211页。
[5] 皮锡瑞撰、吴仰湘编《经学历史》，中华书局2015年版，第31页。

经世，文章莫炫奇。"[1] 他文集中有数篇文章展现了他经世的取向和抱负，譬如他给俞昌会《防海辑要》所作的序文中便有所发挥：

> 东南数郡，地隘赋重，民无恒产，十居六七，不知礼义，图利其身。平时犹轻犯法，遇变从而生心，不必寇为之招，即已遥相应结。徒就目前之利，讵顾异日之患。则彼之所藉者，近海土著之人，我之所恃者，西北远调之卒。易主客之势，异水陆之用，以致兵连祸结，积有岁月，莫得端倪。但求数百循吏布满宇内，缓催科而勤抚字，先教养而后刑罚，使孝弟忠信之修，无救死不赡之惧。民心既坚，边围自固，然后申其号令，厉我甲兵，作其先声，见其后实，则彼越数万里之重洋，入不常至之内也，且无所施其运用，又安敢肆其凭陵？盖法令之流弊，惟经术足以救之。圣人所以闻俎豆之事而不言军旅，斯可为万世之程者也。聊以同甫之书而畅言及此，如以当危难之际，为迂阔之谈，又安得而辞其咎哉？[2]

嘉道以降，面对外部世界所发生的千年未有之变局，宋翔凤借作序的机会大论特论倭患局势及其原因所在，他认为东南不靖的一大原因正在于"民无恒产""不知礼义"，而其流弊所生则是希望能以经术纠偏补正，进一步说，与后来洋务运动"师夷长技"的思维不同，宋翔凤更强调礼义教化的力量，而营养根源正在于圣人之道中。再看这一篇由论古制而引发思考的文字：

> 由今而言，三代之治，必曰井田、封建、学校，亦莫不曰阡陌开而井田废，郡县设而封建废，不乡举里选而学校废。慨然太息，万口同声，非一日矣。然而惑也。

> 所谓井田，不过曰方里而井，井九百亩。岂古人授田，但取四方正平之地，画为一夫百亩，而高下畸零悉弃之乎？则提封万井，必万里平旷，安得有邱陵、坟衍、原隰之分？更何能为不易、一易、再易之法乎？盖方里而井者，算术也。九数之目，首曰方田，合其畸零之数，以成方田之体，非算无以明之。黄帝使隶首作数，有数而后知方田，有方田而后能画井，故曰井田始于黄帝。《王制》："司空执度度地"，居民度地，即方田之算。列国战攻，贫者流离，富者并兼，分井授田，

---

[1] 宋翔凤《洞箫楼诗纪》卷8《江铁君沅龚定庵自珍过访草堂》，《清代诗文集汇编》第513册，第140页。

[2] 宋翔凤《朴学斋文录》卷2《防海辑要序》，《续修四库全书》第1504册，第357-358页。

不可复行，非阡陌之开，井田始废。然九一什一，准以取民，固百世不改也。

古者天子、诸侯大夫皆有世。大夫之世，《春秋》讥之，弦歌戴星，皆非世禄。诸侯之世，昏明仁暴，乌能齐一，讨罚用兵，相因迭起。经传所载，显然可征，生民骚然，若坠涂炭。秦改封建以为郡县，乘事势之适然，立千古之良法。贤者可以襃显，不肖立予降黜，有反掌之易，无不拔之虞。人人自爱，不以力争。亦犹官天下则尧、舜相继，家天下则桀、纣亡国。然王者一尊，法制既定，喻教早立，以圣继圣，足以久长。是以后世皆法夏、殷，封建有千百国，岂能世世有道？惟郡县则择贤以治，庶天下之广，无一夫失所，法之至美，莫过于斯。

至学校之设，所谓自天子以至于庶人，壹是皆以修身为本，为《大学》之法。《兑命》曰："念终始，典于学。"《孟子》曰："夏曰校，殷曰序，周曰庠，学则三代其之，皆所以明人伦也。人伦明于上，小民亲于下，有王者起，必来取法，是为王者师也。"皆言立学之本意，必兼上下，合贵贱，以习学亲师为教化之原，宾治道之木。汉世以五经立学官，置博士，各守师法，以教弟子，而人材出焉。非博士受业，即不得其传。其后刊本流行，卷轴充塞，师友可以相摩，父子可以递守。一村一乡之中，闭户而论圣贤之业。学校之盛，过于古人，虽糊名易书，以求得士，而罄其所学，自可致身。惟有消长之运，为衰盛之分，非人之所能为也。

要此三事，其实相因。如郡县得人，循良相望，课以农桑，化以礼乐，抑末崇本，兴孝兴悌。朝廷之上，慎选大吏，进退之际，能得其平，<u>三代之风，可以复见。何俟为迂阔之谈，行不可行之法哉</u>！[1]

宋翔凤此论似是针对当时讨论三代之治而兴发的议论，即时人论三代之治往往不离井田、封建、学校，且认为三代之治得以于昔日隆盛正在于制度的保存，故而对后来出现的开阡陌、设郡县、不实行乡举里选有所不满。但宋翔凤认为三代制度的逐渐衰落是时势发展之必然，且新制度的出现未尝不对时代的发展、人才的荐举有所推进。是故若要实现"三代可复"的愿景，关节处不在于恢复古制，而是用发展的眼光从圣贤经义中体会大道，非行"迂阔之谈"。由这段文字的论述中也不难看出，宋翔凤对由古及今的致用理想自有一番独特的体悟，这种思考在他有关

---

[1] 宋翔凤《朴学斋文录》卷3《井田封建学校论》，《续修四库全书》第1504册，第368页。

《尚书》学的论述中同样有所展现。当然，这种文字还有许多，此处不赘述。〔1〕

四、结语

由上所论可以看出，庄氏家族对《尚书》均有一脉相承的亲近之感。其治《书》特征表现出"存大体、玩经文"的取向，这与屑屑于考据的汉学家作出明显区隔。庄存与的《书》学理想有明显的皇室帝师色彩，但自庄述祖以降，庙堂色彩褪去，江湖之感转多，与之变化的是考据话语的加入，但这并不影响义理的兼得。庄述祖不盲从汉儒之说，多以孔、孟之言为依归，其《书》学理想侧重"三代大经大法"的掘隐。刘逢禄研治《尚书》在持守舅氏学问的同时，一方面有回应当时汉学家的意旨；另一方面有将家学立于学官的愿景。宋翔凤专门就《尚书》发表议论的文字不多，但从其他文章可以体会到他对蹈疏之风的不满以及对顾炎武的敬仰。包括庄绶甲在内，都共同体现出庄氏家族在《尚书》学上的凝聚力以及对微言大义的追求。追求之外，更高层次的则是直面现实问题，即希望发挥经义中的力量，实现经世致用的目的。这种《书》学理想和致用追求相互交融、互相阐发，成为独立于乾嘉学坛的另一道学术异彩。

---

〔1〕 其他如《淮盐私议》《驳铸大钱议》等，皆是宋翔凤积极参与时事议论并多以经义举证的例子。参见《朴学斋文录》卷 3，《续修四库全书》第 1504 册，第 369–371 页。

孟森《明史讲义》编撰宗旨探析

刘会文*

[内容提要]

　　孟森在北京大学史学系任教期间编撰的《明史讲义》，历来被研究者简单地视为授课讲义，实则此书的编撰宗旨隐藏于"明史"二字之中。孟氏笔下的"史"字，特指史书，尤指纪传体正史；那么所谓"明史讲义"，也即研讨《明史》之讲义。因发现清修《明史》隐没清先世及南明史实，孟森久有重修之志，又向往私家著述，章节体《明史讲义》就是对这一学术志业的尝试和践行。其编撰宗旨，是为将来重修纪传体《明史》提纲挈领、发凡起例。孟森推崇宋代欧阳修、司马光的史学，尤其注重表彰《五代史记》的知人论世之识和《资治通鉴》的"法戒"义例，视之为著史之学的两大要义，并将其会通、贯穿于《明史讲义》全书，以修史之业自任，从而启迪后学。孟森的史学，是以经世为宗旨的史学，《明史讲义》无疑是该宗旨的集中体现，并非整理史料、考订史实的学术事业所能范围，因而与傅斯年提倡的新史学保持着相当的距离。

[关键词]

《明史讲义》；孟森；著史之学；知人论世；法戒

---

* 刘会文，湖南大学岳麓书院助理教授，历史学博士。本文系国家社科基金青年项目"孟森年谱长编"（19CZS048）阶段性成果。

自 1932 年秋迄 1937 年夏，孟森（1868—1938）以北京大学史学系教授为该系本科生讲授"明清史"课程，前后三次，并编著印发《明史讲义》《清史讲义》，以为授课之用。[1] 明、清史二讲义皆孟氏断代史著述，日后成为明清史学者必读之书。《明史讲义》不若《清史讲义》精善，声名之著，亦略有不逮，然系精心结撰之作，孟氏且曾以花甲之年，数订其稿，[2] 故出版问世以来，行用至今，饮誉亦隆。

《明史讲义》与《清史讲义》皆为孟森当年讲授"明清史"课程之讲义，后又经弟子商鸿逵整理、合编为《明清史讲义》，于 1981 年由中华书局出版印行，所以历来有关《明史讲义》的评介、导读及研究，常与《清史讲义》相涉，但史学界对前者的关注程度明显不如后者。既有研究成果主要产生于明史和清史学界，除肯定两部《讲义》的整体学术水平和成就、研讨书中所涉明清史领域的具体问题以外，多将关注点集中于二书体裁的革新、作者述史考史的功力、论史的见识及史观的守旧等问题，虽然讨论的重点因人而异，针对同一问题的见解也不尽相同，但在孟氏这两部讲义都体现出其治史方法受传统史学影响较深、史学观念也有浓厚的保守色彩这一点上，却早已达成共识。如商鸿逵在表彰二书成就之余，仍从唯物史观出发，承认其不足之处甚多，其根本即"在于所受治史的传统方法影响，欲

---

[1] 孟森所授"明清史"课程，分别开设于 1932—1933、1934—1935 及 1936—1937 三个年度。1937 年秋，因抗战全面爆发，北京大学未能如期开学，孟氏亦不复讲授该课程，越年即病逝于北平。有关孟森晚年在北大史学系所开课程及明史、清史和满洲开国史三部《讲义》编撰之原委，尚小明先生考证颇详，参见氏著《孟森北大授课讲义三种编撰考》，《史学史研究》2006 年第 4 期。

[2] 国家图书馆藏有孟氏《明史讲义》一部（索取号：MG/K248/3），系民国铅印本，北京大学出版组印行，一册装。该书内封面以钢笔署名苏迪，其下记：Peiping Sept. 1934 to June 1935.（Junior Class），知系署名者从 1934 年 9 月至 1935 年 6 月在北京大学听课时所用的教材，所在班级为本科三年级，起止时间与孟氏第二次开设"明清史"课程的时段相符，则此书盖为北京大学出版组 1934 年印本，取以校后文所引北京大学图书馆藏 1936 年铅印本，知孟氏在 1934 至 1936 的两年之内，对《明史讲义》颇多增补和修订。然而查阅北京大学史学系 1930 年代本科生名录，并不见苏迪其人，则署名者或为孟氏课上的外国旁听生。感谢复旦大学历史系曹南屏副教授提示《明史讲义》这一版本的相关情况。又 1936 年秋，孟森最后一次讲授"明清史"课程，所拟课程纲要曰："明清史一课，据历年授课经验，因明清两代史实丰富，不容出以简略。现已截每代为一课，分年间授。本学年再修订《明史讲义》，一年适毕。"可见孟森在 1936 年秋季开学以后，仍拟继续修订《明史讲义》，凡此皆为孟氏晚年不断修订该书的明证，见《史学系课程一览·课程纲要》，《国立北京大学文学院课程一览》（民国二十五年至二十六年度），北京大学档案馆，BD1936015。

要求阐述阶级关系和生产状况等历史关键问题，则为不可能"[1]。王戎笙将两部讲义置于近代史学新旧递嬗的进程之中，认为其编撰在总体上"还没有完全克服梁启超在《新史学》一文中所批评的中国旧史学的四大弊病"，即"知有朝廷而不知有国家""知有个人而不知有群体""知有陈迹而不知有今务""知有事实而不知有理想"。[2] 罗仲辉认为，两部讲义虽在编撰体裁上采用了新的章节体形式，但"在某种程度上只是就明清两朝'正史'用新体裁做的改编"[3]。杨向奎、何龄修也根据孟氏两部讲义所强调的"法戒"观念，得出"其史学思想陈旧、落后，为不争之事实"[4] 的结论。

上述结论，虽不能说毫无先入为主的主观成见，但从孟森两部讲义的材料来源、叙述重点及其所透露的史学观念来看，却仍然大体可以成立。然而自《明史讲义》问世九十余年以来，孟氏编撰该书的宗旨，书中所体现的修史理想，亦即孟氏著述与中国传统史学最深层的联系，却并未得到充分而严谨的探讨，[5] 甚至从未受到学界应有的关注，这对于探讨孟森这样一位史学大家的终身学术志业，不能不说是一个巨大的缺憾。

本文无意探讨书中所关涉的具体问题，也绝不以后来史学眼光妄议前贤著述之得失。兹以既存研究成果为基础，紧扣《明史讲义》文本，并参照孟森其他著述及相关史学观点，钩索《明史讲义》命名之本意，与编撰之义例、宗旨，表出作

---

〔1〕 商鸿逵《读孟森著〈明清史讲义〉》，《中国史研究》1983 年第 1 期。

〔2〕 戎笙《孟森小传》，杨向奎主编《清史论丛》第 8 辑，中华书局 1991 年版，第 32 页。

〔3〕 罗仲辉《孟森先生〈明清史讲义〉的编撰特点》，杨向奎主编《清史论丛》第 8 辑，中华书局 1991 年版，第 16 页。

〔4〕 杨向奎、何龄修《孟森学案》，杨向奎等《百年学案》上册，辽宁人民出版社 2003 年版，第 7 页。

〔5〕 会文七年前曾撰文，探讨孟氏《明史讲义》《清史讲义》及《满洲开国史讲义》三书的关系及著述性质，但限于篇幅，未能对《明史讲义》的编撰宗旨及相关重要问题予以专门而深入的探讨。今作此文，得以集中探讨更多的问题，资料得到进一步扩充，相关论述也有较大幅度的调整和拓展。参见 Liu Huiwen, On Meng Sen's teaching and lecture notes of Ming and Qing history at Peking University during the 1930s, *Chinese Studies in History*, Vol. 50, No. 2, 2017.

者编撰此书之苦心孤诣及其学术志业之所归，以就正于海内外关注孟氏史学的学者。[1]

一、研讨《明史》之讲义

《明史讲义》历来被研究者简单地视为授课讲义，而极少有人注意"明史"二字；实则此书的编撰宗旨，即隐藏于此二字之中。自一般常识言之，书名问题似乎了无深意、无待详究：所谓"明史讲义"，即有关明代历史之讲义。故学者都因该书所述为有明一代之史实，则"明史"二字自然指明朝史事，因而对于此书命名之曲折并不措意。会文以为，编撰历史讲义，理应叙次历史事实，自不待言；然而揆诸孟森笔下"史"字用例，如此寻常之书名，竟也暗含深意，别有所指。兹篇所考，即以搜集书中"史"字用例为始，排比归纳，定其确指，不仅为研讨其编撰宗旨之一助，抑于孟氏以及晚近诸家史学著述之通解，亦有所裨，盖非细故也。

《明史讲义》分为两编，第一编即《总论》。此编系全书纲领，道出作者史学观念较多。《总论》目下第一章题曰"明史在史学上之位置"，因此章弁全书之首，且含"明史"二字，自常理推测，孟森拟题之旨，必与书名中"明史"之义不异。否则，书名与章题不合，体例自乱，孟氏著书，断不出此。故《总论》之第一章，与"史"字含义及书名问题关涉极深，可不言而喻，不能不致辨于此。《明史在史学上之位置》开篇即论：

凡中国所谓正史，必作史者得当时君主所特许行世。然古多由史家有志乎作，

---

[1] 中华书局于 1981 年印行商鸿逵编校的《明清史讲义》，至 2006 年，又以该版的明史部分为底本，出版单行的《明史讲义》，此两版为中国大陆目前最为通行、征引最为频繁之本。但由于众所周知的原因，1981 年版经商先生整理，在内容上多有删改，甚至与孟森著书本意大相违背，而 2006 年版也不免此病，这一点学界早有指摘。因此本文论次孟氏史学观点，绝不敢根据此两版；征引材料，一以其较早之本为据，即北大图书馆所藏该校出版组 1930 年代发行的铅印本《明史讲义》（一册装），此本并未标明出版时间，但据尚小明先生所考，应系孟森 1936 年最后一次开设"明清史"课程时所发的讲义，且为《明史讲义》最后定本，亦系商先生编校该书时所据之本，参见尚小明《孟森北大授课讲义三种编撰考》，《史学史研究》2006 年第 4 期。有关《明史讲义》商氏整理本对原书之删改，可参徐泓《读孟森先生〈明史讲义〉》，《二十世纪中国的明史研究》，台湾大学出版中心 2011 年版。

国家从而是认之。至唐，始有君主倡始，择人而任以修史之事，谓之敕撰。敕撰之史，不由一人主稿，杂众手而成之。唐时所成前代之史最多，有是认一家之言，亦有杂成众手之作。……明史即敕修所成之史。[1]

此节文字居全书之首。细绎其文，知此处所有"史"字，皆指史书，而且特指纪传体正史；若以"史实""史事"解释其义，则不免张冠李戴。"明史即敕修所成之史"一语，则显然与书名"明史讲义"相照应。据此可以推知，书名及此处所谓"明史"，皆指清乾隆时修成颁布的《明史》一书。

《明史在史学上之位置》之后，继以第二章《明史体例》，此章起首即论：

史包纪志表传四体，各史所同，而其分目则各有同异。明史表传二门，表凡五种，其诸王、功臣、外戚、宰辅四种，为前史所曾有；又有七卿表一种，则前史无之。[2]

读此知孟森笔下"史"字，特指纪传体正史；而"明史"自指清修《明史》其书，则极为显白。孟森撰为《明史体例》一章，其用意即在研讨《明史》体例之得失，及其与此前二十三史之异同，则所谓"前史"，即指《明史》以前二十三部正史，而绝非明以前历代史事之谓也。

据此而论，《总论》两章的标题，若严格标点，当作《〈明史〉在史学上之位置》《〈明史〉体例》。

以上所论"史"字用例，尚可征之孟森其他论著，尤可证孟氏笔下，以"史"字当"正史"之义，实前后不异，一以贯之。1916 年，上海商务印书馆出版其考证清代史事之论文集《心史丛刊一集》，孟森自序该书，开篇即言"有清易代之后，史无成书"[3]，原孟氏之意，盖指北京政府此时已开清史馆，董修史之事，然其成书，则遥遥无期也。1931 年以后，孟森执教于北大史学系，编成《清史传

----

[1] 孟森《明史讲义》，北京大学图书馆藏北京大学出版组 1930 年代铅印本，第 1 页（索取号：916/1740）。本文征引《明史讲义》，俱出此本。惟书中第二编第六章"流贼及建州兵事"一节述明思宗自缢，有"帝遂崩，明亡"诸语，第七章"鲁监国事"一节之末又述："（壬寅，1662 年）十一月辛卯，鲁王殂于台湾，明亡。"以同一部讲义叙述明代史实，而竟有两处不同的明亡记录，可知即使是这一版本，也有不尽精善、未及删定之处；孟森晚岁编撰《明史讲义》，并未最终定稿。见该书第 394、421 页。

[2] 孟森《明史讲义》，第 4 页。

[3] 孟森《心史丛刊序》，《心史丛刊一集》，商务印书馆 1916 年版，第 1 页。

目通检》，其《绪言》自述编纂宗旨曰："于是取《清史稿》之列传，与国史馆之列传，合为《通检》一编，以为读清史而研究异同之助。"[1] 则"清史"当指史书，包含《清史稿》《国史列传》等在内，而绝非清代事实之谓，否则"读"字即不知所云矣。1933 年前后，孟氏为热河新出土辽碑九种撰写《跋尾》，考释第一种《圣宗哀册》曰："额称'文武大孝宣皇帝'，尊谥与史合。"此处"史"字，则指元修《辽史》。其余"可订史误""撰人张俭，史有传"之类，[2] 皆指《辽史》而言，而《跋尾》前后文竟无"辽史"字样。此类例证，在孟氏全部著述中不胜枚举。总之，无论早年晚年，其笔下"史"字所指，皆系史书，尤指纪传体正史，而绝非史实、史事之义。

凡以上所举"史"字用例，若以"史实""史事"解之，则扞格难通，前文已申之再三。孟森笔下，纸上之"史"与客观之"史实"，其义迥然不同，绝无混淆，试再举二例如下。

《清史传目通检绪言》论《清史稿》为张煌言等人立传之曲折，曰："故不能补于明史，特补于清史，以平论明清史实者之气。"[3] 此处"明史"和"清史"分别指《明史》和《清史稿》，而孟氏指称明清两朝史事则绝不用"明清史"，而代之以"明清史实"。今日学界习用"明清史"一语，常指明清史事，若绳诸孟森笔下之"明清史"，适成凿枘。孟氏序屠寄《蒙兀儿史记》一书，论及六朝前后修史之不同："至史之为书，六代以前，史家多以一心经纬史实，以铸一代之史；唐以后惟欧阳《新五代》为然。"[4] 则"史"与"史实"，泾渭分明，区以别矣。

孟氏笔下"史"字之确训，尚可以同时史家著述佐证之。梁启超在清季撰成《中国史叙论》，下距孟氏以专力治史，尚早十余年，然任公文中"史"字取义，竟不稍异，至其"史"与"史学"之界定，则尤可与孟说并观。此文开篇即言：

〔1〕 孟森《清史传目通检·绪言》，《国立北平图书馆馆刊》1932 年第 2 号。
〔2〕 孟森《辽碑九种跋尾》，《国学季刊》1932 年第 3 号。案《国学季刊》此号脱期，其出版发行已晚在 1934 年春，参见刘凤翥《跋孟森和陈寅恪给厉鼎煃的信》，《书品》2009 年第 5 辑。
〔3〕 孟森《清史传目通检·绪言》，《国立北平图书馆馆刊》1932 年第 2 号。
〔4〕 孟森《蒙兀儿史记序》，屠寄《蒙兀儿史记》卷首，北京大学图书馆藏民国刻本，第 2 页。

"史也者，记述人间过去之事实者也。"〔1〕则"史"并非"事实"本身，特"事实"之记载耳。入民国以后，任公撰成《中国历史研究法》，开篇又引申"史"义："史者何，记述人类社会赓续活动之体相，校其总成绩，求得其因果关系，以为现代一般人活动之资鉴者也。其专述中国先民之活动，供现代中国国民之资鉴者，则曰中国史。"〔2〕可知梁氏所谓"中国史"，非中国"过去之事实"之谓，实梁氏当时计划中待撰之新体史书，以记述中国"过去之事实"者也。梁氏笔下，"史"与"事实""史迹"诸词，亦绝不使淆乱，如《中国历史研究法》各章，第一章"史之意义及其范围"，第三章"史之改造"，皆论史书；第六章"史迹之论次"，标题有"史迹"一语，则与叙次史事有关。按之孟森之说，一一不谬，适可互相发明。

总之，梁启超笔下之"史"字，其取用之义，与孟森相近，皆指史书。然则孟森为《明史讲义》命名，其义本为当时、前代所习用，风气使然，初非孟氏一家所得而私者也。

考辨至此，书名问题乃可得一通解。孟森笔下的"史"字，与"史事""史实"诸义绝无关涉，通常都特指纪传体正史，而此义为《明史讲义》命名之所本，至此也可以断定。要之，凡孟氏笔下"明史"一语，皆应施以书名号，方不谬于作者著书之本意。而所谓"明史讲义"，即研讨《明史》之讲义，而绝非今人所习用之义，谓研讨明代史事之讲义也。若严格标点，当作《〈明史〉讲义》。

二、重修《明史》之志

《明史讲义》意在研讨《明史》，但孟森编撰此书并不满足于此，而有更深层的学术关怀和宗旨。孟氏认定清修《明史》隐讳史事，不能传信于天下后世，因而有重修之志。《明史讲义》之作，正是为将来重修《明史》提纲挈领、发凡起例。

---

〔1〕 梁启超《饮冰室文集》第6《中国史叙论》，《饮冰室合集》第1册，中华书局1989年版，第1页。

〔2〕 梁启超《饮冰室专集》第73《中国历史研究法》，《饮冰室合集》第10册，中华书局1989年版，第1页。

孟森的修史之志，在《明史讲义》的《总论》尤其是其第一章《明史在史学上之位置》中表现得尤为明显，而竟未引起学界的注意。在征引此章相关文字之前，尚须厘清该章标题中"史学"及正文中"信史"诸词的含义。

孟森著书，遣词用字，不涉模棱；笔下诸概念所指，分野极严，颇有"正名"的意味。"史"之含义既已厘清，则孟氏笔下"信史""史学"诸语，亦可按图索骥，循名责实。"史"字既然特指纪传体正史，顾名思义，则其所谓"信史"，自指可以传信的正史；所谓"史学"，则专指与修史相关的学问，亦即著史之学，这与旧派史家的用词习惯一致，而与今日通用含义大相径庭。著史之学为"史学"一词本来的所指，也是旧派史家最为尊奉的学问，其研讨范围，包括史书体例、史文书法、笔削、褒贬、法戒等，故而为新派史家傅斯年所频频攻驳。[1] 此问题牵涉孟氏史学观念的深层，并标识了他与新旧史学的关系，当另撰专文加以探讨，本文不能详为论述，仅引其端于此。

据此而论，"明史在史学上之位置"这一标题的准确含义，为《明史》一书在中国历代著史之学上的地位，也即《明史》正史资格的问题。在孟森看来，清修《明史》存在两大严重的问题，足以累及其信史品格与正史地位：一为隐没清先世史实；一为不承认南明的正统地位。

《明史》隐讳建州女真臣服于明朝及双方征战往来诸事实，自辛亥革命以来，已屡有学者加以指摘。《明史讲义·明史在史学上之位置》对此也不稍假借：

> 根本之病，在隐没事实，不足传信。此固当时史臣所压于上意，无可如何，亦史学家所不敢指摘者。且史既隐没其事实矣，就史论史，亦无从发见其难于传信之处。故即敢于指摘，而无从起指摘之意。此尤见隐没事实之为修史大恶也。[2]

因其有违传信之旨，大亏史德，孟森不慊于此书，乃一反清人表彰褒扬之成说，严诋而痛斥之，至以"修史大恶"为言。

不但此也，《明史》因隐没建州女真事实，遂连累明文武官员凡与辽东有关涉

---

〔1〕 傅氏在 1928 年发表《历史语言研究所工作之旨趣》，论曰："历史学不是著史：著史每多多少少带点古世中世的意味，且每取伦理家的手段，作文章家的本事。近代的历史学只是史料学。"见欧阳哲生编《傅斯年文集》第 3 卷，中华书局 2017 年版，第 3 页。

〔2〕 孟森《明史讲义》，第 2 页。

者，或"削其在辽之事迹"，或径不立传，致全书前后不应，首尾横决，体例自乱。孟森论其病根所在：

> 在史亦为文字之失检，而其病根，则在隐没而故使失实，此读明史者应负纠正之责，尤为重要，甚于以往各史者也。[1]

其意甚明，即《明史》隐讳史实之病苟不能祛除，则此书不能与二十三史同尸正史之位。

曲笔文饰之弊，历代正史多不能免，皆赖后世史家为之订正增补；然而在孟森看来，《明史》此弊，累及全书，远非前史之比。此皆因清代发祥，大约与明朝开国同时：

> 从古于易代之际，以后代修前代之史，于关系新朝之处，例不能无曲笔。然相涉之年代无多。所有文饰之语，后之读史者，亦自可意会其故。从未有若明与清始终相涉，一隐没而遂及一代史之全部。[2]

凡此绝非小疵之可以补订考证济事者，因而孟森遂有将《明史》纪、传、志悉行整理、补充之议：

> 凡为史所隐没者，因今日讨论清史，而发见明史之多所缺遗，非将明一代之本纪列传及各志，统加整理补充，不能遂为信史。[3]

所谓"信史"，即可以传信的正史。史书不能征信，则非重修不足以传世，孟森所论是否偏颇，暂且不论，但他主张对《明史》"统加整理补充"，则已是重新修史之意了。

整理、补充以外，学者于《明史》尚有纠正之责。《明史》不认南明弘光、隆武、永历诸帝正朔，不仅未能列为《本纪》，甚至未能在诸王传之外，单列《三王传》，而是将三帝附入其始封王传记之后，从而深没南明史实。孟森论曰：

> 而于明南都以后，史中又草草数语，不认明之系统，此又夫人而知其当加纠正，不待言矣。[4]

---

[1] 孟森《明史讲义》，第3页。
[2] 孟森《明史讲义》，第2-3页。
[3] 孟森《明史讲义》，第2页。
[4] 孟森《明史讲义》，第2页。

清乾隆时纂成《明史》，勒为正史，颁行天下，下距孟森讲学北大，已近二百年。《明史讲义》以《明史》隐没清先世及南明事迹，不能传信，有失正史资格，故孟森发难，而有重修之说。

孟森重修《明史》之志，尚有其他证据可寻。孟氏推重宋代欧阳修、司马光，尝论：

自唐以下，史家眉目，终以欧阳、司马为标准，虽不能至，心向往之。[1]

按：此处所谓"史家"，根据孟氏笔下"史"字含义，可知并非今日习见之义，泛指历史学家，而是特指作史之家。孟森《明史讲义》开卷处也有相关论述：

唐以后则修史之责，皆国家任之，以众手杂成为通例。其有因前人已成之史，又经一家重作，而精密突过原书者，惟欧阳修之《新五代》足当之。其余皆敕撰之书为定本。私家之力，固不足网罗散失，以成一代之史也。[2]

对读以上两则材料，"自唐以下"即"唐以后"，所"不能至"者，即以"私家之力""网罗散失，以成一代之史"也，则第一则材料中孟氏推崇欧阳氏的著史之学，可以在第二则材料中得到解释：薛居正已修成《旧五代史》，而欧阳修以一家之力为之重修，成《五代史记》，而更精于原书。联系到清乾隆时所修《明史》亟待整理、补充和纠正的种种缺陷，以及孟森生当两百年以后，仍发愿以私家之力为之重修，成一新《明史》，使之更精于原书，可知此等处表面上是景仰欧阳修的修史之业，实际上无异于孟氏重修《明史》之志的夫子自道。"心向往之"一语所透露的消息，尤其吃紧！

以上仅根据《明史讲义·总论》第一章相关文字，考见孟森所建重修《明史》之议，已极为显白。实际上，孟氏自壮年即研讨建州女真在关外之开国史，从而察觉《明史》隐没史实之病，故对于此书深致笔伐。早在 1914 年，孟氏撰成《清朝前纪》（列为《心史史料》第二种），对于此一公案，即多有发覆之论，而有重修《明史》之说。如该书《女真纪》引述《明会典》、陈仁锡《潜确类书》所载女真史事后，论曰：

----

[1] 孟森《史与史料》，《文献特刊》1935 年国立北平故宫博物院十周年纪念号。"向"本作"响"，盖误。

[2] 孟森《明史讲义》，第 1 页。

此可见明代于女真纪录甚详，而《明史》概削之。清亡后当修《清史》，亦正当并修《明史》也。[1]

又如该书《褚宴充善纪》论《明史·食货志》中明与女真互市之史料：

史文所言至此。开元南关一市，始终未罢。《史》仅言以待海西，讳建州不见明文。又于抚顺开关设市，明徇董山之请，为建州兴盛之一大关键，则更不着一字。此种无谓之史书，乌足行世，易代以后，必有重修，乃备事实，特尚非今日所能言也。[2]

此两处都已明言重新纂修《明史》，其跃跃欲试之意溢于言表，此时尚在《明史讲义》问世之前近二十年。由此可见，孟森在辛亥革命以后，即已立定重修《明史》之志；至晚年编撰《明史讲义》，再申此论，不仅与壮年学术主张一脉相承，而且是对这一主张的践行了。

《明史讲义·总论》设《明史体例》为第二章，专门讨论《明史》体例问题，尤其是书中表、传两体分目之由来，以及与前代正史之异同，如《七卿表》系《明史》始创；《宦官》《流贼》与《土司》三种专传，为《明史》所增。[3] 依前文所论，凡此有关史书体例优劣、异同等问题的学问，都在孟森所谓的"史学"也即著史之学的范围之内，这也深刻体现出《明史讲义》为将来重修《明史》发凡起例的编撰宗旨。

商传注意到《明史讲义》主要以正史叙述明代史实，而不引用《明实录》的相关记载，因而产生疑惑，并认为孟森在材料取舍上"太显偏颇"。[4] 罗仲辉解释孟氏明、清史两部讲义主要取材于《明史》和《清史稿》的原因：

孟先生认为，《明史》和《清史稿》尽管在体例和内容上都存在着一些严重的缺点，但它们经过众多史家的长期努力，充分利用史馆里的丰富文献，对前代史事的网罗超过了所有的私家著述。这是孟森先生所以要取材于《明史》和《清史稿》

---

〔1〕 心史（孟森）《清朝前纪·女真纪》，《心史史料》第1册，时事新报馆1914年铅印本，第9页。
〔2〕 心史（孟森）《清朝前纪·褚宴充善纪》，《心史史料》第1册，第47页。
〔3〕 孟森《明史讲义》，第5—7页。
〔4〕 商传《〈明史讲义〉导读》，孟森《明史讲义》，上海古籍出版社2002年版，第10—11页。

的主要原因。[1]

商、罗二先生未曾措意于书名中"明史"二字的特定所指,也未能深究孟氏隐藏于此二字之中的著述本意以及该书的编撰宗旨。《明史讲义》既然是研讨《明史》之讲义,又因《明史》并无正史资格,而有整理、补充和纠正之责,并非完全以考证为目的的历史著述,所以孟氏编撰《明史讲义》,自然是以《明史》为研讨对象和主要的材料来源,其他官私典籍都只是辅助材料。进言之,孟氏著述的根本目的,在史书而不在史事,在著史而不在史料的考订,以故二先生所论皆不能得其要领。

要之,《明史讲义》设立《总论》一编,既未提挈明代史实纲领,也未讨论明代史料问题,而对于所谓"史学"亦即著史之学的问题,则郑重其事,详予研讨,这种史学著述的实践,与同时期傅斯年所反复强调的"历史学不是著史""史学即是史料学"等观点,以及由此形成的重视扩充原始资料、提倡专题研究的风气格格不入,甚至针锋相对,几成凿枘。

三、知人论世之识与"为法为戒"之义

《明史讲义》倡为重修《明史》之说,然而修史不能不先定义例,义例既定,然后何人可以入史、何事可以传后,方可准以下笔。前文已论及,孟森治史,崇尚私家著述,首重宋代史学,而对于欧阳修、司马光则推崇备至。孟氏编撰《明史讲义》,凸显知人论世的史识,以法戒为义例,即受到二氏史学的深刻影响,而这一点尚未引起学界充分的注意。

《总论》第二章《明史体例》附有《明代系统表》,罗列明代列帝的世次、庙谥等内容,《明代系统表》前有孟森识语,称此系"所谓知人论世不可少之常识"[2]。"知人论世"四字在书中虽不显眼,但却值得注意。《孟子·万章下》有

---

[1] 罗仲辉《孟森先生〈明清史讲义〉的编撰特点》,杨向奎主编《清史论丛》第 8 辑,中华书局 1991 年版,第 16 页。

[2] 孟森《明史讲义》,第 7 页。

"颂其诗，读其书，不知其人，可乎？是以论其世也"一句，为其最早的典故出处。但此处则是有取于欧阳修著述中的知人论世之识，并加以表彰。孟森在另一文章中论及：

> 《新五代》自立义例，以知人论世之识，牖启后人，极史之能事。[1]

"史之能事"，即撰作纪传体正史之能事。据此可知，欧阳修史学中的知人论世之识为孟氏此旨的直接来源；而《五代史记》的义例，则是包括是非、褒贬和笔削等在内的价值评判标准。在孟氏看来，史书的义例正是史家在掌握了充分的史料、史实的基础上知人论世的依据，也是史书的灵魂。无论是史书的义例，还是史家知人论世的史识，其目的都在于启迪后人、成就经世的史学。[2]

此外，书中又拈出《资治通鉴》"法戒"之说，以为"史之本义"，非此说不能当，遂表彰而引申之，不遗余力。《明史讲义》论修史：

> 今欲知史之本义，莫重于为法为戒。[3]

在中国传统史学的语境之下，史书包含事、文、义三个层面，那么，"史之本义"指的就是纪传体正史"义"的层面的根本内容，易言之，则是纪传体正史的根本义例。可知，在孟森看来，纂修正史，必须以法戒为根本准绳。按司马光《进资治通鉴表》有"专取关国家盛衰，系生民休戚，善可为法，恶可为戒者，为编年一书"[4]诸语，此即《资治通鉴》书名中"鉴"字所取之义，亦为孟氏法戒说之所自出。意即纂修正史，须明著善恶，以治乱兴衰的历史经验与教训，昭示于天下

---

〔1〕 孟森《史与史料》，《文献特刊》1935 年国立北平故宫博物院十周年纪念号。

〔2〕 孟森年少时即已抱定经世致用的治学宗旨，终身不变，作者已撰专文，详见刘会文《兼收并蓄与调和会通：孟森早岁读书治学考述（1872—1898）》，《史林》2023 年第 3 期。

〔3〕 孟森《明史讲义》，第 32 页。

〔4〕 司马光《进资治通鉴表》，《资治通鉴》第 20 册，中华书局 1956 年点校本，第 9607 页。何龄修先生曾论及孟森"法戒"之说，认为"是直接继承司马光的评判'前言往行'，'善可为法，恶可为戒'的思想而来"，据何先生注释，知系引自尹达所编《中国史学发展史》。今查尹书"司马光的正统历史思想"一节正文，确曾征引司马光"善可为法，恶可为戒"诸语，但并未标注出处，也未提及孟森。又何先生认为孟森法戒之说，远取自刘知几《史通·直书》《曲笔》两篇，则并无根据，论证略显牵强。何先生认为此说师法传统史学，立义陈旧，但对于孟森明、清史二《讲义》将其作为编撰义例这一点，则不暇详论，也未据以钩索孟氏修史之志。见何龄修《中国近代清史学科的一位杰出奠基人——试论孟森的清史研究成就，为纪念他的诞辰一百二十周年而作》，杨向奎主编《清史论丛》第 8 辑，中华书局 1991 年版，第 5 页；尹达主编《中国史学发展史》，中州古籍出版社 1985 年版，第 229-230 页。

后世。由此可见，法戒与是非、褒贬、笔削等同为史家笔下的价值评判标准，只不过法戒偏重于政治层面，而是非、褒贬、笔削等偏重于道德层面。

总之，庐陵以重修《唐书》《五代史》之大典，涑水以勒成《资治通鉴》之盛业，光照史坛，传世不朽。二氏之学，俱为后世史家所景仰。孟森崇尚私家著述，表彰知人论世之学，引申法戒之义，语次上踵欧阳、司马之武，以修史自任、以史学经世之意，班班可考。

孟森的史学观念，既以知人论世为修史之能事、以法戒为最重要的修史义例，视之为著史之学的两大要义，今欲一考《明史讲义》是否寄托其重修《明史》之志，只需论列该书编撰是否有合于此二义即可。1932年，孟森初次开设"明清史"课程，其课程说明言及讲义编撰：

明清史据本校课程计画……惟纪代讲义，止编乾隆末年，其间亦自分段落。如明之开国、请难（应作"靖难"）、夺门、议礼等大关目，皆于一朝政治之变迁有关，本此作为纲领云。[1]

其中"开国""靖难""夺门""议礼"，即是《明史讲义》第二编《各论》之下第一至第四章的标题。而孟森笔下"政治"一语，亦不尽同于今日习用之义，而有特殊所指，实与"资治通鉴"之"治"同义。由此可以考见，孟氏为《明史讲义》定下的编撰义例符合司马光法戒之说。

兹排列该书《各论》目次如下，并附以按语：

第一章　开国

第一节——太祖起事之前提（附群雄系统表说）；第二节——太祖起事至洪武建元以前；第三节——明开国以后之制度；第四节——洪武年中诸大事（书前目录缺此节，据正文补）

按：《明史讲义》最措意太祖所开创的各项制度，又将其变迁过程贯穿全书。此章即叙述太祖开国创制，第三节论："明承法纪荡然之后，损益百代，以定有国之规，足与汉唐相配。……今于明祖创意所成之制度……疏通证明之，见明祖经理天

[1]《国立北京大学史学系课程指导书·课程说明》（民国二十一年八月至二十二年七月），北京大学档案馆，BD1932012。

下之意。"〔1〕在孟森看来，此事与明代国运兴衰最有关系。同时，又表彰太祖养士之功，〔2〕认为太祖时"风气养成，明一代虽有极黯之君，忠臣义士极惨之祸，而效忠者无世无之，气节高于清世远甚。盖帝之好善实有真意，士之贤者，轻千里而来告之以善"，〔3〕故而此章内容，在知人论世的同时，侧重于"善可为法"的一面。

第二章 靖难

第一节——建文朝事之得失；第二节——靖难兵起之事实；第三节——靖难后杀戮之惨；第四节——靖难以后明运之隆替；第五节——靖难两疑案之论定；第六节——仁宣两朝大事略述；第七节——明代讲学之始

第三章 夺门

第一节——正统初政；第二节——土木之变；第三节——景泰即位后之守御；第四节——景泰在位日之功过；第五节——夺门；第六节——成化朝政局；第七节——弘治朝政局；第八节——英孝宪三朝之学术

第四章 议礼

第一节——武宗之失道；第二节——议礼；第三节——议礼前后之影响；第四节——隆庆朝政治；第五节——正嘉隆三朝之学术

按：以上三章，措意于太祖所定制度及其"经理天下之意"得到延续或逐渐废弛的过程。其下各节标题之中，如"得失""惨""隆替""功过""失道""政治"等语，画龙点睛，都有鲜明的是非、褒贬色彩，多系政治层面上的价值评判。很明显，此三章内容，都贯穿了知人论世的旨趣，并侧重于"恶可为戒"的一面。此外，各章于政治大端以外，皆设专节叙述该时期的学术。孟森推崇宋明学术，尤重讲学之风，以为深有裨于世道人心，影响于政治及士大夫风气者，既深且远，故其第二章第七节论："明清两朝士大夫大抵尊重儒学，尤尊宋儒之义理，至清中叶始偏重汉学，及清末而吐弃义理，遂卒有西国科学排斥宗教之习向。明则始终未有此

〔1〕 孟森《明史讲义》，第48页。
〔2〕 商鸿逵也注意到《明史讲义》所强调的太祖养士之功，见氏著《述孟森先生》，杨向奎主编《清史论丛》第6辑，中华书局1985年版，第14—15页。
〔3〕 孟森《明史讲义》，第101页。

变，故气节操守，终明之世不衰，政教分合之故，读史者不可忽也。"[1] 第三章第八节论："……故清议二字，独存于明代，读全史当细寻之，而其根源即由学风所养成也。"[2] 第四章第五节又论："明一代士大夫之风尚最可佩，考其渊源，皆由讲学而来。"[3] 据此可知，在孟氏看来，学风之演变，与"一朝政治之变迁"有关，所谓"政教分合之故"，宜加详究。而此种章节设计，亦在为法戒张本，而颇有张之洞所谓"古来世运之明晦，人才之盛衰，其表在政，其里在学"[4] 的意味。

第五章　万历之怠荒（正文标题作"万历之荒怠"）

第一节——冲幼之期；第二节——醉梦之期；第三节——决裂之期；第四节——光宗一月之附赘

第六章　天崇两朝乱亡之炯鉴

第一节——天启初门户之害；第二节——天启朝之奄祸；第三节——崇祯致亡之症结；第四节——专辨正袁崇焕之诬枉；第五节——崇祯朝之用人；第六节——流贼及建州兵事

按：此两章叙述太祖所定制度彻底崩坏和"经理天下之意"尽皆废弛，也即明朝最终衰亡的过程，其章节标题中"怠荒""门户之害""奄祸""致亡之症结""诬枉"等语，也有明显的是非、褒贬色彩，则这两章内容，在贯彻知人论世这一旨趣的同时，仍侧重"恶可为戒"的一面。而"崇祯朝之用人"及"流贼及建州兵事"两题虽未直接寄寓对朝政的褒贬，但其内容与明亡有直接关系，章题"天崇两朝乱亡之炯鉴"则鲜明地体现了《明史讲义》取司马光法戒之说以为编撰义例，明著前世善恶，借以垂鉴后人的旨归。

第七章　南明之颠沛

第一节——弘光朝事；第二节——隆武朝事（附绍武建号）；第三节——永历

---

[1] 孟森《明史讲义》，第152页。按：此处经商氏整理，删去"及清末而吐弃义理，遂卒有西国科学排斥宗教之习向"一句，见孟森《明清史讲义》上册，中华书局1981年版，第118页；《明史讲义》，中华书局2006年版，第136页。

[2] 孟森《明史讲义》，第215页。

[3] 孟森《明史讲义》，第291页。

[4] 张之洞《劝学篇·序》，赵德馨主编《张之洞全集》第12册，武汉出版社2008年版，第157页。

朝事；第四节——鲁监国事

按：此书于崇祯一朝之后，设专章讲述南明史事，则旨在纠正《明史》不认南明为正统、深没南明史实的问题[1]："今特矫而正之，叙事虽不能详，名义要不可终晦也。"[2]全书以"（壬寅，1662年）十一月辛卯，鲁王殂于台湾，明亡"作结，以为至此方为明代史事之全部。对于《明史》所隐没的清先世史实，书中虽无充分的整理、补充，但孟森已另著《明元清系通纪》，对清先世在关外的事迹予以全面而深入的发掘、整理和考订。孟氏自序云该书"既为《明史》所削而不存，又为《清史》所讳而不著，则此一编，正为明清两《史》，补其共同之缺也"[3]，这也从侧面佐证了《明史讲义》的编撰宗旨，正是为将来重修《明史》提纲挈领、发凡起例。

除了士大夫风气以外，孟森还将"不得罪百姓"论贯穿于全书，商鸿逵评介《明史讲义》，曾指出这一点。[4]孟氏意在引申孟子民本之说，将"不得罪百姓"视为有明一代兴亡的关键：太祖能得民心，奠定国基；子孙不能尽遵，遂至于衰乱灭亡。据此而论，书中所总结的"不得罪百姓"论，实为孟氏知人论世的资鉴，也是法戒义例在书中的重要体现。

《明史讲义》的编撰，既然旨在贯彻知人论世之识，以"法戒"为义例，并准以下笔，则史事之无助于知人论世，或无关法戒、有悖法戒者，概不阑入。时人已论及：

> 以其为大学讲义，故全写个人研究心得，未经自己研究者概不滥入，如明清对外关系大事，郑和下西洋、耶稣会士东来、中俄尼布楚条约等等，讲义几不涉及……。传统史学对先生有深刻影响，在两断代史所见最为明显。[5]

揆诸孟森著书本意，并非列举明代所有史事，麇集于一书之中；何人可法，何

---

[1] 商鸿逵在论列此章内容时，也强调了这一点，参见氏著《述孟森先生》，杨向奎主编《清史论丛》第6辑，中华书局1985年版，第15页。

[2] 孟森《明史讲义》，第397页。

[3] 孟森《前编弁言》，《明元清系通纪》（五卷本）前编，北京大学出版组1934年铅印本，第1页。

[4] 参见商鸿逵《读孟森著〈明清史讲义〉》，《中国史研究》1983年第1期。其子商传继承此说，亦有较详论述，参商传《〈明史讲义〉导读》，孟森《明史讲义》，上海古籍出版社2002年版，第7页。

[5] 杨向奎、何龄修《孟森学案》，《百年学案》上，辽宁人民出版社2003年版，第7页。

事当戒，取决于作者的抉择去取。而书中之所以不涉及明与外洋交通，则是因为在孟氏看来，这些史事都无关乎法戒和政治得失，也无助于知人论世。这固然可以归因于传统史学的影响，但并非"全写个人研究心得"所致也。

观《明史讲义·各论》目次及具体内容，可知此书叙述明代历史，对于人物品鉴、世事得失再三致意，体现了通达的史识，借以表彰欧阳修的知人论世之学；又尤其注重表出朝政美恶、君臣功过，将其作为叙述取舍的标准，借以引申司马光"善可为法、恶可为戒"之说，并将其作为该书最重要的编撰义例。据前文所论，孟森将"知人论世"视为纂修正史的能事之极致，将"法戒"视为纂修正史的根本准绳，而《明史讲义》拈出欧阳修、司马光二氏史学中的这两大要义，加以会通，并贯彻于全书的编撰，绝非偶然。本文论述至此，已有充分的根据可以证成孟森《明史讲义》的编撰宗旨，确实是在为将来重修《明史》提纲挈领、发凡起例。

综上所述，孟森推崇私家著述，久蓄修史之志，将著史之学置于极重要的地位，因不满于行世已近两百年的清修《明史》，而发愿为之重修。《明史讲义》的编撰宗旨，即是以新式章节体的讲义，为将来重修纪传体《明史》提纲挈领、发凡起例、树立模范，可谓"以新瓶而装旧酒"[1]。孟森推崇欧阳修以一家之力重修《五代史》，尤其注重表彰其知人论世之识，又再三引申司马光《资治通鉴》"为法为戒"之义，视之为最重要的修史义例，并将二者融贯于《明史讲义》全书的编撰，盖将以修史之业自任，启迪后学，示来世史职以轨则，而与傅斯年提倡的新史学始终保持着相当的距离。孟森的史学是以经世为宗旨的史学，《明史讲义》的编撰无疑是这一学术宗旨的集中体现，并非搜集史料、考订史实所能范围。

历来研究《明史讲义》的学者，多视之为一般的授课讲义，而对于作者著述的微旨深意，则鲜有道及者，遂致孟森志业晦而不著，迄今九十余年，兹将其沉隐钩索如上。

---

[1] 陈寅恪《冯友兰中国哲学史下册审查报告》引时人语，见《金明馆丛稿二编》，三联书店 2001 年版，第 285 页。

从政体简化论到治体新论

——以钱穆政治史学为中心

张 舒[*]

[内容提要]

    基于对政体简化论的批判，钱穆的政治史学为超越专制说与非专制说的国史论争提供了丰富的理论启示。治道层面，儒家天命论蕴含了对于万世一系式君政思维的否定。制度层面，传统政治呈现出家产制与贤能制的互动，后者构成对专制君主的规约。治人层面，士人并非工具意义上的行政官僚，而是积极能动的政治主体。钱穆的政治史学不仅折射出中国古代政体变迁的复杂面相，而且重构了传统的治体论域，揭示出由治道、治法与治人三者相维互动的复合结构，在大一统中生成了因革损益式变迁、礼法混合型治理模式。从政体简化论回向治体传统，历史中国可为当代政治发展提供丰厚的政学资源。

[关键词]

政体简化论；治体；钱穆；政治史学；大一统

---

  * 张舒，天津师范大学政治与行政学院讲师，政治学博士。本文系国家社会科学基金重点项目"比较视野下的大一统政治理论研究"（22AZZ001）阶段性成果。

中国古代政体是否为君主专制，这一论题百余年来论争不断，激发了诸多学术波澜。[1] 其中，专制说虽能切中传统政治之弊，但若将数千年中国古代政治均化约理解为君主专制，颇有简化之嫌，亦会遮蔽历史中国深厚的公共政治传统与良政要素。非专制说对此有所纠正。然而，若全然否定中国传统政治中存在君主专制，则似乎与历史常识相悖，且在历史中存在大量反例。为什么对中国古代政体类型的判定会引发经久不息的学术热议？主要原因在于这一论题既关涉对中国传统政治和文化的总体认知，更关系对现代政治转型的深层理解和判定。

在这一论争中，钱穆先生的政治史学无疑居于重要而特殊的位置。在二十世纪四十年代，钱穆对中国古代专制说做出系统回应。由于与学术时风存在较大距离，他的政治史学招致各方批评，其中包括萧公权、张君劢、徐复观等学术重镇，钱氏往往被视为非专制论的主要代表。然而，钱穆虽然对专制论予以持续批判，但若视为对专制论的全然否定，则又不尽然。与其说质疑中国古代专制论，毋宁说他反对的是其深层蕴含的政体简化思维。值得深思的是，这一思维即使在非专制论者的史论中亦有所体现。钱穆政治史学的重要价值在于为超越政体简化论提供启示线索，进而为理解传统政治的复杂机理开拓出综合性理论视域。

一、复杂化政体论域的展开

中国古代专制论的深层思维逻辑是政体简化论，将复杂悠久的政治经验化约为某一种支配性政体的展开，更深层面则是将政体视为政治秩序的关键枢机。政体简化论不纯是严谨的学理论断，这一思维的形成，与近代中国内忧外患的历史环境密

---

[1] 近年来关于这一论题的讨论，质疑中国古代专制论者，参见侯旭东《中国古代专制说的知识考古》，《近代史研究》2008年第4期。反对质疑论者，参见黄敏兰《质疑"中国古代专制说"依据何在——与侯旭东先生商榷》，《近代史研究》2009年第6期；黄敏兰《近年来学界关于民主、专制及传统文化的讨论——兼及相关理论与研究方法的探讨》，《史学月刊》2012年第1期；阎步克《政体类型学视角中的"中国专制主义"问题》，《北京大学学报（哲学社会科学版）》2012年第6期；阎步克《中国传统政体问题续谈》，《北京大学学报（哲学社会科学版）》2017年第2期。

切相关。[1] 钱穆有论:"其先当前清末叶。当时,有志功业之士所渴欲改革者,厥在'政体'。故彼辈论史,则曰:'中国自秦以来二千年,皆专制黑暗政体之历史也。'"[2] 十九世纪末,西方政体学说输入中国,成为当时政治变革的理论依托。无论是维新派还是革命派,均将变革对象指向清代政制。政体理论的广泛传播,对于推翻传统帝制、推进共和革命、实现共和转型起到极大的促进作用。民国以后,政体简化论逐渐沉积为学术思想界的理论命题。在古史叙事层面,如萧公权所论:"由秦汉到明清二千年间专制政治虽然在效用上好坏不齐,然而本质上却是始终一贯,并且就大势上看,由浅趋深,逐渐地增加了程度",其间虽有对君主的权力限制,然而,"它们的效力事实上并不久远重大,不足以动摇专制政体的根本"。[3] 可以看出,政体简化论将中国古代政治认定为质地均匀且程度连续递增的君主专制政体。而与这一论断密切相关的是流行的"儒术便利专制说"[4],认为传统儒家提倡君主专制,或者说为君主专制提供合法性证成。在这类思维作用下,传统和现代转型之间出现深刻的政学断裂,中国政治传统非但难为政治转型提供支撑,反而沦为政治发展的历史重负。

对中国专制政体论说的审慎思考,贯穿了钱穆学思历程的始终。在《国史大纲》开篇,钱穆即提出著名论断,即中国政治传统不能以专制黑暗一语抹杀之,并倡导对国史的温情与敬意。[5] 该书可视作对中国古代专制论的系统反驳与回应。通观钱穆的相关论著,其对政体简化论的反思历经前后阶段变化,逐渐转向细密深沉,总体上呈现出双重交织互动的论证思路:其一,在政体理论层面,批判政体简化论及其古史叙事;其二,超越政体叙事,复归中国政学传统的内在理路,进而达成对中国传统政治理论的继承与更新。如晚年钱穆的概括,"理想、人物、制

[1] 关于对政体简化论古史叙事在近代中国生成演进的梳理,参见张舒《近代中国思想中的政体简化论与古史叙事》,《学海》2017 年第 3 期。
[2] 钱穆《国史大纲》(修订本),上册,引论,商务印书馆 2013 年版,第 5 页。
[3] 萧公权《中国君主政体的实质》,载氏著《宪政与民主》,中国人民大学出版社 2014 年版,第 42-45 页。
[4] 夏曾佑《中国古代史》,东方出版社 2012 年版,第 255 页。
[5] 钱穆《国史大纲》(修订本),上册,引论,第 5-6 页。

度，乃中国传统政治最重视之三要项"[1]。任锋依据传统政学资源，揭示出由治道、治人与治法三类要素构成的治体思维，[2] 钱穆提出的三要项恰恰对应这三者。

作为西方政治理论的主干，政体学说奠基于古希腊时期。亚里士多德对政体的界定为："政体可以说是一个城邦的职能组织，由以确定最高统治机构和政权的安排，也由以订立城邦及其全体各分子所企求的目的。"[3] 政体理论主要包含政体精神与政体结构两个方面，前者涉及统治目的，后者则指向统治权力的来源及运行。基于政体精神的公私分野，亚里士多德将政体分为正常政体与变态政体两大类型。其中，君主政体的变态是僭主政体。而作为君主政体的蜕化变形，君主专制在此约略等同于僭主政制。随着西方政治模式的历史演变，政治理论家对君主专制内涵的认知逐渐丰富深化。结合相关研究梳理，[4] 君主专制的内涵主要包括：君主权力的恣意、君臣之间的主奴关系、王权对社会的全面控制等方面。中西政治传统在治道理念、政制结构、社会结构与制度变迁等诸多层面存在显著分野，因而若以专制来概括中国数千年传统政治，政体概念显得负担过重，难以涵括中国传统政治的多重复杂面相。同理，若将传统政治全然认定为非专制型，其实仅为政体简化思维下的逆向表达。

钱穆的政治史学为超越政体简化思维提供了多重学理启示。学界存在一种诠释误区，即论者往往将钱穆视为主张中国传统非专制论的主要代表。然而，如若通览钱穆的诸多学术著作，关于中国古代专制论，他其实并未做出全称判断，而更多秉持的是多半否定、部分肯定的学术立场。换言之，他并不否认秦汉以后中国传统政治在某些朝代或某些时期蜕变为专制政体。这并非其观点的摇摆或退却，而是他一贯的学术立论。仅就政体层面而论，钱穆政治史学揭示出中国古代历经剧烈而深刻的政制变迁，而如若深入探析传统政体的复杂面相，总体上须廓清三个论题：甲、

[1] 钱穆《晚学盲言》（上），九州出版社2011年版，第329页。
[2] 参见任锋《立国思想家与治体代兴》，中国社会科学出版社2019年版，第46页；任锋《治体论的思想传统与现代启示》，《政治学研究》2019年第5期；任锋《中国政学传统中的治体论：基于历史脉络的考察》，《学海》2017年第5期。
[3] 亚里士多德《政治学》，吴寿彭译，商务印书馆2009年版，第181页。
[4] 郑小威《关于"中国专制论"的辩论》，邓小南主编《宋史研究诸层面》，北京大学出版社2020年版，第165-214页。

有别于秦汉以后帝制，先秦政治为王制政体，难以化约为君主专制；乙、秦汉以后政治变迁并非均匀递增的君主专制，而是存在诸多非专制政治要素；丙、儒家传统并非君主政体的附属，在两者之间存在深刻的张力与互动。

在政体形态上，先秦政制与秦汉以后的传统政制存在巨大的差异，难以划归为君主专制。其中，作为先秦政治的成熟形态，周代政体有别于君主专制，呈现出封建时代有限君主制特征。按史家吕思勉的分析，天道信仰、礼乐典章、封建贵族与国人议政等均构成对周代君主的权力制约。[1] 由于受西方政治理论的影响，近代中国的公私观念出现巨变与重组，[2] 家及宗族共同体被全然划入私人领域，而不再具有公共性，并延及对传统儒学与传统政治的重估。典型如现代新儒家牟宗三所论："中国在以前于治道，已进至最高的自觉境界，而政道则始终无办法。"[3] 质言之，自夏禹传启之后，传统政治进入君主世袭时代。由于牟氏将家天下等同于君主以天下为私产的私家权力占有，因而传统政治在政体层面便不再具有公共性。钱穆对类似观点多有驳正，尤其对周代政体公共性多有甚为精微的阐发。如他对王国维《殷周制度论》的批评："只把天下依着家庭的私关系随宜分割，无当于周初建国之严重局势……至周初君位，颇有立贤之迹象。"[4] 在他看来，王国维将周代宗法约同于私家伦理，并以此为框架分析周代政制，属于一种脱离历史语境的后视解读。实际上，殷周之际，面对强敌环伺的政治局势，周人以宗法礼乐为政治共同体的建构原则，对传统中国大一统政治规模的维系与发展发挥了至关重要的聚合作用。由亲亲到尊尊，周礼蕴含着超越血缘亲族规则的政治公共维度。

在封建礼乐政治的基础上，周人在关乎政治原理的治道上发展出了对政治公共性独到而深刻的理解，突出表现为天命与君德观念的形成。"周初的天命思想，透过'德'的观念，已把王权与宗族血缘关系分开。"[5] 君权合法性的重心在德行，而不在家族血统。周初天命君德理念经过后世儒家的继承与发扬，沉积为传统政治

---

[1] 吕思勉《中国政体制度小史》，知识产权出版社 2018 年版，第 26—33 页。
[2] 参见陈来《中国近代以来重公德轻私德的偏向与流弊》，《文史哲》2020 年第 1 期。
[3] 牟宗三《政道与治道》，广西师范大学出版社 2006 年版，第 1—5 页。
[4] 钱穆《国史大纲》（修订本），上册，第 40 页。
[5] 张灏《超越意识与幽暗意识——儒家内圣外王思想之再认与反省》，载氏著《幽暗意识与民主传统》，新星出版社 2010 年版，第 47 页。

的基轴性治道。"中国人向来便很少信有万世一统迹近神权的观念。"[1] 在西汉时期，儒家士人复归殷周时期的天命理念，强调"天命靡常"（《诗经·大雅·文王》），克除了秦代万世一系式皇权思维。汉武帝采纳董仲舒的对策，独尊孔子六艺之学，折射出其对儒家天命理念的肯认。在汉儒看来，天道至公无我、冲寂无闻，通过命运这种强大而无常的力量影响着古代王朝的政权更迭。天命构成对君权的强力规约。如果君主施行暴政以至民不聊生，则天命发生转移，民众起义或禅位让贤因而具有正当性。在当时的历史环境中，天命论实质是儒家公天下理念的思维变体，体现着传统政治的公共性。如汉儒谷永所论："方制海内非为天子，列土封疆非为诸侯，皆以为民也……不私一姓，明天下乃天下之天下，非一人之天下也。"（《汉书·谷永杜邺传》）在政权属性方面，汉儒秉持天命理论，否认最高统治权的私有属性。

　　基于儒家的天命君德论，我们能够对传统政论如民本主义等思想生发出更为深层的理解。既有研究多将民本主义等同于君主的政治统治术，认为其中虽然蕴含保民重民等政治价值，但仅将民众作为统治对象而非权力主体。类似诠释存在很大限制。实际上，民本主义蕴含更为深刻的政治公共理念。典型如唐太宗与重臣之间的政论对话："君，舟也；人，水也。水能载舟，亦能覆舟。"（《贞观政要·政体第二》）由这一政治譬喻可以看出，在古人政治理念中，民众并非消极的权力客体，更多是具有巨大能动力量的政治行动者。民本主义的观念基础是天下为公，后者构成天命君德的理论前提。天命虽然变化莫测，却与民心相通。"天聪明，自我民聪明；天明畏，自我民明威。"（《尚书·皋陶谟》）由于民本主义对君主政体的形塑作用，近年就有学者以"保育式政体"来界定中国传统政治。[2] 就此而论，民本主义规定着传统政治的政体精神，对君主权力具有规约和范导作用。

------

〔1〕 钱穆《国史新论》，九州出版社 2018 年版，第 90 页。
〔2〕 闾小波《保育式政体——试论帝制中国的政体形态》，《文史哲》2017 年第 6 期。

二、支配结构与君臣关系再思

政体精神方面，儒家天命论深刻塑造着中国传统君主政治。而在政体结构方面，钱穆认为亦难用君主专制简化论之。与之相对，已有研究指出，专制说因恰切指向中国古代君主的高度集权程度，因而具备牢固的实证基础。[1] 类似研究似构成对钱穆史学的强力驳论。其实，虽然君主专制与集权程度相关，但是二者并非同一关系。正如当代英国政治理论家吉登斯的分析："只有现代国家在许多方面才成为最突出的权力集装器。"[2] 质言之，与传统国家相比，现代国家的集权程度更强，但却并不必然采用专制政体。

如若仅从集权或分权、专权或限权等权力形态层面来探讨政体专制性问题，则难以切中古史实相，往往治丝益棼。因此需对政治权力这一概念做更进一步剖析。韦伯的政治学理论可为此提供参照："支配乃是权力的一个特殊个案……'支配者'所明示的意志乃是要用来影响他人的行动，而且实际上对被支配者的行动的确也产生了具有重要社会性意义的影响。"[3] 支配必然内含权力，而权力并不即是支配。政治意义上的支配是指支配者与被支配者之间形成的强制性命令与服从关系。这一辨析至为关键。政体专制性这一论题，与其说关涉政治权力形态，毋宁说指向支配结构。依此而论，君主专制指向家产制支配结构，主要表现为君主根据家产思维构建政体，任用私人势力占据官位，并由以维持其恣意专断的政治权力。

韦伯深具洞见地指出，中国传统帝制内含家产制支配结构。[4] 而其理论复杂之处在于关注到君主制与中国古代文官制之间存在的内在张力。"官僚即事化可能性之最彻底的实现，因此也是与典型的家产制官吏之最彻底的决裂。"[5] 中国古

〔1〕 阎步克《政体类型学视角中的"中国专制主义"问题》。
〔2〕 安东尼·吉登斯《民族-国家与暴力》，胡宗泽、赵力涛译，生活·读书·新知三联书店1998年版，第14页。
〔3〕 马克斯·韦伯《支配社会学》，康乐、简惠美译，广西师范大学出版社2004年版，第3、8页。
〔4〕 马克斯·韦伯《中国的宗教：儒教与道教》，康乐、简惠美译，广西师范大学出版社2010年版，第81页。
〔5〕 马克斯·韦伯《支配社会学》，第161页。

代官僚制中存在超克君主家产制的倾向。正因如此,韦伯揭示出中国传统官僚制内含政治现代性因素。由于史料局限与语言文化隔阂,韦伯的中国学研究难免误差。他更多是将中国古代官僚制作为君主家产制的依附与工具。就此而论,钱穆政治史学构成对韦伯理论的补正与深化。

钱穆指出,秦汉时期政制变迁呈现出化家为国的过程。因而如何理解化家为国是解析秦汉政制的关键。受近代反传统主义思潮影响,流行观点往往将传统国家视为君主家族的扩大,这类家国同构说略显笼统与泛化。钱穆对此予以反驳,他在周秦之变这一长时段历史视域中解析化家为国:"到了秦、汉统一,由封建转为郡县,古人称'化家为国',一切贵族家庭都倒下了,只有一个家却变成了国家……于是家务转变成政务了。"[1] 在人类古代政治演变历程中,家产制支配是重要的制度原端。古代政治变迁往往体现为家产制的定型化,其间贯穿着支配者与被支配者的政治博弈。如西欧中古时代,国王、教会和贵族等诸多政治势力激烈互动,在此漫长的历史进程中,家产制支配逐渐定型化为封建政体。

相比之下,在中国古代,周秦之变一方面意味着周代宗法封建制解体,另一方面体现为秦经由惨烈的兼并战争构建了垄断式家产政体。秦因暴政而速亡。汉初政体的支配结构呈现为君主家产制、宗族封国制、军功贵族制以及法吏官僚制的混合。在此,钱穆揭示出秦汉之变这一复杂而剧烈的政治变迁历程。西汉中期,中国传统政治逐渐由军功权贵政治转化为士人政治。"然政府则本由民众组成,自宰相以下,大小百官,本皆来自田间,既非王室宗亲,亦非特殊之贵族或军人阶级。"[2] 士权固然来自君主的权力让予,然而士人群体出自社会民间,依凭贤能与经术出仕。另外,文官选任逐渐形成一定的客观标准,如两汉察举制,内含选贤与能的公共精神,而君权运作要符合法度规范。

钱穆进而指出,与西方选举代表相对,中国传统政治存在贤能代表,即通过察举、考试等方式选贤任能来聚合民意。贤能虽不全代表民意,但其选拔也并不全取决于君主独断。在秦汉变局中,随着家产制支配定型化,尤其是士人贤能政治兴起,君主专制很大程度上得到稀释、消融与转化。汉制主要是由君主家产原则、宗

[1] 钱穆《中国历代政治得失》,九州出版社 2021 年版,第 12 页。
[2] 钱穆《政学私言》,九州出版社 2011 年版,第 6 页。

法封建原则与士人贤能原则交织互动形成的复合结构，成为后世传统政治的制度范型。朝代更迭意味着支配者的变动与支配结构的分化重组。在钱穆看来，这一过程亦不能以君主专制的瓦解与重构来解析，即如辽、金、元等政权，其政体结构往往呈现出君主专制主义、封建主义和士人贤能政治的交织互动。

依家国关系而论，相较韦伯的家产官僚制分析框架，中国传统政治呈现出更为复杂的秩序机理。[1] 关于这一论题，中国古代专制论者往往持"家国同构"、家产官僚制或公私混淆等观点，失之笼统，过于简化。在秦汉以后的传统政治中，"家国关系不是家国同构，而是聚家成国"[2]。钱穆尤为注重中国传统家庭文化对于政治共同体的建构、维系和涵化作用。在他看来，相比西方传统强调个体主义与组织权力，中国传统则更为注重人伦主义与关系生发。[3] 在此基础上，相关研究提炼出中国传统政治秩序的重要特质在于公家秩序的层累性，包含人伦主义、治人主体和礼法体制诸维度。[4] 依此而论，中国传统秩序难以完全化约为君主私家的权力延展，其中更存在社会之于政治的范导作用，表现为公家秩序的层累建构过程。君主权力受到来自天理、人伦与社会共同体的规约。

专制论古史叙事难以全然揭示历史中国的政治实相。钱穆提示在注意时代意见的同时重视历史意见。"历史意见，指的是在那制度实施时代的人们所切身感受而发出的意见。这些意见，比较真实而客观。"[5] 相比时代意见，历史意见尤其是传统儒家的政治论说更为切近传统政治的实然状态。美国学者史华慈的相关论断颇能折射当代学人研治中国古史的时代意见。他曾指出："为什么千百年来受苦于这个权力毫无限制的结构的儒生，不曾好好思考过要向这个旧结构挑战？"[6] 这一设问亦不免陷入政治简化论域。其实，传统儒者对于君主专制同样有所敏感，却不易陷入政体简化思维。最为典型的当属宋儒的君主论。他们一方面主张君主集权和

---

[1] 关于韦伯中国学研究的限度，已有研究从政治哲学角度予以辨析。参见陈赟《"家天下"还是重审儒家秩序思想》，《探索与争鸣》2021年第3期。
[2] 参见陈壁生《从家国结构论孝的公共性》，《船山学刊》2021年第2期。
[3] 钱穆《晚学盲言》（上），第747—758页。
[4] 任锋《论公家秩序：家国关系的历史政治学阐释》，《北京行政学院学报》2022年第2期。
[5] 钱穆《中国历代政治得失》，九州出版社2021年版，前言，第2—3页。
[6] 史华慈《中国政治思想的深层结构》，许纪霖、宋宏编《史华慈论中国》，新星出版社2006年版，第26页。

权威巩固，如孙复《春秋尊王发微》所论；另一方面则反对君主专制，如吕祖谦对宋孝宗君权专断的批评："苟万机独运，大臣而下皆为人所易，则人主岂能独尊重哉"[1]，他劝谏孝宗绍述北宋时期的君臣共治模式。如何理解宋儒这类看似悖论式的历史意见？可以看出，宋儒将专制与集权予以严格区分，恰恰映射出中国传统政治中存在相当比重的非专制政治要素。譬如就有研究提出北宋中枢政治呈现宰辅专政的特点。[2] 依此而论，宋代政治变迁表现出君权巩固和君臣共治的交织互动态势。

就政治统治理论而言，政体简化论将中国传统政治在"统"的层面解析为君主专制，并认为这一结构完全限定和扭曲着权力在"治"层面的良善运用。换言之，统与治的关系在此被简化理解为单向度的决定与被决定关系。实际上，已有研究指出，在秦汉以后传统政治中，统与治的关系呈现复杂的交织互动关系。[3] 钱穆则将这一论题置于更为宏阔的中西比较视域中加以论析："中国政治是一个'一统'的政治，西洋则是'多统'的政治。"[4] 相比西方政治和文化的多统分立，历史中国在先秦时期即已达成大一统立国规模与立国精神的初步奠基。任锋指出，大一统立国本位论包含共同体大群生活聚合、中心性政治制度与普遍且有包容性的文教体系三个层面。[5] 大一统在古今政治变迁历史进程中体现出中心统合主义的通贯性。[6] 可以看出，大一统政治蕴含多维度、多层次的复杂宪制机理，并不等同于普遍王权对政治共同体各个领域的专断宰制。[7] 就此而论，中国古代专制论虽能切中传统政治在法度层面存在的弊病，但在政体简化思维作用下，却将大一统化约为君主专制以及文化专制；同时亦往往将专制政体处理为一个通盘的秩序否定

----

〔1〕 吕祖谦《淳熙四年轮对劄子二首》，黄灵庚点校《吕祖谦全集》，第1册，浙江古籍出版社2008年版，第58页。

〔2〕 王瑞来《宰相故事：士大夫政治下的权力场》，中华书局2010年版，第13页。

〔3〕 曹正汉《论郡县制国家的统与治》，《学术界》2021年第8期。

〔4〕 钱穆《中国历史精神》，九州出版社2012年版，第23页。

〔5〕 任锋《大一统与政治秩序的基源性问题：钱穆历史思维的理论启示》，《人文杂志》2021年第8期。

〔6〕 李欢、任锋《民主集中制与大一统国家的现代建构》，《中央社会主义学院学报》2021年第4期。

〔7〕 实际上，大一统政治的重要理论渊源，正是来自汉代儒家对秦代君主专制思维的批判与扬弃。参见张祥龙《拒秦兴汉和应对佛教的儒家哲学：从董仲舒到陆象山》，广西师范大学出版社2012年版，第41页。

型概念，在理论层面易导致古今之间的政学断裂。关于历史中国大一统的秩序机理与古今变迁，如若仅以政体论对之予以解析，则政体概念负荷过重，因而须引入复杂的宪制秩序思维方能展现其中深层意蕴。

三、政学关系与士人政治

由于士人政治蕴含超越家产支配的制度因素，君主与士人的政治关系呈现复杂的互动形态。关于这一论题，既有研究认为，中国古代专制主义的重要表现在于，"全体臣民对单一君主的人格依附与单一君主对全体臣民的人身支配"[1]。钱穆的相关论断适对类似观点构成回应。中国古代君臣关系难以完全化约成为主奴式人格依附关系。钱穆指出，中国传统政治的显著特质在于政治与学术紧密联系，两者的规范关系是："'学治'之精义，在能以学术指导政治，运用政治，以达学术之所蕲向……故中国传统政制，一面虽注重政学之密切相融洽，而另一面则尤注重于政学之各尽厥职。"[2] 君主代表治统，士人则承载道统，道统高于且规约治统，这是中国传统政治非专制性的突出表现。秦汉以后的中国古代政体并非一元化君主制，而主要表现为治统与道统之间的二元相维互动。

君臣主从关系的存在并不意味着君主专制。传统儒家对规范君臣关系自有高标："君臣之名，从天下而有之者也……出而仕于君也……以天下为事，则君之师友也。"[3] 黄宗羲将君臣关系理解为基于权力分工的伙伴关系，在治理天下方面，儒臣可为君主的师友。另外，传统政治注重通过制度机制涵养君德，如经筵制度、谏诤制度等。钱穆指出，君德基本要义在于君主具备端拱无为的为政风格和尊贤容众的政治风度。"君臣在政府，各为一伦，亦当双方对等，各尽自己一方之义务……至于犯颜直谏、守正不阿之臣，散见史册，更难历数。此等皆在君臣一伦中，发挥制衡作用。"[4] 历代政治不乏较高政治风度的君主，他们能够尊贤容众，

[1] 阎步克《政体类型学视角中的"中国专制主义"问题》。
[2] 钱穆《政学私言》，第81页。
[3] 黄宗羲《明夷待访录》，吴光点校《黄宗羲全集》，第1册，浙江古籍出版社1985年版，第5页。
[4] 钱穆《晚学盲言》（上），第462、470页。

与儒臣共成事功，如汉文帝、唐太宗、宋神宗等；同时亦不乏直言劝谏的名臣，如魏徵、司马光等。在政学二元格局中，君臣之间并非主奴式人格依附关系，而是儒臣尊君与君主礼臣的相维关系。

钱穆进而论及君主与士人的权力分工："中国传统政治理论，是在官位上认定其职分与责任。皇帝或国君，仅是政治最高的一个官位。"[1] 在中国传统政治中，包括君主在内的所有政治层级均有对应的权责与法度，体现在诸多方面。其一，君主与宰相的职权分工。相权定型于秦汉时期，历经中古时期的曲折演进，至唐代发展成熟。君权受到相权规约，如依照唐制，君主诏令须宰相副署方为正当，而未经副署的诏令则被称为"斜封墨敕"。[2] 其二，行政权与监察权的分立。"御史本是代替皇帝和宰相来负责监察政府下面官员之称职胜任与否，而谏官则是负责来监察皇帝的。"[3] 作为调节机制，台谏维系着士人政府的平衡运转，同时规约君权的运用。其三，行政权内部的职能分工。如隋唐以来定型的六部制度，各部掌相应的职权，"职权既定，分层负责，下级官各有独立地位。几乎政府中许多重要职权都分配在下级，而由上级官综其成。"[4] 各部及部门之内各个层级之间均有相当程度职权独立。如吏部执掌铨叙事宜，主持官员的考课，其职权独立不受其他部门侵扰。士人政府并非君主意志的执行机构，而是在权力分工基础上，具有很强的独立性与能动性。就权力运行而论，中国传统政治亦不能化约为君主专制。

既有研究认为，官僚体系的自主性难以形成对君权的制约，反而易成为君主专制的权力工具。[5] 与之相应，钱穆则指出，儒家士人既不同于行政官僚，亦有别于文人学者，主要是以通经致用为理念的政治主体。参政议政是历代儒家士人的通见共识。如东汉太学清议，儒生激浊扬清，参议时政，致力扭转东汉后期政治颓势。再如北宋庆历士人群体，复兴儒学，主持庆历新政，推进政治变革。儒者经世兼顾政治与社会，或参议政治改进时政，或从事教化敦厚风俗。而涉及政策执行层面，则主要由法吏操持。因此，对中国传统政治的解读，官僚理论更适宜用来分析

[1] 钱穆《国史新论》，第82页。
[2] 钱穆《中国历代政治得失》，第46页。
[3] 钱穆《国史新论》，第97-98页。
[4] 钱穆《国史新论》，第103页。
[5] 阎步克《中国传统政体问题续谈》。

法家吏治，而关于儒家文治，这一分析框架有其限度。[1] 官僚制偏重于指向事务官及执行权，然而士人群体却并非仅政务执行者，而是具有政治创议权的政务官。美国学者列文森基于韦伯的官僚理论解析中国传统政治，最终发现儒家士人阶层的诸多非官僚特质。[2] 事实上，由于道统的独立性，儒士并非消极的行政官僚，而主要是能动的政治主体。他们通学致用、以道事君，经纶政治社会秩序。

既有研究往往将钱穆认定为中国古代非专制论的代表人物。事实上，钱穆对传统政治中的专制主义有着独到而深切的批评。相比政体简化论者，他的这些论断往往更为鞭辟入里、切中要害。如他对汉武帝时期政治的批评："而汉武帝当时所以斡旋朝政，独转乾纲者，则在其以文学为侍中。削外朝之权而归之内廷。"[3] 再如他对明清君主专制的系统批判："故中国政制之废宰相，统'政府'于'王室'之下，真不免为独夫专制之黑暗所笼罩者，其事乃起于明而完成于清。"[4] 明太祖废除宰相导致中国传统政治恶化，君主专制酷烈。"清代政治，制度的意义少，而法术的意义多。"[5] 清代政治中法术比重大折射出君权的专横性与任意性。钱穆指出，清代君主专制体现在诸多层面，主要表现在政学关系颠转、相权衰微、士人政府功能蜕化与君臣关系扭曲变异等诸多方面。他亦指出，近代以来学术思想界弥漫的政体简化论古史叙事，其实是将对明清君主专制认知投射到整个中国传统政治上得出的以偏概全之论。钱穆并非是古非今的复古论者，他亦认识到君主政治存在的弊端，因而认为，"辛亥革命，将二千年遞嬗之王室，一旦扫除，洵为快事"[6]。作为积极的共和建设论者，钱穆指出，现代政治建设应自本根生，因而须超越政体简化论，探究本国优良政治传统，建设自适本国历史与国情的现代民主政治。

---

〔1〕 关于官僚制理论之于中国古代士人政治的适用限度，参见姚中秋《领导性治理者：对士大夫的历史政治学研究》，《江苏行政学院学报》2021年第2期。
〔2〕 列文森《儒教中国及其现代命运》，郑大华、任菁译，中国社会科学出版社2000年版，第34—37页。
〔3〕 钱穆《秦汉史》，第90页。
〔4〕 钱穆《国史大纲》（修订本），上册，第27页。
〔5〕 钱穆《中国历代政治得失》，第142页。
〔6〕 钱穆《政学私言》，第12页。

由此可以看出，钱穆并未拒斥中国古代专制论。在他看来，即便在政体层面，中国传统政治亦深具变化，非仅用专制政治可以涵括。因而钱穆政治史学的重要理论启示在于有限度地接收政体论，一方面是肯认政体论的解释与批判功能，另一方面则认识到其理论限度。前者相较政体简化论更强调传统政制的复杂性，推动展开更为复杂的政体研究，后者则为重新激活治体论传统提供契机。钱穆兼顾政体论与治体论，构建出理解中国政治变迁的综合性理论视域。在古史叙事之外，钱穆的现代转型论亦能体现出这一综合论域。他得出关于近代中国政治转型的独到理解，克服模仿式现代立国路径，倡导建设自适国情的民主政治，提出强化现代宪制的礼治精神、注重民主的公忠原则、贤能政治等主张。[1] 在大一统立国宪制视域下，钱穆的历史政治学以治体论拓展政体论，形成了古今相维的现代政治建设思考。[2]

四、秩序构建视野中的政治宪制机理

在古史叙事方面，政体简化论存在双重简化。其一，将中国古代政体整全地认定为君主专制，认为数千年中国古代政治变迁的主线即为专制政治产生、发展、顶峰与解体的连续性历史进程。其二，将复杂的传统政治秩序简化到政体这一维度，进而化约成一种政体决定论，认定这一专制政体结构决定着传统经济、社会、文化乃至哲学等方方面面。有鉴于此，钱穆通过反驳中国古代专制论，提示出传统秩序机理的复杂面相，再现了中国传统政治变迁的内在视域。钱穆并未拒斥西方政体学说，而是将之安顿在中国政治思维中，兼顾政体与治体双重视野，开拓出综合性的政治理论视域。

治体论蕴含了治道、治法与治人等三类要素互动的复合结构。相较政体论的权力政治思维，治体论更关注宪制秩序的建构与维系，揭示出历史中国政治秩序的复杂机理，因而构成对政体论的视域拓深。在治体视域中，我们需对传统君主政体重

---

〔1〕 钱穆《政学私言》，第 13-16 页。

〔2〕 任锋《国有与立：钱穆的历史政治思维》，《江苏行政学院学报》2021 年第 1 期。

新估定。其实，在代议民主制、复合共和制等现代政制出现之前，政体形式的选择深受共同体政治规模的限定。如法国思想家卢梭认为："一般，民主政府就适宜于小国，贵族政府就适宜于中等国家，而君王政府则适宜于大国。"[1] 在此，民主制主要指古典时代的直接民主政体。钱穆对此亦有类似观察。[2] 依此而论，君主政制在传统时代体现出深刻二重性：既存在权力运作的专制倾向，亦具有秩序建构功能。早在先秦时期，中国即已形成广土众民的超大规模政治共同体。对于大一统政治秩序的生成与维系，君主政制发挥了重要的秩序整合作用。[3]

相比政体思维聚焦权力分配与政制设计，治体思维更为注重制度的通贯性与系统性。周公创发的礼乐政治在治体传统中具有奠基作用。钱穆概括性地指出："故礼必成体，即兼融并合此政治、伦理与经济之三方面而成为一治体也。"[4] 中国政治传统从根源上出于礼乐文明，治体思维即生发其间。周公并非纯然理论家，而是历经政务乃至战争磨砺的政治家。周公制礼作乐，寄寓理论于实践之中，既体现着他对大一统封建秩序的宏远筹划，亦透射出其对治体原理的深邃思考。周代礼乐成为后世儒家传统的渊源与奠基。比较而论，西方政体理论则主要生发于古希腊政治哲人的理论思辨。相比起来，治体论镌刻着深厚的实践品格，体现出中国古代先贤秉持的政学相维式治道理念。周公创制并非凭空地进行制度设计，而是筑基于历史经验，尤其是绍述文王之道，在对先王法度加以因革的基础上有所创发，实现了先秦大一统秩序的升华与飞跃。

此外，周人将封建、宗法与井田等加以调配，注重制度之间的搭配整合，进而创制出相维互动的体制系统，这对后世治体论的典章制度思维产生了深远影响。[5] 诚如钱穆所论："每一制度，必前有所因，无可凭空特起……同时必与其

[1] 卢梭《社会契约论》，何兆武译，商务印书馆 2003 年版，第 83 页。
[2] 钱穆《中国历代政治得失》，第 8-9 页。
[3] 已有研究从广义宪制论视域考察了皇帝制度之于秦汉以后大一统政治秩序的聚合作用，参见苏力《大国宪制：历史中国的制度构成》，北京大学出版社 2017 年版，第 30-39 页；另见苏鹏辉《王何以尊：共同体构建中的君道与政制》，《学海》2021 年第 6 期。
[4] 钱穆《周公与中国文化》，载氏著《中国学术思想史论丛》（一），九州出版社 2011 年版，第 154 页。
[5] 关于治体论典章制度思维的研究，参见沈蜜、任锋《制度为什么是通的？——作为政书范例的〈通典〉与国家治理传统》，《学海》2021 年第 6 期。

他制度相通合一，始得成为某一时代、某一政府之某一制度。"[1] 中国古代制度
呈现为相通相因的有机体系。因而在古代先贤看来，政治制度并非孤立成立，而须
与经济、社会和文化等各方面事实相互配合、相互作用。值得指出的是，治体论虽
强调制度的重要性，但未陷入制度主义的迷思，亦与政体论催生的法治与人治二元
思维有所差异，而是强调制度与人事、道理的有机衔接、良性互动。在治人层面，
治体论尤为注重领导者的政治德行与治理者的能动性，典型如儒家主张在君臣相与
基础上，形成君道无为、臣道有为的相维格局。传统君道观、职分论与君主专制论
抑或是开明专制论存在分野，很难将之化约为君主专制的权宜之术。

　　在制度变迁方面，治体论传统形成了独到而深刻的理解。政体论主张优良制度
的普适性和进化论，其简化思维易陷入制度模仿或移植的变革迷思。而治体论传统
更为注重制度的自主建设和损益更新，主张立国政治的古今相维，积累形成了丰富
而独特的制度变革思路。治体论注重对立国形态规模的尊重承接，在此基础上生成
了保守稳健型变革思路。[2] 有别于政体简化思维诉诸通盘性制度变革，治体变革
论更为关注通过制度之外各项要素的转换与调试，以期收获稳健而经久的变革效
果，蕴含丰富的政治变革智慧，如文质、损益、宽猛、刚柔和更化等。钱穆论及西
汉初年的政治变迁："故汉初之规模法度，虽全袭秦制，而政令施行之疏密缓急，
则适若处于相反之两极焉。"[3] 在黄老道家影响下，汉初推行恭俭无为之政，逐
步革除严酷繁苛的秦政积弊。又如北宋初年，赵宋统治集团通过兼顾"立纪纲"
与"召和气"，革除唐末五代惨刻之政，奠定宋代文治立国形态。[4] 再如明代后
期，内阁首辅张居正主张治体用刚、绍述明初"祖制"，凭借权威巩固以推进政治
变革。[5] 再如晚清时期的经世学派提倡法意式政治革新思路。[6] 国史中丰富的

---

〔1〕 钱穆《中国史学名著》（第二版），生活·读书·新知三联书店 2005 年版，第 165 页。
〔2〕 任锋《立国思想家与治体代兴》，第 87 页。
〔3〕 钱穆《秦汉史》，生活·读书·新知三联书店 2004 年版，第 50 页。
〔4〕 参见邓小南《祖宗之法：北宋前期政治述略》（修订版），生活·读书·新知三联书店 2014 年版，
　　第 9—14 页。
〔5〕 参见高寿仙《治体用刚：张居正政治思想论析》，《江南大学学报（人文社会科学版）》2013 年
　　第 1 期。
〔6〕 参见孙明《从"法立弊生"到"回归法意"——制度哲学视野下的嘉道"积弊"论说再认识》，
　　《中国哲学史》2020 年第 3 期。

变革实践案例体现出传统政治中深刻的变革经验。

若从治理角度而论，治体论传统将中心议题泊定于政治共同体的秩序整合、长治久安和文明更新，因而可为当代国家治理现代化建设提供历史借鉴和理论资源。钱穆尤其注重对礼乐治理传统的揭示："中国人观念，国之本在民，民之本在其生，而民生之本则在有积世相传、道一风同之共同标准，即所谓'礼乐教化'。"[1] 一方面，礼乐依人情而作，因而不同于强制性政令，强调对社会自治力量的涵养与尊重；另一方面，礼乐内含教化维度，因而亦有别于相对化的地方风俗，注重振起社会文教以实现人文化成。礼治型治体传统超越政体论的权力分配及对抗思维，蕴含丰富而深刻的通达善治之道。[2] 在此亦可看出，礼治传统的精义在于为政治权力设定社会边界，同时兴起文教范导民众成为积极的治理主体，因而就政治与社会关系而论，中国传统政治与君权全面控制社会的专制政体存在极大分野。结合当代治理理论来看，治体论的礼法相维兼顾国家治理与社会自治，因而可为当代国家治理现代化建设提供丰厚的历史文化资源。

综上而论，钱穆并未完全否定中国古代专制说，而是反对将中国古代政治整全地理解为均质且连续递进的君主专制政体，他进而批判类似论断之中蕴含的政体简化思维。钱穆政治史学揭示出中国传统政治的诸多非专制向度，主要表现为：政体精神方面，公天下、天命观与君德论构成对君主政治的规导；政治关系方面，在君主治统与士人学统相维互动基础上，儒者尊君与君主礼臣典制深刻规范着传统时代的君臣关系；政治结构方面，士人并非消极的行政官僚，而是积极能动的政治主体，士人政府构成对君主权力的强力规约；整体秩序方面，由于儒家传统的深刻影响，中国传统秩序并非政治权力全面统制社会，而是形成国家权力与社会权力的相异相维，即两者既相互差异又相维相制。值得注意的是，钱穆的政治史学亦蕴含深刻的政治批判精神，集中体现为其对明清君主专制政治的深刻批判。

基于对政体简化论的反思和超越，钱穆致力于还原中国传统政治的复杂图景。他并未拒斥西方政体学说，而是将之安顿在中国政治理论传统之中。理想、人物与

[1] 钱穆《晚学盲言》（上），第 315 页。
[2] 任锋《大国礼治何以重要？——政制崇拜、治体论与儒学社会科学刍议》，《孔子研究》2021 年第 6 期。

制度等治体要素在不同历史时期的变化重组影响着特定阶段的政体形态。专制这一概念虽能为认知古史提供学术便利，然而若用以涵摄中国数千年的政治变迁，难免陷入政体简化思维。因此，除横向比较中西政体之外，亦有必要对中国历代政治加以纵向比较，建构更为复杂的政体类型学。而治体论传统的复归与更新，使得钱穆政治史学充分激活了中国大一统宪制的秩序机理。在古今相维的历史政治学研究视域下，探究中国传统政制变迁，汲取古代先贤政治技艺，将之转化为当代政治发展的源头活水，是为钱穆政治史学的深远启示。

宗教与礼俗

海昏侯墓《衣镜赋》蜚虡神兽兼容黄龙形象的五行必然性

何 丹[*]

[内容提要]

　　海昏侯刘贺墓"孔子衣镜"上《衣镜赋》中实为"蜚虡"而写作"蜚㹴"的神兽形象，既为古代学者传言的"鹿头龙身"，又为《焦氏易林》的"麟趾龙身"，还是蔡邕所说"天官五兽"之中央土兽的"大角轩辕"。其中，"鹿头""麟趾""大角"，指向作为动物原型的"麒麟"；"龙身""轩辕"，指向"麒麟"神化形象所兼容的"黄龙"。而且，汉人选择"黄龙"融入"麒麟"的神化形象，有着时代的"五行"必然性。也即，在汉武帝改朔易服以来的五行理论之下，这是以"五灵"之"麒麟"匹配为"五星"之中央土星"勾陈"，与"中央土"又对应"五色"之"黄色"，以及"黄龙""勾陈"又都隶属"五帝"之中央"黄帝"，且汉武帝还确立了汉德与黄帝同为"五德"之"土德"、同以"黄龙"为符应的一种思想产物。

[关键词]

海昏侯墓；五行；神兽；麒麟；黄龙

---

* 何丹，南昌大学人文学院历史系副教授，历史学博士，江西省青年英才。本文系江西省文化名家暨"四个一批"人才工程——江西省宣传思想文化青年英才配套项目"海昏侯刘贺墓'孔子衣镜'纹饰的历史内涵解读"阶段性成果。

通过对海昏侯刘贺墓"孔子衣镜"上《衣镜赋》"蜚廉"一词的系列考察，笔者已经发现其本应写作"蜚虞"，并与《上林赋》实为"飞猿"的"蜚遽"有着根本不同，而是指古代学者传言为"鹿头龙身"形象的神兽，也即《焦氏易林》中"麟趾龙身"的神兽。而且，结合"蜚虞"得名与"钟虞"象物的联系，以及刘贺墓钟虞象物的"龙头虎身"神兽所刻画的双翼形象，还可推知"蜚虞"也应同样身有两翅，属于能够腾飞上天的翼兽。依据《衣镜赋》第二、三章的章句大义，还可确定西汉中期的"蜚虞"也具有"猛兽"的特性和辟邪除凶、守卫门户的功用，以及与右"白虎"、左"苍龙"、下"玄武"、上"凤凰"共同构成在地为"五灵"祥瑞、在天为"五星"星象的"五行"组合之事实。所以，其中匹配"五方"之中央方位的"蜚虞"正是"五行"属"土"，并与"五灵"之土兽"麒麟"、"五星"之土星"勾陈"形成了"五行"对应关系，因而"勾陈"才又同样被说成是"鹿头龙身"的神兽。

这也意味着，另有"天鹿"之称的"麒麟"，正是"蜚虞"在人间的动物原型；"鹿头龙身""麟趾龙身"的合体"蜚虞"，正是"麒麟"作为天宫神兽的神化形象；为"蜚虞"所称谓的"孔子衣镜"镜座象物，也正是麒麟这种神化形象目前可以确知的最早实物。不过，对此"蜚虞"神兽以"麒麟"为原型的实质，笔者虽然已从二者在身份、形象、人地层面的多重共通，正面论述了"蜚虞"的传说形象以"鹿头""麟趾"为原型指示、以"龙身"为神化创造，并在保留麒麟"一角""五趾"的标志性特征的同时，又在"麟身"附加有"龙鳞"的形象。但若要更为深入地了解麒麟的这种神化形象，实则还需要从反面阐明其"龙身"所兼容的具体对象与创造缘由。所以，本文针对《衣镜赋》"蜚虞"神兽"龙身"的形象，致力于解析其兼容"黄龙"特征的时代必然性，并借此麒麟的神化形象之例展示华夏神兽的创造与西汉中期五行思想相结合的艺术加工模式。

一、五灵之"麒麟"匹配五星之"勾陈"的星象必然性

"麒麟"既然被汉人纳入麟、凤、龟、龙、虎的"五灵"组合，并与"勾陈"形成匹配关系，便意味着"麟"作为"勾陈"星象的实质性灵兽，也具有与勾陈

自身特点相结合的必要性。同时，为之多见的"勾陈"星象之说，即是两汉之后对其为"鹿头龙身"的表述。比如，郭璞、《前书音义》与《广韵》，皆有关于"勾陈"为这种形象的明言。[1] 周祈则不仅指出"勾陈"为"鹿头龙身"的形象，还提到了它为五行之"土神"的身份。[2] 杨慎、陈元龙则还存在"勾陈"即"蜚虡"，且二者同为这种合体形象的言论。[3] 以此比较《衣镜赋》中"辟非常"的"蜚虡"与"除不祥"的"白虎""苍龙""玄武""凤凰"并为灵异祥瑞之物的情况，并联系《淮南子·兵略训》"所谓天数者，左青龙，右白虎，前朱雀，后玄武"的说法，[4] 以及《论衡·龙虚篇》"天有仓龙、白虎、朱鸟、玄武之象也，地亦有龙、虎、鸟、龟之物。四星之精，降生四兽"与《物势篇》"东方，木也，其星仓龙也；西方，金也，其星白虎也；南方，火也，其星朱鸟也；北方，水也，其星玄武也。天有四星之精，降生四兽之体"的说法，[5] 则还可知这些后人以"勾陈""蜚虡"的形象与定位皆为相同的观念，实则也正属于汉人意识。

只是，从表达方式来说，汉人又有着不同于"鹿头龙身"的描述。比如，东汉晚期大儒蔡邕的《月令章句》云："天官五兽之于五事也，左有苍龙大辰之貌，右有白虎大梁之文，前有朱雀鹑火之体，后有玄武龟蛇之质，中有大角轩辕麒麟之信。"[6] 可见蔡邕所谓的"天官五兽"，也即东方"苍龙"、西方"白虎"、南方"朱雀"、北方"玄武"与中央"大角轩辕"。对照上举《衣镜赋》的"五灵""五星"之说与其他有关四方星象的汉人言论，则还明显可见"天官五兽"又正是"五星"之星象，且"凤凰"也正可以视同为"朱鸟""朱雀"。所以，同样作为

[1]《史记》卷117《司马相如列传》，中华书局2013年版，第3680页；《后汉书》卷72《董卓列传》，中华书局1965年版，第2326页；陈彭年《宋本广韵》卷3，中国书店1982年版，第238页。分别详见裴骃集解"蜚虡"所引；李贤注"钟虡"所引；《宋本广韵》"虞"（即"虡"的本字）的释文。

[2] 周祈《名义考》卷2《天部·五行八卦》，《景印文渊阁四库全书》第856册，台湾商务印书馆1986年版，第312页。

[3] 杨慎《丹铅续录》卷8"勾陈"、《丹铅总录》卷8"勾陈"，《景印文渊阁四库全书》第855册，第203、403页；陈元龙《格致镜原》卷47《乐器类三·筍虡》，《景印文渊阁四库全书》第1031册，第734页。

[4] 高诱注《淮南子》，《诸子集成》（七），中华书局2006年版，第263页。

[5] 黄晖校释《论衡校释》卷6，中华书局2017年版，第177—178、331页。

[6] 苏舆撰，钟哲点校《春秋繁露义证》卷6，中华书局1992年版，第152页。《春秋繁露·服制像》注引。

中央神兽的"大角轩辕"与《衣镜赋》"蜚虡",便都具有象征中央土星"勾陈"的身份,蔡邕"大角轩辕麒麟"的说法则正是以"勾陈"及其星象为描述对象。而且,"大角轩辕麒麟"所运用的描述方式,虽然不同于"苍龙大辰""白虎大梁""朱雀鹑火",却又与"玄武龟蛇"相类。

以前三兽的描述而言,实际是以"大辰""大梁""鹑火"这三种星次之名,分别代指"苍龙""白虎""朱雀"这三方星象所各自象征的东方木星("岁星")、西方金星("太白")与南方火星("荧惑")。而这由"大辰"本为"苍龙"七宿之中"房、心、尾"的三宿总称,与"大梁"本为"白虎"七宿之中"胃、昴、毕"的三宿总称,以及"鹑火"本为"朱雀"七宿之中"柳、星、张"的三宿总称可知。如《尔雅·释天》即曰:"大辰,房、心、尾也。"[1]韦昭注《国语·晋语四》"岁在大梁",即曰:"岁星在大梁之次也。……自胃七度至毕十一度为大梁。"[2]《汉书·地理志下》即曰:"自柳三度至张十二度,谓之鹑火之次。"[3]所以,立足北方"玄武"又明确与这三方星象并为"四象"的情况,可以推测在"玄武龟蛇"与"大角轩辕麒麟"的说法之中,正当相应以"玄武""麒麟"分别代指北方水星("辰星")与中央土星("勾陈"),"龟蛇"与"大角轩辕"则分别是"玄武""勾陈"的星象。

其中,"龟蛇"应为"玄武"星象的事实,汉时的器物造型也可以提供佐证。比如,《汉书·哀帝纪》记载:元寿元年秋九月,"孝元庙殿门铜龟蛇铺首鸣"[4]。《宣和博古图·砚滴》收录的"二器"皆为"汉龟蛇砚滴","作龟负蛇而有行势,背为圈空,可以纳水"[5]。汉镜铭文对于所纹饰的四方星象,则存在称为"龙""虎""朱爵"("朱雀")与"龟蛇"的现象。[6]而且,镜铭以"龟蛇"称谓"玄武"的方式,也正与蔡邕《月令章句》之言相合;砚滴"纳水"的功能,又与"玄武"星象五行为水的属性相合,因而汉代铜镜纹饰、文具砚滴与门饰铺首所见

〔1〕《尔雅注疏》卷6,北京大学出版社1999年版,第175页。

〔2〕 徐元诰《国语集解》,中华书局2002年版,第344页。

〔3〕《汉书》卷28下《地理志下》,中华书局1962年版,第1651页。

〔4〕《汉书》卷11《哀帝纪》,第344页。

〔5〕 王黼著、诸莉君整理校点《宣和博古图》卷27,上海书店出版社2017年版,第499—500页。

〔6〕 王纲怀编著《汉镜铭文图集》,中西书局2016年版,第583页。《附表二》序号28镜铭:"左龙右虎辟五兵,朱爵龟蛇顺阴阳。"

的这些"龟蛇"合体造型,正意指北方水神"玄武"。这便也说明"五灵""五星"的匹配关系之中,天上的"玄武之象",既如《论衡·龙虚篇》所指出的以地上之"龟"为星象实质,又融合了"蛇"的特征。"龟""蛇"之间的这种主、次之分,则既是"龟蛇"称谓之先后顺序的原因,又是"龟蛇"造型以"蛇"附属于"龟"的依据,并还体现在汉镜铭文另有称"玄武"为"玄龟"的现象。[1]所以,不同于蔡邕对天官前三兽的描述方式,其"玄武龟蛇"的说法,乃是从主、次星象的角度而言。以此推之,在蔡邕"大角轩辕麒麟"的说法之中,"麒麟"所代指的也就确定是"五星"之"勾陈",类同于"龟蛇"的"大角轩辕"合体形象,也就明确为"勾陈"的主、次星象。

至于"勾陈"以"大角轩辕"为星象的内涵,结合蔡邕《五灵颂·麟》"皇矣大角,降生灵兽。视明礼修,麒麟来乳"的说法,[2]与高诱注《淮南子·天文训》所言"麒麟,大角兽"的称谓,[3]即可知被视为"灵兽""大角兽"的麒麟正是以头有"大角"为标志性特征,因而蔡邕"大角"的说法指示"勾陈"星象以"麒麟"为实质的情况,并呼应其以"麒麟"代指"勾陈"的用法,以及后人因于麒麟"天鹿"的称谓所描述的"鹿头"。同时,联系《史记·天官书》"南宫朱鸟,权、衡。……权,轩辕。轩辕,黄龙体"的说法与《集解》所引孟康"形如腾龙"的解释,[4]以及汉成帝重臣李寻以"黄龙"称谓"轩辕星"的方式,[5]可知蔡邕"轩辕"的说法又正是指"黄龙",并与后人"龙身"的描述呼应。所以,后人关于"勾陈"为"鹿头龙身"的说法,实则正是渊源于汉人的星象观念,蔡邕以"五灵"之"麒麟"代指"五星"之"勾陈"的用法,即是汉人以"麒麟"为"勾陈"星象之实质的确证;以"大角轩辕"为"天官五兽"之中央勾陈神兽的说法,即是"勾陈"星象还另外兼容有"黄龙"形象的明言。

〔1〕 王纲怀《汉镜铭文图集》,第 587 页。《附表二》序号 104 镜铭:"五帝昔时,建师四方,玄龟偵威,白虎驯仁。"
〔2〕 严可均辑、许振生审订《全后汉文》卷 74,商务印书馆 1999 年版,第 749 页。
〔3〕 高诱注《淮南子》,第 36 页。
〔4〕 《史记》卷 27《天官书》,第 1550、1553 页。
〔5〕 《汉书》卷 75《眭两夏侯京翼李传》,第 3186—3187 页。西汉善于推演阴阳灾异的官员李寻云:"太白发越犯库,兵寇之应也。贯黄龙,……随荧惑入天门。"颜师古注:"张晏曰:'黄龙,轩辕也。'"

综上所述，则古人所谓勾陈"鹿头""大角"的形象，是指勾陈星象的动物原型为麒麟，以及麒麟的标志性特征又为头首的大角；所谓"龙身""轩辕"，是指作为神兽的麒麟之身又兼容有"黄龙"的形象特征。古人"鹿头龙身""大角轩辕"的语序，则又类同于以"龟蛇"代指"玄武"的表述方式，而皆是相合于星象的主次之分。所以，在"五灵"与"五星"的"五行"关系之中，汉人既然又以"辟虎"与"勾陈"具有相同的形象与定位，则作为"麒麟"神化形象的"辟虎"神兽，也就必然参照了"勾陈"星象以为创造，因而"鹿头龙身""大角轩辕""麟趾龙身"这些不同的描述方式，实际都是指麒麟的神化形象；"辟虎"也即是针对麒麟这种神化形象及其象物的用途才特有的称谓；《衣镜赋》以"辟虎"的称谓与"白虎""苍龙""玄武""凤凰"并列的现象，本身便暗示了它既为"五灵"之"麒麟"，又为"五星"之"勾陈"的双重身份，及其兼容有"黄龙"特征的神化形象。

二、中央勾陈与麒麟对应五色之"黄色"的色彩必然性

在"五行"理论之中，"五星"之土星"勾陈"的星象，已知以"麒麟"为实质性的匹配神兽，并兼容有特指"黄龙"的"龙身"形象。至于这种形象的看法由来，若透过《史记·天官书》有关"北斗七星"包含"杓携龙角"的星象之说，以及《文耀钩》"玉衡属杓，魁为璇玑"的定义与孟康"龙角，东方宿也。携，连也"的解释，[1] 感觉"杓携龙角"的北斗星象似乎可以作为勾陈"龙身"的天文依据。尤其是，《说苑·辨物》所述孔子"璇玑，谓北辰句陈枢星也。以其魁杓之所指二十八宿为吉凶祸福"的言论，[2] 还意味着汉人普遍存在以"璇玑"代指"北辰句陈枢星"（即"北斗"）的称谓方式和认为"魁""杓"分居北斗构成之主、次地位的观念，及其与"龙身"为勾陈星象次要组成恰好相符的情况。所以，勾陈星象、辟虎神兽与神化麒麟的"龙身"，应当存在以"杓携龙角"的星象为天文依据的事实。

不过，若仅从星象的角度而言，为"龙身"所象征的对象，也就应当是斗杓

----

[1] 《史记》卷 27《天官书》，第 1542 页。分别见于司马贞《索隐》、裴骃《集解》所引。

[2] 刘向撰、向宗鲁校证《说苑校证》，中华书局 1987 年版，第 442 页。

所连携的东方"苍龙"之宿。而这相比蔡邕"大角轩辕"以"黄龙"为"龙身"的说法，既有着种类的吻合，又有着色彩的差异。究其原因，则是麒麟"龙身"作为参照"勾陈"星象的产物，还同时受到了"五方""五行"与"五色"之间对应关系的支配。具体来说，不仅"五灵""五星"分别匹配有五行属性，"五方""五色"与"五行"之间也有着固定关系。比如，就"五色"与"五行"而言，《逸周书·小开武解》云："五行：一黑，位水；二赤，位火；三苍，位木；四白，位金；五黄，位土。"[1] 又如，就"五方"与"五色"而言，《周礼·考工记·画缋》云："东方谓之青，南方谓之赤，西方谓之白，北方谓之黑，地谓之黄。"[2]《说文》曰："青，东方色也""白，西方色也""赤，南方色也""黑，北方色也""黄，地之色也"。[3]《黄帝内经》亦云："东方青色""南方赤色""中央黄色""西方白色""北方黑色"。[4]《左传·昭公十二年》则载："黄，中之色也。"[5] 对照之下，也即东配青、西配白、南配赤、北配黑、中配黄，而"青"又可称为"苍"；苍配木、白配金、赤配火、黑配水、黄配土，而"黄"又被视为"地之色"。

若再联系上举《史记·天官书》的"朱鸟"、汉镜铭文的"朱爵"，与《淮南子·兵略训》《月令章句》的"朱雀""玄武"，以及《论衡》"朱鸟""玄武"的这些星象称谓，结合《周礼·春官·大宗伯》"以黄琮礼地，以青圭礼东方，以赤璋礼南方，以白琥礼西方，以玄璜礼北方"的礼论，[6] 则还可知"赤"也被称为"朱"；"黑"也被称为"玄"。但就"中央"与"土"的色彩而言，则都统一称为"黄"或"黄色"。所以，基于这种明确的"五色"对应关系，用以匹配"五行"之"中央土"的勾陈与麒麟，自然也理应为"黄色"，因而认为"勾陈"星象的"龙身"为"黄龙"的看法，实则正是与"勾陈"匹配"中央土"、对应"黄色"的五行关系相适应。然而，以汉武帝郊祀所获"一角"之"麟"又为"白麟"的

〔1〕 黄怀信《逸周书校补注译》，西北大学出版社 1996 年版，第 143 页。
〔2〕 《周礼注疏》卷 40，北京大学出版社 1999 年版，第 1115 页。
〔3〕 许慎撰、段玉裁注《说文解字注》，上海古籍出版社 1988 年版，第 215、363、491、487、698 页。
〔4〕 姚春鹏译注《黄帝内经》，中华书局 2010 年版，第 31—33 页。
〔5〕 《春秋左传正义》卷 45，北京大学出版社 1999 年版，第 1301 页。
〔6〕 《周礼注疏》卷 18，第 478 页。

色彩来看，作为汉时"灵兽"的麒麟，则正是存在加以改造的必要。

比如，《史记·封禅书》记载：汉武帝"天子苑有白鹿，以其皮为币，以发瑞应，造白金焉。其明年，郊雍，获一角兽，若麃然。有司曰：'陛下肃祇郊祀，上帝报享，锡一角兽，盖麟云。'于是以荐五畤，畤加一牛以燎。锡诸侯白金，风符应合于天也"[1]。又如，《汉书·武帝纪》记载："元狩元年冬十月，行幸雍，祠五畤。获白麟，作《白麟之歌》。"[2]《宣帝纪》记载：本始二年，宣帝为汉武帝"加尊号"以"世宗"的诏书中，所列举武帝堪立世世祭祀之宗庙的"功德"，即包括"符瑞应，……白麟获"[3]。《终军传》记载：济南人终军"从上幸雍祠五畤，获白麟，一角而五蹄"[4]。其中，对于此麟"一角兽"的称谓与"一角而五蹄"的描述，又可以呼应蔡邕"大角轩辕"之说的"大角"与《焦氏易林》"麟趾龙身"之说的"麟趾"，因而"大角"即"一角"、"麟趾"即"五蹄"，皆为汉武帝时所获真实麒麟的本身形象，并被用以指示"蜚虡"神兽的原型与"勾陈"星象的实质。所以，"轩辕""龙身"所代指"蜚虡""勾陈"的黄龙之身，正是麒麟神化之后才有的兼容形象。

只是，此次获麟之事的存在，不仅点明了麒麟本为真实动物而又具有帝王祥瑞身份与天上神兽地位的情况，还意味着按照汉时以颜色对于祥瑞的分类来说，由"白鹿""白金"所引发得之的"白麟"，应当被归入白色祥瑞的范畴，并不属于"黄祥"，[5] 因而若以这种"白麟"直接匹配为"勾陈"星象，则势必会与"勾陈"五行之色为"黄"的对应关系发生冲突，因而与"黄色"存在矛盾的"白麟"，也就产生了加以色彩改造的必要。改造之后的麒麟，理应特指"黄麟"。与此呼应，对于作为神兽的麒麟，后世文献恰是存在称之为"黄麟"的现象。如《神仙传·王远》云：神仙王远出行，"唯乘一黄麟"[6]。《拾遗记·魏》云：汉

---

〔1〕《史记》卷 28《封禅书》，第 1667 页。
〔2〕《汉书》卷 6《武帝纪》，第 174 页。
〔3〕《汉书》卷 8《宣帝纪》，第 243 页。
〔4〕《汉书》卷 64 下《严朱吾丘主父徐严终王贾传下》，第 2814 页。
〔5〕《汉书》卷 27 下之上《五行志下之上》，第 1442 页。汉时对于祥瑞、灾异，按颜色有着分别的称谓。黄色的祥瑞，即称为"黄祥"；反之，则称为"黄眚"。如《汉书·五行志下之上》即记载：刘向以为"土色黄，故有黄眚黄祥"。
〔6〕葛洪撰、谢青云译注《神仙传》，中华书局 2017 年版，第 87 页。

末魏兴之际，"沛国有黄麟见于戊己之地，皆土德之嘉瑞"[1]。而以"黄麟"为神仙坐骑的说法，即明示了其具有天上神兽的地位；以"黄麟"为土德嘉瑞的说法，则又符合其被视为天降祥瑞的身份与五行属土的观念。所以，从色彩的角度而言，被纳入五行理论之中的"麒麟"，正是指神化之后的"黄麟"。

调和事实为"白麟"与五行为"黄麟"之间矛盾的方式，也便自然是借助同样被奉为政治嘉祥的黄色动物以实现色彩的转化。而以"麒麟"匹配"勾陈"，勾陈又包含"枸携龙角"的星象情况，结合汉儒常有将"黄龙"作为帝王施行王道德政之动物类符应灵物，且与"凤皇""麒麟""神爵"（即"朱雀"）和"白虎"这类具有"五灵"地位的灵物所并列的现象，即可知龙属的"黄龙"恰是会被纳入首选的"黄祥"对象。对此推理，实际还有汉武帝的"协瑞"举措可为事实例证。据《汉书·武帝纪》记载：太始二年三月，武帝"诏曰：'有司议曰，往者朕郊见上帝，西登陇首，获白麟以馈宗庙，渥洼水出天马，泰山见黄金，宜改故名。今更黄金为麟趾褭蹄以协瑞焉。'因以班赐诸侯王"[2]。这则"今更黄金为麟趾褭蹄"的武帝协瑞政策，刘贺墓发现的麟趾金、马蹄金，便是一种实物证明。而且，用以协瑞的麟趾金，从诏书所言，还可知正是以"白麟"为本体，并以"黄金"为材质铸造。所以，作为"黄祥"的"黄麟"，相应也就存在以"白麟"为本体而兼容"黄龙"之"黄色"的可能性。

那么，汉武帝为何会铸造这种合二为一的祥瑞象征物？联系此则诏书发布之前的"太初元年"，汉武帝已经在"夏五月"完成了"正历，以正月为岁首。色上黄，数用五，定官名，协音律"的汉礼改革来看，[3]"今更黄金"以为铸造的做法，则正是当与"色上黄，数用五"的礼制相应和，因而麟趾金的铸造也就确应纳入五行理论予以考虑。其中，"故名"为"白麟"的麒麟，在"更黄金为麟趾"的做法之后，也便相应"宜改故名"而为匹配五行之"中央土"的"黄麟"，"黄金"也即是借以展示"黄麟"为"五色"之"黄色"的金属材质。所以，"麟趾金"的存在，证实"五行"之下的"黄麟"概念，以及"蜚虡"以"白麟"兼容

---

[1] 王嘉撰、萧绮录、齐治平校注《拾遗记》卷7，中华书局1981年版，第163—164页。
[2] 《汉书》卷6《武帝纪》，第206页。
[3] 《汉书》卷6《武帝纪》，第199页。

"黄龙"的神化形象，与其匹配为勾陈"大角轩辕"星象的观念，在汉武帝时期已经事实存在。

综上所述，则汉时以"白麟"融合"黄龙"的"黄麟"神化形象，已经伴随汉武帝的礼制改革与协瑞举措而产生，并与武帝所制定的"上黄""用五"的礼制相适应。其中，"黄麟"之"黄"以及"麟趾金"之"金"，即意指"白麟"神化之后所兼容的"黄龙"形象，而作为麒麟神化形象的"黄麟"，也即《衣镜赋》五行系统中的"蜚虡"，其与"五色"之"黄色"的对应关系，便正是因为"黄龙"形象的融入才得以确立。所以，从"五色"的角度而言，《衣镜赋》列于中央之位、五行属土的"蜚虡"神兽，还可以相应称作"黄麟"而匹配为"勾陈"星象；其他与之并为"五灵""五星"星象的四方神灵鸟兽，则又可以分别称作赤凤（或"朱凤"）、玄龟（或"黑龟"）、青龙（或"苍龙"）、白虎。而且，有关麒麟为"鹿头龙身""麟趾龙身""大角轩辕"的这种形象创造，以汉武帝麟趾金为其发端的情况，实则还与"蜚虡"一词首见于《史记·司马相如列传》的现象相呼应。[1]

三、祥瑞黄龙与勾陈隶属五帝之"黄帝"的天域必然性

虽然已知五行理论之中的"黄麟"，正是因为兼容有"黄龙"的形象，才终究确立为"黄色"的情况，但实际可供汉人选择的同类"黄祥"，又不仅仅是"黄龙"，还有"飞黄"。这从汉儒也存在以"飞黄"与"凤皇""麒麟""青龙"并为帝王祥瑞的少见说辞可知。如《淮南子·览冥训》云："昔者黄帝治天下而力牧太山稽辅之，……凤皇翔于庭，麒麟游于郊，青龙进驾，飞黄伏皂。"高诱注："飞黄，乘黄也，出西方，状如狐，背上有角，寿千岁。皂，枥也。"[2] 由"寿千岁"的传言，可以明见"飞黄"也具有神兽的地位。从"飞黄"又称为"乘黄"，而"乘黄"不过是一种真实存在的黄马来看，"飞黄"也只是一种具有神马身份的黄色骏马。如毛亨传《诗·国风·郑风·大叔于田》"乘乘黄"，即曰："四马皆

---

[1] 《史记》卷117《司马相如列传》，第3678页。
[2] 高诱注《淮南子》，第94-95页。

黄。"〔1〕孔颖达疏《礼记·杂记上》"陈乘黄大路于中庭",又言"乘黄,谓马也。大路谓车也。陈四黄之马于大路之西,于殡宫中庭"。〔2〕所以,"飞黄""乘黄"的种属为"马"无疑,这与对其"伏皂""伏枥"的描述也相合,其毛色则是两种称谓都有明示的"黄",因而这种黄色骏马也应当归属于"黄祥"的范畴。

那么,在"黄龙"与"飞黄"之间,为何会是"黄龙"的形象,成为麒麟最终兼容的对象?这实则不仅由二者龙、马的种属与勾陈"杓携龙角"的星象关联差异所决定,也受到了"黄龙""勾陈"都与五帝之"黄帝"存在隶属关系的既有观念的影响。比如,在《淮南子·天文训》以"何谓五星"所言及的"五方帝"系统中,"黄龙""镇星"(即"勾陈")便已经被认为同属神司"中央土"的"黄帝"所统辖,且由其"中央土也,其帝黄帝,其佐后土,执绳而制四方"的说法来看,"黄帝"还正是被奉为"五帝"之首,而与之相为匹配的"土""中央""后土""镇星""黄龙",在"五行""五方""五佐""五星""五兽"的概念之中,也即分别居于首位。〔3〕这便意味着"黄龙"在西汉前期的五行理论之中具有重要地位,而未能列入这一体系的"飞黄"自然也就位居"黄龙"之下,汉人言及祥瑞时提到二者次数的悬殊,也即与这种地位的区别相呼应,因而从"麒麟"所具有的"五灵"之首的地位来看,也正是以"黄龙"形象与之融合更为恰当。

尤其是,将"黄龙"与"中央土"相联系的这种说法,还深刻影响了其后汉人的观念。如《春秋繁露·求雨》所云的季夏求雨礼仪,包括"衣黄衣。……以戊己日为大黄龙一,长五丈,居中央"〔4〕。又如,服虔曰:"大皞以龙名官,春官为青龙氏,夏官为赤龙氏,秋官为白龙氏,冬官为黑龙氏,中官为黄龙氏。"〔5〕可见都是以"黄龙"与"五色"之"黄色"、"五方"之"中央"相对应。再如,清人徐文靖援以质疑勾陈星象以麒麟为实质的《荆州占》"勾陈,黄龙之位也"的

---

〔1〕《毛诗正义》卷4,北京大学出版社1999年版,第285页。

〔2〕《礼记正义》卷41,北京大学出版社1999年版,第1190页。

〔3〕高诱注《淮南子》,第37页。

〔4〕《春秋繁露义证》卷16,第433页。

〔5〕《春秋左传正义》卷48,第1361页。见于孔颖达疏《左传·昭公十七年》所引。

说法，[1] 本是汉末武陵太守刘叡"集天文众占"所成的星象之说，[2] 而对照《天文训》"中央土也，……其神为镇星，其兽黄龙"的言论，又可见此说还能追溯至西汉早期。所以，《淮南子·天文训》的这种学说既然存在并发挥着影响，即说明有关"黄龙"与"中央土""勾陈"相对应的这种看法不容忽视，因而从避免与既往观念产生冲突与纠葛的角度来说，作为匹配勾陈的"麒麟"，也恰是应当以"黄龙"为兼容的最佳对象。

只是，"黄龙"与"勾陈"的这种对应关系，实则还源出二者与"黄帝"都具有的隶属关系。比如，前举《史记·天官书》"南宫朱鸟，权、衡。……权，轩辕。轩辕，黄龙体"的说法，[3] 即是以"黄龙"为"黄帝"神兽的暗示。因为由《史记·五帝本纪》"黄帝者，……名曰轩辕"的开篇之言，[4] 与王逸注解《楚辞·远游》"轩辕，黄帝号也。始作车服，天下号之，为轩辕氏也"的说法，[5] 以及张衡《思玄赋》对于"黄帝"又有的"帝轩"之称谓，[6] 可知"轩辕"正是"黄帝"的名号，因而权星又称为轩辕星的原因，正应取决于其作为星象的"黄龙"被看成"黄帝"神兽的观念。又如，《帝王世纪》有关黄帝乃其母附宝有感"北斗枢星"而生的传言，[7] 即与"勾陈"隶属"黄帝"的说法相符合。两相结合，则可知"勾陈""黄龙"与"黄帝"的这种共有隶属关系，才引发生出了二者的间接对应关系。作为"南宫朱鸟"星象组成部分的"黄龙"，在《史记》撰写的汉武帝时期的五行体系中，也就并不具有独立匹配为"五星"星象的可能性。所以，《淮南子·天文训》虽然以"何谓五星"发问，但相关说法却是以"其帝"为核心，以司掌"中央土"的"黄帝"为首要，因而"黄龙""勾陈"既然被视为"黄帝"神兽与天宫坐位，则"勾陈"以麒麟为星象实质的同时，也理应兼顾标志"黄帝"中央天帝身份的"黄龙"形象。

---

〔1〕 徐文靖撰、范祥雍点校《管城硕记》卷28《杨升菴集》，上海古籍出版社2013年版，第607页。

〔2〕《晋书》卷12《天文志中》，中华书局1974年版，第322页。《晋书·天文志中》记载："及汉末刘表为荆州牧，命武陵太守刘叡集天文众占，名《荆州占》。"

〔3〕《史记》卷27《天官书》，第1550页。

〔4〕《史记》卷1《五帝本纪》，第2页。

〔5〕 洪兴祖撰、白化文等点校《楚辞补注》，中华书局1983年版，第166页。

〔6〕《后汉书》卷59《张衡列传》，第1923页。李贤注："帝轩，黄帝也。"

〔7〕 徐宗元《帝王世纪辑存》，中华书局1964年版，第10页。

更何况，由汉皇对于"五帝"的祭祀之事，还可以窥见这种"五帝"理论在西汉王朝具有很大的政治影响。一方面，以"五帝"祭祀系统的建立来说。在经历秦襄公"自以为主少暤之神，作西畤，祠白帝"、秦文公"作鄜畤，用三牲郊祭白帝"与秦宣公"作密畤于渭南，祭青帝"，以及秦灵公"作吴阳上畤，祭黄帝；作下畤，祭炎帝"之后，直到汉高帝二年刘邦因知闻"天有五帝"而秦时所祠祭"上帝"仅"白、青、黄、赤"四帝的情况，才"乃立黑帝祠，命曰北畤"，而终使五帝祭祀至于完全。[1] 另一方面，以西汉皇帝亲往祭祀的记录来说。自汉文帝十五年夏四月"始幸雍，郊见五帝"与十六年夏四月"郊祀五帝于渭阳"发端，其后则还有汉景帝在中元六年，汉武帝在元光二年、元狩二年、元鼎四年、元鼎五年、元封二年、元封四年、太始四年，汉宣帝在五凤二年，汉元帝在初元五年、永光四年、建昭元年，汉成帝在永始二年、元延元年、元延三年、绥和元年"行幸雍，郊五畤"等事例。[2] 这种祭祀系统的建立与总计 18 次的皇帝国家层面的行为，足以显现"五帝"学说对于西汉存在的巨大影响。其中，汉武帝个人的 7 次祭祀行为，又无疑证实这种"五帝"学说在刘贺生前的武、昭、宣阶段已经风靡于世。因此，有鉴于"五帝"学说的深刻社会作用，刘贺墓所见具有"勾陈""麒麟"双重身份的《衣镜赋》"蚩虞"，便确定是以"麒麟"为"勾陈"星象神兽的实质，并兼容有被视作"黄帝"神兽的"黄龙"形象，以调和"勾陈"其帝为"黄帝"而"黄帝"又以"黄龙"为神兽的固有观念。

四、西汉武帝确立汉德为五德之"土德"的政治必然性

由以上的分析，虽然已知麒麟兼容黄龙的神化形象，与麒麟匹配的"勾陈"为"黄帝"所司掌和黄帝又以"黄龙"为神兽的情况有关，但"黄帝"与"黄龙"的这种密切联系因何而产生，则取决于"五德"理论之下的"黄帝"正是以

---

[1] 《史记》卷 27《封禅书》，第 1634、1637、1641、1657 页。
[2] 《汉书》卷 4《文帝纪》、卷 5《景帝纪》、卷 6《武帝纪》、卷 8《宣帝纪》、卷 9《元帝纪》、卷 10《成帝纪》，第 127 页，第 148 页，第 162、175、183、185、193、195、207 页，第 265 页，第 285、291、293 页，第 322、326、327、329 页。

"土德"为天命、以"黄龙"为其秉受天命的符瑞。如《史记·封禅书》云:"秦始皇既并天下而帝,或曰:'黄帝得土德,黄龙地螾见。'"〔1〕《龙鱼河图》云:"黄龙附图,鳞甲成字,从河中出,付黄帝。令侍臣自写,以示天下。"〔2〕可见,早在秦帝国建立之初,便已经存在以"黄帝"秉受"土德"之运的看法,而汉人以之为显示黄帝得"土德"的天命,也即"黄龙附图"出于黄河的嘉祥。所以,汉人以"黄龙"为祥瑞的观念,以及常见将"黄帝""黄龙"视为一体的情况,正是渊源于"黄龙"为"黄帝"之"土德"标志的看法,因而"五星"作为帝王治理天下的重要参照对象,既然又被认为是"五行之精"、为"五帝司命",〔3〕则受黄帝执掌的中央土精"勾陈",也自然应将标榜黄帝"土德"的"黄龙"纳入次要星象的范畴。

同时,"黄龙""土德"与"黄帝"的这种联系,又为什么受到了汉人的格外关注? 则是因为汉武帝还正式确立了汉王朝以"土德"为朝运、以"黄龙"祥瑞为天命显示的礼制。这种改朔易服的汉礼的最终确立,即发生于上举《汉书·武帝纪》所言的"太初元年"之"夏五月",并以"色上黄,数用五"为核心要义。〔4〕而对此,《史记·孝武本纪》也早有关于太初元年"汉改历,以正月为岁首,而色上黄,官名更印章以五字"〔5〕的记载。究此汉礼确立的原委,由《史记》《汉书》多篇讲述的相关过程,便可知正是与"五德终始"的理论直接相关。如《史记·孝文本纪》记载:"北平侯张苍为丞相"之时,"鲁人公孙臣上书陈终始传五德事,言方今土德时,土德应黄龙见,当改正朔服色制度。天子下其事与丞相议。丞相推以为今水德,始明正十月上黑事,以为其言非是,请罢之。十五年,黄龙见成纪,天子乃复召鲁公孙臣,以为博士,申明土德事",并接受礼官郊祭的建言,"始幸雍,郊见五帝,以孟夏四月答礼焉",以及因于"赵人新垣平"望气之说而"设立渭阳五庙",且"十六年,上亲见渭阳五帝庙,亦以夏答礼而尚

---

〔1〕《史记》卷28《封禅书》,第1643页。

〔2〕 安居香山、中村璋八辑《纬书集成》,河北人民出版社1994年版,第1150页。

〔3〕《汉书》卷75《眭两夏侯京翼李传》,第3186页。李寻曾上言:"臣闻五星者,五行之精,五帝司命,应王者号令为之节度。"

〔4〕《汉书》卷6《武帝纪》,第199页。

〔5〕《史记》卷10《孝武本纪》,第611页。

赤"。[1] 这说明"鲁人公孙臣"在汉文帝之时，便曾依据"五德"理论上书汉为"土德"、当"应黄龙见"之事。

只是，由于当时的丞相张苍主张汉为"水德"被作罢，且即便后来有"黄龙见成纪"之事应验了公孙臣之言，而使得"土德"之说开始引起汉文帝的重视，但以文帝郊祭"五帝"仍然"以夏答礼而尚赤"的色彩之仪来看，文帝阶段终究是未能确定汉为"土德"的朝运与"黄龙"于众祥之中的首要地位。对于汉王朝的这一"立德"之事，《史记》的《历书》《封禅书》《张丞相列传》，[2] 以及《汉书》的《文帝纪》《郊祀志上》《任敖传》，[3] 也有大略相同的记载。而其中，所规定的"用五"的数理与"上黄"的色制，即明确是迎合"土德"而设立。如《论衡·验符篇》所云"贾谊创议于文帝之朝云：'汉色当尚黄，数以五为名。'贾谊，智襄之臣，云色黄数五，土德审矣"[4]，以及《集解》所引张晏"汉据土德，土数五，故用五为印文也。若丞相曰'丞相之印章'，诸卿及守相印文不足五字者，以'之'足也"的言论，[5] 便说明"五行"之中的"五"正是"土数"、"黄"正是"土色"，因而色尚"黄"、数用"五"的汉礼又确实与"五行"之"五德"的"土德"相适应。所以，《汉书·郊祀志下》"赞曰"还总结说："孝武之世，文章为盛，太初改制，……服色数度，遂顺黄德。彼以五德之传从所不胜，秦在水德，故谓汉据土而克之。"[6]

而且，自此"土德"的朝运确立与王朝礼制改革的完成之后，汉人以汉王朝为"土德"、以"黄龙"为符应的看法便是主流。这可以由汉武帝之后的两汉阶段，多有"黄龙见"的祥瑞记载得到验证。以《汉书》所记的西汉来说，则包括：汉宣帝时"黄龙见新丰"；汉成帝时"黄龙见真定"；汉平帝时"黄龙游江

[1]《史记》卷10《孝文本纪》，第543-544页。
[2]《史记》卷26《历书》、卷28《封禅书》、卷96《张丞相列传》，第1500-1505、1646-1661、3254页。
[3]《汉书》卷4《文帝纪》、卷25上《郊祀志上》、卷42《张周赵任申屠传》，第127、1212-1213、2099页。
[4] 黄晖《论衡校释》卷19，第984页。
[5]《史记》卷10《孝武本纪》，第612页。
[6]《汉书》卷25下《郊祀志下》，第1270页。

中"。[1] 以《后汉书》所记的东汉来说，则包括：光武帝时"黄龙见东阿"；汉章帝时"黄龙见于泉陵"；汉安帝时"九真""济南""琅邪""东郡"先后言"黄龙见"；汉桓帝时"沛国""济阴""金城""南宫嘉德署""巴郡"先后有"黄龙见"；汉灵帝时"沛国言黄龙见"；汉献帝时"黄龙复见谯"。[2] 其中，以刘贺最后历经的汉宣帝来说，他还曾针对"黄龙见新丰"之事，而有"改元为黄龙"的国策。[3] 考虑到礼制的延续性，则这种国策又无疑可以上溯为汉武帝所确立的"土德"观念的影响。所以，不论是以黄龙为中央天帝"黄帝"神兽的身份，还是以黄龙象征汉王朝"土德"的权威符瑞地位来看，作为匹配中央土星"勾陈"的灵兽"麒麟"，都应当以"黄龙"为可以兼容的最佳"黄祥"。

综上所述，为"麒麟"所兼容的"龙身"就是以"黄龙"为对象，蔡邕以"大角轩辕麒麟"为"天官五兽"之中央神兽的说法，即是对灵兽"麒麟"匹配"勾陈"，而"勾陈"又实以麒麟"大角轩辕"的神化形象为具体星象的明言。以汉武帝诏书的内容来看，则这种神化形象还是恰应以当时所获的"白麟"祥瑞为本体，再附加被奉为标榜"土德"的"黄龙"形象为创造，且汉武帝"协瑞"所铸造的"麟趾金"即是这种神化麒麟的象征。所以，《衣镜赋》的"蜚虡"神兽，实际早存于汉武帝时期，"蜚虡"一词最早见于《史记》亦是其证，其合体的神兽形象，则是综合汉武帝以来"汉德"为"土德"的朝运及其以"黄龙"为"土德"符瑞，以及"土"又与"中央""黄色""黄帝""勾陈"形成有"五行"对应关系的必然结果。其中，以"土"为"五行"之首，以"勾陈""麒麟""黄帝""黄色""中央"分别为"五星""五灵""五帝""五色""五方"之首的观念，则也与汉以"土德"为"五德"之首的意识相适应，而真正被汉武帝以来的汉人奉为"勾陈"神兽的中央土兽，即是融合了"黄龙"形象的神化"麒麟"，而并非被视为"黄帝"神兽的"黄龙"。刘贺墓《衣镜赋》的"蜚虡"神兽，正是指具有天宫中央神兽身份而兼有黄龙形象的神化麒麟，其形象创造的原理则渊源于

----

[1]《汉书》卷8《宣帝纪》、卷10《成帝纪》、卷77《孙宝传》，第269、316、3262-3263页。

[2]《后汉书》卷1下《光武帝纪下》、卷3《肃宗孝章帝纪》、卷5《孝安帝纪》、卷7《孝桓帝纪》、卷8《孝灵帝纪》、卷82下《方术列传下·单飏》，第59页，第141页，第235、240、241页，第289、297、314、319页，第338页，第2733页。

[3]《汉书》卷25下《郊祀志下》，第1253页。

汉武帝以来所存在的相关"五行"思想。

五、小结

总体而言，海昏侯刘贺墓"孔子衣镜"上《衣镜赋》中实为"蜚虡"而写作"蜚虡"的神兽，其为古代学者所传言的"鹿头龙身"形象，便是以"鹿头"指示作为动物原型的"麒麟"，以"龙身"为"麒麟"神化形象所兼容的"黄龙"。至于汉人选择"黄龙"作为"麒麟"神化形象兼容对象的原因，则有着时代的"五行"必然性。这也即，在五行理论之下，这种"龙身"实为"黄龙"的形象创造，乃是以"五灵"之"麒麟"匹配为"五星"之中央土星"勾陈"的星象，与"中央土"又对应为"五色"之"黄色"的色彩，以及"勾陈""黄龙"又都是隶属"五帝"之中央"黄帝"的祥瑞，且汉武帝还确立了汉德与"黄帝"同为"五德"之"土德"、同以"黄龙"为符应的一种必然结果。而且，汉武帝铸造"麟趾金"以协"白麟""黄金"之瑞的举措，也不失为"蜚虡"神兽的形象发端。"蜚虡"一词首见于《史记·司马相如列传》与后见于刘贺墓《衣镜赋》的现象，以及也为《焦氏易林》"麟趾龙身"神兽的情况，即可以佐证"麒麟"神化为"蜚虡"的形象源起于汉武帝时期，又影响着后世汉人的史实。

同时，相比"鹿头龙身""麟趾龙身"的形象描述，汉人还有着蔡邕将"天官五兽"之中央神兽称为"大角轩辕麒麟"的说法，更为明晰地指出了"麒麟"匹配为"勾陈"星象的关系，以及作为中央土兽的麒麟乃"大角"之"麟"与"轩辕"之"黄龙"合体形象的事实。所以，借助这种兼具"五灵"之"麒麟"与"五星"之"勾陈"双重身份的《衣镜赋》"蜚虡"神兽，不仅可以证实"五灵"的概念及其与"五星"的匹配关系，早在西汉武、昭、宣阶段便已经产生，还能够发现受其时"五灵""五星""五方""五色""五帝""五德"这些"五行"概念的影响，"蜚虡"神兽以"麒麟"而兼容"黄龙"的神化形象也已经相应出现，因而"蜚虡"事实反映了西汉中期"五行"思想的盛行以及"土德"朝运的确立与"上黄""用五"礼制的贯彻，并证实了作为华夏神兽之代表的麒麟神化形象的创造，正是以时代五行思想为艺术加工重要依据的史实。

礼俗互动视野下昭明太子信仰演变及其地域传播

孙廷林*

[内容提要]

　　昭明太子信仰源于池州，早期信仰形态是九郎神，为巫傩神信仰之一。至宋代，在国家礼制、地方官员与地方士人主导推动下，九郎被确认为昭明太子，以帝王先贤神屡受封号赐额，当地有关昭明太子的人文景观建构日趋完备。民众信仰实践中的"九郎"与士大夫书写中的"昭明太子"长期并存，共同推动信仰在安徽南部、江西、江苏、浙江等地广泛传播。"九郎"到"昭明太子"的演变与共生，反映出宋代以降民众祠神信仰的共同生态，即一方面国家礼制教化对民众信仰世界持续渗透改造，另一方面在国家礼制与民众信仰传统间，始终保留着"礼"与"俗"互动交融、和谐共生的空间。宋代以降民众祠神信仰的这一特性，对认识传统中国社会及其运行机制具有一定的启发意义。

[关键词]

礼俗互动；祠神信仰；昭明太子；九郎

---

*　孙廷林，广州大学人文学院讲师，历史学博士。本文系国家社科基金中国历史研究院重大历史问题研究专项 2022 年重大招标项目"中国礼制文化与国家治理研究"（22VLS004）阶段性成果。

学界有关近世中国祠神信仰的研究成果众多。华琛（J. Watson）提出"神的标准化"，分析国家和精英将民间信仰妈祖崇拜改造成国家神灵的标准化过程。[1] 科大卫、刘志伟讨论地方信仰和仪式体现的地方传统多元性和中国文化大一统之间的关系，认为揭示不同时空条件下正统化形成的复杂过程，才可以了解更全面的"中国"历史。[2] 韩森（Valerie Hansen）提出民间信仰传播是宋代商业革命在信仰世界的反映，地方诸神的形成与传播，与商人、商业发展关系密切。[3] 赵世瑜通过对太原晋祠主神演变的考察，得出民间信仰中礼俗二元分合影响祠神嬗变的结论。[4] 张士闪提出传统中国社会中礼俗互动将国家与民间贯通起来，以文化认同的方式消除显在与潜在的社会危机，奠定了国家政治设计与整体社会运行的基础。[5] 上述成果，为中国民间信仰研究提供了多元研究视角。还有学者呼吁，运用多学科多角度加强个案研究，深化对中国民间信仰的认识，进而实现理论突破。[6]

昭明太子信仰，也称文孝信仰，盛行于以池州为中心的江淮、江南多地，是唐宋以降重要的区域性民众祠神信仰之一。目前相关研究多视之为傩神、社神信仰，相关民俗作为非物质文化遗产受到重视。[7] 而该信仰的起源、演变，特别是原本属于淫祀、傩神的九郎神，如何在国家礼制影响下演变为著名历史人物昭明太子，

---

[1] James L. Watson. *Standardizing the gods: the promotion of T'ien-hou*（"*Empress of Heaven*"）*along the South China coast*, 960-1960, *in Popular Culture in Late Imperial China*, *eds*. David Johnson, Andrew Nathan, and Evelyn S. Rawski（Berkeley: University of California Press 1985）, 292-324.

[2] 科大卫、刘志伟《"标准化"还是"正统化"：从民间信仰与礼仪看中国文化的大一统》，《历史人类学学刊》第6卷1、2期合刊（2008年10月），第1-21页。

[3] 韩森《变迁之神：南宋时期的民间信仰》，包伟民译，浙江人民出版社1999年版，第126-159页。

[4] 赵世瑜《二元的晋祠：礼与俗的分合》，《民俗研究》2015年第4期。

[5] 张士闪《礼俗互动与中国社会研究》，《民俗研究》2016年第6期。

[6] 刘黎明《加强个案研究，期待理论突破》，复旦大学文史研究院编《谁之信仰，民间何在》，中华书局2009年版，第90-104页。皮庆生《材料、方法与问题意识：对近年来宋代民间信仰研究的思考》，《江汉论坛》2009年第3期。

[7] 相关研究主要有：王兆乾《安徽贵池的社祭祀圈》（《池州师专学报》1997年第4期）；陶明选《张王、太子及相关诸神——徽州文书所见民间诸神信仰》（《徽学》第5卷，安徽大学出版社2008年版）；方蓬《人神之际——昭明太子信仰研究》（安徽大学硕士学位论文，2011年）；何寅《昭明太子萧统在池州史迹钩沉》（《合肥师范学院学报》2013年第4期）；檀新建《"昭明会"与贵池傩的关系研究》[贵州大学学报（艺术版）2019年第2期]；等等。

以及国家礼制神灵昭明太子与民间神灵九郎神如何互动交融、长期共存等重要问题，目前尚缺乏全面研究。

南宋乾道间池州知州赵彦博编纂《昭明太子事实》，是有关该信仰的最早资料汇编，[1] 尚未引起研究者重视。这些经过士大夫话语筛选的文本，呈现出原生信仰形态与士大夫话语的二重性，重视解读文本中不同来源的信息对揭示祠神演变尤为重要。[2] 本文着重利用孤本文献《昭明太子事实》，厘清巫觋色彩浓厚的傩神"九郎"，与历史人物昭明太子相关联、结合的过程，窥探原生祠神信仰礼制化的演变进程，将有助于加深对传统社会祠神信仰演变及其运作机制的认识。

一、巫傩信仰九郎神：昭明太子信仰溯源

昭明太子信仰起源于池州地区，宋代诸多记载显示其原本被称为"九郎"。如宣和四年（1122），江西丰城人黄彦平谒庙，作《文孝庙记》，称"人初谓神曰九郎"[3]。陆游记其见闻："今池州城西有神甚灵者曰九郎，或云九郎即昭明。"[4] 周必大称"有庙甚雅，而俗呼郭西九郎"[5]。《舆地纪胜》载："梁昭明太子庙，在秋浦门外，世称西郭九郎。"[6] 这些记载呈现两种话语，即士大夫话语的"昭明太子"与普通民众话语的"九郎"。

在士大夫话语层面，所祀神灵昭明太子萧统是以仁孝著称的历史人物。萧统乃梁武帝长子，享年不永。《梁书》称其死后，"男女奔走宫门，号泣满路，四方氓

〔1〕《昭明太子事实》，乾道间编纂成书，淳祐间重刊，《直斋书录解题》《文献通考》《宋史·艺文志》著录在"传记类""史传类"（《宋史·艺文志》题作"昭明事实"），《文献通考》将《昭明太子事实》《祠山家世编》《海神灵应录》并列，显然清楚该书属祠神信仰之书。今存国家图书馆藏清抄本。

〔2〕重视"文本与书写"研究方法，吴铮强做了富有价值的探索。参见《文本与书写——宋代的社会史：以温州、杭州等地方为例》，社会科学文献出版社 2019 年版。

〔3〕黄彦平《三余集》卷4，《景印文渊阁四库全书》第 1132 册，台湾商务印书馆 1986 年版，第 781 页。

〔4〕陆游《入蜀记》卷3，丛书集成初编本，中华书局 1985 年版，第 25 页。

〔5〕周必大《文忠集》卷 169，《景印文渊阁四库全书》第 1148 册，第 835 页。

〔6〕王象之撰、李勇先点校《舆地纪胜》卷 22，四川大学出版社 2005 年版，第 1054 页。

庶及疆徼之民闻丧皆恸哭"[1]。这不过是史书缘饰之词，当时不论朝廷还是民间，未有为其立庙之事。其孙萧栋即位及其子萧詧割据江陵，追尊萧统为昭明皇帝，庙号高宗，仅是萧氏政权依礼制而行，与民众祠神信仰无涉。隋唐时期，亦未见庙祀萧统之记载。那么"昭明太子"何时成为被民众广为奉祀之神，又何以与"九郎"产生关联？

考九郎神，本是江淮地区颇为盛行的祠神之一。宋初钱易《南部新书》载："江淮间，多九郎庙与茅将军庙。九郎者，俗云即苻坚之第九子，曾有阴兵之感，事极多说。"[2] 可见五代宋初九郎神信仰就盛行于江淮地区，惜未有详细记载。既与茅将军信仰并列，二者当同为巫觋色彩浓厚的祠神信仰。[3] 宋代祠赛"九郎"仪式就已颇为盛大。据宋人记载：

> 此邦之人，不问贵贱智愚，恭敬发于诚心，无所不用其至。若中秋之祀，岁以为常。礼文繁缛，极百艺之巧，殚不赀之费。人人乐从，唯恐不逮。[4]

作为源远流长、信众稳定的祠神信仰，其祀神仪式具有相当稳定性。从后世迎赛祠祀仪式中，可对其原始形态窥探一二。明末清初贵池人吴应箕《池州迎昭明会记》所载迎神赛会仪式颇为翔实：

> 八月十五日为梁昭明千秋……是日诸家扮会，迎神者所扮为关壮缪、为城隍、为七圣二郎、为玄坛。其扮也，则各骑乘奉面具……盛妆饰仪从。惟七圣，则用机械引刀穿颈贯腹，而各以旗旄鼓吹导之。步梁昭明辇于西门外杏花邨之马站坡，而骑乘以还。游于通市，或及郡县之公堂，薄暮而毕……诸扮关壮缪者，必长夫之属。扮城隍者，必马户之属。扮七圣二郎、玄坛者，则郡县骨役豪猾有力之徒。不则，亦市狯屠门也……宋郭西有神曰九郎……或曰二郎七圣合之正为九，或又曰七

---

[1] 《梁书》卷8《昭明太子传》，中华书局1973年版，第171页。

[2] 钱易《南部新书》辛卷，《全宋笔记》第1编第4册，大象出版社2003年版，第93页。

[3] 茅将军，较早记载见五代徐铉《稽神录》卷6（《全宋笔记》第8编第7册，大象出版社2017年版，第89页），宋代荆湖、四川亦有该祠神信仰，称其为"淫祠"（李俊甫《莆阳比事》卷5，《续修四库全书》第734册，上海古籍出版社2002年版，第239页），降神时"巫觋皆狂，祸福纷错"（李鹰《师友谈记》，《全宋笔记》第2编第7册，大象出版社2017年版，第54页），以江淮为盛且已颇为地方士人接纳（吕南公《灌园集》卷9，《景印文渊阁四库全书》第1123册，第97-98页）。

[4] 赵彦博《昭明太子事实》卷下《余文学事实总论》，国家图书馆藏清抄本。

圣为兄弟，而二郎以两神收制之。[1]

记载祠赛"昭明"盛况：八月初一，耆老告庙；八月十二日迎神仪式尤其盛大，州县官员自郭西庙迎神至池州城内的祝圣寺（即景德寺），民间信众组织起来参与迎神。其中"七圣二郎"与"昭明（九郎）"的关联值得注意，七圣"用机械引刀穿颈贯腹"，与关公、城隍神等形象显著不同。"二郎七圣合之正为九""七圣为兄弟"等说法，反映出明清时期在民众信仰中祠神形象依然是"九郎"，而非士大夫话语书写下文孝昭著的历史人物萧统。与此相印证，明末清初贵池人刘廷銮记载石埭县的情形：

埭俗有猖神庙，甚显应。每岁八月十五日，民间各迎猖会赛，愿接入家堂供事，至来年秋会送出。世存老猖五尊，接供者必得县官硃押方许先请。其迎会日刑牲于庙，杀鸡千百在香炉边。猖神俗传昭明太子，标将过，迎会以昭明太子殿后。[2]

士大夫话语中的"昭明太子"，在池州石埭县则是普通民众祠祀的猖傩神。刘廷銮作《石埭中秋词》五首记述八月十五赛会盛况，词中"梁帝"指昭明太子，"社鼓银灯百戏""赤头鼍面""刑鸡沥涧""仗剑骑驴"等场面可谓盛大。信众"半夜烧香""盘供美膳""红押争先"，[3] 反映出祠神在民众中影响之大。这些材料显示，士大夫书写中普遍称为"昭明太子"，在普通民众的信仰中仍是"九郎"。以至于作为书写者的官员、士大夫不得不反复弥缝、解释"昭明太子"与"九郎""七圣二郎"的关联。

宋代池州隶江南东路，毗邻江南西路，巫觋之风浓厚。时人称当地"编氓右鬼，旧俗尚巫"，赛神时"塑画魑魅，陈列幡帜，鸣击鼓角"等情形，[4] 与上引宋、明代迎赛"昭明"盛况颇为相似。综合上述分析，笔者认为昭明太子信仰的原生形态应是九郎神，属于巫觋色彩颇为浓厚的猖傩神信仰之一，[5] 早在宋代以

---

〔1〕 郎遂《杏花村志》卷9，《续修四库全书》第717册，上海古籍出版社2002年版，第734页。

〔2〕 康熙《石埭县志》卷8《艺文志》，国家图书馆藏康熙十五年刻本，第47B-48A页。

〔3〕 康熙《石埭县志》卷8《艺文志》，第47B-48A页。

〔4〕 徐松辑《宋会要辑稿》礼20之11，上海古籍出版社2014年版，第992页。

〔5〕 关于该信仰巫觋色彩，可参见何根海《困顿与消解——贵池山湖村傩神会之巫术仪式解构》（《学术界》2013年第10期）。

前已经盛行于江淮地区，并已具有较为完备的迎神赛会组织机制。

傩神信仰源远流长，[1] 九郎神亦当盛行已久。宋人记载中提到三个重要时间点。一是元祐元年（1086），宣州旌德人、时任池州司户参军钟世美撰写、现存最早的《庙记》称：

> 因观旧志以问诸水滨，皆谓梁之昭明昔在秋浦食鱼之美，号其地曰贵池。……异时昭明既殡，梁亦旋亡，其神附于秀山之民曰：吾昔爱此今帝锡此于我矣，尔民既祀我，我其福之。于是民相与筑祠于秀山之阿，秋冬享祀，有事必祷，有祷必应，民翕慕之。唐永泰元年，置郡于大江之垠，贵池之民又相与为祠于郡郭之西，而祠遍于江东。[2]

据旧志和查访，由贵池、池州因昭明太子得名，进而附会出昭明太子去世后降神秀山，使百姓"筑祠于秀山"，由此赋予"九郎"昭明太子身份。"唐永泰元年（765），置郡于大江之垠，贵池之民又相与为祠于郡郭之西"，明确了池州郭西行祠与秀山祖庙嬗代的节点。《昭明太子事实》亦载："昭明祠旧在秀山之秋浦县，在今郡城西南八十里。后改县置池州，州治迁，庙亦随建。今庙距州治才五里，居城之西，故称为郭西之神。"[3] 即九郎神祖庙在秀山，靠近秋浦县旧治所（在今池州市殷汇镇石城村），永泰元年（765）建置池州，秋浦县治所迁移并作为池州州治（今池州市贵池区池阳街道）。[4] "贵池之民又相与为祠于郡郭之西"，此后池州郭西行祠香火大盛，声名远盖过秀山祖庙。

二是两宋之际张邦基《墨庄漫录》称："今池州郭西英济王祠，乃祀梁昭明太子也。其祝周氏，亦自唐开成年掌祠事至今，其子孙今分为八家，悉为祝也。"[5] "英济王"等宋代给予祠神的封号，待下节展开。"其祝周氏，亦自唐开成年掌祠事至今"，表明唐开成年间（836—840）九郎神已有固定祠庙，庙祝周氏世掌祠祀，且已有相当影响。

三是南宋端平三年（1236），时任池州签判、青阳人叶寘作《祷雨感应记》

〔1〕 饶宗颐《殷上甲微作禓（傩）考》，《传统文化与现代化》1993年第6期，第32—35页。
〔2〕 赵彦博《昭明太子事实》卷下《元祐庙记》，国家图书馆藏清抄本。
〔3〕 《昭明太子事实》卷下《考史证疑》，国家图书馆藏清抄本。
〔4〕 郭声波《中国行政区划通史（唐代卷）》，复旦大学出版社2017年版，第569页。
〔5〕 张邦基《墨庄漫录》卷4，《全宋笔记》第3编第9册，大象出版社2008年版，第46页。

称："昭明以梁帝子，享池庙食，实肇于唐天宝间（742—756）"[1]，该说法未知所据，但与永泰元年（765）迁移祠庙的时间点相差不大。

综上，昭明太子信仰初始形态是九郎神，属江淮地区盛行的巫傩神信仰之一。宋代以前，信仰详情难以确知。可确定的是，唐永泰元年（765）以前，九郎神信仰中心在秀山祖庙[2]；永泰元年（765），秋浦县治所迁移并作为池州治所，信众创建郭西行祠。这里"北带郡城，南定驿道，为舟楫之路"[3]，郭西行祠香火鼎盛，郭西九郎、郭西庙闻名遐迩，成为九郎神信仰标志。开成年间（836—840），庙祝周氏开始掌管庙祀，到两宋之际，"（周氏）子孙今分为八家，悉为祝"，反映九郎神祠赛组织机制相当成熟稳固。唐代至北宋初，九郎神为"苻坚之第九子""阴兵"灵应等说法相当流行，仍是巫觋色彩浓厚的巫傩神信仰，尚未与昭明太子产生关联。

二、以"礼"变"俗"："太子"取代"九郎"

北宋时期，受国家礼制教化影响，这一信仰逐渐完成从"九郎"到"昭明太子"的转变。前引元祐元年（1086）钟世美所作《庙记》附会出昭明太子去世后降神池州秀山。把昭明太子与九郎神关联起来，可追溯到嘉祐年间（1056—1063）。署名郡人夏疐的一段记述称：

郭西九郎，池阳旧人也。嘉祐中，贵池县令王君霁按诸图经，以昭明太子榜之。太守富公参考旧史，质其非是。前所讹谬，获正于今日。衣冠名号由此以定，不亦善哉。[4]

---

〔1〕《昭明太子事实》卷下《祷雨感应记》，国家图书馆藏清抄本。
〔2〕按：池州秀山祖庙唐宋时期即长期湮没无闻，至明永乐后方重兴，明清诗文庙记众多，清人编为《秀山志》，其中称秀山庙"创于梁大同三年（537），自陈及隋典祀不绝"、"梁大同三年（537）石硊士庶请太子衣冠"在秀山建墓等等，此说仅见于《秀山志》，完全不见《昭明太子事实》等唐宋文献及地方志记载，当出于明清时人建构附会。（《秀山志》，《丛书集成续编》第61册，上海书店1994年版）
〔3〕《舆地纪胜》卷22《池州·景物上》引《池阳记》，第1047页。
〔4〕《昭明太子事实》卷下《考史证讹》，国家图书馆藏清抄本。

"九郎"是"池阳旧人"。这"旧人"究竟是谁？嘉祐年间（1056—1063），贵池县令王霁"按诸图经"，将"九郎"认定为昭明太子。"太守富公"或指池州知州富仲容，[1] 他"参考旧史，质其非是"，认为九郎神应称为"梁高昭明皇帝"：

> ……由是推之，一子二孙既履帝位，又昭明昔已追遵帝号矣，后世以太子称之，非也。近岁塑像，易以服紫，非所稽据，益不中礼。宜被以冠冕，称曰梁高昭明皇帝，其妃称曰昭明皇后。[2]

前引"前所讹谬，获正于今日。衣冠名号由此以定"，指池州太守富仲容重新考定称号而言。无论"昭明太子"还是"昭明皇帝"，共同之处是把九郎与历史人物萧统联系起来。那么何以王霁、富仲容、钟世美等地方官员均把"九郎"与"昭明太子"相关联？

南朝时，已出现"贵池"得名与昭明太子相关的记载。顾野王《舆地志》称："梁昭明太子以其水出鱼美，故名其水为贵池。"[3] 仅把"贵池水"得名与昭明太子关联，尚未有昭明太子到过此地之说。该说法当载诸图经等地方文献，为《元和郡县志》《太平寰宇记》等引，[4] 五代杨吴政权据此说把秋浦县改名为贵池县。实际上，贵口、贵长池之名早已见于汉桑钦水经，[5] 这种与历史人物的关联应是南朝时地方文化建构的体现。而南朝以降地方文化建构出的昭明太子与池州的关联，成为宋代地方官员将"九郎"认定为"昭明太子"的历史资源。王霁所据

〔1〕 郭祥正《青山集》卷28《次韵池守富仲容寄诗酒为别二首》，《景印文渊阁四库全书》第1116册，第736页。《青山续集》卷2《酬富仲容朝散见赠因以送之》，《景印文渊阁四库全书》第1116册，第786页。
〔2〕 《昭明太子事实》卷下《考史证讹》，国家图书馆藏清抄本。
〔3〕 《太平御览》卷170引《舆地志》，中华书局1960年版，第827页。
〔4〕 李吉甫撰，贺次君点校《元和郡县图志》卷28，中华书局1983年版，第688页；乐史撰，王文楚点校《太平寰宇记》卷105，中华书局2007年版，第2084、2086页。按，《舆地志》仅言"梁昭明太子以其水出鱼美"，未言昭明太子曾至其地，《寰宇记》又引作"食此水鱼美"，后世记载又进一步附会。
〔5〕 乾隆《池州府志》卷首《新旧志异同考释》辨称："唐始立州，取名曰池。前志俱未考所出，至杨吴改秋浦名贵池，则云以梁太子昭明于此食鱼而美，封为贵池，一似贵池之名肇锡于太子者。今考贵口、贵长池之名，见于汉桑钦水经，古人引命名，必考之最先。州与县之立名，均当以水经为据，无论食鱼之事不见正史，即有此封，知昭明亦必本之桑氏也。"（《中国地方志集成·安徽府县志辑》第59册，江苏古籍出版社1998年版，第23页）即认为"池州""贵池"之名实际上当源自《水经》所记"贵口""贵长池"。

"图经"和钟世美所据"旧志",其中均应有南朝以来贵池、池州因昭明太子得名的记载,这应是他们把"郭西九郎"这个"池阳旧人"认定为昭明太子的依据。

然而正史并没有昭明太子到过池州的任何记载。钟世美根据旧志与诸水滨之言,不仅讲"梁之昭明昔在秋浦",且书写出昭明太子死后降神于池州秀山的故事。这一建构淡化、消弭祠神为"九郎"的本来面目,是后世历代诗文屡屡称"昭明太子死后降神于池州秀山"的源头。不过钟世美仍不无顾虑地指出:

> 然以梁史考之,则昭明未尝至池。旧志与诸水滨之言如此,岂非史之阙遗者与?昭明,武帝长子也。世以九郎为称,盖不知其何故。而泰山神祠亦以此纪之,岂非功德及民登秩于岳?则所谓九郎者,其泰山以郎序诸神之号耶?[1]

萧统从未来到过池州,且为梁武帝长子,尤其无法解释何以称为九郎。记文除附会泰山神祠外,将之归结为"其仁心仁闻有足以沦浃民心,感格天地……明灵阴德及于庶民,靡然犹当时之慕。岂非造理特深,体天地生物之机,相为不息以推仁民爱物之意欤?"[2],即把昭明太子萧统平生事迹彰显的仁孝爱民之心,与郭西九郎神护佑民众的"明灵阴德"契合起来。

此后,在池州地方向国家申请封赐祠神的过程中,祠神"昭明太子"形象不断强化。据元祐三年(1088)《敕赐文孝庙额》载:

> 尚书省牒池州文孝庙,礼部状:江南东路转运司奏保明到,池州申:本州去年夏雨缺少,采于郡郭之西有梁昭明太子之祠,前后祷祈,最为灵应,载在图志。乞数奏特赐爵号。本部寻符太常寺拟定,据本寺看详,拟到庙额,敕赐文孝之庙。[3]

池州地方申请中央封赐庙额,申状明确将祠神称为"昭明太子",而讳言荒诞不经的"九郎"。庙额"文孝"亦非着眼祠神灵验,更多彰显历史人物萧统的品德。由地方官员主导的话语书写,在赐封敕文中得以确认,此后国家屡屡封号赐额。

从崇宁四年(1105)到乾道九年(1173),经连续五次加封,祠神被封至"英

---

[1]《昭明太子事实》卷下《元祐庙记》,国家图书馆藏清抄本。
[2]《昭明太子事实》卷下《元祐庙记》,国家图书馆藏清抄本。
[3]《昭明太子事实》卷下《元祐庙记》,国家图书馆藏清抄本。

济忠显广利灵佑"八字王。[1] 按宋代祠神封赐制度，祠神封王至八字已是最高。
嘉泰元年（1201），《改封文孝英济忠显灵佑王告敕》称"念显号已穷于王爵，顾
追封靡徇于舆情"，仍难满足信众吁求。于是，被改封为"文孝英济忠显灵佑王"。
屡次封赐敕书"旧藏县库"，南宋时池州士人景晔"摹刻诸石，置之庙中"，[2] 把
诏敕昭示民众。历次加封敕书，一方面，以"生而多文，学通四谛""才学具备，
仁孝兼全"等称述凸显萧统生前仁德；另一方面，以"夙著灵异""有祷辄应"
"雨旸以时，疫疠不作""水旱风雨则禜之，何求不应"强调祠神灵应。

南宋以降，出现昭明太子墓在池州秀山的记载。如陆游《入蜀记》称："……
秀山有梁昭明太子墓，拱木森然。"《舆地纪胜》载：昭明太子"又有墓在贵池之
秀山"。《寰宇通志》亦载："昭明太子墓，在府城西秀山上，太子姓萧名统，字德
施，梁武帝子也。"[3] 事实上，昭明太子墓在今南京市区东北四五十里。[4] 秀山
本是九郎神祖庙所在之地，秀山之墓当为九郎神之墓。从北宋嘉祐年间开始，士大
夫话语中用"昭明太子"取代"九郎"，至南宋时逐渐把池州秀山的九郎神之墓称
为昭明太子墓。

宋代以降，池州与昭明太子有关的人文景观建构也愈加丰富。建德县据说有昭
明太子书法真迹"隐山之寺"，宣和二年（1120），贵池县尉张畀摹本刊石供奉在
池州西庙，淳熙年间（1174—1189），池州知州袁说友"取真迹龛置神殿侧"。[5]
著名文学家尤袤在此刊刻《文选》，后世称为"池阳郡斋本"。南宋乾道年间
（1165—1173），池州知州赵彦博汇辑编纂专书《昭明太子事实》，在淳祐年间被增
辑重刊。[6] 所以宋代池州地方官员说，"历隋唐五代不甚著闻，而威灵气焰尤显
本朝……崇奉之盛始于元祐，建精舍于右庑之旁，绘仪卫于环廊之壁。诸神之位、

[1] 《昭明太子事实》卷下《封灵显侯（崇宁四年九月五日下）》《封昭德公（大观元年六月十一日下）》《封英济王（政和元年二月六日下）》《加封英济忠显王（绍兴三十年三月六日下）》《加封英济忠显广利王（乾道三年六月二十九日下）》《加封英济忠显广利灵佑王告（乾道九年六月下）》等封赐敕文，国家图书馆藏清抄本。
[2] 练居实《书昭明谕敕碑后》，见《昭明太子事实》卷下，国家图书馆藏清抄本。
[3] 陈循等《寰宇通志》卷12，《玄览堂丛书续集》，正中书局1987年版，第500页。
[4] 许志强、张学锋《南京狮子冲南朝大墓墓主身份的探讨》，《东南文化》2015年第4期。
[5] 吴师道《礼部集》卷17，《景印文渊阁四库全书》第1212册，第243页。
[6] 方懋《昭明太子事实序》，见《昭明太子事实》卷首，国家图书馆藏清抄本。

服御之物、文选之阁，无一不备"，[1] 池州与昭明太子有关的诸多景观在宋代渐
趋完备。池州有关昭明太子的"如钓台、如香鲫荡、如隐山寺手书额、如花园"
等种种所谓遗迹，应是宋代以降区域文化塑造的结果。[2] 即把先贤历史行迹随意
地在其他地域上重新移植或新编并塑造出景观。在这种对乡土历史的重构中，对先
贤的历史记忆的景观化是最为重要的路径，但也是对后代最有欺骗性的路径。[3]

综上，嘉祐年间贵池县令王霁把九郎神认定为昭明太子，神宗时知州富仲容进
一步把九郎神称为"梁高昭明皇帝"。地方官员参与重塑民众信仰的祠神，把颇涉
荒诞的傩神"九郎"重塑为"昭明太子""昭明皇帝"。在此基础上，元祐年间以
后，地方官员因应教化所需，根据国家礼制祠神封赐政策，以"昭明太子"身份
申请国家封号赐额。在国家认可、官员士大夫话语书写下，祠神的"昭明太子"
身份愈加显赫、稳固。

三、"礼""俗"共生："太子""九郎"并存

自北宋嘉祐年间池州地方官员把九郎神与昭明太子联系起来，到元祐年间开启
国家对其屡屡封号赐额，国家意识形态通过礼制封赐介入、渗透到九郎神信仰中，
把本属巫傩信仰的九郎神渐趋转变为士大夫话语的"昭明太子"。宋代国家礼制建
构起来的"万神殿"——《宋会要》"祠庙门"记载：

文孝行祠，在池州府贵池县，哲宗元祐四年赐额文孝，徽宗崇宁四年十月封显
灵侯，大观元年六月封昭德公，政和元年二月封英济王，光尧皇帝绍兴三十年三月
加忠显二字，寿皇圣帝乾道三年六月加封英济忠显广利王。[4]

"九郎神"改换面目为"昭明太子"，与舜帝、夏禹、魏武帝、吴太伯、唐叔虞等
同列，列在"历代帝王名臣祠"类目，被认为先代帝王、人神。又载："昭明庙，
即萧梁昭明太子也，讳统，爵封王，谥英济昭烈广利忠显。治平中，邑民于池州请

〔1〕《昭明太子事实》卷下《余文学事实总论》，国家图书馆藏清抄本。
〔2〕郭声波《唐宋地理总志从地记到胜览的演变》，《四川大学学报（哲社科学版）》2000 年第 6 期。
〔3〕蓝勇《中国历史上"遍地先贤"现象与传统乡土历史的重构》，《人文杂志》2021 年第 7 期。
〔4〕《宋会要辑稿》礼 20 之 21，上海古籍出版社 2014 年版，第 998、999 页。

香火建祠于此，事载宣城文孝庙。"〔1〕不论在池州本地，还是由池州扩散至其他州县的该祠神信仰，在官方话语体系中，均认定为帝王先贤神。

就诸多宋人记载来看，昭明太子与九郎两种称述依然并存。如前文已提及，陆游称："今池州城西有神甚灵者曰九郎，或云九郎即昭明。"周必大云："早出江转至池口……有庙甚雅，而俗呼郭西九郎。"黄庭坚路过池州，也称"池人祀昭明为郭西九郎，时新覆大舟水死十二人，以为神之威也"〔2〕。官方话语的人神"昭明太子"与民众日常称述的巫傩神"九郎"二元一体、并行不悖。江西丰城人黄彦平所作《文孝庙记》反映出二者的互动交融：

> 宣和四年正月壬戌，谒文孝庙，庙梁昭明太子祠也。……若池之有祠，则祖于秀山，蔓于诸邑，而最盛于郡郭之西。人初谓神曰九郎，谓其祠曰西庙，岁时奉祀。长吏因人欲请于朝，始赐额曰文孝庙，又赐爵曰英济王。诏书之意若曰九郎、西庙，其语不文，不足侈神光灵，慰人心云尔。……今邦人文献莫考，称说无章，乃有配帝而号昭明，揭庙而书英济，不可不辨也，因窃记。〔3〕

地方信众称述已久的"九郎、西庙"，被官方视为"其语不文"。而国家因应信众，以礼制封赐介入，封赐祠神"英济王""文孝"。但对民众信仰实践而言仍然是"称说无章，乃有配帝而号昭明，揭庙而书英济"。这表明：一方面通过祠神封赐政策，国家意识形态在积极介入渗透到民众信仰领域；另一方面采取封赐祠神，而非完全禁绝取缔的做法，信众"称说无章"，就反映出给祠神信仰原始形态保留了一定的自由发展空间。

宋代以降，昭明-九郎二元信仰形态长期存在，在官方祀典、体现士大夫话语的地方志等文献记载中凸显"太子"，同时侧面显示，民众层面依然称为"九郎"。嘉靖《石埭县志》的记载，清晰显示出池州地方"礼-俗""官-民"二元的信仰形态：

> 文孝庙，祀昭明太子，本府载在祀典，于八月十五日致祭。本县则境内之民自

---

〔1〕《宋会要辑稿》礼21之23，上海古籍出版社2014年版，第1087页。
〔2〕黄庭坚《山谷外集》卷5，《景印文渊阁四库全书》第1113册，第382页。
〔3〕《三余集》卷4，第781页。

祀之，因其有大功于池，各乡皆有行祠。[1]

官方将之视为先贤、人神，列入祀典，同时祠神"有大功于池"的神迹盛行于民众话语，各乡邑行祠众多，民众自行祠祀。在徽州歙县，"溪西昭明庙，即梁高宗也，里人谓之郭西九郎庙，盖在池州之郭西有九郎庙，此其行祠也"[2]。类似记载比比皆是，从士大夫话语体系出发，将祠庙、祠神记载为文孝庙、昭明庙、昭明太子、昭明帝、梁高宗；而在普通信众中依然是将祠神、祠庙称为郭西九郎、郭西九郎庙。

九郎-昭明太子两种称述，对应不同的信仰内容、祠祀仪式。在"昭明太子"话语层面，宋代历次封赐敕书，到后世诸多庙记、祈晴祈雨诗文中，往往突出书写昭明太子的"文孝""仁德"。宋代以降，各地行祠被广泛称为"昭明庙""文孝庙""文孝行祠"等，地方官员通过多种方式强化人神形象。知州袁说友在池州刊刻《文选》《昭明文集》，并称"神与人相依而行也，吏既惟神之恭，神必惟吏之相，则神血食，吏禄食，斯两无愧"[3]。明清时期，以池州郭西庙（昭明庙）为中心聚合诸多与昭明太子有关的祠祀景观，"自梁武、丁贵嫔、简文、元帝、蔡妃、豫章、枝江诸王及诸侍从宫僚、释宝志、傅大士，各肖一像，别从其寝，不同室而受藻蘋，不共牢而享牲醴"[4]，祠祀空间格局中也重在凸显人神形象。

在"九郎"话语层面，虽所见文献亦出自士大夫之记录，其着重叙述的则是御灾捍患、消除水旱等种种灵异神迹。明代方谟《重建昭明太子殿记》中所录灵异神迹称："时有商载米数千斛，将越他境，阻风江上，神自称萧九郎，家池之郭西"云云，[5]称祠神为"萧九郎"，已与昭明太子同姓，而"九郎"则依然保持本来面目。明清时期，"昭明太子"称谓已相当普遍，"九郎"的原始称谓虽愈加淡化，但在迎神赛会、乡野村落中仍有其痕迹，而祠祀仪式中的傩神色彩依然十分

----

[1] 嘉靖《石埭县志》卷3《祀典篇》，国家图书馆藏明嘉靖三十五年刻本，第9B页。
[2] 弘治《徽州府志》卷5，《天一阁藏明代方志选刊》第21册，上海古籍书店1982年版，第40A页。
[3] 袁说友《东塘集》卷19，《景印文渊阁四库全书》第1154册，第386页。
[4] 《杏花村志》卷3，第666页。
[5] 嘉靖《池州府志》卷9，《天一阁藏明代方志选刊》第24册，上海古籍书店1982年版，第38B-39A页。

浓郁。《杏花村志》载：

> 岁命有司遵故事，秋仲祭谒如礼。其后八月十二日，郡人多戴面具，推肱刺
> 械，引颈贯刀，幡幢羽葆，穷极绮靡，号为七圣二郎。其余城社及一二百里外乡曲
> 丛祀土木偶，莫不舆至，稽首昭明庙以迎神。是日，有司祷祝毕，导昭明像凤盖华
> 旗辇御郡景德寺，若法驾然。十五日是其诞辰，景德寺故其外家地也。至十八日，
> 有司以下送神如前仪。[1]

有司秋仲以礼祭谒，这是官方祭祀先贤、人神"昭明太子"之礼。而在民众祠祀
层面，迎神仪式上"多戴面具，推肱刺械，引颈贯刀，幡幢羽葆，穷极绮靡"，以
及被称为"七圣二郎"等等，正表明傩神信仰色彩浓郁。记载提及"景德寺故其
外家地"，似隐含着九郎神与佛教景德寺间存在着某种关联。原本颇涉荒诞的巫傩
信仰九郎披上昭明太子外衣，避免了被指为"异端""淫祀"而被打击毁禁的隐
患，推动信仰长久持续兴盛。

宋代以降，官员、地方士人以士大夫话语改造"九郎"、建构"昭明太子"，
借助宋代礼制祠神封赐政策屡屡封号赐额，着力将巫傩神"九郎"塑造为先贤、
人神"昭明太子"，实现国家礼制介入民众祠神信仰，促进地方教化。与此同时，
在地方基层社会民众信仰实践中，迎神赛会、祠祀仪式等依然延续着九郎神的巫傩
信仰色彩，显示出即便在宋代国家礼制持续渗透民众祠神信仰背景下，民众信仰实
践依然存在着相当的生存空间。这种"礼"与"俗"之间的张力，是先贤、人神
"昭明"与巫傩神"九郎"能够长期共存的重要原因，也是传统社会和谐共生机制
的内在因素。

四、昭明太子信仰地域扩展及其原因

从巫傩神"九郎"，到宋代以降"九郎""昭明"长期并存，千百年间，这一
祠神信仰在民众中影响很大，地域传播颇为广阔。在昭明太子信仰兴起之地贵池
县，存在两处最为著名祠庙，即郭西行祠和秀山祖庙。明清时期，秀山祖庙、郭西

---

[1]《杏花村志》卷3，第666页。

行祠均被屡屡修缮，反映出其在地方信众中的持续影响力。从祠庙分布来看，昭明太子信仰遍及池州各县邑，而明清时期规模不等的祠庙更是遍布乡野。青阳县"各乡皆有庙，在陵阳镇者香火为尤盛焉"，明萧文伯《重修文孝庙记》称青阳县东九郎墩"自五代时有庙，祀梁太子昭明"，却称"昭明为武帝第九子，九郎之名有以也"。[1] 贵池县里唐村三峰山下"有一郎二郎庙，皆奉昭明太子，为秀山分祀"[2]，反映出基层社会民众仍普遍称祠神为"九郎"。

昭明太子信仰很早就在皖南沿江地区广泛扩展。宋初《南部新书》已载江淮地区九郎神信仰较为普遍。《宋会要》明确记载，宣城的"昭明太子"是治平年间信众从池州迎请而来。[3] 明清时期，徽州府各县，昭明太子祠庙分布甚多。祁门县"文孝祠有四，以祀梁高宗：一在五都曹村，一在五都周村，一在六都善和，一在八都栢溪"，[4] 反映出对昭明太子的奉祀遍布众多都图村落。黟县"文孝庙，在县西南五里，祀梁昭明太子萧统"，"今俗亦称高宗庙"。[5] 歙县溪西昭明庙"里人谓之郭西九郎庙，盖池州之郭西有九郎庙，此其行祠也"[6]。由以上可知，在安徽南部地区，昭明太子信仰深入基层，在民众中具有相当的信仰传统和影响力。

宋代饶州、信州、南康军等与池州同属江南东路，与属江南西路的重镇洪州密迩相接，较早受到昭明太子信仰影响，至明清仍多有行祠分布。饶州鄱阳县"郭西庙，在永平关古监前，祀梁昭明太子。宋池州有祠，能弭火灾，邑人往池州迎神奉祀"，明确记载是从池州迎请而来，至清朝晚期仍屡次修缮。[7] 乐平县早在宋代即建有祠庙，"嘉熙间知县事罗侣新其庙，淳祐三年西关火，神有反风灭火之应"[8]，明清时期屡毁屡建。信州铅山县"郭西庙，在故县西二百五十步地，名

〔1〕 万历《青阳县志》卷6，国家图书馆藏万历刻本，第7A-7B页。
〔2〕 光绪《贵池县志》卷3，《中国地方志集成·安徽府县志辑》第61册，江苏古籍出版社1998年版，第52页。
〔3〕《宋会要辑稿》礼21之23，第1087页。
〔4〕 弘治《徽州府志》卷5《祠庙》，《天一阁藏明代方志选刊》第21册，第47A页。
〔5〕 嘉庆《黟县志》卷11，《中国地方志集成·安徽府县志辑》第56册，江苏古籍出版社1998年版，第363页。
〔6〕 弘治《徽州府志》卷5，《天一阁藏明代方志选刊》第21册，第40A页。
〔7〕 康熙《鄱阳县志》卷4，国家图书馆藏康熙二十二年刻本，第6A页。
〔8〕 同治《乐平县志》卷2，国家图书馆藏同治九年刻本，第38A页。

池秀山文孝皇帝行祠,即梁昭明太子也",行祠初创于宋宣和年间,南宋绍定年间重修,至清绵延不衰。[1] 南康府星子县文孝庙"在府治西湾,祀梁昭明太子萧统"[2]。洪州新建县文孝庙位于章江门外,滨河而建。[3] 临江府称为文孝皇帝庙,列在乡祀诸祠庙中,并认为"乡祀,祀于民者,有旱潦则祷,有疾病则祷"[4],是民众自发的祠神信仰之一。

此外,江浙多地存在昭明太子信仰。在南京,早在宋代已建有行祠,"文孝庙,梁昭明太子是也,在城内西南新桥之西,面临淮水,建炎焚毁,绍兴五年再建"[5]。芜湖西门外文孝祠,"祀梁昭明太子,俗称文孝皇帝"[6]。泰州"文孝庙,在州治西,宋绍兴十三年建。人谓之郭西九郎,以其掌火政,故祀之"[7]。只不过其在泰州为火神。浙江瑞安县崇奉乡龟山也建有文孝行祠。[8]

民众生活生存与心理寄托所需是昭明太子信仰长期盛行、广泛传播的根本原因。面对疾病、灾疫、祸福的恐惧无奈,人们转而祈祷神灵护佑以获得信心和希望,是传统社会祠神信仰广泛存在、层出不穷的根源。[9] "民既恭祀于神,神亦敷佑于池。盖民饮食必祭,水旱疾疫必祷,祷则昭应如响"[10]。宋代以降,有关昭明太子的种种灵异神迹,是信众的生存生活需求和心理寄托的反映,也是信仰长盛不衰的支撑。昭明太子多被视为祈雨祈晴、护佑航运的水神。"贵池四境分保三十有六,有数保遇岁旱,相率来西庙井中取水,担水者各持柳枝卫之,以防他保阻夺,至则登坛祈祷,时雨立降,咸拜昭明之赐。"[11] 信众所需既多,昭明太子渐

---

[1] 同治《铅山县志》卷6,国家图书馆藏同治十二年刻本,第20B-21A页。

[2] 正德《南康府志》卷7,《天一阁藏明代方志选刊》第39册,上海古籍书店1982年版,第3A页。

[3] 万历《新修南昌府志》卷10,《日本藏中国罕见地方志丛刊》,书目文献出版社1985年版,第183页。

[4] 隆庆《临江府志》卷8,《天一阁藏明代方志选刊》第35册,上海古籍书店1982年版,第8A页。

[5] 周应合《景定建康志》卷44,《宋元方志丛刊》第2册,中华书局1990年版,第2057页。

[6] 黄钺《壹斋集》卷35《文孝祠并序》,黄山书社1999年版,第663页。

[7] 道光《泰州志》卷12,《中国地方志集成·江苏府县志辑》第50册,江苏古籍出版社1998年版,第89页。

[8] 弘治《温州府志》卷16,《天一阁藏明代方志选刊续编》第32册,上海书店1990年版,第740页。

[9] 李亦园《宗教与神话》,广西师范大学出版社2004年版,第21页。

[10] 嘉靖《池州府志》卷9,《天一阁藏明代方志选刊》第24册,第38B页。

[11] 《杏花村志》卷12,第755页。

成为御灾捍患、扶危救难的全能神灵。理学家魏了翁曾致祭祷告："惟神以御灾捍患，秩在祀典。蠢彼狂狷，自干天诛。受我乱民，整居王略。天子震怒，以一介臣为八州督，恪共武服，师次池阳，神其相我戎昭，殄彼群丑，肃清天步，以赫神之灵。"[1] 祈祷祠神护佑，敉定叛乱。简言之，在有限生产力条件下，民众面对疾病、伤亡、灾疫、祸患而恐惧无奈，祈祷风调雨顺、平安顺遂、无病无灾，是昭明太子信仰长盛不衰的根本原因。

昭明太子信仰传播到江西诸多府州，商人起着重要的作用。昭明太子最突出的神职是护佑航运，沿长江-鄱阳湖航线分布的行祠往往与商人祈祷护航有关。为祈祷灵应，乃至出现江西饶州商人盗窃池州郭西庙神像之事，池州郭西庙"神元首为江西巨商窃去，今考饶州府志载嘉靖间有商于池者，请神元首归祀之，因建祠于东门外，名郭西，犹不忘其所自"[2]。江西省城南昌章江门外因有文孝庙而形成文孝庙街，文孝庙西是漕仓所在，"每岁运漕，与此交兑"[3]，此处行祠很可能是商人为祈祷护佑漕运而建。之所以传播到浙江温州瑞安县，记载称"宋时渔于海者见香火出没波涛间，取之视其内书曰：梁昭明太子。因奉之龟山祀之"[4]，与护佑海商航运有关。

有效的祠赛组织机制是昭明太子信仰长盛不衰的重要因素。昭明太子信仰组织机制相当稳固，千百年间庙祝世代承袭，是相当罕见的现象。宋代人记载称，池州郭西庙庙祝周氏"自唐开成年掌祠事"，南宋时"其子孙今分为八家，悉为祝"。明清时期，周氏依然世代担任庙祝。明洪武年间有庙祝周良诚，宋代封赐诰敕在"天启七年，毁于庙祝周氏之室"，到清代庙祝周氏仍附居其侧，世掌祠事，"祝周姓食祠田而不供春秋之典，虚若无人，初族姓繁，今食指不数屈"[5]。乾隆《池州府志》载："祝周氏自后唐天成间至今掌祠事，有香灯田四顷。"[6] 千余年间，

------

〔1〕 魏了翁《鹤山集》卷98，《景印文渊阁四库全书》第1173册，第443页。
〔2〕 《杏花村志》卷12，第755页。
〔3〕 同治《重修上高县志》卷3，国家图书馆藏清同治九年刻本，第60B-61A页。
〔4〕 弘治《温州府志》卷16，《天一阁藏明代方志选刊续编》第32册，第740页。
〔5〕 《杏花村志》卷3，第667页。
〔6〕 乾隆《池州府志》卷18，《中国地方志集成·安徽府县志辑》第59册，江苏古籍出版社1998年版，第297页。

周氏庙祝何以能够世掌祠事，颇值得进一步考察。除世代承袭的周氏庙祝，在迎神赛会等祠祀仪式中，也有相当完备的组织机制。如池州石埭县“每岁八月十五日会首二十户，迎昭明于坛致祭”[1]，各行祠均有会首组织民众祠祀。这套祠神信仰的组织机制深入基层，成为地方基层社会运行机制的组成部分，祠神信仰也便伴随社会运行，成为民众日常生活的一部分。

经济因素既是巫觋、庙祝等祠赛社会组织者发起祠祀活动的动力，也是官员介入祠神信仰的原因之一。巫觋、庙祝等祠赛组织者借此牟利，“小则鸡豚致祀，敛以还家；大则歌舞聚人，馂其余胙”[2]。祠赛活动花费不菲，“诸一人所扮之费，有几二百金者，有少至二十余金者，要所从来相沿已久”[3]。贵池口地当长江水运交通要冲，郭西行祠地当舟楫之路，香火鼎盛，引起地方官员觊觎。《密斋笔记》载：“池州梁昭明祠累钱为幡，守给语邦人，欲集幡钱为神请封典，铜陵丞摄郡幕委董其事，折幡钱近及五万。丞忽颠仆呕血不捄，二守皆遭台评。”[4] 可见宋代地方官员积极主导为祠神请封典，固然有因应信众、教化地方之需，背后也有一定经济因素的推动。

影响昭明太子信仰广泛传播的因素固然是多方面的，而“礼”“俗”二元并存为祠神信仰注入生机，这一条件不应忽视。在“礼”的层面，明清时期文人推动因素值得特别重视。鉴于历史人物萧统和他的《文选》的影响，明清时期地方官员和各地文人写下大量诗文，并赞助修庙等，在昭明太子信仰传播中起到重要的推动作用。普通民众基于种种原因祈祷奉祀，乃至迎请至他乡，所着眼的无非祠神灵应、祈祷效验。对各地官员、士大夫而言，民众迎请供奉的是以文德、仁孝著称的昭明太子，不仅没有理由禁止，还颇有借以迎合、教化民众的必要和作用。安徽南部、江西、江浙各地祠庙普遍被称为文孝祠、昭明庙等，“昭明为武帝第九子”等看似不通的说法，恰反映出民众信仰与士大夫话语间的弥合。礼-俗二元共存下，昭明太子信仰生存空间更加广阔，这是昭明太子信仰长盛不衰、广泛传播的又一重要原因。

---

〔1〕 康熙《石埭县志》卷3《建置·祀典》，国家图书馆藏清康熙十五年刻本，第27A页。
〔2〕《宋会要辑稿》礼20之11，第992页。
〔3〕《杏花村志》卷9，第734页。
〔4〕 谢采伯《密斋笔记》卷5，《全宋笔记》第7编第8册，大象出版社2015年版，第164页。

五、余论

祠神信仰是民众因恐惧、寄托的需要而产生的超自然崇拜，对广大民众和基层社会具有广泛影响力。宋代以降，祠神信仰领域成为国家权力着力管控领域，毁禁与渗透改造是两大管控手段，而以后者影响更深远。民众自发形成的祠神形象"九郎"，与国家礼制认同的"规范性"祠神形象存在一定距离。经过地方官员介入，祠神从"九郎"转变为"昭明太子"，实现用国家意识重构信仰话语、以国家礼制渗透民众信仰世界的目标。这种渗透改造本是地方官员移风易俗、教化地方职责所在，客观上起到建构地方文化传统的作用，受到地方士人支持。

"礼"的话语固然强势，但这种柔性的教化也为民众祠神信仰"俗"的传统保留了相当空间。国家礼制话语中祠神转变为帝王先贤神昭明太子，而在民众信仰实践中，依然相当顽固地延续着九郎神形象和不合礼制的祠赛仪式。巫觋庙祝等祠神信仰组织者顺应国家礼制渗透，使祠神免于"异端"指控和毁禁，对维持祠神信仰长盛不衰相当重要。在昭明太子信仰个案中，庙祝周氏从唐代至明清的世代相承，这在民众祠神信仰记载中极为罕见，值得重视。

祠神信仰研究不能满足于为各种解释模式提供证据，应该为理解传统中国社会提供独特的贡献。[1]"九郎"到"昭明太子"的演变与共生，反映出宋代以降民众祠神信仰的共同生态，即一方面国家礼制教化对民众信仰世界持续渗透改造，另一方面在国家礼制与民众信仰传统间，始终保留着"礼"与"俗"互动交融、和谐共生空间。这种"礼"与"俗"的互动交融、和谐共生，是传统中国社会中民间信仰的常态。

---

[1] 皮庆生《材料、方法与问题意识——对近年来宋代民间信仰研究的思考》，《江汉论坛》2009 年第 3 期。

"天地国亲师"还是"天地君亲师"？

——民国时期改"君"为"国"的宗教学反思

贾弋人 *

[内容提要]

民间流传久远的"天地君亲师"信仰，在清朝经由雍正颁行天下后，对社会教化、国家建构发挥了巨大作用。进入民国，帝制退场，"君"遂被代之以"国"。虽有学者对此有所质疑，但并未给出有深度的论证分析。本文拟从宗教学角度，根据"天地君亲师"信仰之理论体系与儒教义理逻辑，指出以"国"代"君"虽适应了时代的政治变化，但同时也对儒教信仰之神灵内涵与义理一致性造成损伤，使信仰者与信仰对象之间的情感联结与意义建构受到削弱。阐明"天地国亲师"与"天地君亲师"之差异，不仅关乎知识论上的明辨，更关乎我们对自身传统之认识。

[关键词]

天地君亲师；天地国亲师；儒教；易传

---

* 贾弋人，湘潭大学碧泉书院·哲学与历史文化学院硕士研究生。

　　"天地君亲师"信仰是中国传统文化的内核之一，完美地概括了儒教的神灵系统，代表了中华文化的伦理秩序。然自辛亥革命以来，清帝退位，帝制覆灭，共和兴起，"君"失去了原有地位，此信仰也面临着变更。一些学人提出应将"天地君亲师"改为"天地国亲师"。[1] 此思潮反映了中国近代时局的变革及西方思想的影响，表现为对思想根本性变革的渴望。然而，对于"天地君亲师"信仰而言，我们应该遵循流行社会思潮的文化反哺还是保留原始的凝练与概括？本文拟从"天地君亲师"的思想源流与宗教内涵出发，论证改"君"为"国"将破坏儒教义理的一致性与宇宙图景的整体性。

一、"天地君亲师"信仰在明清时期的传播与定型

（一）"天地君亲师"信仰于明清之前的萌芽

　　"天地君亲师"的思想萌芽可追溯到《易经》，并在《易传》中初步完善。学者多言"天地君亲师"首现于《荀子·礼论》："故礼上事天，下事地，尊先祖而隆君师，是礼之三本也。"[2] 此处包含了"天地、先祖、君师"，有学者言先祖不等于"父"，所以不算"天地君亲师"首次并列。此后，南宋余文豹在《吹剑三录》中也提到："是师者固与天地君亲并立而为五。"[3] 但其思想根源理应往前，余英时、徐梓等学者所使用的思想史范式意味着可以不断前溯，唐君毅、蔡仁厚等学者所使用的哲学范式意味着可以替代，[4] 况文献出处和思想本身的出处未必同步。

　　若从《易经》到《易传》这种文明论的范式看，《易经》中"乾"卦象征天，乾之德统天。"坤"卦象征地，顺承天。"屯"卦讲"利建侯"，有"君"之意味。

---

[1] 除此之外，还有"天地圣亲师""天地军亲师"等变体出现，这些变体多是应时而生，随势而逝。"天地国亲师"是所有变体中应用最广的一种改动，以至于当今民间仍有较多"天地国亲师"牌位。

[2] 王先谦《荀子集解》，中华书局 2012 年版，第 340 页。

[3] 余英时《现代儒学的回顾与展望》，三联书店 2004 年版，第 130 页。

[4] 参见陈明《天人之学与心性之学的紧张与分疏——文明论范式中湖湘学与理学关系之厘定》，陈明、朱汉民主编《原道》第 44 辑，湖南大学出版社 2022 年版，第 7 页。

"蒙"卦讲启发蒙稚，"匪我求童蒙，童蒙求我"〔1〕。体现学子有求于师，有"师"之意。而乾父坤母，理解为亲。《易经》是生命经验之表述，《易传》赋予人文性提升。《易传》："有天地，然后万物生焉。盈天地之间者唯万物也，故受之以屯。"此处讲自然万物之生。"有天地然后有万物，有万物然后有男女，有男女然后有夫妇，有夫妇然后有父子，有父子然后有君臣"，〔2〕此为对社会之描述，为发生序列，天为根本，表达世界秩序。且含天地、君臣，其中夫妇、父子意味着"亲"。在《易传》中，圣和王实际上有所重合，因此"君"也包含"师"的意蕴，包含着"天地君亲师"信仰的思想根源。而此信仰尚未被系统性地表达，尚存于人的经验性感觉中。"天地君亲师"的含义并非限于大众普遍理解的天空、土地、当代君王、亲人和学堂老师等具象性存在，而是蕴含着更深层次的功能。

"天地"何时并称已无法考究，但"君父师"的并列可从《国语》窥见一斑。栾共子曰："成闻之：'民生于三，事之如一。'父生之，师教之，君食之。"〔3〕知其是基于听说的逻辑前提，将侍奉"君父师"作为价值选择，证明当时社会已形成基本的认知，"民生于三"的认知是一种"文化公设"。〔4〕儒教作为社会常态化发展环境中形成的宗教，相对那种在政治军事冲突的非常态环境里形成的宗教，如犹太教、婆罗门教，有着更多的历史积淀，利用文化公设逐步发展形成其信仰与教义的系统。由此，此说法有比《国语》更久远的渊源，且具论据之用。"父""师""君"三者统一于生，为家族历史，生指自然生命诞生和具德行的文化生命，这实际又统摄于天。此处"天地君亲师"是从人的角度来讲。其实中国古代最高的权力正是"父君师"三位一体的结构，父又可被"亲"包含，所以最高统治者兼备"君"之管理地位、"亲"之生养职责、"师"之教化资格。而在"礼三本"说中也可以看出，君师一体是确定的，荀子知圣王不可再现，意识到将"圣"二分的重要。

----

〔1〕 《周易注疏》卷2，《景印文渊阁四库全书》第7册，台湾商务印书馆1986年版，第337页。
〔2〕 《周易注疏》卷13，《景印文渊阁四库全书》第7册，第579页。
〔3〕 陈桐生译注《国语》，中华书局2013年版，第272页。
〔4〕 即某说法不是某个人或者某时代突然出现的，而是长期积累而来的。当此说法成为文献时，就会广泛传播，而这些共识的存在是先在于著作的，是由文化公设长期积累形成的。

（二） 明朝"天地君亲师"信仰的传播与发展

明代学者归有光认为，天地为人之心性、灵魂之源，先祖、父母为人之血肉身体之源。作为邓元锡的弟子，黄浑在《潜谷邓先生元锡行略》中提到了其师曾致力于"修家祠，上则天地君亲师，左则祖，右则社，日有参，朔望有祭，忌者绘"[1]。这表明在明代，在家祠中祭祀"天地君亲师"为较普遍的信仰形式，且"天地君亲师"为默认的祭祀组成部分。晚明《周易禅解》载："屯明君道，蒙明师道，乾坤即天地父母。合而言之，天地君亲师也。"[2] 可见"天地君亲师"观念亦影响晚明佛学界。明代后期始，"天地君亲师"之说已在社会广为流传，其神牌被供奉于家，成为祭祀对象。

明末朱舜水《天地君亲师说》言"天地君亲师"需基于"孝道"解，又通过伦理学规范，将"师"地位提至最高。"第五段总包前四段在内"[3]，师包含"天地君亲"，其余四者都需借助于师。朱舜水将君师合一，但他更强调"师"，将治统、道统二分。这表明明朝末年顾王黄等明王遗臣认为土地已失，但文明仍续。道统在"师"，师作为道统承接者的重要性远高于君，清帝王是不得天道之蛮夷。

（三） 清朝"天地君亲师信仰"的定型与深化

尽管康熙、雍正也强调君师合一，但他们证明的是处于君位者拥有道统。师是遵道统者，非限于具体之人。"百世而上，以圣为归；百世而下，以圣为师。非师夫子，惟师于道统。"[4] 道统源于天，圣、师等皆是天之功能担当者。康熙降低孔子地位，又言己为承道统之天子，故能作师，实现君师合一，论证了其统治合法性。雍正绍父遗志，知作君作师一致。彼亦知"道统"之于"治统"之重，仍强调君师合一。雍正以满族人身，需为统治汉人寻求合理性，故借儒家思想实现政治目的，强化其儒家弟子形象。雍正的宗教背景比康熙深，更能理解儒。为达到相同目的，他做出了与康熙相反的选择：拔高孔子之位，强调尊师重道，提升了儒教的神圣性，显示出对汉文化的尊重。

---

[1]　焦竑《献征录》，上海书店 1987 年版，第 5039 页。
[2]　智旭《周易禅解》，广陵书社 2006 年版，第 18 页。
[3]　朱舜水《朱舜水集》，中华书局 2008 年版，第 440-441 页。
[4]　《钦定国子监志》卷 3，《景印文渊阁四库全书》第 600 册，第 38 页。

雍正即位伊始即发布上谕：孔子为万世师表，祖先"宜膺崇厚之褒封"，应追封五代。内阁、礼部商议后，认为应封公爵。雍正认为参照前代帝王之典，孔子五代应皆封王。"五伦为百行之本，天地君亲师人所宜重。而天地君亲之义，又赖师教以明。自古师道，无过于孔子，诚首出之圣也。"[1] 据此，廷臣再议俱封五代为王，并定封号。在面对异族政权融入文明，化解反满情绪和批驳华夷之辨之时，雍正拔高孔子之位不仅政治正确，更是社会需求的排序。由此，官方权威首次正式钦定"天地君亲师"的秩序，定为五伦，更提高了师之地位。

雍正又指出，"君"同时兼任"师"："君师之道，非有两端；君师之责，亦非分属。"[2] 为君要教养并施，正德、利用、厚生三者缺一不可。雍正指出，师作为先知觉者，需教导后知觉者。君道也受孔子万世师表之影响，寓于师道中。人们对孔的尊崇实际也是对君主的臣服，而雍正作为君，地位与孔子同高，与圣贤皆为天之功能承担者，从而统治得以巩固。在此过程中，雍正重新阐发儒的经典内容，还确定了儒教的神灵系统，并将儒教提升至公民宗教的地位，[3] 儒学也参与到国家国族的构建中，加强影响力。实际上，清初时祭孔属中祀，此时已祭祀天神、地祇、历代帝王、太庙、先师（天地君亲师）。光绪末，祭孔的等级得到提升。自雍正后，在传统继承与统治者提倡之双重影响下，民间祭祀"天地君亲师"日益兴盛，且开始重视"师"。至清后期，"天地君亲师"崇祀现象与多信仰杂糅，愈加复杂。

二、民国时期改"君"为"国"的历程与影响

（一）改"君"为"国"的源头及社会背景分析

1903 年《申报》中《爱国忠君说》提到："万不得将君与国歧而二一之，盖有君始能立国。"[4] 此文言君国不可二分，君失其位，国亦不存，国乃属于君之

---

[1]　允禄《世宗宪皇帝上谕内阁》卷6，《景印文渊阁四库全书》第414册，第68页。
[2]　《世宗宪皇帝御制文集》卷9，《景印文渊阁四库全书》第1300册，第90页。
[3]　参见陈明《公民宗教：儒教之历史解读与现实展开的新视野》，《宗教与哲学》2014年第3期。
[4]　《爱国忠君说》，《申报》1903年8月3日。

国。有无君党，以为君可有可无，国乃万民之国，提高了"国"之地位。及至民国，已有将"天地君亲师"改为"天地国亲师"之社会现象。徐梓称湖北十堰人为首创者，然此言未详其来。[1] 此外，陈嫣然找到 1912 年《申报》：芜湖地区中华民生党发卖"天地国亲师"牌位。[2] 此时间更早，故芜湖说更可信。《芜湖通信》提到："今满清既倒，专制恶毒既消减，君之一字从此为吾四万万自由国民之公敌该处，中华民生党同人等以此事虽小而关系极大，应由党员提倡将天地君亲师五字改为天地国亲师。"[3] 可见，改"君"为"国"因专制已灭，君主退场。

（二）"天地国亲师"在民国时期的传播演变

1914 年，参议院致总统："大总统者抽象国家之代表，非具体个人之专称，……纯粹国民之天职，不系私昵之感情。"[4] 将大总统抽象为国之代表，便将其职位拔高成天职。这将最高管理者与"国"相连，奠定了改"君"为"国"之合理性。袁世凯称帝后，济航君提出："今帝制即复……塾师课徒首教方字得仍用'天地君亲师'等字"，[5] 首课学之字未改，政体之变使时人认为总统牌当改为皇帝牌。故虽辛亥革命后，有地方改"君"为"国"，然袁世凯变更政体之反复及私塾教育的影响，尚有未改此信仰之处。

1930 年《神祠存废标准》提到改良礼节，认为君权已衰落。[6] 1933 年《国庆祝辞》载："有许多革命大人物的公告写到国字，不肯省书作'國'，要别书作'圖'……到了辛亥革命，皇帝弗灵，君字退位，这一块福神牌位就改为'天地国亲师位'了。"[7] 拒写"国"字的行为表现出"君""国"的紧张关系。后又提到湖南地区百姓在皇帝下台后改变了福神牌。陈允豪在《征途纪实》中载：1941 年，庄里有百姓信"天地君亲师"，并写有皇上万万岁；有地主信"天地国亲师"，

---

〔1〕 徐梓《"天地君亲师"源流考》，《北京师范大学学报（社会科学版）》2006 年第 2 期。

〔2〕 陈嫣然《"天地君亲师"信仰的近代衍变》，《今古文创》2021 年第 44 期。

〔3〕《芜湖通信》，《申报》1912 年 2 月 10 日。

〔4〕 中国第二历史档案馆编《中华民国史档案资料汇编第三辑》，江苏古籍出版社 1994 年版，第 37 页。

〔5〕《今后社会上应行规复之种种》，《申报》1916 年 1 月 9 日。

〔6〕 中国第二历史档案馆编《中华民国史档案资料汇编第五辑》，江苏古籍出版社 1994 年版，第 506 页。

〔7〕 何如《国庆祝辞》，《申报》1933 年 10 月 10 日。

因知"君"不合潮流；还有人改信国民党。[1] 在民国时期，并非各家都用神牌，大多只是每年春节用红纸重写五字，可见改"君"为"国"是自发的。1948年《乡村的自治官员》中写道："民国以来，因为皇帝被推翻了，人民也懂得这一点，为了适应时宜，有的才把'天地牌位'上的'君'字改为'国'字，那就变为似通非通的'天地国亲师'之位了。"[2] 可见民国时人改"君"为"国"是因皇帝被推翻。

而关于民国时期"国"字是否应该修改，学界存在两派。一派认为，"君"字所指代的君王已不在，应改为"国"，以展现民主共和思潮下的民族国家意识觉醒，由"君主"变"民主"，以爱国代忠君。另一派认为无须改动，深入阐述"君"的含义。作为第一派的代表，李泽厚认为改"君"为"国"很重要，"君"仅指具体的君主。"'君师合一'亦即政教合一，社会性道德与宗教性道德混在一起"，但其理解中不包含宗教学的内在支撑。且"国"可指"家国、乡土"，此信仰是广泛性的情感归宿。[3] 相对地，张新民认为"君"代表政治社会秩序，象征抽象的国家人格化，与整个信仰构成一个整体。蒋庆指出，"君"作为象征符号，较"国"更易作出道德性诉求。[4]

三、"天地君亲师"信仰的内涵

（一）儒教视角下的"天地君亲师"信仰

天地君亲师信仰的出现，前有学者从文献学角度梳理，以分疏"君""国"之意义，然并不能尽其义。应从儒教神灵系统出发，从信仰角度解。信仰中地（land）与天（sky）相对，顺承于天。《序卦》中提到"有天地，然后万物生

---

〔1〕 陈允豪《征途纪实》，通联书店1951年版，第24页。
〔2〕 殷忱《乡村的自治官员》，《大公报上海版》1948年9月12日。
〔3〕 李泽厚、王德胜《文化分层、文化重建及后现代问题的对话》，《学术月刊》1994年第11期。
〔4〕 张新民、蒋庆《大小传统的符号释义学解读——关于"天地君亲师"与儒学民间形态的对话》，《阅江学刊》2011年第6期。

焉"[1]，又有云行雨施之天相对于品物流行之地，此"天地"更多是生殖意义的，是《易经》里已涉及的当春乃发生的自然性。此外，罗马神话里面有地母 Tellus，中国有"后土"娘娘，皇天后土将天地并列，且含生殖崇拜。"后"作为象形字，指女人产子；"土"又是植物食物的来源，也指人出生、成长、繁衍的过程。地代表土地（land），指食物来源。同时，此自然生命背后仍有形上奠基，[2] 是宗教意义的天（Heaven），由此建立宇宙论。

"君"，可解为人格有机体，更多强调其整合治理。"君"不会被清算，暴君非"君"，"君"作为集合概念不应过于具体化，无须改换。这是公羊学中的"天子一爵"的类概念，即是说天子于天，如人臣，也处在典法考核问责之列。《白虎通·爵》中又提到天子："天子者，爵称也。爵所以称天子何? 王者父天母地，为天之子也。"[3] 天的功能需要通过各角色来成就，天之子，就是天子，天子即君，管理以养万民。

董仲舒将权力与天相连，只有圣人能够将万物归属为一，与"元"相连。元，即本源，随顺天地的产生而产生的。"君人者，国之元。"[4] "元"等于天（Heaven）。"春秋之法，以人随君，以君随天。"[5] 皇帝也是元，是起点。所以万物皆为天所生，性自命出，命从天降。后有君主为天之元子、天亦人之曾祖父等说法，这是逻辑意义上的。但人与人之间仍有差异，差异在于个体对天、天性的自觉以及完成程度。董仲舒还提出"王者必受命而后王"[6]，尽管儒教体系在价值排序上遵循"屈民而伸君，屈君而伸天"[7] 之原则，但在汉武帝寻求治国方略的时代，他必须以君主为中心，将圣王素王化，将行政权力让渡给时王，再以大一统化解分封制与郡县制的紧张。他还要求，"天子者，宜视天如父，事天以孝道

---

[1] 《周易注疏》卷13，《景印文渊阁四库全书》第7册，第578页。

[2] 这更接近犹太教的创世纪。

[3] 陈立撰，吴则虞点校《白虎通疏证》卷1《爵》，中华书局1994年版，第1-2页。

[4] 董仲舒《春秋繁露》卷6，《景印文渊阁四库全书》第181册，第733页。

[5] 董仲舒《春秋繁露》卷1，《景印文渊阁四库全书》第181册，第705页。

[6] 董仲舒《春秋繁露》卷7，《景印文渊阁四库全书》第181册，第739页。

[7] 董仲舒《春秋繁露》卷6，《景印文渊阁四库全书》第181册，第733页。

也"[1]。于是有着铁打的圣人、流水的皇帝。当具"治理"功能的神圣性职位赋予个体的"君主"时，"君"的原型变得神圣而不朽，使人摆脱时间与肉体的腐朽，迈向永恒。

此外，张载借用情感属性，强调了"天地君亲师"信仰的整体性："乾称父，坤称母……大君者，吾父母宗子；其大臣，宗子之家相也。"[2] 父母是天地。"帅"是"引领"，是属灵的。性即灵，指本质或灵魂。这背后蕴含着解释存在秩序与人生规划的宇宙图景，"吾其体"指人生规划。"宗子"指族长，在此被视为宗族，强调的是情感属性而非阶级论，这样便于治理。"君"则易被理解为人类生活较高阶的组织方式，是基于地域原则的组织者。把"君"作为"宗子"只是修辞，看似宗族化、取消君的政治属性，实则强调生命统一体的整体性及君在其中所处的关系，是从儒教视角整合"君"。

"亲"是指具体生命的生长，是一个家族性的概念。"亲"强化了血缘认同，并巩固了伦理宗族秩序。在祭祀中，人们会在天地坛上祭祀天地，在君王庙中祭祀君王，文庙中祭祀师长，而在祠堂中祭祀祖先。通过祭祀"天地君亲师"，人们能够将自己与祖先联系起来，再通过"亲"与天相联系，"亲"成为天人联系的桥梁。这使得个人得以与神圣对象沟通，从而在祭祀中感受到与神圣的联结。

"师"不仅代表个体之师，还承担天之教化。《周易》蒙卦主于启迪蒙稚，童蒙时就应培养品质，造就圣人成功之路。"蒙以养正，圣功也。"[3] "师"之教化至关重要，发蒙需师指导。旧时不分男女，将"师"一概唤作"先生"，便是将具体的人抽象并神圣化。此外，"师"要起到将天道落实到历史文化中的作用。《太平经》中"师"被强调但天地缺位。经中又言"反自言有功于天地君父师"[4]，由此徐梓认为《太平经》首次将"天地君亲师"排列。[5]

"天地君亲师"信仰随着天与人、天与政治权力等关系的发展而不断发展。

---

[1] 董仲舒《春秋繁露》卷10，《景印文渊阁四库全书》第181册，第760页。
[2] 张载著、章锡琛点校《张载集》，中华书局1978年版，第62页。
[3] 《周易注疏》卷2，《景印文渊阁四库全书》第7册，第338页。
[4] 《太平经》卷47《上善臣子弟子为君父师得仙方诀第六十三》，中华书局2013年版，第457页。
[5] 徐梓《"天地君亲师"源流考》，《北京师范大学学报（社会科学版）》2006年第2期。

《论语·尧曰》由天道定数确定人选；在《礼记·中庸》中圣贤借其德而获天命；在《春秋繁露·三代改制质文》中"王者必受命"，将自然力量纳入儒教文明的存在秩序，再根据社会需要驯化。《白虎通》将政治权力纳入《易传》所建构之乾父坤母的世界图景和存在秩序中。而雍正时期正式定型的"天地君亲师"信仰是儒教世界图景的最高形态。[1]

（二）"天地君亲师"信仰的理论体系和当代价值

"天地君亲师"中"天"除了代表自然之天，还代表着至高之天，更高位格的总括和抽象的绝对。"地"为物质之地，生命赖其存续；地承天命，人由地生而成长繁衍。自然生命之后有形上基础的 Heaven 之天，在此基础之上建立了宇宙论言说。"君"，可解为名词"君主"与动词"治理"。"君"不仅指某一个体，还指承担"治理"功能。"亲"通常指的是与亲祖相关的概念，强调个体的生命生长和家族身份。"亲"不仅能够赋予个体生命，还赋予个体家族的身份。虽然天能生化万物，然而在个体生命的过程中，仍需要父母的生育与抚养。"师"不仅代表个体之师，更有教化使命。

清雍正始以国家之名确立"天地君亲师"信仰次序，标志着儒教发展新阶段。一则整合了敬天、法祖与崇圣三大分立之崇拜对象与形式，使信仰体系更统一；二则强化了民众与整个系统之联系，使信仰更深入人心，更具生命力；三则祭祀活动因此简洁易行，更合社会需求。在信仰缺失的背景下，重拾"天地君亲师"信仰，重建社会信仰，乃当务之急。

四、改"君"为"国"的宗教学反思

（一）不能改"君"为"国"的原因

"天地君亲师"这个神灵系统包含了天生、地养、人成的内涵，是儒教思想的基本架构。"天地"象征天生地养，是天（Heaven）的功能担当。"君亲师"都

---

[1] 陈明《乾父坤母：儒教文明的世界图景——基于比较宗教学的考察》，《北京大学学报（哲学社会科学版）》2021 年第 5 期。

是人，为不同角色。君以文王为代表，师以孔子为象征，亲则各统其祖先有功德者。这些角色皆为天地大生命之显现，即天功人代。"天不自治，立君乃治之；君不独治，为臣以佐之。"[1] 君亲师之存，是为与天合一，承担其使命功能。地养从属于天生，而"大人者与天地合其德"、"神而明之，存乎其人"谓之人成。在《象传》的天道系统中，"地道'无成'而代'有终'"[2]，天是唯一的中心。《通书·顺化》认为天以"阳生万物，以阴成万物"[3]。这说明，阴阳所象之天与地只是 sky 与 earth，二者之上还有一个类似于 the Heaven 的天之存在。[4] 而《文言》从属《象传》，其中包含"天地君亲师"的思想萌芽，将乾卦的"元、亨、利、贞"用于隐喻生命由诞生、发育、成长与完成的周期，最后引申出人的德行，又将天人相连贯通，《文言》的生命性论述是对《象传》的拓展。同时，该系统亦是《易经》从记录自然生命的巫术占卜之书，转换为一个蕴含存在秩序、生命意义和历史目标的世界图景的关键要素。君以组织治理，亲以家族维系，师以伦理教化。此五者是代替天（Heaven）之不同功能节点之担当者，此五者存续以维护天地秩序，使天生生不息、人成己成物。

君与国的区别在于：第一，君为人格有机体，包含有人性的象征，国则是土地制度与人民的统一体。正如恩斯特·H. 坎托洛维奇所言，国王有两个身体："君"一方面是国家的象征，是政统延续，是天命所在，是天之功能承担者，敬君便是敬天，有其永恒性；另一方面又是具有肉身的个体化生命，是自然且易腐朽的，倘若君主违背天命，失德害民，便会被天命抛弃，不配为"君"。而"国"则是土地、制度和人民等多个元素的叠加。

第二，君是天生万物的一种，承担治理职能；国则是经过组织的群体与土地等的总称。国非天生之物，它是治理和人为了成己成物组织起来的工具性的东西，是君及其组织功能之"衍生物"。这是国不能替代君的关键。"君"为"治理"时，不仅可以在政治学意义上治理万民，还具有宗教学期待，即代天理物、成己成物。

〔1〕《尚书注疏》卷3，《景印文渊阁四库全书》第 54 册，第 94 页。
〔2〕《周易注疏》卷2，《景印文渊阁四库全书》第 7 册，第 333 页。
〔3〕 冯学成《通书九讲》，东方出版社 2018 年版，第 200 页。
〔4〕 陈明《易庸学通义》，未刊稿。

相比"国",君只是政治概念。且"天地君亲师"信仰本就是圆融有机的整体,是儒教的神灵系统,将"君"改为"国"使得其中的每个字都退化为独立的概念,而概念背后的生存经验或者生命价值被抽空。这是现代性的表现,每个角色都成为独立的原子式的概念,从而儒教的共同体本位不再凸显,丧失绵延活力。我们通过对儒教文本及社会结构的分析,对儒教信仰演变的了解,就会意识到"天地君亲师"作为一种影响深远的儒家信仰价值体系,其内部关系委实紧密不可更改。

广土众民的帝国,自然信仰多元,但过度自由放任易导致社会分裂,须得有占据主导地位的意识形态。于是雍正顺应社会,将儒教拔擢为公民宗教。到民国时期,儒教作为公民宗教的主流地位开始衰落,其他教派逐渐涌现。而作为宗教的儒教也顺理成章地被忽视,于是时人无法了解到"天地君亲师"信仰的整体性,随意将"君"更改。这种更迭行为使"天地君亲师"信仰系统及背后的宇宙图景变得模糊,损害了整个信仰形态的功能。

(二)比较宗教学视域下的共同体叙事宗教

共同体叙事宗教是一种强调共同体利益和生存发展的宗教形式。儒家经典《中庸》中提到"唯天下至诚为能尽其性",从而终达"赞天地之化育""与天地参"。[1]实现自我之性的前提是成就万物,从而实现万物本性。儒教作为共同体叙事宗教,其核心在于以共同体为叙事主轴,为大共同体的生存发展提供解决方案。[2]儒教作为连续性宗教,从农耕文明内部发展中自然孕育出来,可被视作对于重组的社会组织形态与价值的阐释和建构。

犹太教、婆罗门教等共同体叙事宗教在不断被重新定义、覆盖自身以应对社会变革与危机的过程中,表现出了断裂性和非常态性的特点。而这些共同体叙事宗教之所以过度繁荣发展,正是因为它们承担了过多的社会期待。与之相反,中国社会内部的权力系统有着常态性的发育与展开。早期的父权和圣王的权力自然地与政治的权力共生,终被政治系统替代,因此儒家共同体叙事具有一致性、常态性等特

---

[1] 王文锦译注《大学中庸译注》,中华书局2013年版,第36页。
[2] 最古老的宗教如婆罗门教、犹太教和儒教都属共同体叙事宗教。婆罗门教是在征服战争中取得了胜利,是胜利者的宗教,因此可以看成是对国家政治秩序进行合理性辩护;而犹太教作为战争中失败一方的宗教,可以把他们的教义看作是对国家重建的期盼。

征。常态化社会功能的稳定输出，导致儒教的空间相对被"挤压"，变得复杂却稳定。但儒教仍面临着叙事隐而不显的挑战，在现代性冲击下，实践无法为信仰提供坚实保障，重新系统性阐释儒教的存在类型，不仅关涉对自身传统的理解，更是无法回避的时代问题。

在儒家的共同体叙事中，国家的建构问题得以变为从清帝国向现代共和国转型，而非人经过契约形成政治共同体。此种情况下，民族与国家的目标是先在的，保障个人利益固然重要，但历史事实让人愈发看清：个体依赖群体，家国的命运休戚与共。

五、结语

儒家思想作为思想的源泉及认同符号，对中华民族有着极大统摄意义。一代又一代仁人志士基于对天道意义的认同，奋起救亡，不断凝聚起中华文明。"大一统"观念一次次成为贯通传统与现实的桥梁。中国在分封制中由父权演变成王权，又带着相对完整的族群结构与地理疆域进入共和国的历程。在国家与社会的双向关系中，"天地君亲师"信仰作为积极互动的证明，给文明构建世界图景，确立存在秩序，为民众提供人生规划。

"天地君亲师"信仰超越生死与永恒，肯定了生命时间本身的意义，是中华民族对人类命运共同体问题的独特回答，也是当代中国人对人类文明进步问题的独特贡献。此种共同体本位弥补了个体生命短暂的缺陷，也没有固化生命时间本身的意义，使个体有责任感而不至过于悲观，其所关注的乃是天地大生命的延续。

此外，"天地君亲师"信仰在清朝时期社会层面的奠定，为"满蒙回藏汉"的大中华式的理解奠定了基础，是对多元族群的把握。而儒教与犹太教、婆罗门教相比，其组织松散、信仰淡薄，皆与常态化社会发展处境有关。犹太教承担重大功能，故有强大组织、律法和情感，亦造成强大边界和意识。这意味着儒教发展所应当承担的功能完全被政治系统承担，而儒教本身的理论发展与形态发展受到严重削弱。在某种意义上，承担重要的政治责任功能可能利于宗教的发展。但对文明而言，二者均衡也许更好，霸王道杂之的均衡对文明是奠基性的。

　　"天地君亲师"信仰是文化自信、文明自觉的重要来源和支撑，是中华民族对人类价值和人类命运问题的独特理解和回答。在此背景下，儒家思想与中国社会紧密相连，显示出中华文明五千年来自身的轨迹与规范性。我们应由此出发，理解世界多元及中国之独特，而非将西方现代性换个躯壳便套入中国框架中去。

书院与儒学

古代书院的忠孝观念教育实践：
以清初洛学派书院士人为中心

周文焰*

[内容提要]

　　康熙年间，以"中州八先生"中的耿介、冉觐祖、窦克勤、李来章、汤斌等为代表的中州士人，互相之间形成往来问学密切的师友社群。他们以书院为阵地，通过书院讲学灌输忠孝观念；并以为书院作学规，为书籍、族谱作序，编定教材等方式，推动《孝经》《小学》《圣谕十六条》等儒家书籍传播及其忠孝观念的教育实践。通过上述措施，最终落实官方以忠孝为核心的儒家教化理念。

[关键词]

《孝经》；《小学》；书院；中州士人；忠孝观念

---

* 周文焰，湖南中医药大学马克思主义学院讲师，历史学博士，湖南省中国特色社会主义理论体系研究中心湖南中医药大学基地特约研究员。本文系国家社科基金重大项目"中国历代书院文学活动编年史"（21&ZD253）、湖南省社会科学成果评审委员会一般课题"清代湖南书院与基层社会儒学教化研究"阶段性成果。

书院是我国独特的文化教育组织，在官民两种力量的合力下，清代书院发展到传统社会的顶峰。[1] 遍布各地的书院承载了为国育才、教化世人的功能与作用，成为传播儒家思想、教化世人的重要载体，甚至一定程度上成为"儒家的大本营"。[2] 忠孝伦理观念是古代社会处理人伦关系的最重要的道德规范。朱子曾在《白鹿洞书院揭示》中把"父子有亲，君臣有义，夫妇有别，长幼有序，朋友有信"作为"五教之目"。五伦之中，又以忠孝为先，突出了古代书院教育中忠孝观念的重要性和基础性。

有关中州书院士人与儒学、理学教育教化研究方面，刘卫东、高尚刚编著的《河南书院教育史》[3] 以及龚书铎主编的《清代理学史》[4] 都以专题形式，对清代中州书院士人的书院教育活动有所论述。王胜军主要探究河南书院与清初洛学复兴之间的关系。[5] 吕妙芬详细考察了《孝经》在清初中州的传播以及贯彻国家"孝治天下"理念的情况。[6] 本文主要考察康熙年间中州士人的忠孝观念教育实践。以"中州八先生"[7] 中的耿介、冉觐祖、窦克勤、李来章、汤斌等为代表的中州士人，互相之间形成往来问学密切的师友社群，他们以书院为中心，通过书院讲学灌输忠孝观念；通过为书院作学规，为书籍、族谱作序，编定教材等方式，推动《孝经》《小学》《圣谕十六条》等经典书籍传播，并针对以童蒙为核心的忠孝观念教育，强调忠孝一体的理念。上述措施，最终践行儒家以忠孝为基础的教化理念。

一、嵩阳书院讲学对忠孝思想的传授

嵩阳书院在河南登封。五代后周时建于北嵩山南麓，初名太乙书院，又名太室

---

〔1〕 邓洪波《清代书院缘何大发展》，《人民论坛》2017 年第 30 期。

〔2〕 见朱杰人《〈中国书院文献丛刊〉序》，邓洪波主编《中国书院文献丛刊》第 1 辑第 1 册，国家图书馆出版社 2018 年版，第 1 页。

〔3〕 刘卫东、高尚刚《河南书院教育史》，中州古籍出版社 1991 年版。

〔4〕 龚书铎主编，史革新、李帆、张昭军撰《清代理学史》，广东教育出版社 2007 年版。

〔5〕 邓洪波、王胜军《河南书院与清初洛学复兴》，《河南大学学报》（社会科学版）2014 年第 5 期。

〔6〕 吕妙芬《孝治天下：孝经与近世中国的政治与文化》，联经出版有限公司 2011 年版。

〔7〕 陈文恭抚豫时，尝以先生（李来章）及夏峰（孙奇逢）、潜庵（汤斌）、逸庵（耿介）、静庵（窦克勤）、起庵（张沐），合以张敬庵（张伯行）、冉蝉庵（冉觐祖），为中州八先生。李元度《国朝先正事略》，岳麓书社 2008 年版，第 945 页。

书院。程颢、程颐先后提举嵩山崇福官，曾讲学于此，"昌明正学，于是濂洛关闽，递接薪传"。范仲淹、司马光等亦曾来此讲学。书院由此声名远扬，最盛时生徒多达数百，被誉为宋初四大书院之一。

清康熙十三年（1674），知县叶封重建书院于故址东南。十六年（1677），登封名儒耿介以病辞归居家，致力兴学而扩建学舍。耿介，字介石，号逸庵，河南登封人。顺治九年进士，授翰林院检讨。出为福建巡海道，康熙元年（1662），转江西湖东道，因改官制，除直隶大名道。丁母忧，服除不出。笃志躬行，兴复嵩阳书院。二十五年，尚书汤斌疏荐召为少詹事。后汤斌被劾，介引疾乞休。不久予假归，卒。所著有《中州道学编》《性学要旨》《孝经易知》《理学正宗》，编有《嵩阳书院志》等书。[1] 嵩阳书院复兴时，"有祠、有堂、有居、有斋、有房舍、有义田、有庖湢之所、有丽牲之碑，缭以周垣、翼以廊庑，而规制始大备"。耿介与知县张壎亲自主讲，又相继聘请中州名儒张沐、汤斌、窦克勤、冉觐祖、李来章等来书院讲学，均以阐明程朱理学、继承洛学道统为己任，宣扬教化，四方闻风向往，盛极一时。清初嵩阳书院讲学，耿介可以说在其中起了关键性作用。

> 逸庵以簪珥名臣暂返初服，究心性命、道德之蕴。日与邑侯张公壎如宣明教化，敦砺风俗，率一时誉髦之士读书、讲学于兹，而以濂洛关闽之道相切劘焉。求之于心，反之于身，见之于行事，为世醇儒，学者宗之。爰是坛坫日高，从游日众。[2]

上述书院记文和序言中较为具体地道出耿介对嵩阳书院的修复情况，服丧期间居家讲学的经过；说明了其讲学以濂洛关闽之学为宗的旨趣，"悯人心之陷溺，痛风俗之浇漓，慨然以斯道为己任"的追求；以及其追白鹿之遗规，仿鹅湖之旧迹，尊道统、端士习，讲学、考课辅教化而裨风俗的努力。上述论述也表明嵩阳书院讲学、考课从游者人数众多，影响广泛。

柘城窦克勤作为耿介的好友，曾被邀请来嵩阳书院讲学。六年五次前往，差不多一年一次，且"非父召不归"。对于嵩阳书院讲学情形，其在《嵩阳书院讲学纪事》中同样有较为详细的记载：

---

[1] 耿介《敬恕堂文集》，中州古籍出版社 2005 年版，第 1-9 页。
[2] 耿介《嵩阳书院志》，邓洪波主编《中国书院文献丛刊》第 1 辑第 72 册，第 285-288 页。

庚申秋，逸庵耿先生约予到嵩阳书院，时邑令长洲牖如张公先至，广文先生偕多士数十余人，皆会集焉。张公命讲书三章，开疑解惑，阐发不倦。逸庵先生以躬行实践为多士劝勉。余观一时之教之盛，因不禁喟然叹曰："伊洛宗风，其在斯乎，其在斯乎！"[1]

窦克勤的记载表明，讲学之时，参加人员众多，包括地方官员在内都亲临讲学现场。其次，耿介的讲学过程不仅仅在于讲解经书，更多的是要求诸生躬行实践。这种教育教化方式比单纯的讲解经书效果更为明显。在观看讲学之后叹服"伊洛宗风，其在斯乎"，表明讲学取得成功，影响较大。

康熙二十七年（1688）秋九月十六日，耿介委派门人景日畛赴中牟县，邀请冉觐祖游嵩阳书院。冉应诺，遂初访嵩阳。耿介在《跋冉永光先生嵩阳诗》中说："戊辰（即康熙二十七年）秋，始相约游嵩阳，至则甚爱此间山水，徘徊流连不忍去。"[2] 此后冉氏多次被邀请来嵩阳书院游学、讲学。

《嵩阳书院志》中有大量书院讲学内容，其中耿介讲学内容占较大篇幅。兹举一例耿介讲学记录（节录）：

先生乃即讲席进诸生，诲之曰："学者先要立得志定，令此心有个主宰了，然后可以为圣为贤。……"又曰："诸生欲求为圣贤，先要求为孝子。……然非得君而事，则亦不能行道、扬名、显亲，故'始于事亲'之下即说'中于事君'，细看一部《孝经》，皆有忠字在内。盖离却事君之忠，则事亲之孝不全，而非立身则亦不能事君，故末复以身结之，曰'终于立身'也。……将见以之为臣则忠，以之为弟则弟，以之交友则信，以之治天下国家则万物各得其所然。要之，只是临深履薄，一念贯彻到底，学者安可不用力乎？"诸生皆再拜受教。[3]

以上讲会内容，耿介首先对诸生讲明立志的重要性，教导诸生要学为圣贤。"欲求为圣贤，先要求为孝子"以及"细看一部《孝经》，皆有忠字在内"两句点明了关键。然后以下的内容全部是对以儒家经典《孝经》为核心的逐句诠释，并由孝引申到"忠"，体现忠孝一体的理念。讲解文字并非深奥，娓娓道来。其中贯

----

[1] 耿介《嵩阳书院志》，邓洪波主编《中国书院文献丛刊》第1辑第73册，第101-105页。
[2] 宫嵩涛《嵩阳书院》，第54-57页。
[3] 耿介《敬恕堂文集》，第256-257页。

穿了耿介自己的体悟，随时指点，于人伦日用之中点化诸生，并要求诸生把这一念"贯彻到底"。其兴学劝士、启迪后学之意尽显无遗。

为了更好地指示学者讲学、进取，本着"以学会友，以友辅仁"的初衷，耿介亲自订立会约以为规程：

一、每月初三日一会嵩阳书院。为文二艺，日长渐加，不用束邀，晨刻齐集，序揖序坐，须体貌严肃，精神收敛。题出，沉静构思，庶使心志专一，文益精妙。

一、培养根本，惟是读书。张横渠先生有言："书以维持此心。一时放下，则一时德性有懈。"所读之书大约以《孝经》《小学》《四书》《五经》《性理大全》及《通鉴纲目》等书为主。

一、每月十八日一会嵩阳书院。将一月来所读之书，互相考究印证。[1]

从规约中可以看出，书院中每月初三会文，十八讲会，寒暑不避。会文也即考课，对考课时间、要求等予以规范。同时，要求书院与会者崇尚简约，日用饮食的规范较为明确。读书要求以儒家《孝经》《小学》《四书》《五经》《性理大全》《通鉴纲目》等书为主，《孝经》《小学》更排在首位，体现出书院对学子加强忠孝观念教育的重视。

嵩阳书院的讲学活动是对圣贤精蕴的阐发、讲解。讲解过程，司讲者不仅仅在于讲解阐明经义，更要求诸生身体力行。如耿介在嵩阳书院中不仅要求童子背诵、讲解《孝经》，更要求童蒙在堂下"揖让如礼"[2]，让来院童蒙从日常生活中躬行孝道，落实儒家礼乐教化实践。

二、《孝经》《小学》《圣谕》与书院忠孝观念教育实践

古代社会，思想观念或者知识来源、政令推广都有赖于文字的传播，文字是载道之具。因此，书院以忠孝为核心的儒学教化不仅有官长的以身示范，书院师长的

---

[1] 耿介《辅仁会约》，邓洪波主编《中国书院学规集成》，中西书局2011年版，第894—895页。

[2] 冉觐祖《孝经详说》卷6，《续修四库全书》第152册，上海古籍出版社2002年版，第252页。

讲解开释、言传身教，也有赖于书籍的传播。具体到中州书院士人，更多体现在加强对《孝经》《小学》《圣谕十六条》等文本的学习教育上。

（一）《孝经易知》针对书院童蒙的熏陶教育

《孝经易知》是耿介为了推广以仁孝为核心的教育理念而编纂的、作为书院童蒙读本的教材性质的书籍。据《敬恕堂文集》中所载，耿介编辑《孝经易知》始于康熙戊午年即康熙十七年（1678）七月，至癸亥年（1683）十月纂成，前后历经五年有余。

首先，《孝经易知》贯穿了耿介自己对"忠孝"观念的理解和感悟，是其沉潜多年的结晶，最能体现其忠孝观念。正如该书序言中所说："介山居无事，沉潜是经，盖亦有年。"在读《孝经》过程中，耿介认为《孝经》一书"至于民用和睦，上下无怨，灾害不生，祸乱不作，通乎神明，光于四海"，并抚卷叹息："孝之用大矣。……夫孝，天之经也，地之义也，民之行也。……欲求德之本，而教所由生，舍《孝经》何以哉？"可见，耿介把《孝经》看成立德之本、立教之源，是关乎社会安定、和睦的经典。在耿介看来，让书院童蒙背诵、研习《孝经》，践行其理念是有必要且于风俗人心大有裨益的事情。因此，他提出自己的愿景："诚使凡为子者，人手一编，朝夕讲贯，心得躬行，由一家而一国，而天下，和顺吉祥之气洋溢充周，以之为臣则忠，以之为弟则弟，以之交友则信。"[1]

其次，此书创作意图是以之作为书院童蒙教材，且有助于风俗人心。在编辑序言中，耿介对之有所交代。此可以看成是书院对童蒙教育、教化直接关系的证明：

介……不揣妄谬，折衷前儒之旨，务归简要，编次成帙，刊行以广其传。其于风俗人心有所裨益。[2]

甲子纂修《孝经易知》成，俾书院及阖邑成人、小子皆读《孝经》。每春秋约来背诵，尝数十百人，而命以躬行孝道。远方来求取《孝经》者，岁不下数百本。[3]

耿介利用书院，以《孝经易知》教育教化当地童蒙，以广其传的目的，上述

---

[1] 耿介《敬恕堂文集》，第336页。
[2] 耿介《敬恕堂文集》，第336页。
[3] 耿介《敬恕堂文集》，第5-6页。

文字表达清晰明白。不仅如此，耿介更是让童蒙遍游书院，在游戏藏修之间接受教育教化，冉觐祖对此事也有记载，并描述得较为详细。

> 嵩阳耿逸庵先生有《孝经易知》，编给童蒙。每岁春秋集童子于书院，令其背诵，授之饮食，奖以纸笔。及期，童子塞途而至会。讲堂下揖让如礼，朗然成诵。即毕，继游书院中外，遍林麓泉石间，垂髫总角，嬉笑歌呼，天真烂漫，太和在宇。予主书院两与其事，久而不能忘。[1]

上述两段记载，可以相互补充。从耿介自己的介绍及冉觐祖的记载来看，《孝经易知》的教育、教化对象主要是书院童蒙以及阖邑成人。每年春秋之际，耿介令童子集于书院背诵，并授之饮食，奖以纸笔。远近童子约期而至书院，常常数十百人，以至于道路拥堵，由此可见当时盛况。讲堂之下，更是让童子们揖让如礼，躬行孝道。同时，让这些童子悠游于书院泉石山林间，接受书院环境的熏陶。可见，耿介对书院童蒙的教育教化行为，不仅仅在于背诵，更在于体悟和践行。

再者，是书集中反映了耿介对忠与孝关系的认知。对于"忠"与"孝"的关系，耿介认为，二者是一体的。这种观点，耿介一以贯之：

> 故"始于事亲"之下即说"中于事君"，细看一部《孝经》，皆有"忠"字在内。盖离却事君之忠，则事亲之孝不全，而非立身则亦不能事君，故末复以身结之，曰"终于立身"也。[2]

> 往余序先生《寻乐堂家规》，推本于孝而言。……夫孝始于事亲，中于事君，终于立身，极之塞天地、横四海，皆是物也。此余所以为先生序《家规》《家乘》，先后必推本于孝而为言者也。[3]

上述文字并非深奥，从中可以看出，耿介从书院讲学到为窦克勤所作《家乘》作序，都贯彻了其对"孝"和"忠"关系的理解，也可看作其孝道思想超出一家一族的界限，在更远范围传播的事实。

为了向书院诸生贯彻《孝经》中思想与理念，耿介更是在学规中要求诸生身体力行，平时由堂长、斋长予以考核："于《理学要旨》《孝经》《辅仁会约》皆

---

〔1〕 冉觐祖《孝经详说》卷6，第252页。
〔2〕 耿介《敬恕堂文集》，第256—257页。
〔3〕 耿介《敬恕堂文集》，第268—269页。

有切于身心性命、日用伦常之事，自当时加温浔玩味，身体而力行之。诸生中有漫不加省者，录过。"〔1〕在家族祭祀之时，"五门子孙皆来与祭"期间，耿介更是讲解《劝孝浅说》，希望"凡在座听了此言，有父母的各尽服劳奉养之道，无父母的各尽诚敬祭祀之道"。〔2〕可见，其对孝道教育注意落实在日常生活之中。

耿介不仅在大梁书院、嵩阳书院讲学期间，宗族祭祀期间，乃至与友人的书信及文集序言之中，都明显传达出其对《孝经》的重视。同时，《孝经易知》每年送出多达数百本，可见其流传之广。在汤斌等人的帮助下，也即于其"开府吴中"之时，把《孝经易知》"颁行所属"。〔3〕不仅如此，其后李来章在连山任上，也曾让连山书院学子研读此书。

《孝经易知》更多地针对童蒙和文化程度不高的人士。也就是说，耿介所著《孝经易知》及《孝经》思想观念，通过书院、家族、友人等网络，远远超出一家、一族乃至一个地方的范围，在更远的地方、更多的童蒙阶层中得以教育与传播。

（二）冉觐祖《孝经详说》对书院士子的教化

作为"中州八先生"的冉觐祖同样注重《孝经》学的教育与推广。冉觐祖，字永光，号蟫庵。河南中牟大孟镇人，祖籍山东。17岁中秀才，不久补考博士弟子员，康熙三十年（1691）进士，官翰林院检讨。其潜心理学，曾主讲嵩阳书院，作《为学大指》等。主编有《中州通志》，著有《五经四书详说》《性理纂要》《阳明疑案》《正蒙补训》《尚书详说》《四书玩注》及诗文杂著20余种。〔4〕

冉觐祖认为，耿介的《孝经易知》过于简略，只适合童蒙的初级读本。因此编定《孝经详说》一书，与《孝经易知》相互配合，作为书院学子中稍长者的《孝经》学读本。

《易知》过简，成童而后，欲敷析文义者，不能不取证于它书。予为是编与《易知》相辅而行，分长幼授之。视《易知》为详，故谓之《详说》。〔5〕

---

〔1〕 耿介《敬恕堂文集》，第400页。
〔2〕 耿介《敬恕堂文集》，第172-173页。
〔3〕 汤斌著，范志亭、范哲辑校《汤斌集》，中州古籍出版社2003年版，第100页。
〔4〕 赵尔巽等《清史稿》，中华书局1977年版，第13137页。
〔5〕 冉觐祖《孝经详说》卷6，第252页。

《孝经详说》同样贯彻了冉觐祖对《孝经》的理解和感悟。"然则，感人心、厚风俗，至德要道，又何以加于孝?"[1] 这些语言中透露出冉觐祖把孝道思想的重要性提高到无以复加的地位。同时，认为孝道具有"感人心、厚风俗"的教化作用。对于《孝经详说》一书的教育教化作用，胡世藻在为是书所作的序言中交代得明澈：

> 太史之教天下以详，正教天下以约也。……远绍昔圣之心传，近赞兴朝之文治，以正人心，以醇风俗，有功名教，岂浅鲜哉![2]

可以说，在冉觐祖的书院教育实践中，对《孝经》学的重视，丝毫不亚于耿介。同时，从教材的编纂过程来看，二者也有过书信交流往来，《孝经易知》《孝经详说》配合无间，都是针对不同年龄段书院生童的教读书籍。

冉觐祖在辞官之后，不仅多次前往嵩阳书院讲学，更受张伯行邀请兼顾仪封请见书院（今兰考），讲解《孝经》《孟子》诸书。在对诸生进行教育时，冉觐祖重视对正学的阐扬，尤其重视对书院学子忠孝观念的培养。冉氏与其他中州书院士人并无二致。

（三）窦克勤以《孝经》为核心的书院教育实践

窦克勤（1653—1708），字敏修，号静庵，河南商丘柘城人。窦克勤少年时闻耿介传百泉之学，从游嵩阳。康熙六年（1667），乡举至京师，拜谒汤斌。一夕，请业，斌谓："师道不立，由教官之失职。"因此，劝窦克勤就教职，随后选泌阳教谕。康熙十七年（1678），窦克勤成进士，选庶吉士，丁母忧归，服除，授检讨。不久以父老乞归。守孝期间，于柘城东郊立朱阳学院，倡导正学。史书中说"中州自夏峰（孙奇逢）、嵩阳（耿介）外，朱阳学者称盛"。卒，年五十有六，著有《理学正宗》《孝经阐义》《同志谱》等。[3]

当耿介讲学嵩阳书院之时，窦克勤曾多次且长时间参与书院讲学。"六年五至，非父召不归"。窦克勤在泌阳县教谕任上，积极从事教育、教化工作，尤其注重让县学生员研读《孝经》："乃仿朱子《白鹿洞遗规》而扩之，分立五社长，各

---

[1] 冉觐祖《孝经详说》卷6，第252页。
[2] 胡世藻《〈孝经详说〉序》，冉觐祖《孝经详说》卷首，第157页。
[3] 赵尔巽等《清史稿》，第13137页。

置簿，月朔稽善过，为劝惩。又立童子社，每月五日集童子习礼仪，令读《孝经》《小学》，稍长者为解《性理》。"〔1〕其在当地的教育、教学也取得明显的效果："行之三年，泌邑士风日上，士气日新。"〔2〕

中进士后不久，窦克勤即辞官归乡。其后，他主要在家乡的朱阳书院从事书院教育。朱阳书院创建于康熙二十八年，窦氏丁母忧期间。朱阳书院的学规与建置以及教法多直接仿照其在泌阳任教谕时的做法："今朱阳书院初二、十六之期，实踵泌阳之法而行之，当日所刊《泌阳学条规》，久与士子为渐摩矣。"表明二者之间的继承性。

康熙二十九年（1690）秋天七月初二日，朱阳书院开讲。窦克勤在日记中对他第一次讲学的内容只记了寥寥数语，题目是"弟子入则孝"章。虽说，第一次讲学题目是随机的，但也从一个侧面印证了其对孝道观念的重视。同时，日记中也点明其对此章的认知："读此章书，见圣人真实学问，只在日用伦常上做。自幼时，敛束于规矩中，浸渍于理道内，心不敢放，行不敢惰，日积月累，便成圣贤。"〔3〕说明，窦氏认为孝道要在日用伦常中体悟，且需要日积月累的坚持，是成圣之基。当时，附近官员、士绅、童子等慕名而来，有七十余人，这对于一所刚建立的小书院来说，已经十分壮观了，此次书院讲会算得上非常成功。

此后，书院在族人的支持下，继续维持发展，窦氏亦开始收徒，书院讲学活动步入正轨。窦克勤时常在书院中讲会或是主持文会。"十六日朱阳书院起文会，生童至者三十七人。"〔4〕"讲学朱阳书院，生童至者多人。"说明慕名而来的生童不在少数。如朱阳书院第二次讲学之时，县令史公在司讲者讲"弟子入则孝"章毕，也即兴发挥，化诲诸生：

邑侯史公平泉发挥"孝"字之义，为多士训其言曰："人之行莫大于孝，未有孝而不弟者，若是友恭之念薄，必是父母之敬衰。诚念念不忘孝道，自不忍伤及手

---

〔1〕 李元度《国朝先正事略》，第 941–942 页。
〔2〕 窦克勤《寻乐堂日录》，李德龙、俞冰主编《历代日记丛钞》第 11 册，学苑出版社 2006 年版，第 236 页。
〔3〕 窦克勤《寻乐堂日录》，第 564 页。
〔4〕 窦克勤《寻乐堂日录》，第 599 页。

足。"……〔1〕

地方官亲临建立不久的私人性质的朱阳书院，向生童讲解孝道，一时听讲者"改容敬听，若发起真性而欢欣鼓舞于不自已"。可见，这种讲会对生童的教育教化取得较好效果。同时，也可见邑侯的讲解是从孝道出发，外延至"弟""友"等概念，与中州士人重视孝道、阐明忠孝一体、孝道为人之根本的理念是相通的。听到邑侯的讲解，窦克勤加深了对《孝经》一书的体悟，并对书院学子加以开释。窦氏认为，《孝经》是天之经、地之义之书，是圣人、明王治理天下的关键书籍。其云：

> 夫孝，天之经也，地之义也，民之行也。……天下为父子者定，父子定则君臣理、长幼顺、夫妇别、朋友序，灾害不生，祸乱不作，此明王孝治天下之宏愿也。〔2〕

可见，与耿介、冉觐祖等人一样，窦克勤同样重视对学子加强《孝经》的教育与熏陶。

窦克勤在日记中也记载年关将近之时，为向诸生讲解《圣谕十六条》，去省城取书的经历。窦克勤去世后，其子接替其父的未竟事业，开始长达四十余年的书院教学活动。朱阳书院，经窦氏父子及亲族的多年经营，成为中州继嵩阳书院、百泉书院之外的又一文化圣地。

（四）李来章以忠孝为核心的书院教化活动

李来章，河南襄城人，名灼然，以字行，号礼山。康熙十四年举人，选广东连山县知县，官至兵部主事。其学以合天为归，克己为要，慎独为先。有《洛学编》《紫云书院志》《连阳八排风土记》等。〔3〕

李来章被知府朱璘聘主南阳书院，"作《达天录》及《南阳书院学规》"。在《学规序言》中，张润民以及窦克勤都提到，李来章所作学规中有要求士子勤加研读《孝经》《小学》《圣谕十六条》诸书的要求。《学规》第二条"学有实地，曰入孝，曰出弟，曰谨行，曰信言"中就认为："讲明其理，躬行其事，尽心竭力，

〔1〕 窦克勤《寻乐堂日录》，第 565-566 页。
〔2〕 窦克勤《寻乐堂日录》，第 567 页。
〔3〕 赵尔巽等《清史稿》，第 13136 页。

求毫发无憾，此第人子，人人可尽之职也。"[1] 从孝道观念出发，申发出其他几种言行，并认为孝是为人的根本。

与此同时，李来章于瑶汉杂处的少数民族之地，建造连山书院，延师授课，并课士其中。"集民瑶生童，相与讲明程朱之学，期以上溯洙泗，归墟在望，庶无迷津之叹。"[2] 李来章宣讲圣谕，并编定了《圣谕图像衍义》《圣谕宣讲仪注》《御制训饬士子文衍义》和《圣谕衍义三字歌俗解》等著作。[3] 同样，他也在当地推广耿介的《孝经易知》等书，"探圣贤之奥旨，穷经义之微言"，使当地学者知学有根底，学有准绳。在他的努力下，当地瑶民渐知礼仪，初步改变不习汉语、信巫蛊、轻视举业等陋俗，渐知向学，"日渐月摩，转移变化"。[4]

（五）汤斌社学、书院教育中对忠孝观念的重视

汤斌，字孔伯，号荆岘，晚号潜庵。河南睢州（今河南睢县）人，清朝政治家、理学家，官至工部尚书，卒谥文正。汤斌一生清正廉明，是实践朱学理论的倡导者。他体恤民艰，弊绝风清，政绩斐然，被尊为"理学名臣"。[5]

作为清初"中州八先生"中的一员，汤斌同样重视以书院、儒学、社学为载体，向士民阶层讲解与传播《孝经》《小学》《圣谕十六条》等书籍。汤斌任职地方，留意文教事业。在汤斌看来，"化民成俗，莫先于兴贤育材"[6]。基于"圣学明则风俗淳，蒙养正则士习端"[7] 的认知，汤斌尤其注重基层的社学、书院的教育。

在为耿介《孝经易知》所作序言中，汤斌认为，"孝之道大矣哉"，并且认为，一个人能尽孝道，则"精义入神，参赞化育，不外是"。对于以孝治理天下的理想，汤斌提出由一人至一家、一国的设想："一人尽孝，则一家化之；一家尽孝，则一国化之"。从这个角度来说，把孝道推至天下，四海之内皆孝子、仁人。由

---

〔1〕 李来章《连山书院为学次序》，邓洪波《中国书院学规集成》，第 1378 页。
〔2〕 李来章撰，黄志辉校注《连阳八排风土记》，中山大学出版社 1990 年版，第 159 页。
〔3〕 邓洪波、周文焰《化民成俗：明清书院与圣谕宣讲》，《湖南大学学报》（社会科学版）2020 年第 5 期。
〔4〕 李来章撰，黄志辉校注《连阳八排风土记》，第 160 页。
〔5〕 汤斌著，范志亭、范哲辑校《汤斌集》，第 1 页。
〔6〕 汤斌著，范志亭、范哲辑校《汤斌集》，第 577 页。
〔7〕 汤斌著，范志亭、范哲辑校《汤斌集》，第 573 页。

此，"民气和平，则灾害不生，祸乱不作"[1]。进而，希望治道、风俗可以直追唐禹、三代的愿景。

顺治十二年（1655），汤斌官潼关道员。在任上，汤斌每月齐集士民讲解《上谕十六条》，与此同时，定期至学宫、书院向诸生讲《孝经》《小学》，"使人知重伦常而敦实行"。一年之后，当地"风俗亦渐改观"[2]。

官江宁巡抚期间，汤斌见吴中之地"士风文藻省而实行衰"，因思加以挽救。当时，任登封令的张埔如（张埙）与耿介讲学嵩阳，携有《孝经易知》抄本，"属余颁示诸生，俾朝夕肄业焉"[3]。汤斌认为《孝经》是本始之教，"而养蒙育德，莫切于《小学》"。于是，汤氏令儒学教官选择德识兼优的生员充当教读，每月十一日，于明伦堂讲《孝经》《小学》。同时，令常州、吴江二县县学教读率领生徒听讲。[4] 这些教读不仅向诸生讲明《孝经》《小学》，更"教之以歌诗习礼，问安视膳，进退揖让之节"[5]，对诸生继而循循善诱，"使之存心敦行之学"。然后，再教以朱注《四书五经》等书。对于家族成员教育，汤斌同样重视《孝经》《小学》诸书的学习。在与家人的书信中，明确要求四儿子"熟读《孝经》《小学》"[6] 后，再读古文，之后再讲解"四书"。

三、结语

可以说，清初以耿介、冉觐祖、窦克勤、李来章、汤斌等为代表的中州士人群体，以嵩阳、大梁、朱阳、南阳、紫云、连山等书院为阵地，通过书院讲学、考课，为书院作学规，为书籍、族谱作序，编定教材等方式，推动《孝经》和《小学》《圣谕》等书籍学习与践履，落实官方孝治天下的理念。[7] 其实，这种观念

[1] 汤斌著，范志亭、范哲辑校《汤斌集》，第100页。
[2] 汤斌著，范志亭、范哲辑校《汤斌集》，第83页。
[3] 汤斌著，范志亭、范哲辑校《汤斌集》，第100页。
[4] 汤斌著，范志亭、范哲辑校《汤斌集》，第573页。
[5] 汤斌著，范志亭、范哲辑校《汤斌集》，第215页。
[6] 汤斌著，范志亭、范哲辑校《汤斌集》，第215页。
[7] 吕妙芬《孝治天下：孝经与近世中国的政治与文化》，第220页。

的传播范围，不止于几所书院，还包括对宗族子弟的教育。例如：耿介在祭祖时对族人的教育化诲，汤斌在书信中言及对子孙的教育方式与内容等。传播内容也不只是《孝经》《小学》《圣谕十六条》，还包含《性理》、"四书五经"等在内的经典文本，以及文本中的以儒家忠孝为核心的观念。

上述中州士人群体，包括汤斌以及地方官诸如张润民、张壎、史平泉等在内形成彼此往来问学密切的师友社群。上述士人在各地任职做官，进而把这种理念传播到更远的地方。并且，这些观念不仅仅在于传播，更在于践履。如：耿介让来院童蒙堂下"揖让如礼""而命以躬行孝道"。[1] 苏州当地教官在汤斌要求下，"教之以歌诗习礼，问安视膳，进退揖让之节"。书院学规与讲学过程中，都要求童蒙践履和体悟，在忠孝等儒家核心观念上一以贯之。上述努力，使得当地"风俗亦渐改观"，落实官方以忠孝为核心的儒家教化理念。

---

〔1〕 耿介《敬恕堂文集》，第5-6页。

新泉书院与王、湛心学的合流

肖 啸*

[内容提要]

　　新泉书院是湛若水官居南京期间最主要的讲学场所，也是甘泉心学学理发扬和学脉传承的基地。"由王入湛"而"卒业于湛"的甘泉门人史际以一己之资奠定了书院规模。湛若水主讲新泉期间，为因应阳明学说对自身心学理念的冲击，在讲学中大力提倡"随处体认天理"说，终使新泉书院成为抗衡阳明学的一大据点。然湛氏致仕南归后，书院逐渐被阳明后学占据，所倡导的学旨也由"天理"转变为"良知"。此种嬗变与湛若水本人强调王、湛二学共通性，忽略学派后续发展的书院讲学取径密切相关，更折射出湛门弟子疏于自身学派构建的问题症结。在湛若水讲学的影响下，新泉门人致力于王、湛二学的调和，却导致了逆向的"不守师说"。调和之心生而争胜意识退，自身学说传播与学派传承环节处于缺失状态，导致甘泉学的传播广度有余而深度不足，其学派辨识性也不断丧失，最终被阳明学所同化。

[关键词]

新泉书院；心学；湛若水；甘泉学派；阳明后学

----

* 肖啸，湖南科技大学人文学院历史系讲师，历史学博士。本文系国家社科基金重大项目"中国历代书院文学活动编年史"（21&ZD253）；湖南省社会科学成果评审委员会项目"蒋信与湖南理学的兴起"（XSP2023LSC004）阶段性成果。

　　明代中期，中国社会的政治文化、经济形势、道德风尚和思想潮流都开始显露出复杂的变化，孕育着一个思想多元并存和文化高度沸腾的时代。可以说，这些纵横交错的变革发轫于心学兴起与书院复兴。在此一进程中，王守仁（阳明，1472—1529）和湛若水（甘泉，1466—1560）利用书院大兴讲学，不仅促使了儒学自身的转化，以及士大夫参与社会性事务的热衷，又进一步推动了书院在明中期的繁盛局面。

　　"一时学者遂分王、湛之学"是中晚明最为宏阔的思想图景，"各立宗旨"的王、湛心学从分庭抗礼到最终合流，则可谓整个宋明理学史上一"大事因缘"。由于学界长期存在以阳明心学统摄有明一代学脉、学理与学派的观念，甘泉心学的主体性不断被淡化与消解。既有研究中，对湛若水学术思想的关注依然聚焦于阳明心学的整体背景之中。如林继平认为，甘泉学在指导人生、社会的发展上，不如王学"爽朗醒豁"；[1] 荒木见悟、志贺一朗等也通过对湛若水与王阳明的学说进行比较，论述了甘泉学发展不如阳明学那般蔚为大观的原因；[2] 冈田武彦提出了"湛门派系统"这一学派概念，并认为其建立之因在"矫正王学流弊"，而阳明身上"也许有甘泉的影子"。[3] 其后，陈荣捷、钱明等学者也关注到了湛若水对王阳明甚至是阳明门人的影响，并对此作了周详的论述。[4] 这些著述虽然立意各殊，但视角皆集中在对心学理念的辨析上，重在由内在学理脉络比较王、湛学的异同。本文则不再局限于理学内部学理论辩模式，而是通过"见之于行事"的具体史实勾勒，以湛若水在南直隶讲学的新泉书院为例，发掘其书院营建历程中所呈现的心学学说与学派的发展，从而揭示中晚明纷繁复杂的学理阐述与学派建构在社会思潮急剧动荡下的流转与演变。

---

〔1〕　林继平《甘泉学探究与王湛比较》，《明学探微》，台湾商务印书馆股份有限公司1984年版，第257-273页。

〔2〕　参见荒木见悟《湛甘泉と王陽明——なぜ甘泉學ほど發展しなかったが》，《哲学年报》（九州大学）第27辑；志贺一朗《王陽明と湛甘泉》，新塔社1976年版。

〔3〕　冈田武彦《王阳明与明末儒学》，吴光、钱明、屠承先译，上海古籍出版社2000年版，第73页。

〔4〕　钱明《阳明学的形成与发展》，江苏古籍出版社2002年版；Wing-tsit Chan, "Chan Jo-shui's Influence on Wang Yang-ming", *Philosophy East and West*, 1973（Vol. 23, No. 1/2）, pp. 9-30.

一、"由王入湛"的甘泉门人史际

湛若水开创甘泉心学一派，门下求学之辈络绎不绝，与阳明心学并行天下，黄宗羲（1610—1695）称："王、湛两家，各立宗旨，湛氏门人，虽不及王氏之盛，然当时学于湛者，或卒业于王，学于王者，或卒业于湛，亦犹朱、陆之门下，递相出入也。"[1] 显然，在明正德、嘉靖年间的士林中，阳明、甘泉的学理并竟各有胜负。然而，因阳明心学始终居于学术史叙述的中心地位，学界对学于湛而卒业于王者的关注远过于学于王而卒业于湛者。这种视野遮蔽难免造成不完整的思想史图景。事实上，由王入湛者对中晚明学派格局的发展起了重要推动作用，史际即为其中典型。

史际（1495—1571），字恭甫，号燕峰，溧阳人。《江南通志》载：

史际，字恭甫，溧阳人。少从王守仁、湛若水游。嘉靖壬辰举进士，以文选主事，改春坊清纪郎，旋乞归。置义庄、义塾，修明伦堂，浚跃龙关。捐田二百亩，资贫士诵读。嘉靖甲午、乙未洊饥，发廪以济，更捐粟垦治沙涨田。成，名曰救荒浒。募死士击倭，太湖抚按上其功，晋秩荫子。[2]

史际初从阳明游，于嘉靖初年拜入湛若水门下，并以甘泉弟子自居，"卒业甘泉先生之门"[3]。出身于东南巨富之家，其父史后迎娶明朝开国功勋徐达之后魏国庄靖公第三女徐氏为继室，[4]"魏国公与之资财甚厚，而史氏以大富"。[5] 嘉

[1] 黄宗羲著、沈芝盈点校《明儒学案（修订本）》卷 37《甘泉学案一》，中华书局 2013 年版，第 875 页。
[2] 尹继善修、黄之隽纂《江南通志》卷 158，《江苏历代方志全书》省部第 8 册据乾隆元年（1736）刻本影印，凤凰出版社 2015 年版，第 413 页。
[3] 湛若水著，钟彩钧、游腾达点校《泉翁大全集》卷 67《新泉问辩录序》，"中央"研究院中国文哲研究所 2017 年版，第 1629 页。
[4] 徐氏于嘉靖十三年（1534）过世，湛若水为其撰墓道碑文，道："徐氏孺人者，故南京光禄少卿进阶朝列大夫知山史公逊仲后之继室，进士观政吏部稽勋际之继母，魏国庄靖公之第三女，中山武宁王之七世孙，郕国庄简朱公之外孙也。"参见《泉翁大全集》卷 65《明故史母徐氏孺人墓道碑文》，第 1610-1611 页。
[5] 何乔远《名山藏》卷 101，《原国立北平图书馆甲库善本丛书》第 124 册，国家图书馆出版社 2013 年版，第 1497 页。

靖十一年（1532），史际考中进士，随后以文选主事，改春坊清纪郎。史氏一族因
与勋贵联姻而富，却并未由此而贵，试图改变"富而不贵"局面的史际热衷于结
交各类权贵与名士，却又被责为"游权贵人之门，以家财结纳之"，因而失官。[1]
仕途的顿挫或许使其意识到从"庙堂"根本改变富商家族地位的不可为，史际在
被罢官后以其雄厚的家财参与社会慈善事业，做了很多义举，不仅在地方上赈灾济
荒、治沙涨田，甚至招募民间死士协助朝廷抗击倭寇，并且还持续了其早年资助儒
士学术活动的士商互动历程，置办义庄、义塾，修建明伦堂，捐助贫士诵读，等
等，从中可见其书院营建活动之端绪。尤值一提的是，他在治理沙涨田、建成救荒
淹之时，还于其中创建了一所书院。据钱德洪（1496—1574）所述：

> 书院在溧阳救荒淹。史际因岁青，筑淹塘以活饥民，塘成而建书院于上。延四
> 方同志讲会，馆谷之。籍其田之所入，以备一邑饥荒，名曰"嘉义"，钦玉音也。
> 际与吕光洵议延洪主教事。乃先币聘，越三年，兹来定盟。是月，同志周贤宣、赵
> 大河、诸生彭若思、彭适、袁端化、王襞、徐大经、陈三谟等数十人，际率子侄史
> 继源、继志、史铨、史珂、史继书、继辰、致詹，偕吾子婿叶迈、郑安元、钱应
> 度、应量、应礼、应乐定期来会，常不下百余人。立师与甘泉湛先生位，春秋
> 奉祀。[2]

　　由此可见，史际修建的嘉义书院不仅仅是"四方同志"的讲会之所，其学田
收入还有济贫功用，"以备一邑饥荒"。另外，虽然书院由钱德洪主教，同时也刊
刻了王阳明所著《朱子晚年定论》和《山东甲子乡试录》，但书院同时奉祀王阳明
和湛若水两位心学大师，并且定期举行的讲会中也有史际、史继源等甘泉门人参
与，故而嘉义书院可以说是王、湛两派学术的交融之所。嘉义书院融合王、湛学术

---

[1] 何乔远《名山藏》卷101，《原国立北平图书馆甲库善本丛书》第124册，第1497页。此外，关
　　于史际被罢黜的详情，参见支大纶《世穆两朝编年信史》卷3，《原国立北平图书馆甲库善本丛
　　书》186册，第93页。
[2] 王守仁撰、吴光等编校《王阳明全集》卷36《年谱附录一》，上海古籍出版社2011年版，第
　　1478页。

的模式则肇端于史际早期所资助的新泉书院。[1]

二、新泉书院的建立

新泉书院，初名新泉精舍，在南直隶应天府治长安街西，是湛若水在南京官居期间最重要的讲学场所。《应天府志》在新泉书院条下亦记道：

> 新泉书院在长安街西。嘉靖初，湛若水为礼部侍郎（引者按，当为吏部侍郎之误），史际以宅舍为之。因掘地得泉，乃名焉。有学田。[2]

新泉精舍在嘉靖十九年（1540）前后改为新泉书院，具体变更年岁不详，湛若水在十九年以后的书文中已称之为书院，而非精舍。从府志记载可知，精舍修建之时在园中挖出清泉，因此取名为"新泉"。此外，精舍还设有学田。

新泉书院的营建大致可分为前后两个时期，嘉靖七年（1528）与十三年（1534）。嘉靖七年，湛若水以南京国子监祭酒之职转任南京吏部右侍郎，公宅未定之时，借住于门人史际园中，四方学者抠趋来学，遂而因地开设精舍，作为新的讲学场所。对此，《新置南京少宰公宅记》写道：

> 公卿大夫士之宦于南都者，或多有公宅，否则好事者必或迎致而馆焉。甘泉子嘉靖七年，以祭酒转南京吏部右侍郎，公则无宅，私无所与馆。求僦于河之东，河东之人三至而三辞焉。求于河之西，河西之宅与之前居而勿与之后室焉。乃权寓于门人史氏之圃，是为新泉精舍。[3]

---

[1] 史际虽求学于王、湛两位心学名家，但并无文集留存，与湛若水的问学语录亦少见，仅《新泉问辨续录》记有一条。史际问："随处体认天理，工夫固然，奈何习心遮蔽，念头把持不定，用力操存，反复如故，又有出入无时，莫知其乡之病。近日求寻此心，稍觉有主，所使必由中出，似亦近理，然而不见本体者何？"湛若水答："所谓把持用力求心，皆是助长之病，如何得见本体？子可存心于勿忘勿助之间，久当自见之。"由此仅可看出，彼时的史际并未真正体悟到其师天理说的内涵。参见《泉翁大全集》卷74《新泉问辨续录》，第1840页。

[2] 程嗣功修，王一化纂《（万历）应天府志》卷18，《金陵全书》甲编方志类府志第9册据中国国家图书馆藏万历五年（1577）刻、万历二十年增修本影印，南京出版社2016年版，第527页。引文中的"礼部侍郎"当为吏部侍郎之误。嘉靖七年（1528），湛若水由南京国子监祭酒转南京吏部右侍郎。参见《泉翁大全集》卷27《新置南京少宰公宅记》，第727页。

[3] 《泉翁大全集》卷27《新置南京少宰公宅记》，第727页。

新泉精舍在初设之时，即建有讲堂、嘉会所、玉井池和新泉亭，[1] 并且刻有湛若水在西樵山大科书院所著训规，由门人吕柟亲手书于精舍壁间。[2] 显然，新泉在建立之初就打上了浓厚的甘泉学派烙印。

嘉靖八年（1529），湛若水因进献《圣学格物通》有功而转任北京礼部右侍郎，直到十二年（1533）八月升任南京礼部尚书时才返回南京。[3] 史际对新泉书院的扩建就是在湛若水再次南归任职之时。

嘉靖十三年，史际为书院增建前堂，湛若水以陈白沙（献章，1428—1500）"学以自然为宗"之说而取名为"自然堂"，[4] 而后史际又捐资设立学田。次年，湛氏特意撰《新泉精舍赡田誓》一文对其进行褒奖，曰：

> 呜呼！诸子小子，有来志士，咸听誓言。尔居乃居，食乃田；尔入乃门，由乃路。尔其知思乃居、乃田、乃门、乃路乎哉？惟乃居创于史子，乃门、乃路廓于史子。惟乃田创于史子知山子，厥嗣子恭甫乃继厥志，推之馆谷于诸子，乃开立教之门，乃建立教之基，学是用兴。[5]

湛若水在文中强调了史后、史际父子对新泉精舍的付出，对二人捐田创院的义举进行歌功颂德以外，还告诫来此求学的士子，享受书院馆谷的同时要致力于学业和德业的精进，"由乃路，进乃德，修乃业"，并在进德修业的基础上"行天下之大道"。[6] 此外，湛若水在其他书文中也称赞了史际的善举，"矧昔际也不吝数百金，开新泉精舍，以与诸生从予而讲学，今又拨田附郭二顷，以赡来学者，贤已！"[7] 由此可知，新泉书院的建立完全离不开史际的资助，其不仅赠送宅舍作为创办基址，还耗费数百金多次修建，并捐献家资两百亩作为学田以馆谷求学士子。

------

〔1〕 参见《泉翁大全集》卷67《新泉问辩录题辞》，第1631页；《泉翁大全集》卷42《送邹山人归锡山》，第1086页；《泉翁大全集》卷33《新泉亭铭》，第878页。
〔2〕《泉翁大全集》卷34《跋斗山书院所刻训规》，第894页。另外，有关《大科训规》的详细论述，可参见肖啸、邓洪波《明代书院与心学践履：湛若水〈大科训规〉析论》，陈明、朱汉民主编《原道》第38辑，湖南大学出版社2019年版，第69—82页。
〔3〕 参见朱鸿林《明儒湛若水撰帝学用书〈圣学格物通〉的政治背景与内容特色》，《儒者思想与出处》，生活·读书·新知三联书店2015年版，第129—176页。
〔4〕《泉翁大全集》卷33《自然堂铭》，第875—876页。
〔5〕《泉翁大全集》卷33《新泉精舍赡田誓》，第885—886页。
〔6〕《泉翁大全集》卷33《新泉精舍赡田誓》，第885—886页。
〔7〕《泉翁大全集》卷65《明故史母徐氏孺人墓道碑文》，第1612页。

三、湛学流传：以"天理"抗"良知"

新泉书院既是湛若水官居南京期间最主要的讲学场所，同时也是其以"随处体认天理"为宗旨的心学学说的宣扬基地。因此，书院最初就是围绕湛氏讲学而建，以传播甘泉之学、扩大甘泉学派为目的。

新泉精舍开设一年左右，主教便即离开，四年以后才返回。从嘉靖七年到八年以及十二年到十九年这段时间，是湛氏亲身主教新泉时期。而从八年到十二年这段时间，史际、周冲（字道通）、蒋信（1483—1559）等甘泉门人也坚持在新泉讲学，并且还整理了湛若水此前一年在精舍的讲学语录并编成《新泉问辩录》一书，故而此四年的新泉依然是甘泉学说的传播基地以及甘泉门人的聚集场所。可以说，在嘉靖十九年（1540）湛若水致仕南归之前，新泉书院都是甘泉一派的学术重镇。

湛若水在新泉的弟子很多，著名的有蒋信、王崇庆（1484—1565）、周冲、葛涧（字子东）、史际、陈大林、程镐、何迁（1501—1574）、吕怀（1492—1573）、洪垣（1507—1593）、方瓘（1507—1551）、施宗道、符治、潘子嘉等等，其中大部分是从南京国子监转入新泉的。新泉弟子服膺甘泉学说，在《新泉问辩录》之后，又相继整理编纂了《新泉问辩续录》《问疑录》《金陵答问》《金台答问录》和《洪子问疑录》，[1] 皆是湛若水这一时期与门下弟子的讲学语录。另外，田汝成（1503—1557）、罗钦忠（1473—1529）等学者也时常造访新泉精舍参与论学活动。[2]

湛若水在新泉精舍讲学的嘉靖初年，正是王阳明"致良知"学说盛行士林之

---

[1] 参见《泉翁大全集》卷67-70《新泉问辩录》，第1629-1706页；《泉翁大全集》卷71-74《新泉问辩续录》，第1707-1858页；《泉翁大全集》卷75《问疑录》，第1858-1894页；《泉翁大全集》卷76《金陵答问》，第1895-1912页；《泉翁大全集》卷77《金台答问录》，第1913-1934；《泉翁大全集》卷78《洪子问疑录》，第1935-1962页。

[2] 《赠督学宪金田君奉敕之岭南序》曰："于是铨曹选诸众彦，以仪制郎中田君叔禾汝成以闻……田君盖尝讲合一之学于新泉矣。"《悝翁亭记》曰："中丞泰和罗子与甘泉子雅也，一日造新泉精舍曰'吾病之世之人昏昏懵懵，如醉如梦，缘是失其本心而莫之觉也'。"参见《泉翁大全集》卷22《赠督学宪金田君奉敕之岭南序》，第631-632页；《泉翁大全集》卷27《悝翁亭记》，第725页。

时。因此，在给门人讲学以及与各类学者论学的过程中，他除了一如既往地巩固
"随处体认天理"之说以外，也在暗暗对抗良知说对自身心学理念所带来的冲击。
例如：

> 良知者何？天理是也，到见得天理，乃是良知，若不见得天理，只是空知，又
> 安得良？这个天理之知，譬如一把火在心上，又如一面明镜在手上，随事随处，即
> 时能照。故颜子有不善未尝不知，知之未尝复行，不待应不去、处不得，乃回头求
> 良知也。其有如此者，即是功夫疏脱处。所以吾每每劝诸君终日终身体认天理也，
> 天理即是德性之知。

> 随处体认天理，是圣学大头脑，千圣千贤同此一个头脑，尧、舜、禹、汤、
> 文、武、孔子、周、程，千言万语，无非这个物，岂有别物？同是这个中路，岂有
> 别路？论语终食之间，造次颠沛必于是而不违；中庸富贵贫贱、夷狄患难，无乎不
> 行。动静内外、隐显常变，无不是随处体认之功，尽之矣。

> 今之所谓致良知者，待知得这一是非，便致将去，此所谓致良知者，一端求充
> 一端也。只一随处体认天理，扩充到尽处，即是保四海，即是广大高明之本体。

> 今说致良知，以为是是非非，人人皆有，知其是则极力行之，知其非则极力去
> 之，而途中童子皆能致之，不须学问思辨笃行之功，则岂不害道？子等慎之。若云
> 致良知亦用学问思辨笃行之功，则吾敢不服？[1]

从这些语录中可以看出，一方面，湛若水将"随处体认天理"之说与儒学道
统中的圣贤之言行勾连起来，为其心学理念寻求理论依据。另一方面，他又提出
"致良知"的诸多弊端，如良知在扩充之道上不及天理说，其践行也需要依靠天理
说，见得天理的才算良知，反之则为"空知"。最后，他指出良知说最大的弊端是
忽视了学问思辨笃行的工夫，是为"害道"。

更直接地以"天理"抗"良知"的表述则出现在湛若水与新泉书院弟子周冲
之的问答中。周冲之问："儒释之辨，是此非彼，终当有归一处，如何？请详。"
湛若水答道：

---

[1]《泉翁大全集》卷 67-70《新泉问辩录》，第 1642、1670-1671、1686-1687、1702 页。按：本引
　文最后一条语录的末句，原点校本为"则吾敢不服。"今据文意将句号改为问号，以表反问，为
　"则吾敢不服？"

往年曾与一友辨此，渠云"天理二字不是校勘仙佛得来"。吾自此遂不复讲。吾意谓天理正要在此歧路上辨，辨了便可泰然行去，不至差毫厘而谬千里也。儒者在察天理，佛者反以天理为障；圣人之学至大至公，释者之学至私至小。大小公私足以辨之矣。[1]

此处答语隐隐在回应湛若水与王阳明曾经的儒佛论辨，[2] 据甘泉所撰阳明奠文"兄不谓然，校勘仙佛，天理二字，岂由此出"[3]，可知这是二者学理分歧的一大结穴，而甘泉认为其区分点在于"天理"，并在新泉书院进行了阐发。

除了讲学以外，新泉精舍还具备刻书的功能。前述诸多论学语录皆于精舍付梓刊行。另外，湛若水所著《甘泉先生文集》和《杨子折衷》亦在此刊刻，分别刻于嘉靖十五年（1536）和十九年。

由此可知，在湛若水主教的这一阶段，新泉精舍自始至终就由甘泉门下所占据，既是甘泉学说的宣扬场所，也是其与良知说相抗衡的基地。

四、王学渗入：从"天理"到"良知"

嘉靖十九年（1540），湛若水致仕南归，离开新泉书院。其后，甘泉门人吕怀、史际、何迁、王崇庆等继续维持着书院运转与讲会开办，同时又邀请庞嵩（1510—1587）、钱德洪、王畿（1498—1583）等阳明弟子进驻，新泉讲学因而不断融入阳明学说，书院也逐渐被阳明后学所占领。

庞嵩，字振卿，号弼唐，广东南海人，嘉靖十三年（1534）举人。《番禺县志》载：

嵩，南海人，字振卿。博通经籍，嘉靖甲午举人。讲学罗浮山中，执经士百有余人。释褐判应天，迁治中，摄府尹事。后以刑曹郎出守曲靖，崇教化，浚滇池，

---

[1] 湛若水著，游腾达、王文娟点校，钟彩钧审订《甘泉先生续编大全·补编》卷1《语录拾遗》，"中央"研究院中国文哲研究所2018年版，第2页。

[2] 参见陈来《有无之境：王阳明哲学的精神》，生活·读书·新知三联书店2009年版，第247—252页。

[3] 《泉翁大全集》卷57《奠王阳明先生文》，第1385页。

理矿务，皆有成绩，以老罢归。嵩在留都新泉书院讲王守仁之学，及归，从湛若水游，闻随处体认天理之旨。诣极精纯，好学弗倦。若水谓，"北有吕泾野，南有庞弼唐，江门之绪不坠"云。[1]

庞嵩早年游于王阳明门下，中举之后在广东罗浮山讲学，于嘉靖二十三年（1544）赴南京任应天府通判，其后又在南京刑部任职，致仕归乡后方拜入湛若水门下，其学以融会王、湛为主。因此，庞嵩在南京任职期间，是以阳明弟子的身份主讲新泉书院，并且还是讲授阳明学说。对于阳明学的介入，湛若水不仅没有异议，还对庞氏十分赞赏，称其"惓惓于新泉之教甚笃"。[2]

自庞嵩主教新泉以后，书院逐渐成为王、湛两派弟子论学讲道的交汇之地。嘉靖二十九年（1550），湛门弟子吕怀在南京任职，于新泉书院修建大同楼，并举办讲会。对此，钱德洪在王阳明年谱中记道：

四月，门人吕怀等建大同楼于新泉精舍，设师像，合讲会。

精舍在南畿崇礼街。初，史际师甘泉先生，筑室买田为馆谷之资。是年，怀与李遂、刘起宗、何迁、余胤绪、吕光洵、欧阳塾、欧阳瑜、王与槐、陆光祖、庞嵩、林烈及诸生数十人，建楼于精舍，设师与甘泉像为讲会。会毕，退坐昧昧室，默对终夕而别。是月，洪送王正亿入胄监。至金山，遂入金陵趋会焉。[3]

在此，钱德洪称吕怀为"门人"。吕怀，字汝德，号巾石，江西永丰人，嘉靖十一年（1532）进士。吕氏并未拜入王阳明门下，虽受学于湛若水，但是提出"天理、良知本同宗旨"，其中的通融枢要则在于变化气质。[4] 吕怀在新泉书院所建之楼取名为"大同"，显然就暗含有融合二说的目的，加之王阳明去世以后，阳

[1] 任果等修，檀萃、凌鱼纂《（乾隆）番禺县志》卷8，《中国地方志集成》善本方志辑第二编第47册据乾隆三十九年（1774）刻本影印，江苏古籍出版社/上海书店/巴蜀书社1996年版，第119页。

[2] 湛若水著，钟彩钧、游腾达点校《甘泉先生续编大全》卷9《复庞弼唐秋官》，"中央"研究院中国文哲研究所2017年版，第196页。

[3] 王守仁撰、吴光等编校《王阳明全集》卷36《年谱附录一》，第1480-1481页。

[4] 黄宗羲著、沈芝盈点校《明儒学案（修订本）》卷38《甘泉学案二》，中华书局2013年版，第911页。

明高弟有诸多因建构学派认同、壮大学派门墙之需而追认门人的事例存在，[1] 钱在年谱中认定吕为阳明门人就不足为奇了。大同楼建成之后，吕怀设王、湛二师之像于其内，又邀请各派学者进行会讲，其中有阳明弟子钱德洪、庞嵩，湛门弟子余胤绪（1526 年进士），也有虽未拜入王阳明门下，却被阳明高弟视作同门的李遂（1504—1566）[2] 等数十人。

嘉靖三十三年（1554），湛若水在给史际六十寿辰的贺信中曾赞道："新泉书院时加修整，赡米租如旧，足仞盛德。"[3] 由此可知，在湛若水离开新泉的十四年间，史际一直坚持资助书院，支持讲学活动的日常开展。至于主讲席者，在庞嵩南归之后，以甘泉门人王崇庆与何迁为主。

王崇庆，字德征，号端溪，河南开州人，正德三年（1508）进士。何迁，字益之，号吉阳，湖北德安人，嘉靖二十年（1541）进士。彼时，王崇庆在南京历官吏部、礼部尚书，而何迁则先后在吏部和刑部任职。《明史》认为，吕怀、何迁等甘泉弟子之学"大约出入王、湛两家之间，而别为一义……皆不尽守师说也"[4]。然而，对于书院积极宣讲王学、融合二家学说的行径，湛若水十分支持，这在其与二人的书信中可见一斑：

复王端溪宗伯

前屡承手翰诸稿葛绸见混，诸庞子来者，一一拜领。预为墓志，尚太早计在。思欲为公作一生传，然未可期必也，待偶成寄上。昨弥唐报公上疏慰留，已出视篆。吾喜答云："此天留公大明新泉之学也。"新泉每会，静坐默成为第一义也，如何！新刻诗扇侑缄。[5]

[1] 参见吴振汉《罗洪先学行考实》，王成勉主编《明清文化新论》，文津出版社 2000 年版，第 409-418 页；吴震《聂豹罗洪先评传》，南京大学出版社 2001 年版；吴震《阳明后学研究》，上海人民出版社 2003 年版；林月惠《良知学的转折：聂双江与罗念庵思想之研究》，台湾大学出版中心 2005 年版；刘勇《明儒李遂的讲学活动及其与阳明学之关系》，《明史研究论丛》第 9 辑，2011 年版，第 197-213 页。
[2] 关于李遂的研究，参见刘勇《明儒李遂的讲学活动及其与阳明学之关系》，第 197-213 页。
[3] 《甘泉先生续编大全》卷 9《与史燕峰内翰》，第 208 页。
[4] 《明史》卷 283《湛若水传》，中华书局 1974 年版，第 7267 页。
[5] 《甘泉先生续编大全》卷 9《复王端溪宗伯》，第 207 页。

与何吉阳考功

海内同志如吾吉阳、道林常在怀，老而益切。昨弼唐书来，新泉之教赖以不坠者，今吉阳也。幸甚！幸甚！其余诸同志不能一一，为我多致意焉。余不悉。[1]

从对王氏"大明新泉之学"的期许，以及将"新泉之教赖以不坠"归功于何氏的褒奖中可以发现，湛若水颇为关注新泉讲学的开展，但是至于书院到底是倡"天理"还是"良知"，却并未着意过多。

嘉靖四十四年（1565），阳明高弟王畿在李遂的邀请下，于新泉书院召开讲会，并著有《留都会纪》：

嘉靖乙丑春，先生之留都，抵白下门，司马克斋李子出邀于路，遂入城，偕诸同志大会于新泉之为仁堂。上下古今，三五答问，默观显证，各有所发，爰述而纪之。[2]

除王、李二人以外，与会者还有阳明学派的耿定向（1524—1596）、张绪（1520—1593）、殷迈，以及甘泉学派的蔡汝楠（1514—1565）和许孚远（1535—1604）。显然，从这场由阳明门人所记载的讲会来看，新泉书院后期已逐渐被阳明学所渗透，成为王、湛两派弟子的学术交融之所。

值得注意的是，相较于良知说被阳明后学不断阐发解读的情况，以新泉书院为据点的甘泉门人却基本不提天理说，[3] 在面临王学的"强势入侵"时，也主张调和两家，疏于自身学派建构。究其缘由，这与湛若水个人的治学取径颇为相关。其一，他在论学中反复提及"良知必用天理，天理莫非良知"[4]，强调二者的共通性而非差异性。其二，他虽师承陈白沙，但其治学宗旨与路径却与陈白沙有着极大的差异性，[5] 而且也教导弟子无须笃信师说："闻彼间有同志作会甚好，若得志

---

[1] 《甘泉先生续编大全》卷8《与何吉阳考功》，第189页。

[2] 王畿著、吴震编校整理《王畿集》卷4《留都会纪》，凤凰出版社2007年版，第88-89页。

[3] 蔡汝楠、何迁的文集中都看不出对湛若水"天理"说的继承和发展。参见蔡汝楠《自知堂集》，《原国立北平图书馆甲库善本丛书》第772册据明嘉靖刻本影印，第913-1245页；何迁《吉阳山房摘稿》，《原国立北平图书馆甲库善本丛书》第779册据明嘉靖三十八年（1559）张元冲等刻本影印，第845-955页；何迁《吉阳先生文录》，《域外汉籍珍本文库》集部第5辑第21册据日本国立公文书馆藏明万历刊本影印，人民出版社/西南师范大学出版社2015年版，第249-416页。

[4] 《泉翁大全集》卷13《天关精舍语录》，第413页；《泉翁大全集》卷22《赠掌教钱君之姑苏序》，第633页；《甘泉先生续编大全·补编》卷2《与何吉阳启》，第96页。

[5] 参见侯外庐、邱汉生编《宋明理学史（下）》，人民出版社1997年版，第172-196页。

气常相通，如血脉常相贯，乃见恳切。若终死不忍叛其师之说，视同门如亲弟兄骨肉而不可解焉，则此恐终不及阳明之门矣。"〔1〕其三，这一问题还涉及湛若水本人对于学派建构的关注点。在甘泉学派的建构过程中，他极为重视对陈白沙江门心学的传承问题，但同时却忽略了学派的后续发展，〔2〕即便门下弟子数千人，他也并未着力培养学说的继承者。因此，甘泉门人在与阳明后学交流的过程中，尤为注重融合二家之学，"皆不尽守师说"〔3〕，导致甘泉心学在发展过程中逐渐失去其辨识度。

结论

民国学者刘伯骥指出："明代书院之兴起与理学之发达，是互为表里。当中倡发书院风气最大功绩者，在岭北为王阳明，在岭南为湛若水。"〔4〕新泉精舍是湛若水官居期间在南京最主要的讲学场所，长期作为与良知说相抗衡的甘泉心学学术据点，其讲学活动却在湛氏致仕以后逐渐被王门弟子所掌控，所倡导的学旨也由"天理"变为"良知"。此种讲学风向的嬗变折射出湛门弟子疏于自身学派构建的问题，这又与湛本人强调二学的共通性、忽略学派的后续发展等讲学取径密切相关。因此，当钱德洪等阳明高弟不断寻求各种方式壮大师门学说的同时，甘泉弟子在湛若水的影响下，却仅仅致力于王、湛二学的调和。史际、吕怀都乃甘泉嫡系门人，但史所建的嘉义书院与吕在新泉书院所建的大同楼却都在祭祀中设阳明像，与甘泉像并列，并且主动邀请阳明学人共同讲学。这对甘泉学派的发展造成了不可逆的影响。调和之心生而争胜意识退，自身学说传播与学派传承环节的缺失，导致甘泉学的传播广度有余而深度不足。同时，学理的薄弱也使得湛若水之后，其学派辨识性不断丧失，最终逐渐被阳明学所同化。

〔1〕《泉翁大全集》卷10《与谢惟仁显》，第319页。
〔2〕参见肖啸《江湖与庙堂：湛若水的书院营建（1466-1560）》，湖南大学2021年博士学位论文。
〔3〕《明史》卷283《湛若水传》，第7267页。
〔4〕刘伯骥《广东书院制度沿革》，商务印书馆1939年版，第25页。

学规与章程：传统书院教育管理的复合制度架构

喻 平*

[内容提要]

　　传统书院起于唐迄于清，延续千年有余。书院是重要的教育机构，有着成熟的教育管理制度。以规范分析言之，书院制度包含学规、章程两类规范。学规是师生约定的以修身为学为基本内容的柔性规范。章程是官方制定的以监督管理为内容的细致规程。二者虽有差别，但在共同规范书院各类事项中相得益彰，构成传统书院复合制度架构。在此制度架构背后，可见传统知识阶层与官方之间在书院层面的博弈与配合。此为生发与涵养士志于道的教育宗旨、兼容并蓄的文化追求以及自修与研究的良好学风等书院精神的制度土壤。细致研究书院制度，不仅可一探书院本质，深入把握书院精神，更可为当代高等教育高质量发展、推进教育强国战略提供重要借鉴。

[关键词]

　　传统书院；学规；章程；复合制度架构

---

　*　喻平，湖南理工学院法学院副教授，华东政法大学博士后研究人员，法学博士。本文系国家社科基金青年项目"宋故事与宋代法律体系研究"（20CFX008）、湖南省教育科学规划课题"湖南地方旧志所见书院制度整理与现代价值研究"（ND220217）、湖南省社科评审委课题"文化强省视野下湖南书院文化整理与文旅融合研究"（XSP2023GLZ027）阶段性成果。

在中国教育史上，书院是重要的教育机构，有着成熟的教育管理制度，是传统教育文化之精华，值得我们学习与传承。1901 年，光绪帝颁布废书院诏，[1] 书院发展史转为研究史。自胡适发表《书院制史略》始，[2] 现代学术视野下的书院研究不断积累，成果颇丰。[3] 然而，既有研究仍有可商之处。例如，研究视野的相对集中与传统书院的面向多重并不相称。对此，邓洪波等认为，"书院研究的主力由教育、历史、哲学三大学科的学者组成，其研究方法和视野已成定式"[4]。肖永明等指出，"书院研究……应拓宽研究视野……"[5]。书院制度研究亦复如是。在书院研究史上，以"书院制度"为题者并不鲜见。早在 20 世纪 30 年代，《中国书院制度》[6] 与《广东书院制度沿革》[7] 相继出版。前者是通史性著作，考证书院起源、概况与废替。后者聚焦一地，论及广东书院的起源、变迁、制度及地位。及至 20 世纪 80 年代，书院研究再度兴盛，《中国古代的书院制度》[8] 与《中国书院制度考略》[9] 分别出版，然内容不出前揭诸作，唯加详而已。此后，陈谷嘉等于 1997 年出版《中国书院制度研究》[10]，关注书院的类型等级、职事类别以及藏书、经费、考试、专科教育等各项内容，探讨更为深入。然而，在上述研究中，学者大体将"书院制度"视为整体概念。其论述亦采宏观视角，涵盖书院的历史沿革、总体特征、运行情况与教育职能等，而对微观视角的书院制度——切

---

[1] 《光绪朝东华录》第 4 册，中华书局 1958 年版，第 101-102 页。

[2] 胡适《书院制史略》，欧阳哲生编《胡适全集》第 12 册，北京大学出版社 1998 年版，第 449-453 页。

[3] 邓洪波、周月娥《八十三年来的中国书院研究》，《湖南大学学报（社会科学版）》2007 年第 3 期。肖永明、刘艳伟《新中国成立以来书院研究的梳理与反思》，《大学教育科学》2020 年第 3 期。

[4] 邓洪波、周月娥《八十三年来的中国书院研究》，《湖南大学学报（社会科学版）》2007 年第 3 期。

[5] 肖永明、刘艳伟《新中国成立以来书院研究的梳理与反思》，《大学教育科学》2020 年第 3 期。

[6] 盛朗西《中国书院制度》，中华书局 1934 年版。

[7] 刘伯骥《广东书院制度沿革》，商务印书馆 1937 年版。

[8] 陈元晖等《中国古代的书院制度》，上海教育出版社 1981 年版。

[9] 张正藩《中国书院制度考略》，江苏教育出版社 1985 年版。

[10] 陈谷嘉、邓洪波《中国书院制度研究》，浙江教育出版社 1997 年版。

实规范书院各类活动的准则、规程——措意不多。[1] 事实上，以规范分析言之，书院制度包含学规与章程两类。二者虽有差别，但在共同规范书院教育管理中相互促进，构成书院复合制度架构，此为生发与涵养书院精神的制度土壤。细致研究传统书院制度，不仅可一探书院本质、深入把握书院精神，更可为当代高等教育高质量发展、推进教育强国战略提供重要借鉴。

一、书院学规：师生约定的以教育为旨的柔性规范[2]

在传统中国，学规历史悠久，可溯至先秦"学礼"。[3] 在宋代兴学运动中，"学规"一词正式出现，此后普遍使用。[4] 书院学规又称规约、学约、揭示、院规等，是书院制度的重要构成，至迟起于南宋。据学者整理，现存南宋书院学规有《丽泽书院乾道四年九月规约》《丽泽书院乾道五年规约》《白鹿洞书院揭示》《双溪书院揭示》《沧州精舍示学者》等5篇。[5] 此后，明清书院学规蔚为大观，不可尽举。

从规范分析视角言之，相较于书院章程，书院学规具有三项特征。其一，书院学规多为劝谕式，具有柔性规范属性。需要指出的是，在宋代，书院学规尚可分为两类。一类即丽泽书院规约二篇。其或受官学学规影响，多为禁止性、命令性规范。其中，第一篇共11条，均以"不得""不""毋得""毋"等禁止生员不当言

〔1〕 "微观视角"的书院制度研究可分为两类。其一为史料整理。代表性成果有邓洪波《中国书院学规集成》，中西书局2011年版。其二为学规研究。代表性成果参见吴小伟《中国古代学校的三种"学规传统"》，《大学教育科学》2013年第1期；邱志诚《宋代学规的兴起及其对生徒的身体规训》，姜锡东主编《宋史研究论丛》第21辑，科学出版社2018年版；陈浩《〈辅轩语〉的学规属性及书院传播》，《大学教育科学》2021年第6期。
〔2〕 本文所称"柔性规范""刚性规范"，以是否借助强制力保障实施为标准。同时，柔性规范多为提倡性、肯定性规范；刚性规范多为命令性、禁止性规范。参见徐梦秋、张爱华《规范的类型与功能》，《哲学动态》2006年第6期。
〔3〕 高明士编《东亚传统教育与学礼学规》，华东师范大学出版社2008年版，序言第2页。
〔4〕 李弘祺《传统中国的学规：试论其社会性与角色》，高明士编《东亚传统教育与学礼学规》，第214-216页。
〔5〕 此5篇均据邓洪波的整理成果，下文不赘引。参见邓洪波主编《中国书院学规集成》，中西书局2011年版，第408-409、636-637、630-631、604页。

行，并明确"除其籍"等罚则。第二篇共 6 条，有 3 条规定"共摈之"等处罚。另一类为劝谕式的柔性规范，即朱熹及其门人陈文蔚所作三篇。例如，《白鹿洞书院揭示》（以下称《揭示》）所列"五教之目""学之序"等"圣人教人为学之大端"，均为希圣希贤式劝导。朱熹在《揭示》中称，"近世之学规，其待学者已浅矣"，明确表达对"彼所谓规者""规矩防禁之具"等官学刚性学规的反感，[1] 认为在施教之中，外在规则的强制相较于圣贤之意的遵循是次一级举措。陈文蔚在《双溪书院揭示》中称，"诸君苟能念此，则乡之所设学规者，亦大为之防，似不足以相浼。然出此则入彼，诸君体之"。"彼"即官方刚性规范，"此"即书院柔性规范。陈氏关于二者的先后优劣之论，颇有儒家"德主刑辅""出礼入刑"之宗风。随着理学成为官方意识形态，《揭示》经理宗亲笔御颁，成为全国性学规，延及后世。元明清历代，诸书院要么直接承继《揭示》，[2] 自立学规者也多为劝谕式，劝谕式的柔性规范遂成为书院学规主流。

其二，书院学规效力源于师生共同约定。至少在开始之际，较之书院章程，师生约定共守作为规范效力来源是书院学规的制度特征，且此特征得以部分延续。首先，在筹建书院之前，朱熹等人已有"学规"由师生共议的初步想法。在复建白鹿洞书院不久前的 1178 年夏，朱熹即表达了共议条约之意。大致在此年六月，朱熹在与其学生蔡元定通信中坦言"精舍数日纷纷，无意思……亦缘屋舍未就，不成规矩，它时须共议条约，乃可久远往来耳"[3]。据陈来考证，此信中称"意欲后月末间一到云谷度暑，未知果能动否"，而《文集》卷六《秋日登天湖诗》题注云"戊戌（1178 年）七月与季通诸人登云谷"[4]。可见，此信应写在是年六月间。又据《朱熹年谱长编》，1178 年自夏至初秋，朱熹在清湍密庵度夏著述，其时

〔1〕 李弘祺《传统中国的学规：试论其社会性与角色》，高明士编《东亚传统教育与学礼学规》，华东师范大学出版社 2008 年版，第 217—231 页。
〔2〕 后世书院承继《揭示》者众多，举其要者，有江苏东林书院，浙江仁文书院，福建鳌峰书院，江西豫章书院、鹅湖书院，河南明道书院，湖南岳麓书院、玉潭书院，陕西关中书院，甘肃柳湖书院等。参见邓洪波主编《中国书院学规集成》，第 231、368、526、615、709、879、1034、1120、1647、1720 页。
〔3〕 朱熹《晦庵先生朱文公续集》卷 2《答蔡季通》，朱杰人等主编《朱子全书》第 25 册，上海古籍出版社、安徽教育出版社 2002 年 1 月版，第 4674 页。
〔4〕 陈来《朱子书信编年考证》，生活·读书·新知三联书店 2011 年版，第 161 页。

招士友来集。[1] 可见，密庵即朱熹信中所言"精舍"，是类似于书院的聚徒讲学场所。从朱熹所述"它时须共议条约"可知，朱熹认为讲学施教之"条约"应由师生共议。此后不久的 1178 年 8 月，朱熹差知南康军，次年 3 月到任，又次年 3 月即建成白鹿洞书院并拟定学规。《揭示》所称"诸君其相与讲明遵守"，也有相互说明商定之意。可见，朱熹对于拟定学规的态度是一贯的。其次，事实上，丽泽、白鹿洞、双溪等书院早期均属私学，书院学规多由山长、院长撰定。山长等一般由一方宿儒、堪为师表者担任，并非一定为学官。及至明清，山长并非学官的事例尚不鲜见。[2] 作为师者的山长，仅有伦理性"权威"而无实质行政权力。生员对于学规的遵守，多出于对师道的尊重以及对于书院理念的认同。在《丽泽书院乾道五年规约》中，师生互称为"同志"，言其有共同志向。学规本为"志向"的载体，共同志向是约定学规的基础之一。再次，从学规名称来看，宋代学规称"揭示"而避免"规""则"等用语，学规制定者似乎在有意回避学规具有官方意味。此外，在书院史上，称"学约"者众多，均为本文所称学规。[3] "约"的含义一定程度揭示了学规的制度基因。当然，不可否认，明清以降，书院官学化，部分学规出自官方而非约定。笔者此处只是突出书院学规相对章程具有约定共守的制度特色。

其三，书院学规的规范内容在于教人修身为学。学规的规范内容因时因地有所不同。概括言之，主要分为三个方面：一是明确办学宗旨；二是规范进德立品程序；三是指示读书治学方法。其中，最为重要与根本的是明确办学宗旨，使得后续立品为学有所依循。这一点在《揭示》中尤为明显，可为代表。在《揭示》之首，即言"五教之目"之宗旨，明确道德修养是教育之本，在此基础之上，才有学以

---

[1] 束景南《朱熹年谱长编》，华东师范大学出版社 2001 年版，第 599 页。

[2] 山长并非学官的事例及至明清尚不显见。例如，清代《云峰书院条例》《燕平书院章程》《华阳书院章程》等书院规章明确山长的聘请规则与特殊地位，将其与学官系统的斋长等区别。可见，在书院官学化的明清，山长作为学术与师道的代表仍然有一定的延续性。参见邓洪波主编《中国书院学规集成》，第 3、4、226 页。

[3] 此类情况有：清光绪三十年江苏江阴南菁书院的《南菁学约》、清光绪二十六年浙江嵊州的《剡山二戴两书院学约》、清康熙五十五年福建福州鳌峰书院的《鳌峰书院学约》、清乾隆七年江西南昌豫章书院的《豫章书院学约》。参见邓洪波主编《中国书院学规集成》，第 282、403、528、615 页。

穷理、修身、处事、接物等具体进路。在《揭示》跋文中，朱熹指出："熹窃观古昔圣贤所以教人为学之意，莫非使之讲明义理，以修其身，然后推己及人……"也就是说，在朱熹看来，只有秉持道德义理的"理之当然"，进而在为学、修身、笃行中"责其身以必然"，才能达到"古昔圣贤所以教人为学之义"的教育目标。就此教育宗旨及其重要性，朱子曾多次重申。例如，在《静江府学记》中，强调教育应涵养学子品节，并将其"行之于父子、兄弟、夫妇之间，进而推广以达乎君臣、上下、人民、事物之际，必无不尽其分者"，学成之后治国，则可"理义休明，风俗醇厚"，选举得人。[1] 朱子类似观点，见诸《琼州学记》[2]《漳州龙岩县学记》[3]《衡州石鼓书院记》[4] 各篇之中，影响后世学规，此不赘引。

二、书院章程：官方制定的以管理为要的细致规程

书院章程也是书院制度的重要组成，既有研究对此关注不足。[5] 书院章程，也作规条、条规、规程、规章等，名目繁多。其至迟起于南宋，目前可见的南宋书院章程有《明道书院规程》《明道书院收支规章》《明道书院奉养先贤后裔规章》等3篇，[6] 后世书院延续这一规范形式。总体而言，章程意在规范书院经费、人事、招生、考试、奖惩、藏书、祭祀等事项，维系书院长期有序运行。

以规范分析言之，书院章程相较于学规具有以下特征。一方面，章程多为官定之公文，具有刚性规范特征，兼有惩罚措施。即便在书院官学化稍弱的宋代，章程的官方属性已见端倪。例如，《明道书院收支规章》载"本府每月下拨"等语，可见其非书院自拟，而是府衙公文。又如《明道书院奉养先贤后裔规章》中有"据

〔1〕《晦庵先生朱文公文集》卷78《静江府学记》，《朱子全书》第24册，第3741页。
〔2〕《晦庵先生朱文公文集》卷79《琼州学记》，《朱子全书》第24册，第3761页。
〔3〕《晦庵先生朱文公文集》卷79《漳州龙岩县学记》，《朱子全书》第24册，第3764-3765页。
〔4〕《晦庵先生朱文公文集》卷79《衡州石鼓书院记》，《朱子全书》第24册，第3782页。
〔5〕 除上文所言文献整理外，学界关于书院章程的研究仅见邓洪波《圣化与规范：学规指导下的南宋书院教育制度》，高明士编《东亚传统教育与学礼学规》，华东师范大学出版社2008年版，第52-72页。
〔6〕 此3篇均据邓洪波的整理成果，下文不赘引。参见邓洪波主编《中国书院学规集成》，第163-165页。

学官申""保明申续""据申"等公文用语，且寻访、奉养先贤后裔等事，历来由官府主持，其载"往岁朝廷曾札池州"等语，即言此事。再如《明道书院规程》共 11 条，均为具体命令，对生员行为规范甚严。其中，有 3 条设有罚则，如"出不书簿者罚""请教逾三月者，职事差替，生员不复再参""凡职事生员犯规矩而出者，不许再参"。该属性延及后世。在明代，《白鹭洲书院禁约》共 11 条，为知府汪可寿所定。其载第 8 条规定："梅林渡官渡船，遇水泛时，即便遵照成规，轮二只赴院答应。如有懒惰失误，定行罪罚……"该条不仅具有刚性规范的明确与严厉，而且指令官渡船及时服务书院，是官方规定无疑。此外，第 10 条规定："一切妇女不许藉口烧香闲游……如有僧人勾连纵容，访出，将本僧责逐，妇女连夫、父并治。"第 11 条规定："庵内僧众止容恪守净土教者十人……游方僧人并宜斥绝……"〔1〕此二条并未涉书院事，而是规范同在白鹭洲的净土庵事。若为书院自拟规定，不可能规范他人事务。若以地方官府立场，因分工尚不精细，顺带规定书院近旁事务，则属正常。清代书院章程繁多，难以尽举，笔者抽取康熙、乾隆、嘉庆、道光、咸丰、同治、光绪等朝的 9 项书院章程以作说明，其颁行、规范属性情况如下表所示。

清代书院章程颁行、规范属性情况表〔2〕

书院章程名称	年代、地点	颁行情况	规范内容及属性
潞河书院支发经费章程	康乾间，北京通州	不详	专门性规定，内容为书院各项支出额度。规范属性不详
云峰书院条例	嘉庆十一年，北京房山	以知县名义颁行	综合性规定，内容含书院人员职事、财务等事。官方规定，其载"庶本县苦心，不致湮没""著即实贴云峰书院，遵照无违"

〔1〕 邓洪波主编《中国书院学规集成》，第 735 页。
〔2〕 该表载 9 项章程，按时间先后排列。参见邓洪波主编《中国书院学规集成》，第 7、3、697、777、4、1452、21、19、77 页。

续表

书院章程名称	年代、地点	颁行情况	规范内容及属性
信江书院考课章程	嘉庆十五年，江西上饶	以知府名义拟定	综合性规定，内容含书院建设、财务等事。官方规定，知府拟定后，曾禀告相关省衙。其载"谨酌拟数条，恭呈训定遵办"
云门书院院规	道光年间，山东平阴	以知县名义颁行	综合性规定，内容含生员管理、考试等事。官方规定，其载"书院事宜经本县与董事诸君悉心筹画……"
燕平书院章程	道光二十四年，北京昌平	以州府名义颁行	综合性规定，内容含山长延聘、人员职事、财务收支、考试等事。官方规定，其载"（州）已秉明道宪批示立案，永远遵行"
盐宪札发条规示谕	咸丰七年，四川成都	以茶盐道名义颁行	综合性规定，内容含生员管理、考试、山长待遇等事。官方规定，在保留的签发文件中明示为茶盐道札发公文
大名书院道宪月课章程	同治三年，北京大名	以道台名义颁行	专门性规定，内容为考试事宜。官方规定，明示为道台颁行文告
圣泉书院条规	光绪十八年，河北无极	以知县名义颁行	专门性规定，内容偏重人员职事安排。官方规定，其中安排"礼房、饬房"等县衙下属机构
冠山书院藏书规条	光绪二十三年，山西平定	以知州名义颁行	专门性规定，内容为书院藏书、借书管理事项。官方规定，其载"本州……"

从上表可知，清代书院章程为官方规定，延续刚性规范属性。另一方面，在规范内容上，与学规规范立意高远的修身为学事项不同，章程是关于书院监督管理的细致规程。其规范形式可分为综合性规定与专门性规定。后者是就单项事务的具体规定。例如，在上表中，《潞河书院支发经费章程》为收支类专门章程、《冠山书院藏书规条》为藏书类专门章程、《大名书院道宪月课章程》为考试类专门章程、

《圣泉书院条规》为职事类专门章程。同时，大部分的章程为综合性，各类事项兼而有之或者囊括数项。无论是专门性还是综合性，其规定均细致且可操作。例如，《冠山书院藏书规条》对藏书、登记、储藏、借阅、维护、破损修缮等系列图书管理流程规定详尽，[1] 将其用于现代图书管理恐不落后，可见制度设计之精良。

此外，从规范功能来看，除了显见的规范日常事务之外，书院章程的重要功能之一即维持书院长久运转。这恐与书院介于官私之间，经费难以得到制度性保障有关。例如，康熙年间，通州潞河书院因经费不支停办。[2] 道光年间，据雷致亨《燕平书院章程》核算，其经费入不敷出。[3] 光绪年间，邓炬《华阳书院储书规条》称藏书"域于经费"而不足。[4] 光绪年间的《冠山书院藏书规条》也称"（书籍）所缺尚多"的原因之一为"本州因费无所酬"。[5] 因此，几乎每一部综合性章程均对于财物管理、日常支出以及管理人员的防弊措意尤深。单就防弊而言，《云峰书院条例》规定：设斋长五人，每年三人轮流管理，且二新一旧轮值。[6] 斋长为书院管理人员，如此安排既基于工作延续性，故设一人续任，也考虑防弊之需，所以逐年更换两人，可见其用心良苦。又如《燕平书院章程》专门提出"董事经理，每年经费收支及实存钱数，开列清单，张贴书院，乃于年终造具两册……永久备查"[7]。此为细致的财务审核公示规定。

三、复合制度架构：知识阶层与官方的博弈与配合

在书院制度中，学规与章程两类规范区分明显，上文已述。更为重要的是，二者所构成的复合制度架构，在共同规范书院教育管理事项中合理搭配，体现了知识阶层与官方在书院层面的博弈与配合。这是书院精神得以生发与涵养的制度原因。

〔1〕 邓洪波主编《中国书院学规集成》，第77–78页。
〔2〕 邓洪波主编《中国书院学规集成》，第7–8页。
〔3〕 邓洪波主编《中国书院学规集成》，第4–6页。
〔4〕 邓洪波主编《中国书院学规集成》，第227–228页。
〔5〕 邓洪波主编《中国书院学规集成》，第77–78页。
〔6〕 邓洪波主编《中国书院学规集成》，第3页。
〔7〕 邓洪波主编《中国书院学规集成》，第4页。

其一，不难发现，导致书院学规与章程差异的原因在于，二者是不同群体博弈的产物。学规由知识阶层制定，章程则出自官方。不同群体的理想与价值追求各异，进而导致学规与章程在制度风格上的分殊。以白鹿洞书院为例，自朱子撰《揭示》之后以迄于清，明显存在由两种群体制定的两类规范。例如，陆九渊《白鹿洞书院讲义》、胡居仁《续白鹿洞学规》、章潢《为学次第八条》等措意于立志、修身、为学，为学者劝谕，是为学规。与此相对，李龄《规示诸生八事》、罗辂《洞学榜》《洞榜三事》、蔡士瑛《白鹿洞洞规》等则为地方官或学官制定的书院管理规程，内容所及，无非经费管理、职事安排、生员规范、祭祀仪注等事，是为章程。有意思的是，这两种群体身份导致的制度区隔并不绝对，朱子建书院定《揭示》时，知南康军，但他并不以官员身份定规，甚至反对官方规范。类似的例子还有明嘉靖朝的郑廷鹄，他既以知府身份下发《示白鹿洞主贴》《酌定肄业洞生》等典型章程；又以学者身份拟定《白鹿洞讲义四首示师生》，其内容为学规。这种知识分子与官员的身份重叠，或为二者之间的配合和默契埋下伏笔。

其二，在制度观念层面，自有书院学规始，学者对官方规则的反对有年，前文已述。然而，可贵的是，两种群体身份所确立的两类制度，达成了良好默契，在规范书院事务中相互配合。这不仅是笔者的"后见之明"，此类认知早已有之。例如，明万历年间，福建提学副使岳和声在拟定《共学书院会规》时称："凡学必有约，凡会必有规。规以佐约，凛于王鈇，非章程之为也。"[1] 岳氏所称的"约"，应为学规，"规"则是其制定的会规，属于章程。言下之意，学规所载是书院的基本目标与核心任务，章程所载事项仅有辅助性质。从制度架构来看，章程须配合、辅助学规，并保障其实施。

其三，在规范事实层面，书院学规所定的教育宗旨与立品为学途径，是书院制度之主干，是目标性规范；同时，章程虽然细致严格，且以官方为后盾，但其是操作性规范，其对学规的配合与尊重俯拾即是，可分为明示的部分、推知的部分与制度分工的部分。首先，就明示部分而言，多数章程明确强调书院宗旨与学术传承，

---

[1] 邓洪波主编《中国书院学规集成》，第513页。

强调遵守学规。例如，明成化年间李龄《规示诸生八事》第1条即称："诸生入洞，悉遵文公教条及程、董学则、真西山教子斋规，不可有违。"[1]《华阳书院章程》第3条规定："为人必先立品，为学必先辨志。儒家教条学规，言之凿凿。凡在院肄业诸生……以谨院规，而端士习。"[2] 此处明确要求生员遵守以立品、为学为主要内容的"儒家教条学规"。《盐宪札发条规示谕》则规定："诸生有则改之，无则加勉，务各奋志潜修，敦品砺行……"[3]，意在强调学规所秉持的教育宗旨。

其次，推知的部分主要体现在礼遇山长等方面。山长多为一方宿儒，是知识阶层在书院的代表，章程礼遇山长、树立山长权威可视为官方对于知识阶层的尊重，侧面体现出对学规的配合。明代袁懋贞所定《申聘南昌乡绅申曰敬主洞并议款》规定："（洞主）其意固淡如，而阐明道学，造就人材，非寻常皋比等也。"对于洞主（即山长）的人品学问推崇备至。类似的还有《华阳书院章程》，其第1条在规定延请山长中称："经师、人师，古称难得，苟得其人，乃足振士风而传朴学。"可见，山长代表的学术传统享有崇高地位，官府须尊重，故要"至公举景仰之人"。[4] 此外，在章程规定中，山长享受的物质待遇颇高，也说明官府"尊重山长，以昭师承"的美意。例如，据《燕平书院章程》，院长（即山长）待遇占书院年收入泰半。相较之下，由官府委派的学官——监院则薪酬不高。[5]《盐宪札发条规示谕》规定，山长除东西房舍用于会客、藏书之外，"东内一间乃山长闲居之地"[6]。在书院用房并无宽裕的情况下，再次佐证山长待遇之优厚。院长与监院分属知识阶层与官方两类群体，如此设置典型体现了章程对于知识阶层的配合与尊重。

再次，在制度分工部分，章程规定了诸多与立品为学密切相关的教育事项，可视为对学规的补充。例如，学者反对书院过于重视科举。朱熹在《衡州石鼓书院

---

[1] 邓洪波主编《中国书院学规集成》，第640页。
[2] 邓洪波主编《中国书院学规集成》，第226页。
[3] 邓洪波主编《中国书院学规集成》，第1452页。
[4] 邓洪波主编《中国书院学规集成》，第226页。
[5] 邓洪波主编《中国书院学规集成》，第4-6页。
[6] 邓洪波主编《中国书院学规集成》，第1452页。

记》中言"（石鼓书院）将以俟四方之士有志于学而不屑于课试之业者居之。"又言："今日学校科举之教，其害将有不可胜言者，不可以是为适然而莫之救也"。[1] 陈东原指出："自动讲学，不受政府干涉与反科举的精神是书院不朽的灵魂，如果失去了这两种精神，而仅保有书院的制度，那就不配算作书院。"[2] 傅顺时在《两宋书院制度》一文中，将书院精神概括为六点，其中之一即"反对科举"。[3] 然而，在实际中，科举应试对于普通生员学子的学业不可谓不重要。尽管明清以降的书院已多官学化，在可见的学规中，并未规定生员举业。章程补充了生员考试和举业等制度内容。类似的情况尚有教官分工、生员膏火保障等与书院治学施教相关的具体事项。章程均以配合的姿态，补充了学规之不足。

综上所述，以规范分析视角言之，书院制度包含学规、章程两类。二者在规范属性、效力来源、内容主旨、制度功能等方面存在差别。学规以教育为旨，是师生约定的以修身为学等事项为基本内容的柔性规定。章程以管理为要，是官方制定的以日常管理为内容的细致规程。更为重要的是，书院学规与章程是不同群体的产物，学规由以理学家为代表的知识阶层所设，章程则出自官方。不同群体的理想与价值追求各异，进而导致学规与章程制度风格分殊。可贵的是，学规与章程在共同规范书院教育管理事项中相互促进、相得益彰，学规是书院制度之主干，章程配合补充学规的实施，二者共同构成书院复合制度架构。

细致研究书院制度，不仅可一探书院本质，更可为当代高等教育高质量发展、推进教育强国战略提供重要借鉴。其一，传统书院复合制度架构对于理顺当代高等教育制度具有多方位的启示作用。例如，应进一步理顺高校治理制度，在教育法的框架内推进高校章程的制定与完善，以章程为统领构建高校内部制度框架，切实尊重并发挥高校师生在学校决策、学术、行政、民主监督等环节的主体作用。其二，书院复合制度背后官方与知识阶层的默契与合作启示我们，应推进高校与地方政府的良性互动。例如，应优化高校财政资金投入机制，进一步推进产学研相结合取得实效，探索形成以校地合作为基础的区域特色产业链等。其三，书院复合制度所涵

---

[1] 《晦庵先生朱文公文集》卷79《衡州石鼓书院记》，《朱子全书》第24册，第3782页。
[2] 陈东原《书院史略》，《学风》1931年第1卷第9期。
[3] 傅顺时《两宋书院制度》，《之江期刊》1937年新1卷第7期。

养的书院精神对当代高等教育具有借鉴价值。学习与传承书院精神，可进一步激活高校在基础研究、科技创新、人才培养、文化传承等方面的潜能，让高校在满足人民群众对优质高等教育需求的同时，为加快建设教育强国、全面建设社会主义现代化国家提供基础性、战略性支撑。

书 评

宋代四书学研究的新开拓

——评王琦教授《宋代四书经筵讲义研究》

郭齐勇*

经筵讲义作为宋代兴起的一种新经学体例，是儒家士大夫诠释经旨义理并对帝王进行教育的讲稿与教材，寄寓了他们成就君德圣治、建构帝王之学、重建社会政治秩序的理想。它既是经筵制度定型与宋代学术转型的产物，又是理学思想向最高层传播的重要载体。宋代主要学派的代表人物王安石、司马光、苏轼、程颐、杨时、胡安国、张栻、朱熹、真德秀等均曾入侍经筵为帝王师，尤其是程朱一系学者为帝王进讲《论语》《孟子》《大学》《中庸》经筵讲义，极大地促进了"四书"新经典体系的形成与理学思潮的兴盛。宋代理学的繁荣与经筵讲义的发展密不可分，然而目前学界罕有研究。

王琦教授专注研究宋代经筵讲义有年，锲而不舍，孜孜以求，成为此方面的大专家。本书以宋代"四书"经筵讲义为研究对象，通过对《大学》《论语》《孟子》《中庸》经筵进讲情况的全面梳理，探寻士大夫如何以经筵为平台，通过经典的创造性诠释，用儒家的思想观念与价值理念影响帝王及政治，以道统规范治统，成就君德圣治，重建社会秩序，寄寓道济天下的王道理想，并在学术、思想与政治的互动中，促进以《四书》为核心的理学新经典体系的形成与发展。本书呈现"四书"经筵讲义与帝学、理学之间的内在联系与演变轨迹，探讨儒学官学化、社

---

* 郭齐勇，武汉大学哲学学院、国学院教授，博士生导师。

会化的途径，为当代儒学复兴与传统文化的现代转化提供了借鉴。

本书是迄今学界第一部有关"宋代四书经筵讲义研究"的著作。作者将经筵讲义放在当时的历史文化背景与学术思潮中来进行研究，探索其兴起、发展与演变的内在逻辑，对经筵讲义与理学、帝学之间的关系做了深入探讨。

其主要贡献与创新在于：

1. 新材料的发掘。目前学界对经筵讲义少有关注，很多经筵讲义的原始文献未能被及时整理出来，可资借鉴的文献资料与论文十分有限。作者通过对文渊阁《四库全书》《续修四库全书》《全宋文》等文献资料的搜索、查找，对"经筵讲义"文献进行了全面的搜集与整理，不仅为研究宋代经筵讲义的发展演变及其文本解读、义理诠释奠定了扎实的文献基础，而且为宋代理学与帝王之学研究提供了新资料。

2. 新视野的开拓。作者敏锐观察到：在宋代理学发展的同时，儒家新帝学的兴起成为宋代儒学发展的另一个新动向，而经筵讲义作为顺应帝王之学成就君德圣治需要而产生的一种崇尚义理解经的新经学体例，在促进宋代学术从章句之学向义理之学转型，以道学建构帝学，加速理学官学化、社会化中起了重要作用。为此，作者将经筵讲义放入时代的大背景中，从政治史、思想史、社会史、文化史等多重视野中，全面探析了宋代经筵讲义与儒家新帝学兴起、发展的逻辑脉络，揭示了经筵讲义与帝学、理学的内在联系，指出经筵讲义具有以义理解经、启沃君心、联系时政、语含劝诫、语言通俗、经世致用等特征，是帝学建构与理学发展的关键环节，寄寓了士大夫们建构学术思想体系、成就君德圣治、塑造理想帝王、以道统规范治统的理想追求，体现了学术与政治之间的互动，拓展了宋代儒学研究的新视野。

3. 内涵的创造诠释。（1）首次全面梳理了《大学》《中庸》《论语》《孟子》经筵讲义在经筵的进讲情况，呈现了宋代《大学》诠释的转向、《中庸》经筵进义与帝王修己治人、《孟子》经筵进义与孟子升格运动、《论语》经筵讲义与君德圣治成就之间的联系，拓展了"四书"学与理学研究的内容。作者指出，随着"四书"在经筵的进讲，《大学》《论语》《孟子》《中庸》等思想价值不断向最高层传播与渗透，不仅推动了宋代学术转型与帝学发展，而且促进了"四书"新经典体系的形成，使其逐渐超越"五经"，获得了官方的认同与支持，推动了理学的官学化与社会化。（2）系统地对朱熹的帝学思想进行了深入的研究。以《大学》经筵讲义为核心，通过对朱熹帝学思想形成过程的全面梳理，及其以道学建构帝学的理论分析与文本诠释，呈现了朱熹在宋代帝学理论建构中的重要作用，及其对真德秀的影响，丰富与拓展了朱熹思想研究。

4. 方法的综合运用。采用了义理与考据、中国古代经典诠释与西方诠释学相结合的方法，坚持逻辑与历史相统一，注重对"四书"经筵讲义的文献梳理，探寻了《大学》《中庸》《论语》《孟子》等经典向帝王的传播过程；同时，又注重对文本的义理诠释与解读，并通过对朱熹、真德秀、程俱、陈傅良、徐元杰等人经筵讲义的个案研究，呈现了宋代士大夫如何通过经筵讲学中的经义诠释与君臣互动，引导帝王以"学"成"德"出"治"，为君臣在思想意识与价值理念上达成共识、拓展参政议政的渠道提供了契机，从而使得研究成果既有厚重的历史感，又有理论深度，打通了理论与实际、历史与现实。

宋代政治与文化、学者与政治的关系，是学界及民间都关心的课题。中国古代政教、政学的关系，其间道统、学统、政统之间的关系，十分复杂，存在着张力。这些问题都不能空泛地议论，而应像作者这样，深入爬梳史料，找到证据。同时，作者又不沉溺于纷繁复杂的材料之中，而是提纲挈领，抓住本质。流俗以为，儒家是匍匐在王官之下的奴才，诚不知自孟子到宋儒，儒家的批判性与建设性最强。这些都不仅是理念，而且成为制度；不仅是理想，而且是现实。今天，廷争面折或许已成为绝响，而在宋代却是常态。我们对古代、对儒家的偏见太深，乃至已不能正常理解彼时的生活世界与政治文化。或许，本书会给我们以方法论的启示，让我们去掉现代人盲目的优越感，实事求是地面对昨天。如此，才可以理性地面对今天与明天。

编后记

从 1994 年到 2023 年，《原道》马上三十周年了。我们有幸从本辑开始接手编辑任务，深感责任重大。

20 世纪整整一百年，经历过落后挨打的屈辱、救亡与启蒙的双重变奏，我们这个古老的民族和国度为了站起来、为了富强、为了方便向西方学习，一次又一次地否定自己的传统，以便轻装上阵谋发展。聪明而勤劳的中国人，只要给他们和平稳定的环境，经济便迅速复苏、欣欣向荣。同时，这个文化传统如此深厚的民族，宿命般地在 20 世纪 80 年代文化热之后，似乎逻辑必然地出现了 90 年代的国学热。经过百年的自我否定，我们终于开始呼唤传统、回归传统。《原道》就诞生于这一风云际会中。

国学热起来的同时，也不断地被质疑，一方面它被浅表化传播，另一方面被武断地肯定或否定。不论如何，热起来总比尘封好，因为它引起人的思考。至于它如何继续成为中华民族的精神家园，则需要冷静而深入的研究，并且结合社会现实，化入现实生活。不是回归那么简单，或者回归不是那么简单。《原道》的宗旨与使命盖系于此。儒学是传统文化的主干，所以《原道》立足儒家，衡论诸家，希望推原国家民族文明进步发展之道。回归传统，是为了理解现在、走向未来。三十年来，各种社会思潮有过潮起潮落，但《原道》一直以自己的理性坚守着对传统的深入研究、转化与发展。

陈明先生是本刊的创始人，筚路蓝缕、以启山林，个中艰辛，不难想见。朱汉民先生与陈明先生一道把《原道》纳入到千年学府岳麓书院的当代发展中来。他们与同仁们赋予本刊的精神和生命是无尽的，必定薪火相传。"如月之恒，如日之升，如松柏之茂……"是所有《原道》人共同的愿望！

"人能弘道，非道弘人"。《原道》新的编辑班子已经组建并投入工作，我们将初衷不改，继续以"士尚志、志于道"的精神沿着先行者的足迹勇毅前行。我们希望依托岳麓书院的千年底蕴，继续获得学界前辈的关心指导，欢迎专家学者们的踊跃赐稿。我们将进一步拓展作者群和读者圈，携手千千万万"原道"和"弘道"的人们，以《原道》为思想园地，推动国家民族的文明进步与发展，助力中华民族的伟大复兴。